Islamische Zuwanderung
Die gescheiterte Integration

Bassam Tibi

Islamische Zuwanderung

Die gescheiterte Integration

Deutsche Verlags-Anstalt
Stuttgart München

Die Deutsche Bibliothek – CIP-Einheitsaufnahme
Ein Titeldatensatz für diese Publikation ist bei
Der Deutschen Bibliothek erhältlich

© 2002 Deutsche Verlags-Anstalt GmbH, Stuttgart München
Alle Rechte vorbehalten
Druck und Bindearbeit: Friedrich Pustet, Regensburg
Diese Ausgabe wurde auf chlor- und säurefrei gebleichtem,
alterungsbeständigem Papier gedruckt.
Printed in Germany
ISBN 3-421-05633-1

Inhalt

9 Vorrede

23 Die Thesen des Buches

29 Einleitung
**Muslime im Westen nach der Kriegserklärung vom
11. September: Globalisierung, Migration, Terrorismus und Sicherheitspolitik im 21. Jahrhundert**

Erster Teil
**Von der verordneten Fremdenliebe zur Realpolitik.
Verantwortungsethik im Umgang mit Zuwanderern
statt Gesinnungsethik: Grundlagen**

77 Einführung

82 Kapitel 1
Die Turbulenzen der Migration: Eine globale Erscheinung im 21. Jahrhundert und ihre Sicherheitsrisiken

112 Kapitel 2
Was ist Einwanderung? – Was ist Zuwanderung?
Ernüchterung nach dem 11. September 2001?

Zweiter Teil
Strategien für den Umgang mit der Integration islamischer Zuwanderer durch die westlichen Aufnahmegesellschaften. Integration statt multikulturell legitimierter Enklaven als Parallelgesellschaften

155 Einführung

161 Kapitel 3
Für Integration und gegen Assimilation, aber auch gegen Ghetto-Bildung als Freiraum für den Islamismus. Sind islamische Parallelgesellschaften ein Sicherheitsrisiko?

191 Kapitel 4
Wie entstehen Parallelgesellschaften? Nachdenken über den Multikulturalismus als Ideologie der Balkanisierung

Dritter Teil
Die erforderliche Doppelstrategie: Kulturelle Öffnung bei gleichzeitiger Bewahrung der zivilisatorischen Identität Europas

221 Einführung

224 Kapitel 5
Zwischen Kulturpluralismus und multikultureller Wertebeliebigkeit: Kein Raum für antiwestliche Ideologien im Namen der Toleranz

258 Kapitel 6
Religiöser Pluralismus erfordert die Akzeptanz von
Säkularität/Laizität durch die Migranten: Die islamische
Doktrin der Hidjra und die Grenzen der Toleranz für
kulturelle Differenz

Vierter Teil
**Lösungen für das 21. Jahrhundert – Muslime über-
winden ihre Integrationsunwilligkeit, und Deutsche
bewältigen ihre Identitätsprobleme**

291 Einführung

293 Kapitel 7
Euro-Islam statt Taliban/Bin Laden-Islam. Die Versöhnung von religiösem Glauben und säkularer Vernunft
im Rahmen des Pluralismus: Die kulturelle Grundlage
für die Integration islamischer Migranten aus Asien
und Afrika

326 Kapitel 8
Nicht nur Deutsche, auch Muslime müssen sich verändern: Europäische Leitkultur und Integration für muslimische Migranten als Perspektive nach dem 11. September 2001.

355 Anmerkungen

Vorrede

Am 11. September 2001 rasten im Abstand von etwa 15 Minuten zwei entführte große Flugzeuge hintereinander in je einen der beiden Wolkenkratzer des World Trade Center in New York; sie entfachten dort einen Großbrand. Wenig später stürzten die beiden Gebäude ein und begruben ungefähr 3 400 Menschen unter sich. Das Pentagon-Gebäude in Washington wurde am selben Vormittag zum Ziel eines Anschlages. Ein viertes Flugzeug konnte das Ziel in Washington – vermutlich das Weiße Haus – deshalb nicht erreichen, weil die Passagiere der entführten Maschine über ihre Handys von ihren Angehörigen erfuhren, was in New York kurz vor 9 Uhr geschehen war; auf diese Weise konnten sie ermessen, was die Entführer im Sinn hatten; sie versuchten sie zu überwältigen, und dabei stürzten alle in den Tod. Es war ein Glück im Unglück, daß aus dieser vierten Maschine nicht – wie in New York und Washington – ein Selbstmord-Bomber werden konnte.

Warum beginnt ein Buch über islamische Migration nach Europa mit einer Schilderung dieser Tragödie, die die gesamte Welt erschüttert hat und sicherlich für Jahre anhaltende weltpolitische Konsequenzen nach sich ziehen wird? Die Antwort auf die gestellte Frage ist einfach: Die Täter waren allesamt arabische Islamisten, die die Migration aus der Welt des Islam in den Westen mißbraucht haben, um ihre Tat als eine Kriegserklärung gerade gegen den Westen auszuführen.

Unmittelbar nach dem Angriff fragten auflagenstarke amerikanische Zeitungen – wie zum Beispiel die *New York Times* – in ihren Kommentaren verunsichert: Warum muß ein tolerantes

Einwanderungsland wie die USA dieses Verbrechen als eine Erwiderung auf seine für alle Welt offenen Türen erleiden? Innerhalb weniger Tage nach dieser Kriegserklärung zeigten die schnellen und effizienten Ermittlungen der US-Sicherheitsbehörden, daß die als *Djihad*-Krieger agierenden arabischen Islamisten zwar das offene Amerika als Einwanderungsland mißbraucht, daß aber die Täter in einem anderen westlichen Land, nämlich in Deutschland, ihre Tat geplant hatten. Drei der 19 Terroristen – darunter ihr mutmaßlicher Anführer Mohammed Atta – kamen aus Hamburg. Zwei der Terrorpiloten waren muslimische Migranten aus Hamburg.

Der Unterschied zwischen Amerika und Deutschland ist zum einen: Amerika ist ein offenes und demokratisches Land aus Überzeugung und aus Tradition, Deutschland gibt sich hingegen – wie die *International Herald Tribune* am 6./7. Oktober schrieb – offen und liberal aus schlechtem Gewissen wegen seiner totalitären Vergangenheit. Der zweite Unterschied besteht darin, daß die USA ein Einwanderungsland sind, wohingegen Deutschland ein Zuwanderungsland ist. Dieser Unterschied ist der zwischen regulierter und anarchischer Migration. Einwanderung erfolgt durch ein rechtliches Verfahren und ist politisch gesteuert. Zuwanderung dagegen erfolgt durch Antrag auf Asyl nach Eindringen in ein Land, zum Teil mit Hilfe von Schieberbanden. Diese – nicht das Aufnahmeland – bestimmen, wer zuwandert. Auch dies gehört zu den Hintergründen des 11. Septembers. Und vieles – vor allem im Bereich der Thematik dieses Buches, also der Migration – wird sich radikal ändern.

Einer der Islamisten, die in Deutschland wirken, heißt Metin Kaplan. Er ist, wie zuvor sein Vater, ein rechtlich anerkannter Asylant – trotz Verurteilung wegen Aufruf zum Mord –, und er nennt sich Kalif der Muslime. Das politische Herrschaftssystem im Islam heißt Kalifat. Nirgendwo in der 56 Staaten umfassenden Welt des Islam – *Dar al-Islam* – gibt es jedoch einen Kalifen, seitdem im Jahre 1924 die letzte Ordnung des Kalifats in der Geschichte durch Kemal Atatürk in der Türkei aufgelöst wurde. Der selbsternannte Kalif der Muslime lebte bisher im offenen und liberalen Deutschland und agierte totalitär von Köln aus. Als er 1998 dazu aufrief, einen Rivalen, der als Gegen-Kalif in Berlin auftrat, zu ermorden, wurde er verhaftet; jedoch beließ es die deutsche Justiz bei vier Jahren Haft. Die Haftstrafe kann wegen »guter« Führung verkürzt werden. Aus Angst, nach der Entlassung abgeschoben zu werden, hat der islamische Kalif berechnend Krokodilstränen vergossen und aus dem Gefängnis heraus das Verbrechen vom 11. September bedauert.

Im Oktober 2001 veröffentlichte die deutsche Presse Berichte, wonach Metin Kaplan seine Anhänger der Kalifatbewegung 1998 nach Afghanistan entsandt hatte, um eine Vereinigung dieser Bewegung mit der *al-Qaida*, die Bin Laden anführt, zu erreichen. Bin Laden winkte ab, weil er offenbar keine Türken mag, zumal er als Wahhabit, also als orthodoxer Muslim, die Auffassung vertritt, daß nur Araber die legitimen Träger der von ihm angestrebten islamischen Weltordnung sein können. So muß der Kalif der Muslime, der Islamist Metin Kaplan mit Sitz in Köln, mit Deutschland als Wirkungsfeld vorliebnehmen. Ernüchtert diese Geschichte Deutschland und die Deutschen? Bringt sie diese in die Normalität der westlichen Zivilisation zurück, aus der dieses Land 1933 bis 1945 ausgeschert ist? Gerade der Bedarf nach einer westlich koordinierten, nach dem 11. September auch eine Sicherheitsproblematik einschließenden Migrationspolitik bietet Deutschland eine solche Chance. Dieses Auffassung wird im vorliegenden Buch vertreten.

Zu einer offenen Debatte über diesen Gegenstand will ich mit diesem Buch beitragen. Bereits vor dem 11. September hatte ich es geschrieben und abgeschlossen. Aber die Ereignisse von New York und Washington zwangen mich, es vor der Veröffentlichung – teilweise in Harvard/USA – in Teilen neu zu schreiben. Als Migrant und liberaler Muslim will ich in die deutsche Debatte über Migration eingreifen und hoffe auf Wirkung.

Die Zuwanderung hat in Deutschland in den sechziger Jahren

des 20. Jahrhunderts begonnen, mit einer Vorgeschichte im
19. Jahrhundert, damals jedoch unter anderen Vorzeichen. Aufgrund
ihrer Geschichte und Tradition verstehen sich die Deutschen
als eine ethnisch exklusive Kulturnation christlichen
Glaubens. Die angeworbenen Arbeitskräfte waren daher als
»Gastarbeiter« konzipiert, das heißt für einen temporären Aufenthalt
vorgesehen; dennoch blieben sie. Im 19. Jahrhundert
waren Osteuropäer gekommen, vor allem christliche, aber auch
jüdische Polen. Neu an der Einwanderung im 20. Jahrhundert
ist die Tatsache, daß die neuen »Gastarbeiter« Muslime aus der
Türkei waren. Die katholischen Polen konnten im 19. Jahrhundert
assimiliert werden. Die Juden entgingen trotz ihrer weitgehenden
Assimilation nicht der Katastrophe von 1933 bis 1945.
Im Unterschied zu Polen und Juden kann mit den muslimischen
Migranten deshalb keine Assimilation erfolgen, weil ihr Glaube
ihnen dies verbietet. Doch ist eine Integration möglich? Gibt es
sie? Die ernüchternde Antwort dieses Buches auf die zweite Frage
lautet auf der Basis von Fakten: nein! In einem Artikel in der
Welt am Sonntag habe ich argumentiert: »Integration ist in
Deutschland eine Lebenslüge!« Mit dieser »Lebenslüge« läßt
sich nach dem 11. September nicht mehr leben: In Deutschland,
wie überall in Europa, wird reale Integration benötigt.

Migranten sind nicht nur Arbeitskräfte, sie bringen ihre Kulturen
mit. Kommt es weder zur Assimilation noch zur Integration,
dann gedeihen abgeschottete Diaspora-Kulturen. Der Anschlag
auf die westliche Zivilisation in New York und Washington erfolgte
von außen; er wurde ermöglicht durch eine Verbindung
Afghanistans mit der europäischen Islam-Diaspora mitsamt den
Freiräumen, die diese – auch für das Bin Laden-Netzwerk – bietet.
Am 11. September 2001 war ich in Taschkent und hielt eine
Vorlesung an der islamischen Universität, zuvor an der Hochschule
für Staatsaufbau, in beiden Fällen vor Angehörigen der
usbekisch-muslimischen Elite. Die Islamisten bilden in Usbekistan
die Gegenelite. Die Terroristen unter ihnen gehören zur
Tahrir-Partei, die auch in die Bin Laden-Connection eingebun-

den ist, und zur Islamischen Bewegung Usbekistan. Die Reaktion meiner Gastgeber war geteilt: Trauer bei manchen und Genugtuung bei anderen. Trauer um die Opfer von New York und Washington, aber auch Genugtuung darüber, daß die Großzügigkeit der westlichen Staaten im Umgang sowohl mit dem Taliban-Regime, das Usbekistan bedroht, als auch mit den Islamisten der Islam-Diaspora, aus der die Terroristen kamen, diese Taten ermöglichte. Dies führt uns direkt in das Thema dieses Buches, der grundsätzlichen Unterscheidung zwischen *Zuwanderung* als einem chaotischen und wildwüchsigen Vorgang und *Einwanderung*, die politisch und rechtlich gesteuert wird. In der in Deutschland vorherrschenden politischen Kultur, die sich leider nicht gerade durch demokratische Streit- und Debattierfähigkeit auszeichnet, wird die Wahrnehmung der Realitäten sowie das Nachdenken hierüber nicht eben großgeschrieben. Als Fremder und Migrant bin ich zwar für Einwanderung als gesteuerte Migration, aber als Demokrat und Rationalist bin ich gegen Zuwanderung als wildwüchsige Völkerbewegung. Ich denke, daß die Möglichkeit besteht, Zuwanderung durch politische Maßnahmen, das heißt durch Steuerung, in Einwanderung umzuwandeln. Seit dem 11. September besteht keine andere Wahl mehr. Dies möchte ich in der erst nach der Tragödie von New York geschriebenen Einleitung näher erläutern.

Meine Absicht ist, eine demokratische und überparteiliche Debatte über diesen Gegenstand auszulösen. Auch trete ich in diesem Buch für die Integration (nicht Assimilation) der Einwanderer in ein demokratisches Gemeinwesen ein, dessen Werte als Orientierung verbindlich sind. Integration schließt auch die Annahme einer europäischen Identität als *citoyen* ein. Gleich in der Einleitung grenze ich mich von der Integrationsheuchelei der in Deutschland wirkenden Islamisten ab. Denn nach meinem Verständnis ist Integration gleichermaßen gegen Parallelgesellschaften und eine Multikulti-Wertebeliebigkeit gerichtet. Wichtig ist die Substanz dieser Werteorientierung. Ob sie Leitkultur genannt oder ob ein anderer Begriff hierfür in Anspruch genommen wird, ist nicht von Bedeutung. In diesem Sinne endet dieses Buch mit einem Plädoyer für die Wiederaufnahme der Leitkulturdebatte im Lichte der Tragödie vom 11. September. Wenn die Deutschen keine europäische Leitkultur wollen, überlassen sie den Islamisten das Feld, die ihre Leitkultur des politischen Islam sowie seine *Schari'a*-Weltsicht und Gottesgesetze als Richtschnur für eine abgekapselte Identität für die islamischen Migranten durchzusetzen beabsichtigen.

Schon vor dem 11. September und dem Bekanntwerden der islamistischen »Schläfer« in Deutschland als Urheber der New Yorker Tragödie bestand Bedarf für eine rationale Debatte. Die allerdings in der politischen Kultur dieses Landes dominierenden Tabus, sprich Maulkörbe und faktische Zensur, haben diese Debatte nicht zugelassen. Ich hoffe, dies ist nun möglich geworden. Das Motiv dieses Buches ist einzig und allein, den inneren Frieden unter den demokratischen Bedingungen des Miteinanders – nicht des Nebeneinanders von Parallelgesellschaften der abgeschotteten Diaspora-Kulturen – zu sichern. Insbesondere nach dem 11. September ist ein uneingeschränkter Freiraum – *free space,* wie es in der Fachliteratur heißt – weder für Ein- noch Zuwanderer tolerierbar. Die Sicherheitspolitik des Westens macht dies unabdingbar. Es gibt daher keine Alternative zur demokratischen Integration der Migranten.

Der Ausgangspunkt ist, daß das wirtschaftlich prosperierende Westeuropa – und insbesondere Deutschland – im neuen Jahrhundert von zwei Entwicklungen bestimmt sein wird. Erstens: Wir können von einer demographischen Stagnation beziehungsweise sogar von einem Rückgang der Bevölkerungsentwicklung sprechen, der einen Bedarf an Migration hochqualifizierter Menschen mit sich bringt. Zweitens läßt sich unübersehbar parallel dazu ein Zustrom von Wirtschafts- und Armutsflüchtlingen feststellen. Die von den in den Medien weltweit zur Schau gestellte Prosperität des Westens und vor allem die Leistungen seiner Sozialsysteme fördern diesen Zustrom und ziehen Zuwanderer an. In diesem Rahmen kommen nach Europa auch Islamisten, denen die Diaspora und der Sozialstaat einen Freiraum bieten. Dazu gehört die Finanzierung ihrer anti-westlichen Aktivitäten, die sie als »gemeinnützig« tarnen.

Die Anziehungskraft Deutschlands auf Zuwanderer, die unerwünscht und nicht willkommen sind, wird in der Statistik belegt: Die Bundesrepublik nimmt, genauso wie die USA, Menschen aus aller Welt auf. Diese sind jedoch Zuwanderer und nicht die gepriesenen Migranten, die Wirtschaft und Gesellschaft benötigen und die das brüchig gewordene Sozialsystem retten könnten. Mit Hilfe der nuancenreichen und daher zur Differenzierung fähigen deutschen Sprache können wir diesen Unterschied zum Ausdruck bringen. Die USA sind ein Einwanderungsland, Deutschland ist ein Zuwanderungsland. Mit diesem Buch will ich ohne Rücksicht auf Tabus aus der Perspektive eines Migranten, also – wie die Deutschen sagen – eines »ausländischen Mitbürgers«, eine Debatte auslösen. Im Mittelpunkt dieser Debatte soll stehen, wie Deutschland sich aus einem Zu- in ein Einwanderungsland entwickeln kann. Der Unterschied zwischen beiden Mustern wurde meinerseits bereits vielfach erklärt; es ist zu bedauern, daß er in der Öffentlichkeit dennoch nicht wahrgenommen wird.

Ohne eine Politik der Steuerung durch Gesetze und Regulierungsmechanismen (dazu gehört auch die Auswahl der Migranten) kann die Zuwanderung nicht in Einwanderung umgewandelt werden. Es ist bezeichnend, daß die bundesdeutsche Kommission, die diese Aufgabe bewältigen sollte, »Zuwanderungskommission« genannt wurde. Übrigens findet sich zur Sicherheitsproblematik im Bericht der Kommission kein Wort. Nach dem 11. September müßte die Kommission ihre Arbeit erneut aufnehmen, allerdings mit neuer Besetzung und auch unter einem anderen Vorsitz. Oberstes Prinzip müßte bei der Arbeit sein: Nüchternheit statt Gesinnungsethik sowie Enttabuisierung.

Wichtig ist die Erkenntnis, daß Migration kein spezifisch deutsches Problem ist, denn es handelt sich hierbei um eine globale Erscheinung. Während der Entstehung dieses Buches war ich auf dem Jahreskongreß der *International Studies Association*/ISA im Februar 2001 in Chicago. Von einer dort erlebten Debatte möchte ich berichten; sie erscheint mir besonders nach den schrecklichen Ereignissen des 11. Septembers für die gesamte westliche Welt relevant. Sogar die renommierte französische Zeitung *Le Monde* erschien am Tag nach den Anschlägen mit der Schlagzeile: »Wir sind alle Amerikaner« auf der ersten Seite.

Auf diesem Weltkongreß in Chicago sagte der weltweit anerkannte britische Professor Fred Halliday von der renommierten *London School of Economics* in einwandfreiem Arabisch scherzend zu mir: »Wir Europäer kommen zu diesem internationalen Forum über Weltpolitik, um *Hadj*/Pilgerfahrt zu betreiben, ebenso wie Muslime rituell nach Mekka pilgern.« Dies betrifft auch den Gegenstand dieses Buches, eben weil die Migration eine globale Erscheinung ist, die in den »Internationalen Studien« untersucht wird. Hierzu gehört die Problematik der Sicherheitspolitik ebenso wie Kultur. Wer bei diesen Fragen internationalen Anschluß sowie Anerkennung sucht, der muß an diesem alljährlich stattfindenden Treffen in den USA teilnehmen. Die in Chicago 2001 geführte Debatte wird auch in den Gegenstand dieses Buches integriert.

Bei dem angeführten internationalen Forum in Chicago standen im Mittelpunkt der etwa 500 *panels*, die von 2 500 Wissenschaftlern und Experten für Internationale Politik getragen und besucht wurden, die Themen Globalisierung, Migration sowie Sicherheitsstudien. Der Zusammenhang zwischen diesen drei Themen ist den Fachleuten bekannt, aber seit dem 11. September spricht er jeden politisch Interessierten an, denn diese Themen werden unser politisches Schicksal im neuen Jahrhundert entscheidend bestimmen. In Chicago wurde deutlich, wie sehr Globalisierung und entsprechend die sich zu einem globalen Problem entwickelnde Migration unsere heutige Welt nach dem Ende des Kalten Krieges und der Politik der beiden rivalisierenden Blöcke verändert haben und für die Politik weiterhin Herausforderungen darstellen werden. Die Mehrzahl der Deutschen scheint dies aber nicht zu wissen oder einfach nicht wissen zu wollen, vielleicht weil Internationale Politik oft nur unerfreuliche Nachrichten bereithält. Dennoch sind auch für Deutsche die Folgen des 11. September 2001 wichtiger als der Klatsch in den täglichen Boulevardmedien. Deutsche müssen nun lernen, sich auch mit den Problemen der Migration kritisch und rational auseinanderzusetzen. In meinen Augen ist Migration für die Deutschen eine Schicksalsfrage. Die Erkenntnis, daß Deutschland als logistische Bereitstellungszone für »Schläfer« dient, die als Zuwanderer kamen, muß die Augen öffnen und den Zusammenhang von Globalisierung, Zuwanderung und Sicherheit erkennen lassen, in den der Terrorismus als die Bedrohung des 21. Jahrhunderts gehört.

In Deutschland werden Globalisierung sowie die mit ihr verbundenen Begleiterscheinungen oft nur aus der ökonomischen Sicht beleuchtet. In Chicago verwendete man den Begriff des *cultural turn* zur Charakterisierung der Tatsache, daß die Kultur neben Politik und Ökonomie zu einem gleichrangigen Bestimmungsfaktor der Internationalen Politik wird. In Chicago hat man nicht über die Luftblase »Globalisierung« gesprochen, sondern über Inhalte, Perspektiven und Gefahren der zeitgeschichtlichen Begleiterscheinungen dieses Phänomens. Wenn Deutsche den Stellenwert von Kulturen und Zivilisationen in diesen weltpolitischen Zusammenhängen nicht berücksichtigen, werden sie sich im 21. Jahrhundert nur schwer zurechtfinden. Bei einer Fernsehdiskussion mit einem als Autorität anerkannten Professor für Internationale Beziehungen sagte dieser zu mir vor laufender Kamera: »Religion und Kultur sind nur Verdeckung für das Machtstreben. Bin Laden strebt nur nach Macht.« Später forderte er von mir, mit dem »Kultur hier, Kultur da« aufzuhören.

Als Mitbürger und Kulturdolmetscher will ich mit diesem Buch jenseits der zitierten professoralen Weisheiten Hilfestellung geben. Nach dem 11. September war ich erneut mehrmals in den USA, wo auch die Schlußfassung dieser Vorrede entstan-

den ist. Bei den in Deutschland wahrgenommenen Medienter-
minen machte sich bei mir sehr oft Entsetzen darüber breit, wie
viele der als »Experten« herangezogenen »Weisen« den »Schnee
von gestern« wiederholen und noch immer nicht den angeführten *cultural turn* verstehen. »Manche lernen es nie«, pflegt ein
altes Sprichwort uns zu belehren.

»Die kulturelle Wende« ist keine Frage des »Kultur hier und
da«, sondern ist Bestandteil der Globalisierungserscheinungen,
zu denen die weltweite Bewegung von Menschen gehört, die
unspezifisch Migration genannt wird. Diese ist sogar inzwischen zu einem Geschäft geworden. Nach Angaben von Europol
schmuggeln Schleuserbanden jährlich ungefähr eine halbe Million Menschen aus Afrika, dem Mittelmeerraum, Zentral- und
Südasien nach Europa; dafür kassieren sie 17,6 Milliarden
DM (nach: *Die Woche* vom 14. Juli 2000). Hierzu ein kleines
Beispiel: Im Februar 2001 landete ein Schmugglerschiff unter
kambodschanischer Flagge mit 900 irakischen Kurden an der süd-
französischen Küste. Die »geschmuggelten« Menschen gaben
an, pro Kopf um die 3 000 US-Dollar dafür gezahlt zu haben,
in irgendein Land des gepriesenen Europas gebracht zu werden.
Solche Schiffe stranden fast wöchentlich an der italienischen
Küste. Im Juni 2001 hatte ich Gelegenheit, an einem Projekt des
Landeskriminalamtes Niedersachsen und Europol mitzuwirken,
bei dem ich erschreckende Informationen über diese Geschäfte
in Erfahrung bringen konnte. Dort habe ich auch begriffen, daß
Politiker von den Informationen, die Experten ihnen zutragen,
keinen Gebrauch machen; sie wollen es nicht wissen.

Zuwanderung ist leider ein Geschäft organisierter Kriminalität geworden, an dem zum Beispiel auch die Islamisten verdienen. Das für ihre Aktionen benötigte geostrategische Hinterland kann im Rahmen der Zuwanderung in Europa aufgebaut
werden. Es steht außer Frage, daß Europa Einwanderer braucht.
Deutschland aber ist ein Zuwanderungs- und kein Einwanderungsland geworden. Dieses Land braucht keine Schmuggler-
banden und keine Terroristen, die ein Hinterland zur Planung

ihrer Aktivitäten suchen. Es braucht vielmehr hochqualifizierte Einwanderer. Die Wirklichkeit ist aber von der Zuwanderung aufgrund des Fehlens einer Einwanderungspolitik geprägt. Um über diese Dinge Bescheid zu wissen, brauchen wir internationale Studien in Deutschland, zu denen dieses Buch gehört; es ist nur ein Tropfen auf den heißen Stein. Das Ziel ist, eine Debatte anzuregen. »Das Prinzip Hoffnung« ist mir nicht nur als Titel eines dreibändigen Werkes des berühmten Philosophen Ernst Bloch vertraut, dem ich die Entdeckung des islamischen Rationalismus bei einer Begegnung im Jahre 1965 verdanke; dieses Prinzip wurde zu meinem Lebensmotto.

Zum Abschluß dieser Vorrede möchte ich noch einmal auf den von 2 500 wissenschaftlichen Experten besuchten Jahreskongreß der *International Studies Association* in Chicago zurückkommen. Dort wurde über Konfliktpotentiale in der Weltpolitik sowie über friedliche Lösungen debattiert. Erstmals wurde dort über Kultur und Religion als Themen der internationalen Politik gesprochen. Früher beschränkte man sich auf die Erörterung politischer, militärischer sowie wirtschaftlicher Problemkomplexe. Nun wird zunehmend erkannt, daß zu den Akteuren der Weltpolitik nicht nur solche, die aus dem Westen kommen, zählen. Folgerichtig gilt es zu bekennen, daß nicht-westliche Kulturen und Zivilisationen – auch in ihrem Anderssein – mehr Beachtung finden sollten. Verstehen heißt nicht akzeptieren, Respekt vor anderen setzt Respekt vor sich und den eigenen Werten voraus. Im Rahmen der Problematik der Migration bedeutet die »Entdeckung« der Kultur gewiß nicht, daß wir den Schwerpunkt von der Politik/Ökonomie ausschließlich auf Kultur verlegen – dies wäre ein »Kulturalismus«. *Cultural turn* bedeutet lediglich, die Perspektive von Konfliktpotentialen beim Studium um eine zusätzliche Dimension zu erweitern. In diesem Sinne ist die Konzentration in diesem Buch auf die politisch-kulturelle Dimension der islamischen Migration nach Europa nicht als Einseitigkeit, sondern nur als Schwerpunktsetzung zu verstehen.

Heute erkennt man, daß politische und wirtschaftspolitische Konflikte auch von Normen- und Wertekonflikten, das heißt von einem kulturell bedingten anderen Verständnis der Welt begleitet werden. Auch der Angriff auf den Westen vom 11. September 2001 war ein – allerdings militarisierter – Wertekonflikt. Menschen aus verschiedenen Kulturen und Zivilisationen haben jeweils eine unterschiedliche Sicht der Welt, weil sie jeweils andere Normen und Werte haben. Durch Predigten oder Rhetorik, daß wir alle Menschen sind, verschwindet kein Wertekonflikt. Hier muß der interkulturelle Dialog als Instrument der Konfliktbewältigung ansetzen. Für die Migrationsproblematik ist dies zentral. Dialog ist keine Verkündung von geglaubter, aber oft nicht vorhandener Harmonie und auch keine gegenseitige Beweihräucherung, wie dies beispielsweise Kirchenfürsten oft bei der Begegnung mit Islamisten der Islam-Diaspora zu tun pflegen. Im Dialog als Friedensarbeit soll es vielmehr darum gehen, über *kulturelle Differenzen* ohne Tabus zu sprechen. So haben wir einmal als Dialogpartner, bei einem bedeutsamen islamisch-westlichen Gespräch im Goethe-Institut in Karachi, unser Verständnis von Dialog als Erfüllung der Aufgabe »*How to deal with the differences?* (Wie können wir mit den Unterschieden umgehen?)« entwickelt. Bei einem so verstandenen Dialog ist es möglich, über die Problematisierung des Unterschiedes hinaus zu Gemeinsamkeiten im Rahmen eines Wertekonsenses zu gelangen. Auf diese Weise ist Dialog in einer Konfliktsituation ein Mechanismus, mit dessen Hilfe wir verhindern können, daß Konfliktpotentiale aktualisiert werden. Nach dem 11. September ist dieses Verständnis von Dialog aktueller denn je.

Derart gepflegter Dialog ist ein Gespräch über Konflikt, keine Rhetorik über Gemeinsamkeiten oder gar ein Austausch moralischer Zusicherungen. Auf islamischer Seite ergehen sich die Gesprächspartner in Selbstbeweihräucherungen, die Christen in Selbstbezichtigungen. Bei einem öffentlichen christlich-islamischen Gespräch zwischen einem protestantischen Bischof und einem islamistischen Funktionär konnte ich diese Prozedur beobachten. Jener Bischof antwortete auf den Vorwurf, Christen hätten Kreuzzug, Kolonialismus und Völkermord betrieben, mit Selbstbezichtigung, was jeden Dialog unmöglich macht. Aggression und Selbsthaß gehören nicht in einen Dialog. Diese Form des unaufrichtigen Dialoges kann nach dem 11. September nicht mehr aufrechterhalten werden; sie trägt nicht zur gegenseitigen Verständigung bei, sondern ist ihr sogar schädlich.

Ich fasse zusammen: Im Zeitalter der islamischen Migration gilt es nicht nur, sich zu öffnen und zugleich die eigene Identität zu bewahren, sondern auch, das eigene Gemeinwesen zu schützen und auf keinen Fall die eigene zivilisatorische Identität aufzugeben. Wenn Zuwanderung in Einwanderung umgewandelt wird, wozu die Integration der Migranten und die Verhinderung der Entstehung von Parallelgesellschaften gehört, ist dieses Ziel zu erreichen. Feinde des Dialoges und der Interkulturalität gibt es nicht nur unter Europäern beziehungsweise Deutschen, sondern auch unter den Migranten, etwa den Muslimen mit ihrem »Feindbild Westen«. Der Aufstand der Anständigen muß gegen beide geführt werden: gegen das »Feindbild Islam« und gleichermaßen gegen das »Feindbild Westen« unter den Muslimen. Blauäugigkeit gegenüber den Fundamentalisten ist gefährlich.

Die erste Fassung dieser Vorrede schrieb ich während einer Vortragsreise in Buenos Aires über Integration, Identität und Leitkultur. Im bedeutendsten Einwanderungsland Lateinamerikas, Argentinien, war es viel leichter, ohne Lärm und Verdächtigungen, rational und themenbezogen im Rahmen meiner Vorlesungen, die zugleich die Themen dieses Buches sind, zu sprechen und zu diskutieren. Dies war in Deutschland während der Leitkultur-Debatte von Oktober bis Dezember 2000 nicht möglich. Die vorliegende Fassung dieser Vorrede schrieb ich im Lichte des Angriffs auf die westliche Zivilisation am 11. September 2001 an der Harvard University, wo ich auf dem Symposium »*Re-imagined Communities: Identities in the New Europe*« neben einem anderen Muslim, Çem Özdemir, und

einem Juden, Dan Diner, über »*Being German*« diskutierte. Es
war kein Zufall, daß wir alle drei als nicht-ethnische Deutsche
ähnliche Positionen vertraten, die auch in diesem Buch ihren
Niederschlag finden. Wir drei Wahldeutschen verurteilten den
Terrorakt von New York. Nach jener Harvard-Debatte, in der
ich kritisch, aber »stolz« über »*Being German*« sprach, war ich
jedoch beschämt, als ich in der *New York Times* ein Bild aus
Berlin von Demonstranten mit einem Transparent: »Zivilisation
ist Völkermord« sah (*New York Times* vom 9. Oktober 2001).
Mich tröstet, daß dies nur die Meinung einer Minderheit in
Deutschland widerspiegelt.

Der DVA bin ich zu Dank verpflichtet für die Veröffentlichung
dieses Buches nach *Pulverfaß Nahost* (1997) und *Der Islam
und Deutschland. Muslime in Deutschland* (2000). Meine Mit-
arbeiterin Elisabeth Luft hat alle Versionen dieses Buches in den
Computer eingegeben und mir oft sehr wichtige Ratschläge
gegeben. Meine Mitarbeiterinnen Vera Weidemann und Anja
Zückmantel sowie mein Mitarbeiter Torsten Michel haben die
Kapitel dieses Buches während ihrer Entstehung mehrfach redi-
giert. Allen bin ich zu Dank verpflichtet.

> *Bassam Tibi*
> Cambridge/MA und New York,
> im Oktober/November 2001

In einem Bericht in *Die Zeit* vom 6. Dezember 2001 über medial wirkende Professoren wurde die Geschichte meiner Zeitnot
nach dem 11. September erzählt. In dieser Notsituation stand
mir mein treuer Freund und früherer Mitarbeiter Jost Esser zur
Seite bei der Betreuung der Drucklegung dieses Buches sowie
bei der inhaltlichen Schlußredaktion, wofür ich äußerst dankbar bin.

Göttingen, Februar 2002

Die Thesen des Buches

Erste These: Gegen Ende des 20. Jahrhunderts hat der Prozeß der Globalisierung neue intensivierte Formen angenommen. Zu diesen gehören etwa Völkerbewegungen im Rahmen der Migration von armen, demographisch explodierenden Teilen der Welt in wirtschaftlich prosperierende und zugleich demographisch stagnierende, vornehmlich westliche Gesellschaften (Westeuropa und die USA). Zuwanderer sind nicht nur Armutsflüchtlinge, sondern auch Vertreter politischer Bewegungen (Islamismus, ethnischer Nationalismus), die in Europa ihre Logistik aufbauen. Die in Deutschland aufgebaute Logistik diente Islamisten zur Vorbereitung der Operation vom 11. September 2001. Kurz, die Migration ist ein Bestandteil der Globalisierung geworden, sie umfaßt Wirtschafts- und Sicherheitspolitik; ihre wildwüchsigen Formen müssen durch Steuerung gebändigt werden. Die deutsche Sprache erlaubt die Differenzierung zwischen Zu- und Einwanderung, das heißt zwischen ungesteuerter und politisch gesteuerter Migration. Dies ist auch die zentrale These des Buchs, die in der Einleitung und in Kapitel 1 ihren Niederschlag findet.

Zweite These: Deutschland ist ein Zuwanderungsland, also ein Land, in dem Migration nicht politisch gesteuert wird. Selbst die Kommission, die bei der Regulierung der Migration helfen sollte, heißt *Zu*- und nicht *Ein*wanderungskommission. Die These, die ich in Kapitel 2 diskutiere, lautet, daß die deutsche Debatte über dieses Thema von Gesinnungen, die zum einen blauäugig, zum anderen irrational sind, bestimmt wird. Ohne eine von Fakten ausgehende, der Verantwortungs- statt der Gesinnungsethik verpflichtete Debatte über Migration wird das geistige Klima in Deutschland für ein Einwanderungsgesetz weiterhin vergiftet bleiben. Die Erkenntnis, daß die Islamisten in Deutschland ihr Terrornetzwerk knüpfen konnten, wird dazu führen, daß die westlichen Verbündeten die Deutschen drängen werden, diese Situation zu verändern.

Dritte These: In Deutschland gibt es Fremdenfeindlichkeit, und das einzige, was dagegen aufgeboten wird, ist die Rhetorik der aufgesetzten Fremdenliebe. Statt dessen schlage ich vor – wiederum von den Fakten und Realitäten ausgehend –, die Optionen tabufrei zu debattieren. Diese sind Assimilation, Integration, Ghettobildung. In dem sich damit auseinandersetzenden Kapitel 3 befürworte ich die Integration. Bereits in der Vorrede versuchte ich aufzuzeigen, daß Integration vor Ausgrenzung schützt. Ausgegrenzte Muslime sind eine »leichte Beute« für die Fundamentalisten, und Parallelgesellschaften ein Freiraum des Islamismus.

Vierte These: Als eine der Optionen nannte ich die Ghettobildung, durch die Parallelgesellschaften entstehen. Im Zuge einer solchen Ghettobildung wird ein Gemeinwesen balkanisiert, wodurch der innere Friede gefährdet ist. Im 4. Kapitel wird daher der Begriff Integration näher erörtert. Im Lichte des 11. Septembers sollte niemand mehr Anfeindungen ausgesetzt sein, der in den Parallelgesellschaften eine Gefahr für den inneren Frieden in westlichen Gesellschaften und für die westliche Zivilisation sieht.

Fünfte These: Der Multikulturalismus setzt sich für eine permissive Toleranz ein und läßt somit eine Wertebeliebigkeit zu. Das Ergebnis ist unbegrenzter *free space*/Freiraum für die Diaspora-Kulturen. Jede Gesellschaft hat jedoch eine auf Werte bezogene zivilisatorische Identität. Das dieser These zugrundeliegende Argument versteht Toleranz nicht als Selbstaufgabe, sondern vielmehr als einen auf Gegenseitigkeit beruhenden und Spielregeln folgenden Wertekanon, der sich an Grundwerten orientiert. Europa kann schon deshalb keine Erweiterung des *Dar al-Islam* sein, weil es eine eigene Identität hat.

Sechste These: Zu den Migranten gehören auch Muslime. Zu der religiösen Doktrin des Islam (dies ist ein historisch-religiöses Faktum und *nicht* meine Deutung) gehört die Vorschrift, daß der Islam die einzig vollständige Offenbarung ist, die ein Muslim durch die *Hidjra*/Migration zu verbreiten hat. Diese Lehre steht im Widerspruch zu jedem religiösen Pluralismus, wonach *alle* Religionen gleichwertig sein sollen. Zudem ist die mit der *Hidjra* verbundene Vision der Islamisierung der Welt (Islam-Diaspora als zivilisatorische Erweiterung des *Dar al-Islam*) nicht mit der Integration der Muslime in Europa vereinbar. Meine Forderung lautet nun, daß Europäer tabufrei und offen mit Muslimen hierüber reden müssen, statt einer Politik der Islamisierung tatenlos beziehungsweise sprachlos zuzuschauen. Der Angriff der Islamisten auf die westliche Zivilisation am 11. September muß in einem größeren Kontext als eine Art Vorwarnung gesehen werden.

Siebte These: Die Tatsache, daß einige Gemeinschaften die Einwanderung im Rahmen religiöser Deutungsmuster wahrnehmen und somit selbst ethnisieren, gibt Anlaß zu fordern, daß Vernunft und Glauben durch die Trennung von Religion und Politik versöhnt werden müssen. Dies wird anschaulich in Kapitel 7 am Beispiel des Euro-Islam als einer reformerischen, an der zivilisatorischen Identität Europas ausgerichteten Islam-Deutung, die natürlich nur für die in Europa lebenden Muslime gilt und ihnen hilft, nicht mehr fremd zu sein. Weder auf dem Boden religiöser Orthodoxie noch dem des Islamismus ist es möglich, aus islamischen Zuwanderern europäische Bürger zu machen.

Achte These: Überall in der Welt gilt die Erkenntnis, daß Fremde nur dann integriert werden können, wenn ihnen eine Identität, die das Gefühl der Zugehörigkeit ermöglicht, vermittelt wird. Die Annahme dieser Identität bezieht sie in das Gemeinwesen ein. Das ist die zentrale These des 8. Kapitels, in dem ich argumentiere, daß Deutsche und muslimische Zuwanderer ihr Verhältnis zu Fragen der Identität verändern müssen.

Alle klassischen Einwanderungsgesellschaften – allen voran die USA – bieten den Einwanderern eine zivilisatorische, auf Werten basierende Identität. Auf Deutschland bezogen, bringt diese Erkenntnis große Probleme mit sich, weil Deutsche ihre Identität oft in Zusammenhang mit den NS-Verbrechen stellen. Über Auschwitz darf kein Gras wachsen. Dennoch bestünde die Möglichkeit, mit den Migranten eine deutsche Identität zu teilen, die sich an europäischen Werten – statt an Schuldbekenntnissen – orientiert und die Verpflichtung einschließt, daß solche Verbrechen nie wieder geschehen. Um die Integration der Migranten in Deutschland durch ihre Eingliederung als Vollbürger in das Gemeinwesen zu ermöglichen, ist es unumgänglich, daß die Deutschen ihre Identität überprüfen, nicht nur im Sinne einer Neubestimmung nach dem Holocaust, sondern auch im Sinne einer Verabschiedung ihres ethnisch definierten Begriffs von der »deutschen Nation«. Zur Untermauerung dieser These ziehe ich Schlüsse und Lehren aus der »hysterisch« (Giovanni di Lorenzo) geführten deutschen Leitkultur-Debatte.

Insgesamt stelle ich in diesem Buch die Forderung an die Deutschen, die Migranten in das Gemeinwesen zu integrieren. Dies wird solange nicht gelingen, wie die Menschen mit ihrer eigenen Identität nicht zurechtkommen und somit den Migranten keine integrative Identität bieten können. Ich trete jedoch gleichzeitig mit derselben Vehemenz an die islamischen Ein- beziehungsweise Zuwanderer heran. Von ihnen fordere ich nicht nur wirtschaftliche Integration.

Wenn Deutsche und Migranten zur politisch-kulturellen Integration nicht fähig und nicht willens sind, bleiben die zentralen Fragen der Umwandlung der Zu- in Einwanderung und der Integration der Migranten als Alternative zu Parallelgesellschaften »ethnischer Armutskultur« (Giddens) ohne Antwort.

Zu den zentralen Erkenntnissen dieses Buches gehört: Durch Globalisierung und Migration rückt die Menschheit zusammen, ohne sich kulturell näherzukommen. Damit spreche ich die Gleichzeitigkeit von ökonomischer Globalisierung und kultureller Fragmentation an und ziehe den Schluß, daß ein Bedarf an Transkulturalität besteht. Dieser Bedarf erfordert interkulturelle Kompetenz in der Erziehung, die auch erbracht werden kann. Dieses Buch schließt im Lichte des 11. September an den Aufruf des deutschen Bundeskanzlers zu einem »Aufstand der Anständigen« an. Dieser Aufstand erfordert die Orientierung an einer Leitkultur, deren Inhalt die demokratisch-zivilisatorischen Werte des Westens sind und die sich gegen Extremisten – gleich, ob sie Deutsche oder Zuwanderer sind – richtet.

Bassam Tibi
Buenos Aires, im Juli 2001,
aktualisiert nach dem 11. September

Einleitung

Muslime im Westen nach der Kriegserklärung vom 11. September: Globalisierung, Migration, Terrorismus und Sicherheitspolitik im 21. Jahrhundert

Als der Kriegsakt islamischer Fundamentalisten in New York und Washington stattfand, war dieses Buch fast fertiggestellt. Es wurde danach in Teilen neu geschrieben. Seine zentrale These lautet, daß die Globalisierung in ihrer neuen Form seit dem Ende des Ost-West-Konfliktes Entgrenzung mit sich bringt, wodurch sie unkontrollierte Migrationsströme von Süd nach Nord zur Folge hat. Ich bezeichne diese Ströme als Zuwanderung, das heißt ungesteuerte Migration, zu deren Begleiterscheinungen die Einfuhr von Sicherheitsrisiken und Konfliktpotentialen gehört. Die Ereignisse in New York und Washington haben meine Einschätzung bestätigt. Gegen viele Migrationsforscher argumentiere ich in allen Teilen dieses Buches, und besonders im ersten Kapitel, daß es möglich ist, die Migration politisch zu steuern und somit die unkontrollierte Zuwanderung in eine auf allen Ebenen regulierbare und sicherheitspolitisch ausbalancierte Einwanderung zu verwandeln.

Die Terroranschläge vom 11. September in New York und Washington wurden – wie von amerikanischen Einwanderungsbehörden eingeräumt – auch durch die großzügigen Bestimmungen der Migration und entsprechenden Gesetze sowie durch die Freiräume, die der Multikulturalismus[1] bietet, ermöglicht. Hierdurch erhält die Perspektive dieses Buches zusätzliche Untermauerung. Wie in der Vorrede angeführt, wurde die Struktur des vorliegenden Buches beibehalten, wenngleich alle Kapitel im Lichte des 11. Septembers aktualisiert wurden und diese Einleitung neu entstand. Die nach der Tragödie verbreitete und auch hier verwendete Formel »die Welt ist nach dem 11. September 2001 nicht mehr dieselbe« betrifft vor allem die Beziehungen zwischen den Kulturen und Zivilisationen in einer entgrenzten Welt, zu der auch Migrationsströme gehören. An diesem Tag ist ein Angriff auf die westliche Zivilisation erfolgt. So war er von der islamistischen Bin Laden-Connection konzipiert, und so ist er von den USA und ihren Verbündeten verstanden worden. Bundestagspräsident Thierse hat in Harvard in einer öffentlichen Rede gesagt, daß in New York »ein Angriff auf das Herz unserer Zivilisation, gegen unsere Werte« erfolgte.

Neue Erkenntnisse über Migration, Terrorismus und Sicherheit

In Anbetracht einer durch Terror herausgeforderten westlichen Zivilisation, zu deren wesentlichen Merkmalen Demokratie und Säkularität zählen, wird Migration in den Westen aus nichtwestlichen Kulturen nicht mehr wie bisher verlaufen können. Der Anschlag durch die global vernetzte islamistische Bin Laden-Connection war mehr als ein einfacher Akt des Terrorismus; er war grundsätzlich als eine Kriegserklärung des Islamismus an die westliche Zivilisation gedacht. Bin Laden nannte ihn in seiner vom Sender *al-Jezira* in Qatar ausgestrahlten *Djihad*-Rede einen Krieg zwischen *Iman*/Glauben und *Kufr*/Unglauben. Die Begriffe stammen von Sayyid Qutb und bedeuten: Islam gegen Westen.[2]

In diesem Buch – und in allen meinen Schriften – unterscheide ich stets zwischen Islam als Religion und Zivilisation auf der einen Seite und Islamismus als politischer Ideologie des religiösen Fundamentalismus auf der anderen. Der geistige Vater von Bin Laden, der zitierte Qutb, ist der Vordenker dieser politisch-religiösen Strömung innerhalb der islamischen Zivilisation seit Mitte des 20. Jahrhunderts.[3] Bin Laden ist kein einzelner Psychopath oder religiöser Fanatiker; er repräsentiert eine Strömung, die auch in der Diaspora der Migration ihr Netz besitzt. Das Bin Laden-Netz des Islamismus[4] hat in zweifacher Weise die bestehenden Strukturen der Migration ausgenutzt: 1. die offenen Grenzen des Westens, die die Mobilität der Terroristen erleichtern und 2. den Multikulturalismus. Letzterer bedeutet nicht, wie von seinen Befürwortern in Deutschland behauptet wird, »kulturelle Vielfalt«. Diese wäre unter den Begriff des kulturellen Pluralismus (vgl. Kapitel 5 und 6 unten) zu fassen und versteht sich eben gerade nicht als Multi-Kulti. Wie die amerikanischen Urheber des Multikulturalismus argumentieren, geht es um »*free space*/Freiraum« für Diasporakulturen der Migranten. Genau in diesem Freiraum bewegten sich die islamistischen Terroristen wie Fische im Wasser. Dies sowie die offenen Grenzen machten es möglich, daß die Operation der Bin Laden-Connection vorbereitet und mit großem Erfolg durchgeführt wurde. Wer diese Fakten nicht anerkennt, versteht die sich seitdem verändernde Welt nicht und hat keinen Sinn für die Wirklichkeit! Vor allem können jene, die sich gegen diese Erkenntnis sperren, sich nicht aufrichtig dem Kampf gegen den Terrorismus anschließen.

Dieses Buch lag schon Anfang September in seinen zentralen Aussagen vor; der 11. September hat seine Thesen bestätigt. Nach der Kriegserklärung an die westliche Zivilisation durch die Islamisten mußte ich nur gewisse Aktualisierungen vornehmen, aber an keiner Stelle inhaltliche Änderungen bei meinen Schlußfolgerungen vornehmen. Beim oberflächlichen Leser könnte der Eindruck entstehen, dieses Buch wäre erst nach der Tragödie von New York und Washington geschrieben worden. Dies trifft nicht zu. Der Text mit den Thesen ist nämlich im Zeitraum von 1999 bis 2000 entstanden. Darin spreche ich unter anderem den Bedarf nach politischer Steuerung der Migration für Deutschland an; dieser ist heute noch erheblich größer bei uns als in den USA. Denn Deutschland ist im Gegensatz zu dem traditionellen Einwanderungsland USA nichts anderes als ein Zuwanderungsland. Das ist auch der Grund dafür, warum islamistische Terroristen – wie eine große amerikanische Zeitung anklagend schreibt – »*a haven in liberal and open Germany*«[5] für ihre Arbeit gefunden haben. Im Bericht ist zu lesen:

»Das allgegenwärtige Bewußtsein der totalitären Vergangenheit im Nachkriegsdeutschland hat zu einer Offenheit und Lockerheit im Hinblick auf Gefahren der Sicherheit beigetragen, die Deutschland zu einem idealen Ort für »Schläfer« gemacht hat, an dem diese sich integrieren und andere rekrutieren können. Im Gegensatz dazu ist Frankreich scharf gegen den Terrorismus vorgegangen.«

Der Kriegsakt vom 11. September wurde von Deutschland aus mitvorbereitet. Es wird generell nach der Feststellung der Rolle Mohammed Attas als mutmaßlichem Anführer und Terrorpiloten berichtet, »daß das FBI mittlerweile davon ausgeht, daß die Selbstmordanschläge hauptsächlich in Deutschland geplant wurden«[6]. Ich habe mehrfach mit Deutschen gesprochen, die dies anzweifeln. Meinungen kann man bestreiten, nicht aber Fakten. Diese veranlassen mich in dieser – nach dem 11. September geschriebenen – Einleitung, davon auszugehen, daß die europäische Bin Laden-Zentrale sich in Deutschland befindet. Wie oft bin ich als liberaler Muslim von deutschen Gesinnungsethikern angefeindet worden, weil ich schon sehr früh vor den Gefahren der Multi-Kulti-Toleranz gegenüber dem Islamismus gewarnt habe. Nur wenige waren bereit, mir zuzuhören. Heute werde ich von den Ereignissen und entsprechenden Befunden mehr als bestätigt. Ich verteidige den Islam gegen den Islamismus. Deutsche Multi-Kulti-Gesinnungsethiker haben vor dem 11. September den Islamismus gegen meinen Euro-Islam verteidigt.

Bestimmte Deutsche, die Andersdenkenden lieber mit Keulen, statt mit Argumenten antworten, werden es nach dem 11. September 2001 schwerer haben. Ich verhehle meine Genugtuung darüber nicht, daß es nicht mehr möglich sein wird, die Mahner zu verfemen, nachdem islamistische Terroristen im Rahmen einer irregulären Kriegsführung der westlichen Zivilisation den Krieg erklärten. Es ist zu hoffen, daß die angesprochenen Gutmenschen nicht mehr länger die Migrationsdebatte bestimmen und damit erfolgreich sind, Andersdenkende auszugrenzen. Durch den Kriegsakt von New York und Washington wurde eine logistische Verbindung zwischen dem Land der fundamentalistischen Taliban, also Afghanistan, und Teilen der Islam-Diaspora im Westen offensichtlich. Diese noch weitere Länder einbeziehende Verbindung hat den Namen Bin Laden-Connection bekommen. In allen westlichen Ländern – und hier ist die Bundesrepublik Deutschland keine Ausnahme – wird ein Zusammenhang zwischen Migrations- und Sicherheitspolitik bei der Revision bisheriger Einwanderungsbestimmungen sowie bei jeder Legislation neuer Gesetze im Bereich der Migration erkannt. Bundesinnenminister Schily hat ohne Rücksicht auf ideologische Schelte die Verknüpfung zwischen Sicherheit und Einwanderung als Richtlinie zukünftiger Gesetzgebung entworfen.[7] Diese Zusammenhänge bestimmen den Aufbau dieses Buches. International, wenngleich nicht in Deutschland, war der Zusammenhang zwischen Migration und Sicherheit auch schon vor dem 11. September anerkannt.

Bereits in einem 1995 erschienenen und laut Vorwort vor der Publikation im Grundriß an der Abteilung für Internationale Beziehungen der Universität Göttingen vorgestellten Buch unter dem Titel *The Global Migration Crisis* hat der einige Jahre später verstorbene renommierte MIT-Politikwissenschaftler Myron Weiner argumentiert, daß Migration die Aufnahmegesellschaften nicht nur – auf allen Ebenen – bereichere; diese sei auch mit Problemen der Sicherheit verbunden. Myron Weiner stammt selbst aus einer jüdisch-baltischen Migrantenfamilie, die durch die Flucht in die USA dem Holocaust entkommen ist. Weiner kritisiert die Konzentration der Migrationsstudien auf Ökonomie und Demographie, während alle politischen Fragen, vor allem die der Sicherheitsproblematik, ignoriert würden. Myron Weiner ist der erste Migrationsforscher, der dem Zusammenhang von Migration und Sicherheit ein ganzes Kapitel widmet. Diese Studie wirkt heute im nachhinein beinahe prophetisch. Myron Weiner definiert Sicherheit so: »*Security*« gehöre zu den Aufgaben einer Regierung, um das Territorium und die Bevölkerung des eigenen Staates gegen Gefahren zu schützen. Dabei gehe es um »Stabilität ..., das Wohlergehen sowie die zentralen Werte eines Landes«[8].

In diesem Sinne ist die Zuwanderung islamischer Fundamentalisten nach Europa eine Bedrohung der Sicherheit, für Europa und Nordamerika gleichermaßen. Weiner führt eine Fülle von Beispielen weltweit an, um seine These zu veranschaulichen und dann zu schlußfolgern, daß Zuwanderer in den angeführten Fällen »terroristische Attacken in den Gastländern ausgeführt, illegal Waffen geschmuggelt haben, ... sich gegen die Politik des Gastlandes zusammengeschlossen haben und in Drogenhandel verwickelt waren« (Seite 139).

Eine konzeptuell abgesicherte und somit gesteuerte Einwanderungspolitik, die sich diese Gefahren bewußt macht, stellt Sicherheitspolitik an die oberste Stelle ihrer Belange und ist somit in der Lage, die angeführten Begleiterscheinungen präventiv zu verhindern.

Deshalb gehört zur Sicherheitspolitik eines jeden Migranten aufnehmenden Landes, die Zuwanderer und Asylanten bei »ihrem Asylantrag« in zweierlei Hinsicht zu überprüfen, also nicht nur »ob sie eine wohlbegründete Angst vor Verfolgung haben, sondern auch ob ihre Anwesenheit möglicherweise eine Gefahr für das Gastland darstellt ... Diese Befürchtungen sollten zur Kenntnis genommen werden und sind nicht unbegründet, besonders im Kontext des zunehmenden internationalen Terrorismus« (S. 139-140).

Ich weiß nicht, ob Bundesinnenminister Otto Schily Weiner gelesen hat. Seinen Kritikern, die sich mehr Sorgen um das »Feindbild Islam« als um die Sicherheit ihrer Demokratie gegen den Terrorismus machen, sei die Lektüre empfohlen.

Am 11. September 2001 wurde der Zusammenhang zwischen Einwanderungs- und Sicherheitspolitik empirisch auf dramatische Weise veranschaulicht. Heute können wir diesen Zusammenhang nicht mehr übergehen. Er muß und wird in Zukunft jede Migrationspolitik entscheidend mitbestimmen.

Zu den in New York und Washington agierenden Terroristen, die alle arabische Islamisten aus der *al-Qaida*-Bin Laden-Connection waren, gehörten drei, die aus Deutschland kamen und sogar die entführten Flugzeuge als Terrorpiloten steuerten. Ich habe seit Jahren auf die Gefahren des Islamismus aufmerksam gemacht und war bemüht, über die Versuche der Islamisten, die Islam-Diaspora zu »hijacken«, aufzuklären. Durch diesen Mißbrauch wollten sie die Diaspora-Kultur und ihre Moschee-Vereine für sich nutzen, um sich frei wie ein Fisch im Wasser zu bewegen. Statt meiner Aufklärung zuzuhören und meiner Alternative zum Islamismus, also Euro-Islam statt Taliban-Islam[9] zu beherzigen, bin ich massiv angefeindet, ja sogar verfemt und in die »rechte« Schublade der Ausgrenzung und Einordnung Andersdenkender gesteckt worden. Zu den Verfemungen gehörten Vorwürfe wie »Generalverdacht gegen Muslime« (*F.A.Z.* vom 8. Januar 2001) und »Fußkranke und Ein-Mann-Sekte Bassam Tibi« (*Süddeutsche Zeitung*, 15. Februar 1999); beide Zeitungen haben meine Bücher über den Islamismus ignoriert. Zur Gesinnungsethik deutscher Gutmenschen gehörte auch die Einordnung meiner Ideen in Huntingtons »Kampf der Kulturen«, obwohl weder mein Harvard-Kollege noch ich diesen Begriff je verwendet haben. Huntington spricht von »Clash of Civilizations«, also vom »Zusammenprall der Zivilisationen«. In meinem Buch zur Thematik der Zivilisationskonflikte beschäftige ich mich in einem ganzen Kapitel damit, die Unterschiede zwischen Huntington und mir deutlich zu machen.[10] Kurz: Das auf Werte und Anschauungen unterschiedlicher Kulturen bezogene Konfliktpotential ist alles andere als ein Kampf der Kulturen. Und dieser Zivilisationskonflikt wird in dem vorliegenden Buch über islamische Zuwanderung beleuchtet, weil dieser Gegenstand zu jeder tabufreien Debatte über Migration gehört. Der 11. September 2001 ist der Scheidepunkt.

In dieser Einleitung und den daran anschließenden Kapiteln

will ich im Lichte der Tragödie von New York und Washington den Terrorismus im Zusammenhang von Migration und Diaspora-Kultur näher erläutern. Ich will zeigen, wie ernst die Frage der Integration der Einwanderer zu nehmen ist. Integrierte Muslime würden sich nicht in solche *Djihad*-Abenteuer des Terrorismus verwickeln lassen. Integriert sein heißt allerdings nicht das, was deutsche Politiker darunter verstehen: nur Deutsch sprechen und formaljuristisch durch die Ausstellung eines Passes eingebürgert sein. Zwei Piloten der Todesflugzeuge, die das World Trade Center zerstörten und etwa 3400 unschuldige Menschen töteten, kamen aus Hamburg und sprachen fließend Deutsch. Zwei ihrer Hintermänner, so der Deutsch-Marokkaner Said Bahaji, waren sogar Inhaber von echten deutschen Pässen, also formaljuristisch deutsche Bürger, die dem Westen den Krieg erklären, weil sie seine europäische Leitkultur ablehnen. Integration heißt, eine säkulare Bürgeridentität und die dazugehörige Leitkultur als Werteorientierung zu akzeptieren.

Nach dem 11. September wird auch der Multikulturalismus in neuem Licht gesehen (vgl. Anm. 1). In den USA ist er schon totgesagt worden. Multi-Kulti-Ideologen irren, wenn sie Multi-Kulti mit kultureller Vielfalt verwechseln, ja gleichsetzen. Das ist falsch, wie ich in den Kapiteln 6 und 7 zeige. Nichts anderes als die Gewährung eines Grundrechts auf »*free space for migrant cultures*/freier Raum für Migrantenkulturen« innerhalb westlicher Gesellschaften meinen die Urheber des Konzepts, das in Amerika entstand. In der amerikanischen Multi-Kulti-Debatte vor dem 11. September 2001 wurden die Grundrechte der Kollektive großgeschrieben auf Kosten des westlichen Konzepts der individuellen Menschenrechte. Aber genauso wie der Multikulturalismus in Amerika geboren wurde, fand er dort am 11. September sein Ende; islamistische Terroristen haben mitgeholfen, sein Ende herbeizuführen. Sie mißbrauchten die Migration, die ihnen Freiraum für politische Aktivitäten bot, sowie auch die Islam-Diaspora. Sie nahmen westliche Freiheiten in Anspruch, um der westlichen Zivilisation, die ihnen Schutz bot, den Krieg zu erklären.

Die Selbstverleugnung[11] der Multi-Kulturalisten nahm die Form der Wertebeliebigkeit an, die aber nach dem 11. September jeden Bestand verloren hat. In diesem Licht müssen wir erneut über alles, und zwar ohne multi-kulturelle PC-Zensur nachdenken. Bin Laden wollte eine zivilisatorische Konfrontation zwischen der westlichen und der islamischen Zivilisation herbeiführen. Kurzfristig gesehen haben die *Djihad*-Soldaten der Bin Laden-Connection großen Schaden angerichtet, aber sie haben dabei den Ast, auf dem sie saßen, abgesägt. Denn in Zukunft scheint es nicht mehr möglich zu sein, daß die Islamisten im Westen einen Freiraum als Grundrecht beanspruchen können. Weltweit, und besonders in Europa, werden ihre »Zellen« erkundet und hoffentlich ausgeräumt. Es mag sein, daß Deutschland seine Sonderwege pflegt und einen Kalif der Muslime, nämlich Metin Kaplan, wie zuvor seinen Vater Cemalettin Kaplan duldet. Andere westliche Länder tun dies nicht.

Trotz einer islamischen Diaspora-Kultur von vier Millionen Migranten in Frankreich scheint die Bin Laden-Connection dort im Gegensatz zu fast allen europäischen Ländern, in denen ansässige Islamisten mit den Anschlägen in New York in Verbindung gebracht wurden, kaum Fuß gefaßt zu haben. Die Franzosen haben stets eine klare Position bei der Alternative »*intégration ou insertion communitaire*/Integration oder Ghettobildung«[12] eingenommen. In Paris 1992 habe ich mit meinem Konzept des »Euro-Islam« zu der Beantwortung dieser Frage beigetragen.[13] So hat auch das britische *Time Magazin* in der Ausgabe vom 24. Dezember 2001 mich als Urheber des Konzeptes vom Euro-Islam ausgegeben. Im Umgang mit dieser Problematik kommt in Europa Großbritannien an zweiter Stelle. Nach jahrelangen Versäumnissen hat man dort im Frühjahr 2001 den *British Terrorism Act* verabschiedet, der zu einer strafrechtlichen Verfolgung islamistischer Terroristen autorisiert. Auf dieses Gesetz werde ich in dieser Einleitung noch näher eingehen. Nach dem 11. September 2001 kam dieses Gesetz zur Geltung, als der Migrant Lotfi Raissi verhaftet wurde, der den

Terrorpiloten Logistik und Ausbildung in Großbritannien ermöglicht hatte. Auch Belgien ist aktiv: »Die belgische Polizei
hat mögliche Verbindungen zum terroristischen Netzwerk von
Osama bin Laden in ganz Europa aufgedeckt.«[14]
Derjenige, der allen Erkenntnissen zufolge die gesamte Operation leitete und selbst als Terrorpilot wirkte, war der Ägypter
Mohammed Atta, der aus der Hamburger Islam-Diaspora kam.
Wie stets in der Geschichte, waren die Deutschen auch hier die
»verspätete Nation«[15]. Ihre Sicherheitsbehörden und Justiz
waren bei der Entdeckung der »Schläfer« selbst Schläfer, wie
ich in dem Nachrichtenmagazin *Focus* verdeutlichte.[16]

Anklage gegen »Feindbild Islam« als Aufklärung oder Schutzschild für Islamisten?

Natürlich gibt es im Westen ein »Feindbild Islam«[17], ebenso
wie es unter Muslimen ein »Feindbild Westen«[18] gibt. Den
Islamisten diente die Keule »Feindbild Islam« als Waffe bei
den historisch belasteten Deutschen, um einen Freiraum für
sich zu schaffen und ihre Kritiker zum Schweigen zu bringen. In
den westlich-islamischen Beziehungen gibt es Fremd- und Selbst-
bilder auf beiden Seiten, die ausgewogen angesprochen werden
müssen.[19]
Wie können wir dies, ohne dem »Feindbild Islam« zu verfallen, erreichen? Welche europäische Perspektive benötigen wir
gegen den Mißbrauch Europas als Hinterland für die politischen Aktivitäten des Islamismus? Der erste Schritt wäre, zwischen Islam und Islamismus zu unterscheiden, um aufklären zu
können. Toleranz dem Islam, aber wehrhafte Demokratie dem
Islamismus.[20] Ist das möglich?
Folgende Anekdote veranschaulicht das Problem: Einem deutschen Doktoranden der Rechtswissenschaften, der zum Thema
Menschenrechtsverletzungen arbeitet und mich um Rat ersuchte,
gab ich den folgenden Kommentar: »Die Islamisten verletzen
Menschenrechte, verbieten sich aber jegliche Kritik, indem sie

Andersdenkende verdächtigen, ein Feindbild vom Islam zu schüren, und diesen vermeintlichen Antiislamismus dem Antisemitismus gleichstellen.« Und dann habe ich die Frage hinzugefügt: »Mit welchem Recht instrumentalisieren diese Islamisten die Leiden der Juden unter NS-Verbrechern für sich, obschon viele von ihnen selbst Antisemiten sind?« Daraufhin antwortete der junge und unbescholtene, ja sehr aufgeschlossene deutsche Doktorand: »Sie sind ein Muslim und können so frei sprechen; wenn ich dieselben Worte wie Sie verwende, werde ich von diesen Leuten als ›Nazi-Schwein‹ beschimpft.«

Oft werden Juden und Muslime in Deutschland als Minderheiten auf die gleiche Stufe gestellt – nicht immer in guter Absicht; dabei werden oft falsche Schlußfolgerungen mit politischer Motivierung gezogen. Richtig ist an diesem Vergleich nur, daß die Deutschen vor 1933 es nicht geschafft haben, die Juden als gleichberechtigte deutsche Bürger im Sinne von *citoyen* zu integrieren. Das Ergebnis waren die NS-Verbrechen. Genauso gelingt es den Deutschen heute nicht, die Muslime zu integrieren. Aber die Bundesrepublik Deutschland ist im Gegensatz zum Dritten Reich eine westliche Demokratie; diese bietet auch den Muslimen Schutz. Dieser darf aber im Lichte der Lehren des 11. September nicht dazu dienen, daß die in der Diaspora lebenden Islamisten Religionsfreiheit als Schutzschild mißbrauchen.

Ich wiederhole die Feststellung: Bisher diente der Vorwurf »Feindbild Islam« als Schutzschild für die Islamisten. »Feindbild Islam« und Antisemitismus werden auf die gleiche Stufe gestellt. Die Fakten stehen im Widerspruch zum Vergleich der Situation von Juden und Muslimen in Europa. An erster Stelle ist die Tatsache zu nennen, daß die Bundesrepublik im Gegensatz zu Weimar eine stabile, voll in den Westen integrierte Demokratie ist, die Schutz für Muslime und Juden gleichermaßen bietet; außer dem peripheren Rechtsradikalismus der Neonazis besteht für Minderheiten im demokratischen Deutschland keine Gefahr, weil der Rechtsstaat sie schützt. Außerdem ist zu berücksichtigen, daß die Juden vor 1933, im Gegensatz zu den muslimischen Migranten, kulturell deutsche Europäer waren. In Israel habe ich viele deutsche Juden kennengelernt, die deutsche Sitten und Umgangsformen intensiver pflegten als die mir in Deutschland vertrauten Deutschen. Deutsche Juden waren 1933 keine Fremden, erst die Nazis haben sie zu solchen gemacht.

Damals gab es in der jüdischen Gemeinde Deutschlands auch keine Rechtsradikalen, die mit den Islamisten unter den heute in Deutschland lebenden Muslimen vergleichbar gewesen wären; Juden hatten bekanntlich zudem auch keine Vision von einer Judaisierung Deutschlands. Die Islam-Diaspora in Deutschland so wie im Rest Westeuropas stellt sich ganz anders dar; sie stammt kulturell aus einer Vielzahl unterschiedlicher Lokalkulturen in Asien und Afrika. Entsprechend haben muslimische Migranten völlig andere Werte und Normen sowie zivilisatorische Weltbilder als die Deutschen oder andere Europäer. Hieraus erwachsen Zivilisationskonflikte; diese werden von den Islamisten politisiert.

Trotz des latenten Antisemitismus der Deutschen waren die etwa 566 000 deutschen Juden vor 1933 kulturell Teil des Gemeinwesens in Deutschland. Dies trifft für die 3,5 Millionen Muslime, die heute in der Bundesrepublik leben, zu einem überwiegenden Teil nicht zu.[21] Sie sind untereinander kulturell sowie religiös fragmentiert; ihre Zahl wird sich, Vorhersagen zufolge, bis Mitte des Jahrhunderts verdreifachen. Was ist zu tun, damit diese Diaspora nicht als multi-kultureller »Freiraum«, sprich als ein trojanisches Pferd zur Islamisierung Europas von den Islamisten mißbraucht wird?

Zur Begriffsbestimmung müssen wir erst einmal zwischen Islam und Islamismus unterscheiden. Der Islam ist eine – wenn auch leider nur in Grenzen – tolerante Religion; nach Aufgabe ihrer theologischen Dominanzansprüche gegenüber anderen Religionen kann sie im Rahmen eines religiösen Pluralismus einen gleichberechtigten Platz in Europa einnehmen. Eine unabdingbare Voraussetzung des Pluralismus ist das Gleichheitsprinzip als unwiderrufbare Spielregel und zugleich Norm (vgl. den dritten Teil). Nur ein Reform-Islam wird diese Voraussetzung erfüllen können.

Der Islamismus dagegen ist eine politische und rechtsradikale Ideologie, die weder Toleranz noch Säkularität anerkennt. Auch ein orthodoxer Islam ist mit seinen *Schari'a*-Vorstellungen schwer mit dem Grundgesetz vereinbar. Islamisten sind bestrebt, jede auf Reform abzielende Religionskritik am Islam sowie die Unterscheidung zwischen Islam und Islamismus als »Feindbild Islam« zu verfemen. Vor allem protestantische Kirchenväter tappen naiv in diese Falle. Es ist zu hoffen, daß dies nach dem 11. September nicht mehr geschieht.

Vor den Anschlägen in New York und Washington waren die Schänder der Synagogen in Düsseldorf und Essen im Oktober 2000 Islamisten wie die Terroristen von New York und Washington 2001. Als zunächst vermutet wurde, die Täter von Düsseldorf seien deutsche Rechtsradikale, reiste der Bundeskanzler an und rief zu einem »Aufstand der Anständigen« auf. Als die deutschen Behörden ermittelten, daß die Täter keine Deutschen, sondern Islamisten waren, wurde der Aufruf des Kanzlers nicht wiederholt. Der Angriff durch Islamisten auf den Berliner Reform-Rabbiner Rothschild, der mit mir den jüdisch-islamischen Dialog führt, veranlaßte die CDU-Ausländerbeauftragte in Berlin in einem Interview (*SZ* vom 16. Januar 2001) zu der Aufforderung, den Fall nicht hochzuspielen, weil sonst »Islam-Feindbilder« entstünden. Damals wie heute spielt der deutsche Gutmensch mit seiner Warnung vor dem »Feindbild Islam« der Taktik der Islamisten in die Hände, jede Aufklärung über ihren Rechtsradikalismus zu unterbinden. Ich hatte es damals sehr schwer, einen Artikel mit der Aufforderung zu veröffentlichen, daß der »Aufstand der Anständigen« sich auch gegen Islamisten richten müsse.[22]

Islamisten vertreten auf ihre Art einen Antisemitismus, scheuen aber aus politischem Kalkül nicht davor zurück, eine Parallele zwischen Antisemitismus und Antiislamismus zu konstruieren. Die Mehrheit der in Europa lebenden Muslime gehört natürlich nicht zu den Islamisten und ist von einer Kritik am Islamismus ausgenommen, solange der Unterschied zwischen dem Islam als Religion und dem Islamismus als demokratiefeindlicher Ideologie klargemacht wird. Die Kritik am Islamismus ist eine demokratische Position und hat mit einem oft entweder propagandistisch von Islamisten oder gesinnungsethisch von deutschen Gutmenschen unterstellten »Islam-Feindbild« nichts zu tun. Als Reform-Muslim bin ich gegen den Islamismus und wehre mich mit aufgeklärt-islamischen Argumenten gegen den rufschädigenden Vorwurf, »Angst vor Muslimen in Deutschland« zu schüren; ich kläre über die ideologische Waffe der Islamisten, für die sie sogar manche Deutsche als »nützliche Idioten« gewinnen können, auf. Nach dem 11. September wird es für Islamisten und ihre deutschen Verbündeten schwerer werden, den Vorwurf »Feindbild Islam« für die Schaffung eines Freiraums für ihre politischen Aktivitäten zu instrumentalisieren.

Andere westliche Länder, vor allem Frankreich, bieten den Deutschen bei ihrem Bestreben der demokratischen Bewältigung ihrer Vergangenheit bessere Modelle an. Von den Mutterländern der Demokratie, vor allem von Frankreich und Großbritannien, könnten die Deutschen viel lernen. Bisher war Frankreich das einzige Land Westeuropas, das sich gegen die Strategie der Islamisten, Europa als Hinterland für die Aktivitäten ihrer totalitären Bewegungen in der Welt des Islam zu mißbrauchen, mit Erfolg gewehrt hat. Zu Beginn des Jahres 2001 hat auch die Blair-Regierung in Großbritannien Lehren aus der Vergangenheit gezogen. Noch vor dem 11. September wurde der *British Terrorism Act* als Gesetz angenommen und trat im Frühjahr 2001 in Kraft. Dadurch wurden die lockeren Bestimmungen, die den Mißbrauch Großbritanniens als Hinterland für die Islamisten ermöglichten, aufgehoben. Nach der Kriegserklärung der Islamisten vom 11. September wurde dieses Gesetz bereits in mehreren Fällen angewandt. Im Vergleich läßt sich folgendes feststellen: Die deutsche Polizei hat im Dezember 2000 und Januar 2001 mehrere Terror-Projekte des Bin Laden-Netzes, unter anderem in Frankfurt, enthüllt. Die deutsche Justiz konnte angesichts des Fehlens rechtlicher Grundlagen nichts unternehmen. Die deutschen Politiker und Behörden verhielten sich vor dem 11. September selbst wie Schläfer (vgl. Anm. 16), so daß der Islamismus und seine Terroristen eine sichere Basis in Deutschland gewinnen konnten[23]; andere europäische Länder haben solche Aktivitäten nicht mehr geduldet. Der deutsche Sonderweg einer Fremdenliebe aus schlechtem Gewissen im Umgang mit islamistischen Migranten wird nach dem 11. September nur noch schwer zu praktizieren sein. Weder die USA noch die europäischen Nachbarländer werden dergleichen im Interesse ihrer Sicherheit tolerieren.

Von den europäischen Nachbarn lernen?
Der British Terrorism Act gegen die Diaspora-Freiräume für Islamisten

Geschichtlich war Deutschland im Vergleich zu den europäischen Nachbarn stets eine »verspätete Nation« (Helmuth Plessner, Anm. 15). Dies gilt auch für den gegenwärtigen Umgang mit dem Islam[24] und erklärt, warum Islamisten Deutschland als Basis für die Logistik ihrer Aktivitäten bevorzugen (vgl. Anm. 5). Im Umgang mit dem Diaspora-Islam ist die rasche Aneignung einer Doppelstrategie erforderlich. Diese besteht darin, die Mehrheit der muslimischen Einwanderer durch Integration zu europäischen Bürgern zu machen und den Islamisten unter ihnen das Handwerk zu legen.

Der *British Terrorism Act* bietet ein Modell für ganz Europa im Umgang mit dem Islamismus. Das Inkrafttreten dieses Gesetzes im Frühjahr 2001 markierte schon vor dem 11. September einen schwarzen Tag für islamische Extremisten, die von Europa aus gegen die angeblich vom Glauben abgefallenen säkularen Ordnungen in der Welt des Islam agieren. Mit dem neuen Gesetz endete für Islamisten der Freiraum, der es ihnen bis dahin ermöglichte, die Inselmonarchie als Hinterland für ihre Aktivitäten in der islamischen Welt zu instrumentalisieren. Vor den Anschlägen von New York und Washington war es nicht leicht, über dieses Thema in Europa, wo fast nur Klischees über den Islam kursieren, zu schreiben. Als liberaler Muslim und zugleich Experte über den politischen Islam habe ich stets versucht, die deutschen Leser darauf aufmerksam zu machen, daß die Religion des Islam streng von der politischen Ideologie des Islamismus zu unterscheiden ist und beide keinesfalls gleichgesetzt werden dürfen. Dies stellt eine Grundvoraussetzung für den Umgang mit der Islam-Diaspora dar, wenn man vermeiden möchte, daß sie von Terroristen als Basis in Anspruch genommen werden kann. Mit einem Mal berichten die Medien nahezu ununterbrochen darüber, nachdem sie zuvor diesbezüglich geschwiegen haben. Damit meine ich keineswegs, daß die Selbstzensur der *political correctness* aufgehört hat. Sie besteht weiterhin.

Nun zum britischen Experiment: In den vergangenen Jahren ist London zum Zentrum vieler islamistischer Bewegungen von den Muslimbrüdern über den *Djihad*, die algerische *GIA*, *Hamas* bis zur *al-Qaida* geworden. Warum? Jede politische Bewegung, die dort, wo sie wirksam werden will, nicht legal wirken kann, benötigt ein Hinterland, um ihre Infrastruktur aufzubauen; andernfalls kann sie nicht funktionieren. Das liberale London bot sich als logistische Basis für islamistische Gruppen an. Bei ihnen handelt sich um eine Minderheit, die teils offen, teils verdeckt innerhalb der Mehrheit der dort zugewanderten Muslime wirkt. Alle 19 Islamisten, die durch ihren Terrorakt in den USA symbolisch eine Kriegserklärung aussprachen, hielten sich zuvor in London als Transitstation auf. Alle waren Vertreter des politischen Islam, der beansprucht, eine globale Gottesordnung zu errichten. Dieser Anspruch auf eine islamische Ordnung gilt auch für Deutschland.

Was ist nun eine islamische Ordnung? Bekanntlich ist die traditionelle Ordnung im Islam das Kalifat. Die 56 islamischen Staaten bekennen sich aber nicht mehr zur Ordnungsvorstellung des Kalifats, das seit seiner Auflösung 1924 durch Kemal Atatürk nicht mehr existiert.[25] Es ist schon merkwürdig, daß ein Türke, der sich Kalif der Muslime nennt, von Köln aus – also aus der Nähe von Aachen, wo einst der Begründer Europas, Karl der Große, residierte – seine Botschaften an die Welt des Islam verkündet. Dieser selbsternannte Kalif heißt Kaplan. Der Verfassungsschutz hat die deutschen Politiker stets darüber aufgeklärt, daß dieser Kalif – zunächst der Vater Cemalettin Kaplan, dann, nach dessen Ableben, sein Sohn Metin Kaplan – nicht einfach ein Muslim, also ein Angehöriger eines anderen Glaubens, sondern vor allem ein Terrorist ist. Vater und Sohn Kaplan sind zu den Islamisten zu zählen. Heute wissen wir es genau: Ihre Organisation pflegte nachweislich Kontakte zur Bin Laden-Connection.[26] Ich möchte nebenbei anmerken: Der Gottesstaat, den diese Kaplan-Islamisten anstreben, ist eine neue Auffassung islamischer Ordnung; sie unterscheidet sich vom traditionellen Kalifat. Das ist aber nicht unser Thema. Hier soll es um den Terrorismus der Islamisten gehen.

Von Europa aus versuchen die Islamisten, ihre Vision von Ordnung in den Ländern, aus denen sie stammen, durchzusetzen. Eine rechtliche Grundlage, auf deren Basis ihre extremistischen Aktivitäten in Europa zu verhindern wären, hat bis auf den *British Terrorism Act* nicht existiert. Nach dem 11. September heißt die Antwort auf die Kriegserklärung der Islamisten: Kampf dem Terrorismus. Dieser muß gesamteuropäisch und zugleich global geführt werden. Die Islam-Diaspora, sofern sie sich als Terrorismus-Basis mißbrauchen läßt, muß in die Auseinandersetzung miteinbezogen werden.

Erster Schauplatz ist Westeuropa, wo die Islamisten ihre »Schläfer« und die entsprechende Logistik unter Mißbrauch von Migration und Diaspora aufgebaut haben. Europa bietet sich den in ihren eigenen Ländern, etwa in Nahost, verfolgten Islamisten nicht nur als Zufluchtsort an, sondern auch als Hinterland für ihre Bemühungen. Bisher wurde vor allem Großbritannien als Hinterland für diese extremistischen Aktivitäten der Islamisten genutzt. Deutschland sowie Schweden, die Niederlande und Belgien stehen heute ebenso an vorderster Stelle, weil es, insbesondere in Deutschland, den Gutmenschen gelungen ist, jede Terrorismusbekämpfung als Fremdenfeindlichkeit zu stigmatisieren. Aus denselben Kreisen erfahren wir heute die Stigmatisierung der Sicherheitspakete zur Bekämpfung des Terrorismus als polizeistaatliche Maßnahmen.

Ich möchte meine Behauptung an einem Beispiel illustrieren: Als 1998 die Bewegung des selbsternannten Kalifen von Köln einen Hubschrauberangriff auf die Gedenkfeier der säkular-türkischen Republik am Atatürk-Mausoleum in Ankara plante, wurde dies von der logistischen Basis Deutschland aus vorbereitet. Der Terrorakt, der in der Türkei, wo damals Staatspräsidenten und andere hochrangige ausländische Gäste versammelt waren, in einem Blutbad hätte enden können, mißlang, weil die türkischen Nachrichtendienste den Plan enthüllt und vereitelt hatten. Die türkischen Behörden wandten sich an Deutschland mit der Bitte um Mitarbeit und Auslieferung der Terroristen, bislang jedoch ohne Ergebnis. Als gut informierter Experte bedauerte ich damals, daß die deutschen Medien der Propaganda der Islamisten aufsaßen, bei der »Enthüllung« handele es sich lediglich um eine »Verfemung der islamischen politischen Opposition« durch kemalistische Säkularisten und ihre Sicherheitsdienste.

In einem anderen Zusammenhang konnte der Kalif von Köln 1999 verhaftet werden. Hierfür bedurfte es des Aufrufs zu einem Mord in Deutschland durch Metin Kaplan. Ein Gericht verurteilte ihn zu nur vier Jahren Haft. Gegen dieses Gerichtsurteil haben 2000 potentielle Terroristen der Kalifatbewegung auf deutschem Boden ungenehmigt demonstriert; sie haben ungestraft die deutsche Justiz verfemt.

Deutschland diente bisher als Hinterland der Islamisten. Einen Beweis dafür lieferten die militanten Anhänger dieses

Kalifen, als sie überall in Deutschland auf die Straße gingen, um den Deutschen ein »Feindbild Islam« und »Kreuzzüglertum« zu bescheinigen, vor allem aber, um Flagge zu zeigen: Wir sind hier und machen weiter! Die Unterstellung eines »Feindbilds Islam« ist, wie bereits angezeigt, instrumentell. Deutschland macht Großbritannien als Hinterland der Islamisten Konkurrenz, bleibt aber bisher hinter der britischen Demokratie in punkto Gesetzgebung zurück. Ich habe mir nach dem 11. September, analog zum *British Terrorism Act*, auch deutsche Gesetze gegen den islamistischen Terrorismus gewünscht. Otto Schily machte dies möglich, trotz der Blockade der Grünen und der PDS; zwei Sicherheitspakete wurden als Gesetze verabschiedet. Eine Erweiterung des Strafgesetzbuchartikels 129 zur rechtsstaatlichen Regelung der Verfolgung von Terroristen ist dringend geboten, steht aber noch aus; Islamisten und Terroristen sollen ihre politischen Aktivitäten nicht mehr unter dem Mantel der Religionsfreiheit verstecken können. Hierfür könnten die beiden vom Bundestag verabschiedeten Sicherheitspakte mit der Reform des Vereinsrechts als Vorbild dienen.

Propaganda der Islamisten gegen Blair und der British Terrorism Act

Als im Frühjahr die britische Regierung und das Parlament an der Verabschiedung des *British Terrorism Act* wirkten, waren sie dem Vorwurf ausgesetzt, ein »Feindbild Islam« aufzubauen. Auf der anderen Seite haben die islamischen Regierungen dem britischen Staat Tatenlosigkeit gegenüber dem islamischen Terrorismus vorgeworfen. Jeder britische Muslim weiß, daß kein Premier der Inselmonarchie vor Blair so große Offenheit gegenüber dem Islam und seiner britischen Diaspora gezeigt hat. Toleranz aber hat ihre Grenzen (vgl. Kapitel 5); weder bedeutet sie Selbstaufgabe, noch besteht sie darin, islamischen Extremisten die Freiheit zu gewähren, ihre Aktivitäten im europäischen Hinterland zu betreiben. Im Jahr 1996 fand der Anti-Terror-Weltgipfel im ägyptischen Scharm al-Scheikh statt, an dem fast alle westlichen Regierungschefs teilnahmen. Als Jahre danach der britische Premier Blair Ägypten eine Staatsvisite abstattete, sagte ihm Präsident Mubarak einer arabischen Informationsquelle zufolge wörtlich: »Bitte hören Sie auf, uns Lektionen über die Bekämpfung des Terrorismus zu erteilen! Die Banden der Extremisten wie *Djihad* agieren doch von Ihrer Hauptstadt London aus gegen uns.« Natürlich konnte Blair dem nicht widersprechen, weil der ägyptische Präsident recht hatte. Direkt nach dem 11. September sprach Mubarak im Sender *CNN* mit Genugtuung davon, er habe stets vor dem islamistischen Terrorismus gewarnt, daß ihm aber bisher keiner der westlichen Politiker zuhören wollte. Statt Unterstützung gegen die Logistik von *Djihad*, also der Partnerorganisation der *al-Qaida* zu erhalten, bedachte man ihn mit dem Vorwurf der Verletzung von Menschenrechten.

Seinerzeit lautete die hilflose Antwort Blairs an Mubarak: »Wir verfügen leider über keine Gesetze, mit deren Hilfe wir solche Aktivitäten unterbinden können; wir werden dies ändern.« Dies erfolgte im Frühjahr 2001 durch Inkrafttreten des *British Terrorism Act*. Aber nach dem September 2001 wissen wir, daß auch dies nicht ausreichend ist. Die islamischen Extremisten achten zumeist streng darauf, sich nicht strafbar zu machen oder überhaupt aufzufallen; sie befolgen formal die britischen und deutschen Gesetze. Die Politik gegen den Terrorismus als Form des irregulären Krieges erfordert umfassendere Konzepte.

Westliche Politiker sind aufgefordert zu verhindern, daß die westliche Demokratie im Namen der Inanspruchnahme europäischer Toleranz als Hinterland von islamistischen Terroristen mißbraucht wird; sie wird mißbraucht von Menschen, die diese Werte im Grunde nicht nur ablehnen, sondern sogar verabscheuen. Ist es deshalb richtig zu sagen: »Bestimmte Europäer sind die nützlichen Idioten islamischer Extremisten?« Die Antwort muß »ja« lauten. Aber mancher Europäer ist lieber Antiamerikaner als Antiterrorist.

Der islamistische Terrorismus hat in Europa regionale und ethnische Schwerpunkte. Vor dem *British Terrorism Act* zum Beispiel hatte die ägyptische Organisation des *Djihad* von Ma'mun Zawahiri ihre Basis in London. In Deutschland haben die türkischen Islamisten ihre Basis, von wo aus sie gegen die kemalistische Republik operieren. Es gibt noch weitere ethnische Verzweigungen des Terrorismus. Die Islamisten, die aus Hamburg kamen und den Terrorakt von New York mitgetragen haben, waren alle Araber.

Bleiben wir noch bei Blair und dem Vorwurf der Islamophobie an das historisch unbelastete Großbritannien. Nach Inkrafttreten des *British Terrorism Act* lautete die Propaganda der Islamisten auch dort: »Ein ›Feindbild Islam‹ geht um, und eine Neubelebung des Kreuzzüglertums/*Salibiyya* gegen den Islam ist am Werke.« Dabei richtet sich das neue britische Gesetz nicht nur gegen den politischen Islam, sondern gegen alle Extremisten, insofern, als nunmehr auch solche terroristischen Aktivitäten nicht länger straffrei sind, die auf britischem Territorium geplant, aber in einem anderen Land ausgeführt werden. In Großbritannien soll es nun nicht mehr möglich sein, brav und gesetzestreu im Mutterland der Demokratie zu leben, aber terroristisch in der Welt des Islam zu wirken. Wenn ein Islamist in Großbritannien lebt, soll er beides nicht mehr vereinbaren können. Obwohl das neue Gesetz sich generell gegen alle Terroristen richtet, trifft es in der Konsequenz vor allem vierzehn islamistische Bewegungen, die von London aus agieren: Dazu gehören u.a. der ägyptische *Djihad*, die saudische *al-Qaida* von Bin Laden und die algerische *GIA*, die tunesische *al-Nahda* sowie die syrische *al-Muhadjirun* von Scheich Badri. Die Führung im Kampf gegen diesen Mißbrauch der Demokratie übernahmen nach dem 11. September die USA. Mit dem *British Terrorism Act* als Vorbild benötigen wir in Deutschland die Erweiterung des Artikels 129 des Strafgesetzbuches.

Die aus der europäischen Diaspora agierenden Islamisten bedienen sich der Doppelzüngigkeit: Untereinander sprechen sie die antiwestliche Sprache des politischen Islam, der nach einer Gottesordnung strebt; mit den anderen – oft naiven Europäern und besonders den deutschen Gutmenschen – sprechen sie die Sprache der Toleranz und stellen sich als Opposition dar, die für Grundrechte kämpft, die sie natürlich nur für sich selbst einfordern, anderen aber verwehren. Die Islamisten haben gelernt, jede rechtsstaatliche Verfolgung ihrer Aktivitäten durch den Vorwurf des »Feindbilds Islam« zu inkriminieren. Auf diese Weise waren sie bisher in der Lage, die säkulare Rechtsstaatlichkeit, wann immer sich diese gegen sie richtete, mit dem Vorwurf der Islamophobie zu verfemen.

Angesichts der Vergangenheit der Deutschen bleibt der Propagandakrieg der Islamisten nicht ohne Wirkung. Erst wenn sich Deutschland in die erhoffte westlich-islamische Allianz gegen den Terrorismus der Islamisten einfügt, wird es in der Lage sein, den hier wirkenden Islamisten das Handwerk zu legen. Ich sehe schon Kirchenväter und Grüne, die über Menschenrechte sprechen, und frage mich, ob sie diese mit dem Freiraum für Islamisten verwechseln. Wichtiger als das Gewissen dieser Gutmenschen ist die westlich-islamische Front gegen den Terrorismus, um den Zivilisationskonflikt nicht nach den Vorstellungen von Bin Laden verlaufen zu lassen.

Der Kalte Krieg der Islamisten

Nach dem 11. September scheinen die Islamisten vorsichtig geworden zu sein. Doch dieser Eindruck trügt, denn die »Schläfer«-Zellen waren bisher vor jeder Aktion still. In ihrer rührenden Unschuld beanspruchen die Islamisten, als Exil-Opposition von Europa aus gegen despotische Regime anerkannt zu werden und agieren zu können. Einzuräumen ist, daß die Regierungen, gegen die sich die Islamisten richten, nicht demokratisch sind. Aber sind dies die Islamisten?

Die Taliban Afghanistans, die Mullahs im Iran und die Anhänger Turabis im Sudan, also jene Islamisten, die es geschafft haben, an die Macht zu gelangen, haben sich gegenüber jeder Opposition als Despoten erwiesen. Auch in der Diaspora sind sie nicht besser: Der Kalif von Köln rief dazu auf, seinen Rivalen zu ermorden und sitzt deshalb im Gefängnis. Selbst in der europäischen Islam-Diaspora, die sie »hijacken« wollen, lassen die Islamisten also keine Vielfalt innerhalb der islamischen Gemeinde zu.

Schaut man sich die *Iham*/Täuschung der Ungläubigen übenden Islamisten an, dann erkennt man in ihnen die Träger eines (bis zum 11. September) »neuen Kalten Krieges«[27], der den Gottesstaat gegen die bestehende Ordnung des säkularen Nationalstaats stellt. In der Diaspora betreiben sie eine langfristig angelegte Politik der Islamisierung. In der Welt des Islam selbst wollen sie bestehende Regime stürzen.[28]

Vor dem 11. September unterschied ich zwischen friedlichen Fundamentalisten und solchen, die für Terrorismus eintreten. Ich trat gegen das algerische Modell der exklusiven Politik in bezug auf den politischen Islam ein und plädierte für inklusive Politik. Dies steht jedoch nicht im Widerspruch dazu, sich gegen die Duldung der *Groupes Islamiques Armées* oder der Anhänger Bin Ladens in Europa auszusprechen. Trotz dieser Differenzierung bin ich von Islamisten verfemt worden.

Auch in Ägypten habe ich bei Aufenthalten dort öffentlich gefordert, die von Islamisten der Muslimbrüder angestrebte legale *Wasat*-Partei nach türkischem Muster zuzulassen. In der Türkei sitzen Vertreter des politischen Islam seit Jahren im Parlament. Damals war ich der Ansicht, man sollte nur Extremisten verbieten, denn die Bekämpfung des islamischen Terrorismus sei keine Behinderung politischer Opposition. Heute weiß ich, die Islamisten, auch wenn sie friedlich sind, bilden keine demokratische Opposition. Nach dem 11. September und dem Bekanntwerden von Verbindungen zwischen Muslimbrüdern und der *al-Qaida* Bin Ladens bin ich in dieser Differenzierung unsicher geworden; alle rechtfertigen »Terror im Geiste Gottes«[29].

Islamisten haben sich gegenüber ihren liberal-islamischen Kri-

tikern stets auf unglaubliche Weise intolerant verhalten. Dies
schließt sogar Morddrohungen und eine entsprechende Praxis
gegenüber Andersdenkenden ein. Wie oft haben Islamisten –
glücklicherweise ohne Erfolg – meine öffentlichen Auftritte in
Deutschland als Reform-Muslim durch Verfemung und Andro-
hung physischer Gewalt zu verhindern versucht. Dankbar kann
ich dafür sein, daß meine deutschen Gastgeber meist Zivilcourage gezeigt haben, indem sie argumentierten, jede an Demokratie orientierte islamische Position solle in Deutschland zur
Geltung kommen. Leider gibt es aber noch genügend Deutsche,
die sich weiterhin von den Islamisten instrumentalisieren lassen.
Demokratische Toleranz muß stets auf Gegenseitigkeit beruhen,
und sie bedeutet keinesfalls Selbstaufgabe. Dies zu Ende denken
heißt, »ja« zu sagen zum demokratischen, also europäischen
Islam und »nein« zu den islamischen Extremisten und ihren
Ordnungsvorstellungen, auch wenn sie sich durch Lippenbekenntnisse zu Dialog und Frieden bekennen.

Es ist kein Widerspruch, den Islam in Europa durch Integration
islamischer Migranten willkommen zu heißen und zugleich den
muslimischen Extremismus zu verbieten. Islamisten verfemen
richtige Integration – wie ich noch in dieser Einleitung zeigen
werde – als Assimilation. Unter Integration verstehen die Islamisten, Rechte für ihre Aktvitäten im Rahmen islamistischer
Logistik zu erlangen. Dagegen verstehe ich unter Integration die
Entfaltung von Bürgeridentität, die sich auf die säkulare Verfassung bezieht.

Durch ihren offenen oder versteckten Einsatz für die Gottesordnung, gegen Säkularität, betreiben Islamisten den angesprochenen Kalten Krieg. Die Diaspora-Kultur der Migranten gehört
zu ihrer Arena.

Migration und islamistischer Terrorismus:
Warum gerade Europa als Hinterland?

Islamisten verwenden Europa als Hinterland für ihre politischen Aktivitäten. Seit dem 11. September wissen wir genau, daß der Terrorismus dazugehört. Der orthodox-islamische Imam Scheich Abd al-Aziz Siddiq hat Europa in einer *Fetwa* über die Bedeutung der *Hidjra* (Migration) im Islam als Mittel der weltweiten Verbreitung dieses Glaubens gewürdigt und dabei ausgeführt:

»Die Migration nach Europa und Amerika als *Bilad al-kufr* (Haus des Unglaubens) ist für die Muslime nicht nur erlaubt, sondern eine Pflicht ... In der Tat sind die Rahmenbedingungen für die Ausübung des Islam sowie für den Aufruf/*Da'wa* zum Islam in Europa und Amerika besser als in den meisten islamischen Ländern.«

In Kapitel 6 werde ich die *Hidjra*-Thematik erneut aufnehmen. Als Muslim, der mindestens dreißig islamische Länder aus eigener Erfahrung kennt, ist mir nicht bekannt, daß in der Welt des Islam Muslime an der Ausübung ihres Glaubens durch bestehende Regierungen gehindert werden. In allen diesen Ländern kann jeder Muslim unbehindert alle fünf Säulen des Islam, also die *Schahada* (Bekenntnis zur Einheit Gottes und zu der Prophetie Mohammeds) aussprechen, beten, fasten, die Armensteuer/*Zakat* zahlen und nach Mekka/Medina zur *Hadj*/Pilgerfahrt reisen. Warum dann nach Europa migrieren, wenn es nicht doch andere Gründe gibt?

Müssen Muslime nach Europa kommen, um beten zu können, also ihre Religion frei auszuüben, oder erliegt der würdige Imam einer Verwechslung von Islam und Islamismus? Offensichtlich geht es nicht um die Religionsfreiheit in Europa, die die Islamisten anzieht; es ist die gefährliche politische Toleranz gegenüber Militanten und Extremisten. Islamisten können in Europa dem politischen Islam, der in der Welt des Islam unerwünscht ist, nachgehen. Es ist zu hoffen, daß seit dem Schock vom 11. September eine Ernüchterung eintritt, die diese falsche Toleranz beendet. Europa darf nicht mehr als Hinterland der Islamisten dienen.

Und noch etwas fällt bei dem zitierten Imam auf: sein Verständnis von *Hidjra* (Migration). Nach islamischer Zeitrechnung befinden wir uns im Jahr 1422 nach der *Hidjra*, womit die Migration des Propheten von Mekka nach Medina im Jahre 622 christlicher Zeitrechnung gemeint ist. Muslime sind nach ihrer Religion verpflichtet, *Da'wa*/Aufruf zum Islam als Mission zur Verbreitung des Islam zu betreiben. Das Mittel dazu ist der *Djihad*, was im Islam Anstrengung, nicht, wie im Westen falsch verbreitet, »heiliger Krieg« bedeutet. Diese Anstrengung zur Verbreitung des Islam kann friedlich erfolgen, und die *Hidjra* nach Europa ist in unserer Zeit ein Beispiel hierfür. Doch die *Djihad*-Pflicht darf in Notsituationen auch mit Mitteln des *Qital* (Kampf), also mit Gewalt ausgeübt werden.[30] Die Islamisten greifen auf diese frühmittelalterliche Doktrin zurück und betreiben dabei, was Eric Hobsbawm eine »*Invention of Tradition*«, einen Rückgriff auf die Geschichte zur Erfindung neuer Traditionen, genannt hat.[31] Islamisten verkaufen dabei völlig neue Inhalte als Traditionen, die in Wirklichkeit nicht Bestandteil der islamischen Geschichte sind. Die Terroristen von New York und Washington vertreten einen Neo-*Djihad* gegen den Westen als neueste Praxis der *Djihad*-Doktrin.[32] Dieser bedeutet nicht Anstrengung, sondern Gewalt in Form des irregulären Krieges.[33] Anstelle der westlichen Weltordnung wollen sie eine islamische Ordnung. *Djihad* und *Hidjra* deuten sie in ihrem Sinne und mißbrauchen hierbei die Islam-Diaspora sowie die Zuwanderung schlechthin.

Langfristig ist die Vision der Islamisten ein »islamisches Europa«, das Karl Martell und sein Enkel Karl der Große verhindert haben. Wir können die Geschichte gesinnungsethisch nicht abschaffen, denn Islamisierung ist für die Islamisten verbindlich. Von türkischen und marokkanischen Migranten habe ich es mehrfach gehört: »Wir werden einmal die Mehrheit in Europa bilden.« Entsprechend brachte es ein belgischer Islamist auf einem öffentlichen Treffen an der niederländischen Universität von Leiden mit folgenden Worten zum Ausdruck: »Wir als Muslime befolgen die geltenden Gesetze in Europa«, nicht aber ihren Geist. Dann folgte der einschränkende Nebensatz: »... und dies, solange wir in der Minderheit sind.« Das vorrangige Ziel der Islamisten in der kurzfristigen Perspektive liegt aber in der Welt des Islam selbst, also außerhalb Europas. In diesem Zusammenhang interessiert Europa nur als Hinterland. Integration ist mehr als Paß, Sprache und Gesetzestreue! Deutsche Politiker, die während der Leitkulturdebatte die Befolgung der Gesetze als ausreichend empfanden, verstehen die Zusammenhänge nicht.

Nun gibt es Diaspora-Muslime, wie den in London wirkenden ägyptischen Imam Zaki Badawi, der Westeuropa auf dem World Economic Forum 2001 in Davos wohlwollend nicht mehr als Haus des Krieges/*Dar al-harb* bezeichnete. Die islamische Alternative dazu ist, Europa in das *Dar al-Islam*/Haus des Islam einzuordnen, weil es eine islamische Bevölkerung hat. Er hat meinen Einwand nicht verstehen wollen, daß Europa eine eigene Identität[34] besitzt und durch islamische Migranten nicht islamisch wird. Ohne Islamisierung des Kontinents reicht es für den Londoner Imam Badawi bereits aus, daß 15 Millionen Muslime hier leben, um Europa in die Territorialität und Kultursphäre der Welt des Islam einzubeziehen. Ob die Europäer, die ja eine eigene zivilisatorische Identität haben, dies akzeptieren, interessiert den Imam nicht; er ist kein Islamist, aber an seinem Beispiel zeigt sich, daß die Grenzen zwischen dem orthodoxen Islam und dem Islamismus fließend sind.

Fairerweise muß hinzugefügt werden: Islamisten haben eine andere Sichtweise als Badawi. Europa ist für sie primär logistisches Hinterland für ihre Aktivitäten in der Welt des Islam sowie den internationalen Terrorismus. Diese Aktivitäten werden in der islamischen Welt durch die – wenngleich nur oberflächlichen – säkularen Ordnungen verboten. Formal säkular sind zwar nur die Türkei, Malaysia und Indonesien, aber bis auf

Iran, Afghanistan und Sudan besitzen alle muslimischen Länder nicht-fundamentalistische Regierungen, von denen Islamisten als Kriminelle verfolgt werden. Daher suchen die Islamisten Europa zunächst als Zufluchtsstätte und dann als logistische Basis für ihre Arbeit im Untergrund auf. Von hier aus haben sie die Aktionen vom 11. September vorbereitet. Manche Linke deuten diesen Terror als Antwort auf die Globalisierung, klagen die USA statt die Islamisten an und beweisen damit, daß sie nichts verstanden haben.

Vor dem 11. September haben Islamisten in Europa stets sorgfältig darauf geachtet, nicht in Konflikt mit geltenden Gesetzen zu geraten, um nicht die logistische Basis, die für ihre Aktivitäten in der Welt des Islam unentbehrlich ist, zu gefährden. Zwischen Dezember 2000 und Frühjahr 2001 wurden jedoch davon abweichend kriminelle Aktivitäten von Anhängern Bin Ladens in Europa festgestellt – etwa ein von Deutschland aus geplantes Massaker in Straßburg. Dann folgte der 11. September von New York und Washington. Haben die Islamisten ihre bisherige Strategie geändert? Wenn ja, warum? Bisher konnte keine schlüssige Erklärung dafür gefunden werden. Fest steht, der neue Trend schließt Krieg auf westlichem Territorium ein, das heißt, Islamisten steuern auf eine Polarisierung und einen globalen Zivilisationskonflikt hin.

In der Vergangenheit wurde von Islamisten in Europa zweierlei verfolgt: Erstens, illegal einen Untergrund des politischen Islam in der europäischen Diaspora für geheime Operationen in ihren Ursprungsländern aufzubauen – jedoch stets ohne durch offene kriminelle Aktivitäten auffällig zu werden. Parallel zu diesem geheimen Vorgehen wurde aber zweitens ganz unverblümt und legal die Bildung von Institutionen wie zum Beispiel bestimmten Moscheevereinen unter Nutzung der Religionsfreiheit zur Unterwanderung der Islamgemeinden der Einwanderer vorangetrieben. Diese Politik wurde Hand in Hand mit Gelderpressungen und angeblichen Sammlungen zu Wohlfahrtszwecken finanziert. So wird nach einem Bericht der *F.A.Z.*

zum Beispiel für *Hamas* in Deutschland Geld zu Wohlfahrtszwecken von Muslimen gesammelt, das auf dem Schwarzmarkt
landet, wo Waffen für den Neo-*Djihad* (vgl. Anm. 32) in Palä-
stina angeschafft werden.[35]

Einzig in Belgien haben es die Islamisten im Rahmen der legalen Strategie bisher geschafft, einen *Conseil Général* (Rat) aufzubauen (auf arabisch nennen sie diesen unter Verwendung der
Sprache der *Schari'a* einen *Schura*-Rat). Gegenüber dem belgi-
schen Staat vertritt dieser *Conseil Général* (also *Schura*-Rat) die
Muslime und erhält hierfür massiv öffentliche Mittel. In Belgien
ist es zum Beispiel möglich, daß der Staat Gehälter an Islamisten, zu denen die *GIA*-Terroristen gehören, zahlt, die als Ima-
me wirken. Welch europäische Toleranz! Berlin ist ein anderes
Beispiel: Indoktrination durch Islamisten der »Islamischen Föderation« auf Kosten der Steuerzahler. Selbst der 11. September
scheint bestimmte, für »Ausländer« zuständige Berliner Behörden nicht zum Umdenken bewegt zu haben.

Trotz dieser Toleranz wollen belgische Politiker nicht den
»blauäugigen Europäer« spielen; so bestehen sie darauf, daß im
Conseil Général islamische Vielfalt herrschen müsse – nicht immer mit Erfolg. Aus diesem Grunde werden die Ratsmitglieder
von Sicherheitsdiensten durchleuchtet, um zu verhindern, daß
Extremisten – wie nachweislich im Fall eines *GIA*-Terroristen –
als Vertretung der Islamgemeinden auftreten. Auf dieses Vorgehen reagierten die Islamisten mit der routinierten Propaganda
des instrumentalisierten Vorwurfs vom »Feindbild Islam«. Auch
in Deutschland lehnen bestimmte Grüne Anfragen beim Verfassungsschutz ab. Der Schutz des Islamismus scheint für manche
wichtiger als der Schutz der Verfassung zu sein.

Schon vor dem 11. September war bekannt, daß Islamisten in
Deutschland, Belgien, Schweden und den Niederlanden – bisher
auch Großbritannien – sowohl Terroristen als auch Waffen ein-
schleusen. Waffenschmuggel und Geldwäsche erpreßter Abgaben
sind Teil der Aktivitäten, deren Bekämpfung nach dem 11. September zum Krieg des Westens gegen den islamistischen Terro-

rismus gehört. Dazu zählt auch der Mißbrauch von Zuwanderung und Asyl. Nicht nur in Deutschland, sondern auch in Schweden fiel mir auf, daß parallel dazu in bestimmten Kreisen der Antiamerikanismus – und zwar links wie rechts – gedeiht. Es wird unterstellt, daß die USA den Europäern den Kampf gegen den Terrorismus aufzwingen, als läge Europa auf dem Mond und wäre davon nicht betroffen.

Die Heuchelei:
Antisemitische Hetze der Islamisten bei
paralleler Gleichsetzung von Antiislamismus
und Antisemitismus

Auch Schweden ist ein Zentrum des Islamismus, wo die Verbindung der Inanspruchnahme von Asyl und Ehe mit einer Schwedin vielen Islamisten die gesetzliche Grundlage für ihr Recht auf Verbleiben im Land bietet. Von dort strahlt bekanntlich auch ein islamistischer Radiosender seine Propaganda aus, zu deren Inhalten antisemitische und ähnliche Ideologien gehören.

Propagandistisch setzen Islamisten den Antiislamismus mit dem Antisemitismus gleich. Ignatz Bubis, dem ich sehr verbunden war, schrieb mir einmal, um Rat bittend, nachdem Islamisten an ihn herangetreten waren, um ihn für die Bildung eines jüdisch-islamischen Bündnisses zu gewinnen. Der kluge Bubis war weniger blauäugig als viele seiner Mitbürger und ließ einen Mitarbeiter recherchieren, der prompt den Namen jener Gruppe im Jahresbericht des Bundesamtes für Verfassungsschutz entdeckte. Bubis verstand die Welt nicht mehr und bat mich als liberalen Muslim und Dialogpartner um Klärung. Ich habe ihm erläutert: Wie die Islamisten Europa als Hinterland instrumentalisieren und islamische Zuwanderung für sich mißbrauchen, wollen sie durch ein Scheinbündnis auch die jüdische Gemeinde für sich nutzen. Dies können sie erreichen, wenn es gelingen sollte, die falsche Parallele Antisemitismus/Antiislamismus durchzusetzen.

In Vorahnung der Gleichsetzung von Antisemitismus und Antiislamismus riet ich Bubis, von einer Unterstützung der Islamisten Abstand zu nehmen, und er befolgte diesen Rat. Denn wären die Islamisten darin erfolgreich, eine solche Koalition zu schließen, dann könnte keiner auch nur ein Wort gegen sie sagen und keine Behörde in Europa gegen sie handeln. Nach Bubis' Tod, aber vor dem 11. September ließen sich leider einige Mitglieder der jüdischen Gemeinde von den Islamisten mißbrauchen, weil ihnen Informationen fehlten und sie diese Zusammenhänge nicht durchschauten. Die Anschläge der Islamisten auf die Synagogen von Düsseldorf und Essen haben ernüchtert, aber wenig bewirkt. Bei einem Solidaritätsbesuch und Vortrag bei der Essener Synagoge teilte mir die jüdische Leiterin mit, daß bestimmte Deutsche ihr »Fremdenfeindlichkeit« vorwerfen, weil sie sich über die Islamisten beschwerte, die unverschämt auf deutschem Boden antisemitische Parolen in das Gästebuch der Synagoge eingetragen hatten. Nach dem 11. September kann keiner mehr den Islamismus und seinen Mißbrauch der Zuwanderung verniedlichen. Eine Ablehnung des Islamismus ist keine Fremdenfeindlichkeit.

Die Taktik der Islamisten, ihre Gegner als Feinde des Islam zu verfemen, wurde auch auf Blair und seine Labour-Regierung nach der Verkündung des *British Terrorism Act* angewandt. Das Gesetz wurde als Ausdruck des Antiislamismus bezeichnet. Dabei richtet sich der neue *Act* auch gegen Tamilen, Kurden, christliche Basken und sogar gegen jüdische Fundamentalisten. Sie alle dürfen nicht mehr von britischem Territorium aus agieren. Blair und das britische Parlament haben Zivilcourage gezeigt und ließen sich vom Propagandakrieg nicht beeindrucken. Wie einst die Demokratie von der Insel auf den Kontinent übertragen wurde, sollte nach dem 11. September das neue Gesetz anderen europäischen Ländern, vor allem Deutschland, als Orientierung dienen. Der Krieg gegen den Terrorismus ist nicht gegen den Islam gerichtet und alles andere als der böswillig unterstellte »Kampf der Kulturen«.

Die vorläufige Schlußfolgerung lautet: Zu den demokratischen Mitteln der Bekämpfung des Mißbrauchs Europas als Hinterland islamistischer Aktivitäten gehört die Aufklärung über den Unterschied zwischen Islam als Religion und Islamismus als politischer Ideologie sowie die Steuerung der Zuwanderung, damit sie zu regulierter Einwanderung wird. Gelten sollte die Formel: Toleranz gegenüber dem Islam und wehrhafte Demokratie gegen den Islamismus. Die heute 15 Millionen Menschen umfassende islamische Gemeinde in Europa wird in nur wenigen Jahrzehnten voraussichtlich auf 40 Millionen anwachsen. Es gehört zum inneren Frieden, den Islam in Europa durch religiöse Toleranz und Integrationspolitik aufzunehmen, aber ihn im eigenen Interesse vom Islamismus abzugrenzen. Nach dem 11. September darf den Islamisten kein multikultureller Freiraum im Namen der Religionsfreiheit für ihren Terrorismus mehr gewährt werden.

Deutschland als Freiraum für den Islamismus

Es beruhigt, daß Menschen in diesem Lande nach dem 11. September begonnen haben, die Augen aufzumachen. Viele Medien, die bisher jede Aufklärung über demokratiefeindliche Aktivitäten der Islamisten mit Fremdenfeindlichkeit verwechselten, berichten nun ausführlich über die Nester der Islamisten in Deutschland, das ihnen als Ruheraum oder multikultureller Freiraum für ihre Aktivitäten diente. Mit der Ausnahme von Unbelehrbaren werden sich Menschen im Westen nach der Kriegserklärung vom 11. September der Werte ihrer Zivilisation bewußter. Doch sollte dies niemals konfrontativ erfolgen, weil jede Polarisierung in einem weltanschaulichen oder gar militärischen »Krieg der Zivilisationen« kulminieren könnte. Genau dies wollen die Terroristen. Wir müssen Alternativen dazu bieten.

Schon bei der ersten, vor dem 11. September angefertigten Fassung dieses Buches diente mir Amerika als ein Modell für die Verwandlung der Zuwanderung in eine Einwanderung.

Auch nach den Terroranschlägen bleibt diese Perspektive erhalten. Im Gegensatz zu dem Moralismus des Durchschnittsdeutschen neigen die Amerikaner zu einer pragmatischen Weltsicht, sie moralisieren also nicht. Obwohl sie die etwa 3 400 Opfer vom 11. September zu beklagen haben, bleiben ihre Kommentatoren nüchtern. Im Leitartikel *Terror and Immigration* der *New York Times*[36] wird kein Widerspruch darin gesehen, *»American people's commitment to keeping their doors open to the world«* weiterhin zu erhalten und gleichzeitig genau hinzuschauen, wer in das Land kommt, um Feinde des Westens fernzuhalten, zu denen vorrangig die islamischen Fundamentalisten gehören. Der Leitartikler hebt dann den Bedarf hervor:

»... die unzureichende Durchsetzung des Einwanderungsgesetzes mit Dringlichkeit zu unterbinden ... Kongreß und Regierungsvertreter werden Wege zur Überwachung Fremder finden müssen ... Die Regierung sollte in der Lage sein, fremde Besucher zu identifizieren ... (und) den Zugang zu Geheimdienstdatenbanken ermöglichen.«

Wer dies nicht haben will, muß sich fragen lassen, wie er den aus der Welt des Islam in den Westen eingeführten Terrorismus zu bekämpfen gedenkt! Mir ist bekannt, daß bestimmte Deutsche in solcher Politik gleich »Rassismus und Fremdenfeindlichkeit« wittern.

Bereits 1994 habe ich in meinem Buch über Islam und Menschenrechte die deutsche Form der multikulturellen Toleranz kritisiert und gefordert, die im Rahmen der Zuwanderung praktizierte Intoleranz der Islamisten nicht länger zu dulden.[37] Die *Süddeutsche Zeitung* vom 17./18. 9. 1994 veröffentlichte daraufhin die Attacke eines deutschen Orientalisten gegen mich. Darin machte man sich lustig über meine Forderung, islamische Fundamentalisten nicht als Zuwanderer zuzulassen.[38]

Terrorismus ist eine Form des Krieges; er ist irregulär und seine Krieger agieren weitgehend im Untergrund. Deshalb ist er nicht mit konventionellen militärischen Mitteln zu besiegen. Man trifft seine Urheber am härtesten, wenn man ihre logistischen Strukturen aufdeckt und sie austrocknet. Machen wir uns keine Illusionen: Diese Strukturen befinden sich in der europäischen Diaspora-Kultur der Migranten, und hier liegt die Problematik. In den Medien wurde berichtet, daß Bundeskanzler Schröder auf dem Labour-Parteitag dazu aufgerufen habe:

»... die Quellen trockenzulegen, aus denen sich der internationale Terrorismus finanziere.«[39]

Diese Quellen befinden sich auch in Deutschland. Die deutschen Behörden überwachen die Islamisten, aber aus ihren Warnungen werden keine Konsequenzen gezogen. *Der Spiegel* schreibt in der Überschrift eines Berichts:

»Deutsche Behörden wollten schon frühzeitig ein Ermittlungsverfahren gegen das Bin Laden-Netz einleiten. Doch das deutsche Recht kam den Terroristen zugute und lähmte die Ermittler« (*Der Spiegel* vom 1. Oktober 2001, S. 27).

Das Bundeskriminalamt enttarnt Terroristen, aber der Generalbundesanwalt kann aus »Rechtsgründen« nicht gegen sie vorgehen (*Die Welt* vom 6. Oktober 2001). Sowohl Grüne als auch Liberale sind gegen Initiativen für entsprechende Rechtsgrundlagen. Fest steht, die Terroristen agieren in Deutschland als einem »*save haven*«, so die *New York Times*, und die Deutschen rühmen sich ihrer Toleranz. Die Grünen-Vorsitzende Claudia Roth meint:

»Anfragen beim Verfassungsschutz« sollen zum Beispiel nicht »bei jeder Anfrage auf Erteilung eines Visums« erfolgen. »... Regelanfragen bei Asylbewerbern lehnte Roth grundsätzlich ab.«[40]

Bekanntlich kommen Islamisten nicht immer mit Visum nach Deutschland, sondern in der Regel als Asylbewerber. In Deutschland bauen sie ihre »*supporting systems*« zur Finanzierung des Terrorismus auf, die als »gemeinnützige Vereine« sogar vom Finanzamt anerkannt werden (vgl. Anm. 35). Die Observierung durch den Verfassungsschutz bleibt wirkungslos, weil Politiker nicht handeln und die derzeitige Rechtslage kein Vorgehen ermöglicht.

Der »Finanzminister« Bin Ladens, Mamduh Salim war 1998

in Deutschland, um Transaktionen vorzunehmen. Er wurde verhaftet. Aber eine Rechtsgrundlage für eine Anklageerhebung gegen ihn gab es nicht. Drei der 19 Terroristen von New York kamen aus der Islam-Diaspora Deutschlands: Mohammed Atta, Marwan al-Shehhi und Ziad Jarrah. Einer ihrer Hintermänner, der Marokkaner Said Behaji, der neben Ramzi Binalshib (*Stern*, Heft 40 vom 27.9.2001) agierte, war Inhaber eines deutschen Passes. Atta war einer der Terrorpiloten von New York und auch mutmaßlicher Anführer der gesamten Operation; er kam aus Hamburg. Der Verfassungsschutz weiß auch, daß die Kalifatbewegung von Köln (Metin Kaplan) Verbindungen zu Bin Laden hat (*Die Welt* vom 2.10.2001, S. 4, auch *F.A.Z.* vom 2.10.2001). Nach der Aufdeckung geplanter terroristischer Anschläge im Oktober 1998 (anläßlich des 75. Jahrestages der Gründung der türkischen Republik) wurde die Kalifatbewegung in Deutschland als Urheber enthüllt:

»Einen Auslieferungsantrag der Türkei hat die Bundesregierung Mitte Juli 1999 abgelehnt ... Kaplan ist seit 1992 in Deutschland als Asylberechtigter anerkannt.«[41]

Aus einem anderen Grund (Aufruf zum Mord am Gegen-Kalifen von Berlin) ist er ins Gefängnis gewandert. Wie will der Bundeskanzler die Quellen des Terrorismus in Deutschland bei dieser Politik austrocknen?

Kampf gegen den Terrorismus: Deutsche Schläfer – Islamisten-»Schläfer«

Bei der gesamten Debatte über den Mißbrauch der Diaspora stehen die islamischen Migranten im Mittelpunkt, dabei muß man stets zwischen Islam und Islamismus unterscheiden. Der Islam ist, gemessen an der Zahl der Gläubigen, die drittgrößte Religion in Deutschland und weder für die Gesellschaft noch für die Demokratie eine Bedrohung. Die Gefahr kommt von anderswo, nämlich vom Islamismus, das heißt von der politisierten Form dieser Religion, die die Gestalt des religiösen Fundamentalismus annimmt und sich in der Diaspora-Kultur einnistet. Ein Muslim ist ein religiöser Mensch, ein Islamist hingegen ist ein politischer Aktivist. Zudem ist nicht jeder Islamist zwangsläufig auch ein Terrorist. Bei diesen Differenzierungen dürfen wir aber weder übersehen, daß der Terrorismus nicht außerhalb des Islamismus beziehungsweise Fundamentalismus steht, noch dürfen wir unterstellen, daß er mit *Djihad* nichts zu tun habe. In diesem Sinne ist die globale, in 60 Ländern verankerte Bin Laden-Connection kein Verein von Psychopathen oder Kriminellen, sondern Ausdruck einer politisch-religiösen Strömung, die mit Anhängern innerhalb der islamischen Zivilisation rechnen kann. Gemäßigte Muslime machen Front gegen den Bin Laden-Terrorismus und ergreifen Partei für den Westen im Kampf gegen dieses Netzwerk. Aber auch nicht zum Terrorismus gehörende Islamisten und die islamische Orthodoxie haben sich in einer Art Kollektivsolidarität gegen Amerika und hinter Bin Laden gestellt. In Dutzenden von *Fetwas* (religiöse Gutachten) haben orthodoxe *Ulema* (Schriftgelehrte) jedem Muslim und jedem islamischen Land, das mit den USA zusammenarbeite, mit Ausgrenzung aus der islamischen Gemeinschaft gedroht. Dies dürfen wir nicht herunterspielen.

Auch in der westlichen Islam-Diaspora treten diese Solidaritätseffekte unter Migranten auf. Im Kampf islamischer und westlicher Demokraten gegen den Islamismus im Westen müssen diese Solidaritätseffekte in Schach gehalten werden, und darüber müssen wir in aller Aufrichtigkeit und ohne Tabus aufklären. Zur Aufklärung gehört auch, über die Existenz von Terrorzellen und deren Mitgliedern sowie anderen Einrichtungen des Islamismus im Westen zu berichten. Die Angehörigen dieser Zellen innerhalb des Diaspora-Islamismus sind zur Gewalt neigende Fundamentalisten und werden als »Schläfer« bezeichnet; sie können als »Infrastruktur« des Terrorismus bei Bedarf jederzeit aktiviert werden, wie die Anschläge in New York und Washington auf schreckliche Art und Weise gezeigt haben. Die von diesen »Schläfern« ausgehende Gefahr ist in Deutschland, wie überall in Europa, präsent – vielleicht mit Frankreich als einziger positiver Ausnahme. In Frankreich zeigt man dem Islam und dem Islamismus selbstbewußt die Grenzen der Toleranz auf. Was aber wissen die deutschen Behörden über diese Terrorzellen? Und was haben sie für die westliche Sicherheit vor dem islamischen Fundamentalismus in seiner terroristischen Ausformung bisher getan? Dies sind wichtige Fragen, auf die man meist nur peinliche Antworten bekommt! Viele deutschen Behörden wissen nämlich sehr wenig, in manchen Fällen gar nichts.

Wenn Sicherheitsbehörden in der Lage wären, »Schläferzellen« aufzudecken, müßte man sie selbst nicht als »Schläfer« bezeichnen. Mit dieser doppelten Bedeutung des Begriffs »Schläfer« läßt sich zunächst feststellen, daß es »Schläfer« auf beiden Seiten gibt: Auf der Seite der Islamisten verfügt die Bin Laden-Connection über Hunderte von »Schläfern«, von denen einige am 11. September aus ihrem Schlaf erwachten und sogar als Piloten an Bord der »Bomber-Flugzeuge«, die das World Trade Center zerstörten, agierten. Auf der Seite der deutschen Behörden gibt es »Schläfer« in dem Sinne, daß sie verschlafen, was um sie herum passiert.

Ich habe bereits angemerkt, daß im Jahre 1998 der Sudanese Mamduh Salim von Deutschland aus Transaktionen in Millionenhöhe zur Finanzierung der »Connection« Bin Ladens vorgenommen hat. Durch Hinweise amerikanischer Sicherheitsbehörden konnte er verhaftet werden. Die deutschen »Schläfer«, hier das Bundeskriminalamt und die Bundesanwaltschaft, kooperieren offenbar nicht besonders gut, und eine Anklageerhebung war nicht möglich. Ich erinnere mich, wie damals parallel zur Verhaftung die gesinnungsethischen Deutschen die Warnung vor dem »Feindbild Islam« ausgaben, als repräsentierten der Terrorist Salim und sein Ziehvater Bin Laden den Islam schlechthin. Zu dieser Gesinnungsethik kam noch der deutsche Antiamerikanismus hinzu. Einige deutsche Publizisten und Intellektuelle unterstellten, man wolle die deutsche Justiz zum »Handlanger der Amerikaner« degradieren. Das Versagen der deutschen Justiz lag aber auch im Fehlen einer Rechtsgrundlage für eine Anklageerhebung begründet. Als im Dezember 2000 sowie zu Beginn des Jahres 2001 mehrere Bin Laden-Terroristen verhaftet wurden[42], gegen die auch belastendes Beweismaterial vorlag, konnte aufgrund fehlender Rechtsgrundlage dennoch keine Anklage erhoben werden. Am deutschen Rechtsformalismus scheitert der Kampf gegen den Terrorismus.

Die in Frankfurt und Berlin verhafteten islamischen Fundamentalisten wollten das Europa-Parlament in die Luft sprengen; sie blieben in Haft, aber eine Anklage war aus den angeführten Gründen nicht möglich. Die symbolische Kriegserklärung der Bin Laden-Islamisten vom 11. September fand in New York und Washington statt, aber sie ist in Deutschland von den »Schläfern« der Islamisten geplant worden; die deutschen »Schläfer« in den zuständigen Behörden haben das alles verschlafen! Wachen sie nun nach diesen weltweit schockierenden Ereignissen und dem daraus erwachsenden Handlungsdruck auf? Wie zum Beispiel Bundesinnenminister Otto Schily. Seine nüchterne Sicherheitspolitik beschreibt der *Stern* in empörender Weise als »Schilys Polizeistaat-Pläne« (Stern 42/2001, S. 28).

Bei manchen Kommentaren und Zuschriften von deutscher Seite bekomme ich allmählich den Eindruck, daß ernsthaft die Meinung vertreten wird, die Amerikaner und nicht die Islamisten betrieben Terrorismus. Deutschland ist ein Teil der westlichen Zivilisation und darf sich nicht erlauben, aus der Anti-Terror-Koalition auszuscheren. Selbstverständlich soll dieses Land in Frieden auch mit der Welt des Islam leben. Aber zu dieser Friedenspolitik gehört ebenso, den Kampf gegen den Terrorismus global zu führen, also auch im islamisch-westlichen Bündnis. Die Islamisten haben es geschafft, Teile der Diaspora-Kultur des Islam im Westen für sich zu mißbrauchen. Um dies zu beenden, müssen die »Schläfer« bekämpft werden. Die Verknüpfung von Migration und Sicherheitspolitik ist eine in den USA gewonnene Erfahrung, die kein westlicher Staat nach dem 11. September mehr ignorieren darf. In Deutschland muß

Schluß sein mit den »Schläfern« des Islamismus, aber auch mit denjenigen in den deutschen Sicherheits- und Justizbehörden und natürlich mit Medienmenschen, die den Unterschied zwischen demokratischer Sicherheit und Polizeistaat offen ignorieren. Will Deutschland nicht das bleiben, was die *New York Times* einen »*save haven*« für Extremisten aus aller Welt nannte, die durch ungesteuerte Zuwanderung Deckung finden, muß Zuwanderung in Einwanderung verwandelt werden. Dies schließt Integration und Sicherheitspolitik ein.

Integration zwischen Ein- und Zuwanderung

Diese Einleitung über islamische Migration nach Europa schrieb ich im Lichte der Ereignisse um den 11. September. Darin versuche ich mit einem Rückgriff auf die in Deutschland von allen Parteien geführte Debatte über »Zuwanderung« und Integration deutlich zu machen, daß dieses Land ein »Zuwanderungsland« ist, worüber sich auch die Parteien einig sind. Aber darüber hinaus ist bei den Debatten neben der Verwechslung von Ein- und Zuwanderung nur Dissens und Konfusion festzustellen. Mit Schilys Referentenentwurf, aus dem ein Einwanderungsgesetz hervorgehen soll, liegt trotz allem erstmalig eine ernst zu nehmende Vorlage zu diesem Gegenstand vor. Doch findet sie weder die Zustimmung des grünen Koalitionspartners noch die der Opposition. Die grüne Politikerin Claudia Roth stellt nur Dissens fest. Aber worüber? Es wird behauptet, es gehe im wesentlichen um das Nachzugsalter für Kinder und um die im Schily-Entwurf enthaltenen Einschränkungen. Doch da steckt mehr dahinter. Außer ihren naiven Anschauungen scheint Frau Roth kein politisches Konzept zu haben. Es herrscht vollständige Konfusion über den Gegenstand; selbst der als kritischer Geist gepriesene Bundesinnenminister erweist sich als ein Politiker, der der verankerten deutschen Tradition der Gesetzesgläubigkeit völlig verschrieben scheint. Er redet von Integration und verfällt wie alle anderen einer Lebenslüge. Es gibt große Probleme, die mit der fehlenden Integration und der zunehmend ungesteuerten Zuwanderung zusammenhängen; mit einem Gesetz allein kann Schily diesen Problemen nicht beikommen, auch wenn dieses Gesetz die Zustimmung der Koalitionspartner und der Opposition fände! Nach der auch von Deutschland aus durch als Terroristen agierende Islamisten erfolgten Kriegserklärung an die westliche Zivilisation kann niemand mehr behaupten, daß Fragen der Zuwanderung nicht auch Sicherheitsfragen sind.

Die Konfusion über den Gegenstand beginnt mit der Sprache. Die deutsche Sprache ist so nuanciert, daß sie die Unterscheidung zwischen Zu- und Einwanderung ermöglicht. Auf diesen Unterschied habe ich bereits aufmerksam gemacht (vgl. Vorrede). Aber die Politiker machen von diesem Reichtum der Sprache keinen Gebrauch. Einwanderung ist ein konzeptuelles, rechtlich und institutionell geregeltes, also auch politisch gesteuertes Verfahren, wodurch Staat und Gesellschaft die Migration steuert. Dies ist der Fall in traditionellen Einwanderungsländern, zum Beispiel den USA und Australien. Dagegen verläuft Zuwanderung chaotisch, weil sie ungeregelt ist. Weder Staat noch Gesellschaft bestimmen, wer ins Land kommt, und ein Konzept dafür sowie für Integration fehlt; also erfolgt Migration ungesteuert, sei es illegal – zum Beispiel durch Schleuserbanden – oder durch Mißbrauch von Asyl. Deutschland ist von den Realitäten her ein Zu- und kein Einwanderungsland. Schily artikuliert die Notwendigkeit der Steuerung der Migration, spricht aber selbst von Zuwanderung, statt von gesteuerter Einwanderung. In seinen Bemühungen um Steuerung wird er gleichermaßen von dem Koalitionspartner und der Opposition behindert; beide haben keine klaren Vorstellungen. Die Grünen möchten fast jeden hereinlassen, der nach Deutschland will, wohingegen die CDU/CSU am liebsten die Grenzen dichtmachen möchte. Beide reden aber von Integration, die es allerdings nicht gibt, denn noch liegt dafür kein Konzept vor; dies paßt genau in das Bild der Konfusion und der Lebenslüge von der Integration.

Wer von Einwanderung redet, der muß ein Integrationskonzept haben. Keine der deutschen Parteien verfügt über ein solches politisch klares und umsetzbares Konzept. Auch hier herrschen Lebenslügen vor, zum Beispiel die Illusion, daß alleine
Gesetze und Sprachkurse die Integration ermöglichten. Der
Autor dieses Buches ist selbst Migrant und betrachtet seine 40
Jahre in Deutschland als ein Beispiel »gescheiterter Integration«[43] ohne Selbstverschulden. Dieses Urteil fällte die lokale
Zeitung der Stadt, an deren Universität der Autor lehrt. Dennoch wäre es falsch, den Zeigefinger zu heben und Beschuldi-
gungen auszusprechen. Es ist besser, den bestehenden Zustand
festzustellen und danach ernsthaft über mögliche Handlungs-
strategien nachzudenken. Grob formuliert, sieht der Ist-Zustand
so aus: Weder ist die deutsche Gesellschaft integrationsfähig,
noch ist ein Großteil der Zuwanderer integrationswillig. Die
Kenntnis der deutschen Sprache allein ist kein Zeichen der Integration. Bevor neue Zuwanderer ins Land kommen, empfiehlt
es sich, erst den Engpaß Integrations*un*fähigkeit und Integrations*un*willigkeit zu durchbrechen. Weder der Referentenentwurf
zur Zuwanderung von Schily noch die Rückmeldungen durch
Grüne und CDU tragen dazu bei. Keiner scheint die Folgen der
Entstehung von Parallelgesellschaften zu durchschauen, die durch
fehlende Integration entstehen. Aus einer dieser islamischen
Enklaven, nämlich aus Hamburg, kamen die Terroristen vom
11. September 2001.

Konkret kann man am Beispiel der größten Migrantenge-
meinde in Deutschland zeigen, wie verfahren die Situation ist:
Es wird von allen Politikern behauptet, daß der Islam-Unterricht ein Beitrag zur Integration sei. Ab September 2001 darf
laut Gerichtsurteil die extremistische Organisation »Islamische
Föderation« in Berlin hier geborene Kinder in ihren fundamentalistischen Islam einführen. Damit wird Integration behindert,
statt gefördert. Das ist auch kein Beitrag zum Entstehen einer
Bürgeridentität bei den Migranten, sondern eher zu einer Ver-
ankerung der separatistischen Diaspora-Kultur von zugemauer-

ten Parallelgesellschaften. In einer Zivilgesellschaft ist die Bürgeridentität eine Bindeklammer aller Mitglieder des Gemeinwesens. Deutschland bietet dies den Migranten nicht. Weder Frau Süssmuth noch Herr Schily und noch weniger ihre grünen oder konservativen Kritiker scheinen zu verstehen, daß sie von der Lebenslüge Integration reden und sich den Realitäten verschließen, die sich genau in die entgegengesetzte Richtung entwickeln. Es ermutigt nicht zu einem Miteinander, wenn man in einigen Ghetto-Wohnvierteln im Rheinland, also auf dem Territorium der Bundesrepublik, die türkische Fahne gehißt sieht. Das sollte man nicht als exotisch verniedlichen, es besteht eher Anlaß zur Sorge, weil dies ein Zeichen der Ethnisierung und parallel der kulturellen Balkanisierung ist. Es ist das genaue Gegenteil von Integration.

Statt der Rhetorik der Integration als Lebenslüge benötigt die Bundesrepublik einen gesellschaftlichen und politischen Konsens darüber, wie Zuwanderung in Einwanderung verwandelt werden kann und wie Migranten durch Integration zu Bürgern, also nicht nur zu Inhabern deutscher Pässe werden. Mag die Tragödie von New York und Washington dazu beitragen, daß die Deutschen nüchtern und ohne Tabus über die Zuwanderung von Migranten und die damit verbundenen Sicherheitsaspekte nachdenken.

Deutsche Islam-Diaspora, die Kriegserklärung von New York und Washington und die nicht erfolgte Integration

Jene Muslime, die in der deutschen Gesellschaft integriert sind, haben mit Schrecken über und Anteilnahme für die Opfer des Kollektivmordes an ungefähr 3 400 Menschen in New York und Washington reagiert und sich zugleich dafür geschämt, daß die Terroristen aus ihrer Glaubensgemeinschaft kamen. Ich gehöre zu dem Kreis trauernder Muslime und schäme mich, meinen deutschen Lesern den unerfreulichen Umstand mitteilen zu müssen, daß es sich bei unserem Kreis um eine Minderheit in dieser Gemeinschaft handelt. Daran ist abzulesen, daß es kaum erfolgreiche Integration gibt. Die nicht-integrierten Muslime haben diesen Traum nie geteilt, und unter ihnen gab es solche, die Bin Laden als Held bejubelten.

Den Terrorakt erlebte ich in einem islamischen Land, Usbekistan, wo ich in Taschkent mit einem Teil meiner Mit-Muslimen um die Opfer von New York und Washington trauerte. Danach war ich für nur eine Woche in Deutschland auf dem Wege in die USA, wo ich zum ersten Mal in meinem Leben aus Solidarität das Sternenbanner am Revers trug. In Deutschland war ich bei einem Vortrag im Rahmen der »interkulturellen Woche« in Rüsselsheim beschämt zu erfahren, daß türkische und marokkanische Arbeiter in einem Industriegroßbetrieb Bin Laden und seine »Heldentat« bejubelt haben. Darauf wurden sie zu Recht vom Management fristlos entlassen. Es gab aber Muslime, die wie ich dachten. Wir sind aber nicht die Mehrheit, wie meine Erlebnisse in Berlin, Frankfurt und Köln mich wiederholt belehrten. Die Reaktion muslimischer Zuwanderer in Deutschland auf die Kriegserklärung der Islamisten in New York an die westliche Zivilisation lassen sich nach diesem Muster einordnen:

1. Eine Minderheit, die nicht nur mit den Lippen, sondern auch mit dem Herzen trauerte.

2. Antiamerikanismus: Freude über die Demütigung der USA als »Patron der Juden« (so das USA-Feindbild) durch den »Helden des Islam« Bin Laden.

3. Verschwörungstheorie: Es sollen, so die Mundpropaganda: »4 500 Juden, die im World Trade Center arbeiteten, am 11. September nicht zur Arbeit erschienen sein. Dies belegt, daß die Tat eine Verschwörung der Juden gewesen ist, um sie den Muslimen in die Schuhe zu schieben. Damit sollten die Amerikaner einen Vorwand bekommen, *dar al-Islam*/das Haus des Islam anzugreifen. Die Stationierung ihrer Truppen in Pakistan soll dem Ziel dienen, das einzige islamische Land mit einer Atom-

bombe zu entwaffnen. Dies soll unter dem Vorwand des Kampfes gegen Bin Laden geschehen.« Diese Verschwörungstheorie
machte mich – selbst Autor über Verschwörungen[44] – sprachlos, als ich diese Legende hörte: Taxifahrer, Kellner, Studenten
und andere muslimische Migranten erzählten mir dieses Märchen unabhängig voneinander Dutzende Male in Köln, Berlin,
Frankfurt a.M. und schließlich selbst in New York.

4. Heuchelei: Hierüber berichtete die *Welt am Sonntag* unter
dem Titel »Heuchelei in der Moschee«[45]. Damit ist gemeint,
daß jene von Islamisten getragenen Moscheevereine nach außen
Krokodilstränen vergossen, nach innen klammheimliche Freude
empfanden. Selbst der »Kalif von Köln« hat nach einem Bericht
in der Zeitung *Die Welt* vom 12.10.2001 solche Tränen im
Gefängnis vergossen.

Einer der wichtigsten Vereine des organisierten Islam in
Deutschland ist *Milli Görüş*, der vom Verfassungsschutz obser-
viert wird und im Verfassungsschutzbericht von 2000 als »ex-
tremistisch« eingestuft wird. Es ist nicht mein Anliegen, über
diesen Verein zu urteilen. Es geht mir nur darum herauszuarbei-
ten, wie die *Milli Görüş*-Funktionäre zur Integration stehen.

Wie ich in diesem Buch unterscheidet *Milli Görüş*-Chef Mehmet Erbakan, Neffe des bekannten türkischen Fundamentalisten
Necmettin Erbakan, zwischen Integration und Assimilation. Der
Unterschied zwischen uns ist jedoch, daß er beide Begriffe
inhaltlich völlig anders ausfüllt. Unter Integration verstehe ich,
daß Muslime europäische Bürger und Verfassungspatrioten
werden. Das ist für Erbakan bereits Assimilation. Erbakan akzeptiert nach einem Bericht, der auf einem Interview mit ihm
beruht – erschienen in der Zeitung *Die Welt* –, daß ein islamischer Migrant »zwar die Gesetze des Staates respektiert, aber
nicht beherzigt«. Erbakan fährt fort und lehnt jede Anpassung
als »Weg der Assimilation« ab, und hebt hervor: »Wir alle wollen nur eines: ... nach den Gesetzen des Koran in Deutschland
leben.«[46] Das ist wohl die *Schari'a*[47], die in der Türkei verboten
ist. Ich stelle fest: Die *Schari'a* steht auf allen Ebenen im Wider-

spruch zum deutschen Grundgesetz sowie zu allen anderen europäischen Verfassungen. Wer »Leben nach der *Scharia*« in Deutschland fordert, der erteilt dadurch jeder Politik der Integration eine Absage. Man schürt auch einen Zivilisationskonflikt auf der innereuropäischen Ebene zwischen dem säkularen Europa und der Islam-Diaspora. Im Nachrichtenmagazin *Der Spiegel* nannte ich das Verhältnis der *Scharia* zum Grundgesetz »wie Feuer und Wasser«. Die zitierten Äußerungen zeigen, daß die Vertreter des angesprochenen Kreises keine Integration wollen, auch wenn sie dazu ein Lippenbekenntnis ablegen. Ihr Ideal ist auf türkisch: *din-ü-devlet* – die Einheit von Staat und Religion, also Gottesherrschaft. Dies können sie in Deutschland nicht durchsetzen, aber mit Sicherheit können sie die Integration hier geborener Kinder von Migrantenfamilien behindern.

Am Ende dieser Einleitung, die in die islamische Migration nach Deutschland und in die Ursachen gescheiterter Integration der Migranten einführen wollte, betone ich meine Auffassung, daß Integration nach dem 11. September 2001 in der gesamten westlichen Zivilisation nicht mehr nur als Angebot zu verstehen sein kann. Wer die Werte der westlichen Zivilisation nicht akzeptiert, wird in Zukunft Probleme bekommen, weil – besonders in den USA – nunmehr die Entschlossenheit besteht, nicht mehr wie bisher den Migranten aus islamischen Ländern einen *free space*/Freiraum zu gewähren. Diese Einleitung begann mit einem Bericht aus den USA »Der Multi-Kulturalismus ist tot« (Anm. 1). Die Integration der Migranten gehört zu den Geboten der Sicherheitspolitik nach dem 11. September 2001.

Erster Teil

**Von der verordneten Fremdenliebe
zur Realpolitik.
Verantwortungsethik im Umgang
mit Zuwanderern statt Gesinnungsethik:
Grundlagen**

Einführung

Nach dem 11. September 2001 steht Deutschland unter dem Druck, sich wie jedes andere westliche Land zu verhalten. In Deutschland benötigen wir in diesem Zusammenhang eine auf Fakten und Objektivität basierende Debatte über die Problematik der Migration. Fruchtbare Debatten können nur dann stattfinden, wenn die Menschen, die sich daran beteiligen, sich nicht nur über die verwendeten Begriffe und deren Inhalte einigen, sondern auch über den Gegenstand gut informiert und natürlich frei von Scheuklappen und Tabus sind. Deutschland und die Migration ist ein Thema der Zukunft, das nicht von deutschem Selbstmitleid (Alfred Grosser) in bezug auf die deutsche Vergangenheit belastet werden darf. Vor allem müssen die Fakten dabei vor den Anschauungen stehen. Von dem bedeutenden deutschen Denker Max Weber stammt die Unterscheidung zwischen *Gesinnungs-* und *Verantwortungsethik*, die für die anstehende Problematik von zentraler Bedeutung ist. Bisher war die deutsche Diskussion von der Romantisierung des Fremden und einer »protestantischen Weltfrömmigkeit« (H. Plessner) geprägt. Dies schuf islamischen Terroristen Freiraum, so daß sie von deutschem Boden aus die Taten in New York und Washington vorbereiten konnten.

Gesinnungsethiker moralisieren in der Regel die Probleme, wobei die Substanz verlorengeht. Im Mittelpunkt gesinnungsethischen Denkens stehen keine auf die Fakten bezogenen Problemlösungen, sondern ein moralisiertes Weltbild. Dagegen setzt die Verantwortungsethik das Problem selbst in den Mittelpunkt; zentral ist hierbei die Bemühung, die Zusammenhänge rational, nicht weltanschaulich zu durchschauen und die Probleme entsprechend einzuordnen. Für einen Verantwortungsethiker dominiert statt Moralisierung das Bestreben, das Problem zu verstehen und realisierbare Lösungen zu finden.

Verantwortungsethik und Gesinnungsethik verhalten sich zueinander wie Rationalität und Weltfrömmigkeit. Der renommierte Philosoph Helmuth Plessner, der sein bedeutendes Werk über die Deutschen »Die verspätete Nation« (1959) ursprünglich in den Migrationsjahren 1933 bis 1945 schrieb, hat für das deutsche Denken den Begriff »protestantische Weltfrömmigkeit« geprägt. Diese befähigt weder dazu, Probleme zu verstehen, noch dazu, sie zu lösen. Warum diese Kontrastierung von Gesinnungs- und Verantwortungsethik gleich zu Beginn? Ich denke, daß die Ernüchterung nach dem 11. September 2001 die Antwort vermittelt.

Als Fremder in Deutschland, der fast zwei Drittel seines Lebens unter Deutschen verbracht hat und mit der protestantisch-deutschen Weltfrömmigkeit als Ausdruck einer Gesinnungsethik bestens vertraut ist, halte ich diesen kritischen Vorspann zum ersten Teil dieses Buches für dringend erforderlich. Es schadet nicht, wenn Deutsche zur Kenntnis nehmen, wie sie von anderen gesehen werden. Das Recht eine »Gesinnung« zu haben, spreche ich niemandem ab, aber es erscheint mir wichtig, bei der Diskussion über Einwanderung die Fakten vor diese Gesinnung zu setzen. Als Ausländer und Semit kann ich mir – in Abgrenzung zu manch deutschen Selbsthassern – erlauben zu sagen, daß ich dieses Land und seine Kultur sowie die deutsche Sprache liebe – sonst würde ich hier nicht leben wollen und in dieser Sprache schreiben. Doch ebenso darf ich kritisch anmerken, daß ich die deutsche Gesinnungsethik bei der Problematik der Ein- und Zuwanderung gleichermaßen für uns Fremde wie für Deutsche, die europäisiert und westlich denken, für sehr schädlich halte. Zu bedenken gebe ich, daß jene Islamisten, die die Kriegserklärung an die westliche Zivilisation am 11. September zum Ausdruck brachten, diese deutsche Mentalität massiv ausnutzten, um sich Freiraum in Deutschland zu schaffen. Im Lichte dieser Tatsachen biete ich meinen Lesern eine alternative verantwortungsethische Denkweise, die zudem von einem Betroffenen, einem liberalen Muslim-Migranten und Freund der Deutschen stammt. Vorab stelle ich fest, daß es drei Gründe gibt, die die Migranten nach Europa führen: *erstens*, die demographische Entwicklung, *zweitens* die demokratischen Freiheiten und die hierbei gewährten Grundrechte und schließlich *drittens* die durch die Medien global zur Schau gestellte Prosperität des Westens. In diesem Rahmen kommen nicht nur die sehr erwünschten Einwanderer nach Deutschland, sondern auch Zuwanderer, wie Islamisten, ethnische Nationalisten und andere Feinde der Demokratie.

Aus den vorangegangenen Texten, also aus der Vorrede und der Einleitung, geht deutlich hervor, daß Migration nicht nur Deutschland betrifft, da diese eine Begleiterscheinung der Globalisierung ist. Dies gilt ebenso für die damit verbundenen sicherheitspolitischen Aspekte. Keiner kann nach dem 11. September 2001 diese Erkenntnis bestreiten.

Eine Hauptursache der Migration ist also der demographische Faktor, vor allem seine unproportionale Gewichtung in unserer Welt. Zu Beginn des 20. Jahrhunderts, ungefähr um das Jahr 1900, lebten auf dem Globus eine Milliarde Menschen. Als das zweite Jahrtausend zu Ende ging, hatte sich die Menschheit versechsfacht. Die Unproportionalität besteht darin, daß in Europa die Bevölkerung schrumpft, in Asien und Afrika verdoppelt sie sich dagegen alle zehn bis maximal zwanzig Jahre, und der europäische Kontinent zieht Migranten aus diesem Raum an. Damit wird ethnische Armutskultur miteingeführt, die große Sicherheitsprobleme mit sich bringt: Kriminalität, Fundamentalismus.

Es gibt jedoch noch weitere Gründe, die Europa attraktiv machen. Max Horkheimer, der die Jahre 1933 bis 1945 im US-Exil verbrachte, hielt trotz Hitler-Faschismus und Stalinschem Totalitarismus Europa sowohl »räumlich als zeitlich« für eine »In-

sel« in unserer Welt. Deshalb sei diese Insel gegenüber freiheits-
feindliche Ideologien und Bestrebungen »zu bewundern und
zu verteidigen«. Eben wegen dieser Freiheit nimmt Westeuropa
die politisch, religiös und ethnisch Verfolgten aus aller Welt auf
und bietet ihnen Schutz. Nicht zu übersehen ist aber auch die
Tatsache, daß Menschen angezogen werden, die einfach nur
besser leben wollen. Gewiß: Das ist ein Recht, wenngleich
kein Menschenrecht. Europa, und schon gar nicht Deutschland
allein, kann die Probleme der Welt – Armut und Verfolgung –
auf seinem Territorium lösen. Seit Jahren setze ich mich dafür
ein, daß Europa sich anderen Kulturen und Zivilisationen bei
gleichzeitiger Bewahrung der europäisch-zivilisatorischen Identität öffnet. In diesem Buch gehe ich einen Schritt weiter und betrachte Europa – einschließlich Deutschland – als Einwande-
rungskontinent. Und füge hinzu: Europa hat das Recht, seine
Einwanderer nach einem Migrationskonzept auszusuchen.

In dem Zusammenhang bleibt festzuhalten, daß Westeuropa
begrenzte Kapazitäten hat; deshalb kann es nicht alle Menschen, die in den Westen wollen, aufnehmen. Europa – einschließlich Deutschland – muß bei dem globalen Phänomen der
Migration in doppeltem Sinne an sich denken: Es muß parallel
zur Aufnahmebereitschaft für viele Millionen fremde Menschen
seine zivilisatorische Identität als »Insel der Freiheit« bewahren,
und es muß dafür sorgen, sein westlich-demokratisches Gemeinwesen dadurch intakt zu halten, daß es die Migranten po-
litisch-kulturell als Wahleuropäer integriert; es kann nur dann
dazu in der Lage bleiben, wenn es seine Aufnahmekapazitäten
nicht überschreitet, da ansonsten das Gemeinwesen balkanisiert
wird (vgl. Teil 2). Europa hat eine westliche Identität und darf
nicht zu einem werteneutralen multi-ethnischen Wohngebiet
oder – ich schreibe dies als Reform-Muslim – einem Teil des
Dar al-Islam werden. Muslimische Migranten sollten auf der
Basis der europäischen Werte integriert werden und nicht umgekehrt die Bestrebung haben, Europa zu islamisieren. Nach
dem 11. September ist es leichter geworden, in Europa und

in Amerika diese Selbstverständlichkeit auszusprechen: Jede kulturelle, aus der Migration erwachsene Differenz ist den universalistischen Werten westlicher Verfassungen unterzuordnen. Anders formuliert: kein Freiraum zugunsten von Diaspora-Kulturen wie zum Beispiel den Islamisten.

In zwei Schritten gehe ich diese Problematik an: Im ersten Kapitel erörtere ich die Migration in globaler Perspektive, auch anhand internationaler Beiträge. Dort zeige ich die Konflikte zwischen Soziologie sowie Romantikern des Multikulturalismus und den anderen Migrationsforschern – wie Myron Weiner und James Hollifield – auf, die die Migrationsproblematik verantwortungsethisch angehen. Nach dieser internationalen Perspektive gehe ich in Kapitel 2 auf die deutsche Diskussion ein und beleuchte ihre Schwächen im Lichte des 11. September 2001.

Kapitel 1

Die Turbulenzen der Migration:
Eine globale Erscheinung im 21. Jahrhundert
und ihre Sicherheitsrisiken

Mein zuvor bei DVA erschienenes Islam-Buch habe ich mit einem Hinweis auf die bestehende Weltzeit eingeleitet. Diese global anerkannte Zeitrechnung christlich-europäischen Ursprungs bildet den Rahmen für das Leben im 21. Jahrhundert und in diesen sind auch meine Überlegungen zum Islam und Deutschland[1] eingebettet. In diesem Zusammenhang argumentierte ich, daß die globale Migration ein von kultureller Vielfalt gekennzeichnetes Gemeinwesen in westlichen Gesellschaften zur Folge hat. Im vorliegenden Buch greife ich diese Problematik erneut auf und betrachte sie aus einer anderen Perspektive. Zunächst werde ich sowohl den geschichtlichen Hintergrund als auch die zentralen Themen der Migration erläutern. Erst in den folgenden Kapiteln werde ich sie in bezug auf die islamische Zuwanderung konkretisieren und vertiefen.

Es ist kein Widerspruch, wenn ich von der Migration einerseits als Beiprodukt der neuzeitlichen Globalisierung spreche und andererseits behaupte, daß Migration als Wanderung von Menschen keine Erscheinung des modernen Zeitalters, sondern so alt wie die Menschheit selbst ist. Die zeitgenössische Ein- und Zuwanderung, so wie wir sie in unserer Weltzeit seit dem späten 20. Jahrhundert beobachten, findet allerdings in einem anderen, bisher unbekannten historischen Rahmen statt. Insofern ist sie nur formal mit den klassischen Formen der Migration vergleichbar.

Im 21. Jahrhundert entwickelt sich die Migration unter den Bedingungen der Globalisierung, die sich durch Entgrenzung intensiviert, zu einem interkontinentalen Phänomen. Im folgenden werde ich das Phänomen in historischer Perspektive erläutern und dabei auf die internationale Diskussion eingehen, in der die Steuerung der Migration unter Gesichtspunkten der Sicherheitspolitik im Mittelpunkt steht. Diese sicherheitspolitische Dimension bestand bereits vor dem 11. September 2001, aber nach den Terroranschlägen in New York und Washington, die von einer Diaspora-Kultur ausgingen, hat sie an Brisanz gewonnen.

Positive und negative Begleiterscheinungen

Die Wellen der Migration unserer Zeit sind mit Turbulenzen[2] vergleichbar. Das bedeutet, daß die Migration außer Kontrolle geraten und mit erheblichen Konfliktpotentialen verbunden ist. Auch der Terrorismus gehört zu diesen Turbulenzen. Die Zuwanderung weist gleichermaßen positive wie negative Aspekte auf. Sie bietet zum einen Gesellschaften mit demographischer Stagnation Abhilfe, zum anderen, was den illegalen Menschenhandel betrifft, arbeitet sie der international organisierten Kriminalität zu. Gesteuerte Migrationspolitik sichert eine Einwanderung, die das Land auf allen Ebenen bereichern kann. Jede Migration ist aber zugleich mit Risiken verbunden. So wird der Handel mit Drogen und Waffen, ja selbst mit Menschen als Objekten der Schleuserbanden im Rahmen von Zuwanderung betrieben. *Die Woche* berichtete auf der Grundlage einer Schätzung der Polizeibehörde Europol:

»Etwa eine halbe Million Menschen werden jährlich illegal nach Europa eingeschleppt. Dafür kassiert das organisierte Verbrechen 17,6 Milliarden DM (9 Mrd. Euro).«[3]

In der Tagesschau vom 22. April 2001 wurde über einen BND-Bericht informiert, demzufolge Schleuser-Banden jährlich 150 000 illegale Zuwanderer aus Nahost, Afrika und China gegen ein Kopfgeld von bis zu 6 000 Dollar über die Türkei nach Deutschland bringen. In denselben Nachrichten wurde über Schiffe mit auf diese Weise nach Süditalien geschmuggelten

Kurden berichtet. Im Kreis dieser illegalen Zuwanderer befinden sich auch ethnische Nationalisten und religiöse Fundamentalisten, die Sicherheitsprobleme für die Länder, in die sie immigrieren, schaffen.

Migration findet heute weltweit von ärmeren in wirtschaftlich erfolgreichere und von politisch unsicheren in sichere Länder statt. Die global vernetzten Medien bieten Informationen über alle Länder und machen auf diese Weise die Kluft zwischen arm und reich transparent, womit sie ungewollt Anreize für die Zuwanderung in ökonomisch und politisch gefestigte Länder schaffen. Diese Erscheinung gilt nicht nur für Europa, sondern auch für Afrika (zum Beispiel die Migration von ärmeren Ländern Westafrikas zur Elfenbeinküste, nach Nigeria oder Südafrika) und Asien (zum Beispiel nach Malaysia), doch steht Europa aus mehreren Gründen im Mittelpunkt dieser neuen Entwicklung. Es kommen nicht einfach Menschen, die sich eingliedern, so wie dies bei den klassischen Einwanderungsländern Nordamerika und Australien der Fall war. Die Herkunft dieser Menschen aus anderen Zivilisationen bedingt vielmehr, daß sie andere zivilisatorische Weltanschauungen und Ordnungsvorstellungen sowie ein anderes Rechts- und Gesellschaftsverständnis mitbringen. Für diese Werte und Normen kultureller und religiöser Kollektive wird im Namen von Minderheiten- beziehungsweise Menschenrechten Geltung beansprucht. Unter Berufung auf kollektive Menschenrechte wird irrtümlich ein Freiraum für Diaspora-Kulturen eingeräumt. Im Rahmen der Migration verlagern sich die Menschenrechte von individuellen zu Rechten von Kollektiven. Dies betrifft die Aufnahmegesellschaften, die ihre eigene Identität haben. So entstehen Konflikte[4], die ich als Zivilisationskonflikte bezeichne. Auch die Terroranschläge von New York und Washington bringen diese Konfliktart, allerdings in militarisierter Form, zum Ausdruck.

Zunächst will ich das zeitgenössische Phänomen der Migration sowohl in der Welt insgesamt als auch in Europa im besonderen von früheren Erscheinungen dieser Art abgrenzen.

Klassische Migration in der Weltgeschichte

Es sei nochmals daran erinnert, daß die Erscheinung der Migration so alt ist wie die Menschheit selbst. Auf Europa sowie die neuere Geschichte (des 18. und 19. Jahrhunderts) bezogen, können wir von innereuropäischen Wanderungen von Menschen sprechen, die seinerzeit von den Aufnahmegesellschaften gut bewältigt wurden. Auch in anderen Teilen der Welt haben ähnliche innerkontinentale Wanderungen, oft als Folge von Armut, Plagen und Kriegen stattgefunden. Klassische Wanderungen, in der Regel als Konsequenz sozialer oder natürlicher Katastrophen, hatten stets kollektive Formen. Sieht man von der zivilisatorisch-spezifischen *Hidjra*-Migration zur Verbreitung des Islam ab, waren die klassischen Wanderungen weder organisiert, noch stellten sie ein Dauerphänomen dar. Die zeitgenössische Migration dagegen ist eine Auswirkung der Globalisierung und somit eine anhaltende Erscheinung. Abweichend von der klassischen kollektiven und anders als die heutige oft organisierte Migration (zum Beispiel nach Nordamerika) stoßen wir im Studium der Geschichte auf den Sonderfall der religiös legitimierten Massenwanderung ganzer Stämme im Rahmen der islamischen Expansion; sie umfaßte eine dauerhafte Umsiedlung dieser Stämme. Auf diese Weise war die islamische *Hidjra/*Migration vom 7. bis 9. Jahrhundert, wie ich dieses Phänomen aus der Perspektive der Aktualität und Relevanz für Europa später gesondert in Kapitel 6 ansprechen werde, ein Instrument zur Verbreitung des Islam. Zunächst nur kurz das historische Problem:

Nach dem Vorbild der Wanderung des islamischen Propheten Mohammed von Mekka nach Medina im christlichen Jahr 622 (1. islamisches *Hidjra*-Jahr) predigt der historische (in Abgrenzung zum Offenbarungs-) Islam die *Hidjra/*Migration als Mittel zur Verbreitung des Islam. Diese religiöse Auffassung wurde mit einer anderen, nämlich der *Djihad*-Doktrin verbunden. Sie kann als ein Beispiel für den Unterschied zwischen historischem und Offenbarungs-Islam angeführt werden. Im Gegensatz zu der populären Übersetzung mit »heiliger Krieg« heißt *Djihad* laut Koran »Anstrengung«, auch zur Verbreitung des Islam. In der Geschichte war *Djihad* dagegen gleichbedeutend mit Eroberungskrieg. Historisch waren die *Djihad*-Krieger während der islamischen Expansion zugleich *Muhadjirun*/Migranten. Das erste islamische Welteroberungsprojekt wurde durch das *Umaiyyaden*-Reich (661 bis 750) auch mit Mitteln der Migration als ein *Djihad*-Staat umgesetzt und getragen. Es bestand also ein enger Zusammenhang zwischen *Djihad*-Eroberung und *Hidjra*-Migration.[5]

Das islamische Expansionsprojekt mittels der Verbindung von *Djihad* und *Hidjra* wurde auch in der darauffolgenden Geschichte, vor allem von den türkischen Osmanen in Südosteuropa fortgesetzt. Zwar wurden im Rahmen des islamischen Expansionsprojektes territorial große Gebiete erobert, die angestrebte Islamisierung der Welt konnte jedoch nicht erreicht werden. Europa betraf dieses Projekt zweimal: als die Muslime im Jahr 711 Spanien eroberten und mit muslimischen Migranten besiedelten und dann nach den osmanischen Eroberungskriegen in Südosteuropa ab dem 15. Jahrhundert, denen ebenfalls eine Besiedlung des Gebietes durch Muslime folgte. Vergleichbar mit der Politik anderer Eroberer vor und nach ihnen war das Ziel der Muslime, die eroberten Gebiete mit Hilfe der eigenen Besiedlung dauerhaft zu sichern. Diese Siedlungspolitik hatte die Migration vieler Muslime zur Folge. Migrationbewegungen gab es allerdings auch schon vor dem Aufstieg der Osmanen. Die Turkvölker wanderten im Übergang vom ersten zum zweiten Millennium von Zentralasien westwärts zunächst in den Orient, dann nach Europa[6]; ihre Historie ist eine Geschichte der Völkerwanderung.

Natürlich weiß jeder Historiker, daß vor dem Islam auch frühere Imperien Eroberungen betrieben, die von Zuwanderungen begleitet wurden. Besonders hervorzuheben ist hier die Erweiterung des Römischen Reiches auf die gesamte Mittelmeerregion. Diese beinhaltete aber kein Welteroberungsprojekt, wie die historische Vision der Erweiterung des *Dar-al-Islam*/Haus des Islam auf die gesamte Welt. Das islamische Reich des Kalifen stellt den ersten Versuch in der Weltgeschichte dar, eine Globalisierung herbeizuführen. Der islamische Rechtshistoriker Armanazi berichtet uns, daß die islamische dichotome Aufteilung der Welt in *Dar al-Islam*/Haus des Islam und *Dar al-harb*/Haus des Krieges, welches die Territorien außerhalb der Einflußsphäre des Islam umfaßt, nie revidiert wurde[7]; sie wird von bestimmten Muslimen bis heute vertreten. Eine vom Islam getragene Globalisierung, bei der diese Aufteilung hinfällig und ein islamischer Weltfriede verwirklicht wird, ist den Muslimen jedoch nie gelungen. Das Bulletin der islamischen Migranten in London (*al-Ikhwan*) führt im Logo der Titelseite folgende Worte: »*Muhimatuna: Siyadat ala al-alam*/unser Ziel ist Herrschaft über die gesamte Welt«. Die in London ansässige extremistische Gruppe von Scheich al-Badri nennt sich *al-Muhadjirun*/die Migranten. Damit wird die historische Bedeutung der Bindung der Migration an die Islamisierungsvision neu belebt. Erst nach dem 11. September interessieren sich für diese Diasporastrukturen nicht mehr nur die Experten.

Genauso wie die Muslime haben auch die Europäer in ihrer Geschichte Eroberungen betrieben, zu deren Durchführung eine Siedlungspolitik gehörte, die die Migration vieler Europäer zur Folge hatte. Doch nur ihnen bleibt in der Neuzeit vorbehalten, was den Muslimen nicht gelang, nämlich durch das eigene Welteroberungsprojekt eine globale Vernetzung einzuleiten. Mit anderen Worten: Die Muslime haben ihre Expansion nicht in einem solchen Maß erweitern können, daß sie als Globalisierung zu bezeichnen wäre. Die europäische Expansion resultierte in einer bis heute anhaltenden und sich noch intensivierenden Globalisierung. In den frühen Abschnitten war die westliche Eroberung ebenso wie die islamische Expansion von Migration begleitet. Heute findet diese in umgekehrter Richtung statt, indem viele Nicht-Europäer nach Europa – wenn auch aus anderen Beweggründen – wandern. Islamisten würden jedoch gerne die Zuwanderung von Muslimen nach Europa in eine *Djihad-Hidjra*-Islamisierung nach dem bereits beschriebenen Vorbild verwandeln.

Ein Bestandteil der europäischen Expansion war die geographische Entdeckung der Welt. Auf diese folgten dann Eroberungen und große Zuwanderungsbewegungen. So führte die Entdeckung Amerikas zu europäischen Völkerbewegungen dorthin. Die Europäer kamen freiwillig, um sich ein besseres Leben aufzubauen. Aus wirtschaftlichen Gründen wurden aber noch mehr Menschen gebraucht, und deshalb betrieb man Sklavenhandel aus Afrika als »erzwungene Migration« (S. Sassen, vgl. Anm. 13). Südamerika und das südliche Afrika haben eine vergleichbare Geschichte insofern, als dort nach deren Entdeckung und Eroberung eine ähnliche Siedlungspolitik betrieben wurde. Migration erfolgte also auch in den vor der Entdeckung des amerikanischen Kontinents bekannten Regionen der Erde. Zwei Beispiele lassen sich hier anführen: die Zuwanderung von Franzosen im kolonialen Kontext unter anderem nach Algerien und der Zuzug verschiedener Europäer nach Südafrika. Das erste Beispiel endete mit einer dramatischen, eindeutig als rassistisch zu wertenden Vertreibung der Algerien-Franzosen, nachdem Algerien 1962 die Unabhängigkeit erlangte. In Südafrika verlief die Migrationsgeschichte glücklicherweise anders: Nach dem Zusammenbruch des Apartheidregimes hat der tolerante Nelson Mandela eine Politik der Versöhnung betrieben. Auf diese Weise sind die weißen Südafrikaner, deren Vorfahren aus den Niederlanden kamen und die sich zu der Volksgruppe der Afrikanar (mit *a* im Gegensatz zu schwarzen Afrikanern) rechnen, wie auch die rund zwei Millionen zählende Englisch sprechende, ursprünglich britische Bevölkerungsgruppe, im Land geblieben. Ebenso verhält es sich mit den aus Asien stammenden Südafrikanern (vor allem Inder). Aus der Erfahrung meiner Auslandsaufenthalte in Südafrika weiß ich aber, daß militante schwarze Afrikaner die europäisch-stämmigen Afrikanar gerne nach dem algerischen Modell vertrieben hätten. In der Tradition der Toleranz und Versöhnung von Nelson Mandela ist zu hoffen, daß dieser umgekehrte Rassismus keine Realitäten im südlichen Afrika, wie seinerzeit in Algerien, schaffen wird.

Auch Asien hat eine Migrationsgeschichte, zu der die Zuwanderung von Hindus und Chinesen nach Malaysia gehört. Obwohl die Hindus und Chinesen heute zusammen die Malayen zahlenmäßig überwiegen, gelten sie dort dennoch offiziell als Minderheit. Die Chinesen sind außerdem in das Inselreich Indonesien gewandert, wo sie heute von Islamisten ausgegrenzt und diskriminiert werden.

Wodurch unterscheidet sich die moderne globale Migration?

Nach diesem historischen Überblick über Migration stellt sich die Frage, ob die Ein- beziehungsweise Zuwanderung nach Europa im 21. Jahrhundert sich von der soeben beschriebenen Gewaltgeschichte der Menschheit, bei der die Migranten entweder Eroberer oder Sklaven waren, unterscheiden wird. Trotz der Turbulenzen (dies ist ein in der Fachliteratur verwendeter Begriff), die von der außer Kontrolle geratenen Migration ausgehen, denke ich, daß diese – im Rahmen einer Neubestimmung Europas – ohne Aufgabe der eigenen Identität tolerant und demokratisch, also in Frieden bewältigt werden kann. Voraussetzung dafür ist, sie richtig zu verstehen, was allerdings mit einer Tabuisierung vieler der mit ihr verbundenen Themen nicht einhergehen kann. Wie soll man Migration verstehen, wenn man über ihre Folgen nicht frei reden kann? Gilt *political correctness* auch für diese Thematik?

Als Fremder und Migrant in diesem Lande akzeptiere ich nicht alle deutschen Sitten und stelle die mit der Migration verbundenen Probleme, obwohl sie in Deutschland aus historischen Gründen stark tabuisiert werden, in den Mittelpunkt dieses Buches. Teil der Tabuisierung vor dem 11. September 2001 war das informelle Verbot, zwischen Ausländern, die dem Gemeinwesen nützen, und solchen, die es belasten, zu unterscheiden. Doch wir müssen zwischen rechtschaffenen muslimischen Bürgern und Islamisten unterscheiden.

Zurück zu den Unterschieden zwischen der heutigen und der klassischen Zuwanderung. Der wichtigste besteht darin, daß die moderne Form dieser Erscheinung keine Eroberung einschließt, sondern mit friedlichen Mitteln, zum Beispiel unter Nutzung der Entgrenzung der Welt und der Erweiterung der demokratischen Freiheiten auf die Zuwanderer erfolgt. Wenn wir die frühe Zuwanderung nach Amerika noch zur klassischen Migration rechnen und anerkennen, daß Migranten aus ethnischen und/oder religiösen Kollektiven stammten, unterscheidet sie sich dennoch von der alten Völkerwanderung und der Siedlungspolitik in der Folge von Eroberungen dadurch, daß sie eine Bewegung von Individuen darstellt. Heute bestehen große Herausforderungen an die Integration der Zuwanderer im Sinne ihrer Transformation zu Bürgern in der Bedeutung von *citoyen/citizen* als Mitglied eines bestehenden demokratischen Gemeinwesens. Das ist weit mehr als Integration im Sinne des deutschen Verständnisses von Staatsbürgerschaft mit der Bedeutung, im Besitz eines deutschen Passes zu sein. Die Frage lautet heute vielmehr, ob Zuwanderer Fremde bleiben, sich zu *citizens* entwickeln oder zu dem werden, was Amerikaner »*in between*/Zwischending«[8] nennen. Wenn sie fremd bleiben und die Ideologie des Multikulturalismus unwidersprochen fortbesteht, bilden sie eine Enklave innerhalb der Aufnahmegesellschaften, die sie als »Freiraum« beanspruchen können. Dies ist eine Entwicklung, die nach dem 11. September aus sicherheitspolitischen Erwägungen nicht mehr erwünscht ist.

Migration nach Europa erfolgt heute unter den Bedingungen des sozialen Wohlfahrtsstaates. Die Zuwanderer nach Europa und Nordamerika sind oft arme Menschen. Während für die Migranten in Amerika der Zwang bestand, sich im harten Leben durchzusetzen, gibt es in Europa Wohlfahrtsstaaten, die arme Menschen in manchen Fällen lebenslang mit Sozialleistungen versorgen können.[9] Auf diese Weise entstehen in den europäischen Aufnahmeländern Parallelgesellschaften mit dem Charakter einer ethnischen Armutskultur. Auf diese besorgniserregende Entwicklung werde ich in Kapitel 3 näher eingehen. Innerhalb dieser Parallelgesellschaften wird Armut in der Realität mit Religion und Ethnizität verbunden und damit Integration verhindert. Diese Art der Migration nimmt also die Form der Ethnisierung von Armutskultur an[10] und schafft große Konfliktpotentiale, die die Sicherheit der Aufnahmegesellschaften substantiell bedrohen.[11]

Innereuropäische Migration im 19. Jahrhundert

In diesem Buch interessiert uns vorrangig die Gegenwart. Dennoch ist die historische Perspektive von zentraler Bedeutung. Es ist daher von Belang anzuführen, daß Europäer selbst an bisher drei Migrationsbewegungen beteiligt waren:

1. Europäer wanderten in den Orient im Rahmen der Kreuzzüge.
2. Europäer wanderten in ihre Kolonien (Amerika, Afrika, Australien).
3. Europäer wanderten innerhalb Europas von Osten nach Westen.

Die ersten beiden Erfahrungen sind nicht wiederholbar, weil in unserer Zeit der Komplex der Erscheinungen Eroberung/Siedlung/Zuwanderung nicht mehr wahrscheinlich ist. Zwar finden leider noch immer Vertreibungen statt, aber heute sind Völkerwanderungen im Rahmen von friedlicher Migration die Regel. Dennoch können sich die verschiedenen Volksgruppen in der Diaspora abschotten und eine Parallelgesellschaft bilden. Minderheiten wie zum Beispiel die Kurden ziehen im Rahmen von Völkerwanderungen nach Europa und bilden als Volksgruppe eine Art Parallelgesellschaft mit den entsprechenden sicherheitspolitisch relevanten Konfliktpotentialen.

Auf der Tagesordnung steht der Migrationstyp, welcher dem dritten, also der innereuropäischen Wanderung ähnelt, wenngleich sie heute aus anderen Kontinenten erfolgt. Der wichtige Unterschied besteht also darin, daß nach Westeuropa nicht nur andere Europäer, zum Beispiel aus dem Osten oder vom Balkan als Zuwanderer kommen, sondern auch Asiaten und Afrikaner, deren Migration ebenfalls friedlich erfolgt. Natürlich wandern auch Osteuropäer und Westeuropäer innerhalb des Westens zu, aber dies ist langfristig insignifikant, obwohl es in der postbipolaren Zeit nach der Auflösung des Ostblocks und auch Jugoslawiens statistisch von großer Bedeutung ist.

Im Gegensatz zu den klassischen Migrationswellen, wie zum Beispiel den islamischen *Hidjra*-Völkerwanderungen, den Kreuzzügen und dem klassischen europäischen Siedlungskolonialismus (Nordamerika, Australien, Algerien, Südafrika), resultierte Zuwanderung in der neueren Geschichte des 19. Jahrhunderts aus wirtschaftlichen Bedürfnissen. Hierzu gehört nach Sassen die innereuropäische Migration, zum Beispiel von Italienern nach Frankreich und in die Schweiz sowie später nach Deutschland und Schweden. Wichtig ist die Migration aus Osteuropa, vorwiegend aus Polen, in den Westen und dort vor allem in das Rhein-Ruhrgebiet. Wie K.-J. Bade nachwies, hat Deutschland sich dabei von einem Auswanderungs- in ein Zuwanderungsland gewandelt.[12]

Als Menschen aus Deutschland in den neuen Kontinent auswanderten, stellten im Jahr 1890 Deutsche 30% der US-Bevölkerung, 1930 nur noch 11,3 %. Die Migrationsforscherin Saskia Sassen beschreibt die Situation Anfang des 20. Jahrhunderts, als sich Deutschland bereits zu einem Zuwanderungsland entwickelt hatte, mit den Worten:

»Juden waren ein Teil der demographischen Strömung von Ost nach West in Richtung Deutschland ... Ungefähr 700 000 Juden kamen zwischen 1905 und 1914 nach Deutschland ... Zudem wanderten legal saisonale Landarbeiter von Italien und Skandinavien nach Deutschland ... ebenso aus Weißrußland.

Zusätzlich kamen andere, Russen, Polen und Österreicher. Allein 1914 betrug die Zahl der Zuwanderer eine halbe Million.«[13]

Saskia Sassen fügt hinzu, daß Deutschland eine Tradition in der Ausgrenzung dieser Zuwanderer hat; sie schreibt:

»Lange bevor die Türken die deutsche Szene betraten, wurden diese zugewanderten osteuropäischen Massen als die ›Gastarbeiter‹ der Nation behandelt« (ebd.).

Der deutsche ethnische – im Gegensatz zum westlichen zivilgesellschaftlichen – Nationsbegriff, der im Staatsangehörigkeitsgesetz von 1913 seine Fixierung erhielt, war die Grundlage dieser Ausgrenzung, indem er die Integration der Zuwanderer verhinderte. Abstammung (*ius sanguinis*) war das Kriterium für die Zugehörigkeit zur Nation, und das ist auf kultureller Ebene im Sinne von Kulturgemeinschaft bedauerlicherweise noch immer der Fall. Es war ein Gesetz, das »kulturelle Separierung förderte und Kulturgeschichte in Biologie verwandelte ... Der Staat führte einen Unterschied zwischen jenen, die permanent zur Nation gehören, und jenen, die nur auf Zeit sich aufhalten dürfen, ein« (ebd.).

Anders war es im Frankreich des 19. Jahrhunderts und ist es bis heute.[14] Rechtlich bildet dort nicht die Abstammung, sondern bilden der Geburtsort (*ius soli*) sowie die Akzeptanz gemeinsamer Werte die Kriterien für die Zugehörigkeit zum Gemeinwesen. Ein solcher Wertekonsens ist es, den ich als Basis der Leitkultur fordere.[15] Frankreich zählt in Europa zu den Ländern mit den längsten, bis in das 18. Jahrhundert zurückgehenden Erfahrungen mit Migration. Es war vom 19. bis Anfang des 20. Jahrhunderts im europäischen Vergleich der Hauptempfänger von Zuwanderern. Frankreich bot und bietet in der Eingliederung von Migranten noch immer das Gegenmodell zu Deutschland.[16] Das neue Staatsangehörigkeitsgesetz von 1999 ist gewiß ein Fortschritt, doch fehlt parallel die entsprechende kulturelle Einstellung bei vielen Bürgern. Ein Gesetz allein verändert noch nicht die Wirklichkeit. Die Vorstellung, die Realität von oben, per Dekret und

Gesetz, verändern zu können, hat eine Geschichte in Deutschland.

Ebenso wie im Deutschland des 19. Jahrhunderts waren die Migranten in Frankreich vorwiegend Europäer, wenn auch nicht allein aus Osteuropa, sondern bis 1896 auch aus Italien, Belgien und Spanien. Natürlich waren und sind die Franzosen keine Engel. Der erste europäische Denker, der 1853 von der *Inégalité des Races Humaines*/Ungleichheit der menschlichen Rassen sprach und die Arier an die höchste Stelle setzte, war ein Franzose und kein Deutscher, nämlich Graf Arthur de Gobineau.[17] Es waren auch die Franzosen, die »Fremde« – wie beispielsweise ab 1905 Polen – in ihr Land holten, um Schmutzarbeiten (zum Beispiel in Minen) zu verrichten, für die sich keine Franzosen fanden.

Im Gegensatz zu Deutschland und Frankreich blieben andere europäische Länder wie Italien und Spanien bis gegen Ende des 20. Jahrhunderts vom Zudrang von Nordafrikanern und illegalen Migranten durch Schleuserbanden verschont. Statt dessen handelte es sich bei ihnen um Länder, die Bevölkerung exportierten, nicht empfingen. Heute betrifft die Zuwanderung aus Asien und Afrika ganz Westeuropa, also auch Italien und Spanien. Die Zuwanderer bewegen sich nach ihrer Ankunft auf europäischem Boden in Richtung Norden, weil die Sozialhilfeleistungen in den südeuropäischen Staaten geringer sind. Dies belegt die Statistik.

Die beschriebenen europäischen Erfahrungen mit Migration vom 18. Jahrhundert bis Mitte des 20. Jahrhunderts sind durch zwei Merkmale zu charakterisieren:

1. oft ist sie saisonal, also Arbeits-Migration (in der Schweiz bis heute), und

2. es handelt sich um innereuropäische Wanderungen.

Die Geographie der Migration ändert sich seit der sich intensivierenden Globalisierung, die Entgrenzung hervorruft. Nun kommen nicht nur ost- und südeuropäische Migranten, die mit »Billiglohn« zufrieden und zu »Schmutzarbeit« bereit sind und nach dem Motto »der Mohr hat seine Schuldigkeit getan, der Mohr kann gehen« nach dem Ende der Saison das Land wieder verlassen. Heute kommen zusätzlich zu denen, die Westeuropa benötigt, auch jene, die zu Empfängern großzügiger Zahlungen des Sozialstaates werden. Letztere stellen eine Belastung für das Sozialsystem dar, weil sie keine entsprechende Gegenleistung erbringen.[18] Diese Gruppe »unerwünschter Zuwanderer« (M. Weiner) verursacht große Probleme, zu deren wichtigsten die Verstärkung der Fremdenfeindlichkeit gehört.

Erschwert wird das Problem durch die von den Gerichten – als nicht politisch verfolgt – abgewiesenen Asylsuchenden, die oftmals als geduldete Empfänger von Sozialleistungen bleiben. Solche Erscheinungen sind nicht nur in Europa zu beobachten. In den USA hat dieser Mißbrauch des Sozialstaates zu dem neuen Gesetz der *Welfare Bill* von 1996 geführt, wonach Migranten – gleich ob legal oder illegal – von der Gewährung von Sozialhilfeleistungen für die ersten zehn Jahre ihres Aufenthaltes ausgeschlossen sind. Die von einem Konsens der beiden großen Parteien – Demokraten und Republikaner – getragene Erkenntnis, die hinter dem Gesetz steht, ist, daß Sozialstaat und Migration voneinander abzukoppeln sind. Migration soll Amerika bereichern, nicht sein Sozialhilfesystem belasten. Die Erfahrungen mit dem im Oktober 1996 in Kraft getretenen *Welfare Bill* sind bislang positiv.

Wie können Migranten integriert werden?

Integration gehört zu den zentralen Themen, die mit Migration in Verbindung stehen. Wirtschaftliche Integration durch einen festen Arbeitsplatz ist eine zentrale Voraussetzung. Ebenso wichtig ist die kulturelle und politische Dimension der Integration, die hier im Mittelpunkt steht. Einbürgerung und Beherrschung der deutschen Sprache sind kein Garant für eine gelungene Eingliederung der Migranten in das Gemeinwesen. Einige der irregulären Krieger vom 11. September kamen aus Ham-

burg und sprachen fließend Deutsch. Zwei der islamistischen
Attentäter hatten sogar die deutsche Staatsangehörigkeit. Die
Diskussion muß neu beginnen.

Im Fall der klassischen Einwanderungsländer kamen die Migranten früher aus Ländern der westlichen Zivilisation, weshalb deren Integration leichter fiel; dies hat sich geändert. Saskia Sassen spricht von veränderter »Geopolitik der Migration«
und führt an, daß zum Beispiel in Großbritannien 60% der
Zuwanderer aus Asien und Afrika stammen. Natürlich kamen
auch früher Commonwealth-Angehörige aus Asien und Afrika
in das britische Mutterland, aber niemals in dem Ausmaß, wie es
heute der Fall ist. Anders als die früheren Migranten aus dem
Süden und Osten Europas stammen die heutigen Zuwanderer
nach Europa größtenteils aus anderen »überseeischen« Zivilisationen. Als einer von ihnen weiß ich, wovon ich spreche, wenn
ich die Schwierigkeiten in diesem Zusammenhang problemati-
siere. Menschen aus nicht-westlichen Zivilisationen sind deshalb schwieriger zu integrieren, weil sie andere Wert- und Ordnungsvorstellungen haben. Es gibt Lösungen. Aber wie sehen
diese aus?

Multikulturalisten bieten als Alternative zur Integration kulturelle Kollektivrechte inklusive der Berechtigung zum »Freiraum der Diaspora« an. Das wird uns später näher beschäftigen
(vgl. Teil 3). An dieser Stelle beschränke ich mich auf die Aussage, daß kultureller Pluralismus kulturelle Vielfalt gewährt,
die Wertebeliebigkeit des Multikulturalismus aber entschieden
zurückweist. Die Diskussion über Integration, welche im Lichte
der Tragödie von New York und Washington am 11. September
geführt werden muß, unterstreicht die Notwendigkeit, die Migranten als vollwertige Bürger mit allen Rechten in das Gemeinwesen einzugliedern. Zum Recht auf ihre kulturelle Identität im Rahmen eines Kulturpluralismus, nicht aber als »*free
space*/Freiraum«, gehört jedoch auch die Pflicht seitens der
Migranten aus Asien und Afrika, die zivilisatorische Identität
der Aufnahmeländer, also hier Europas beziehungsweise Ameri-

kas, eindeutig zu akzeptieren. Vom Multikulturalismus unterscheidet sich dieser so verstandene Kulturpluralismus durch verbindliche Werte wie säkulare Demokratie, Menschenrechte, Zivilgesellschaft und Toleranz der Aufklärung. Diese Integrationspolitik bedeutet Abschied von der Vorstellung des Fremden als Gastarbeiter aus zwei Gründen: 1. weil sie auf Dauer bleiben und 2. weil sie dieselben Rechte und, nach dem 11. September müssen wir hinzufügen, auch dieselben Pflichten gegenüber dem Gemeinwesen haben.

In diesem Buch trete ich für europäische Toleranz ein, die zum Beispiel der islamischen Toleranz gegenüber Juden und Christen als *Dhimmi* (Schutzbefohlene, also Gläubige zweiten Ranges) weit voraus ist. Die europäische Toleranz der Aufklärung begreift die Angehörigen aller Religionen sowie Andersdenkende als gleichberechtigt, verweist den Glauben aber in die private Sphäre; der öffentliche Raum ist säkular. Wenn Multikulturalisten gegen eine umfassende Integration dadurch eintreten, daß sie die kulturelle Identität der Einwanderer als universell gültiges Gruppenrecht anerkennen, verraten sie ihren eigenen Universalismus, der in ihrem Relativismus verborgen ist. Parallel aber stellen sie die Universalität der europäischen Werte, ja selbst ihre Geltung für Europa in Frage und geben damit die zivilisatorische Identität Europas preis. Hier verfangen sie sich nicht nur in Widersprüchen, sondern kehren den Universalismus einfach nur um. David Gress schreibt hierzu:

»Obwohl es den Eindruck erwecken mag, daß Multikulturalismus dem Universalismus widerspricht, sind beide Denktraditionen tatsächlich miteinander vereinbar, zumal der Multikulturalismus nichts anderes ist als ein auf kulturelle Politik angewandter Universalismus ... Der Universalismus hat niemals sein zentrales Dilemma gelöst, das darin besteht, zugleich eine westliche Idee – die Idee, daß Verwestlichung global und unaufhaltsam war – und eine anti-westliche Idee – die Idee, daß die westliche Identität glücklicherweise ihr Ende gefunden hatte – zu sein ... Das Dilemma des Universalismus ist ein Produkt der

Zweideutigkeit, die dem Neuen Westen zu eigen ist: War er eine neue Zivilisation, die sich durch ihr Abweichen von der eigenen und sämtlichen anderen Vergangenheiten definierte, oder war er das Ergebnis einer historischen Identität? ... Dieses Dilemma wirft die Frage nach der westlichen Identität für das dritte Jahrtausend auf.«[19]

Der renommierte Kulturanthropologe Ernest Gellner weiß zwar, daß Multi-Kulti-Relativisten keine Fundamentalisten sind, kennt aber ihre Probleme sehr gut. Er kann das Geheimnis der scheinbaren Konfrontation zwischen dem Relativismus der Multi-Kulti-Ideologie und dem Absolutismus der Fundamentalisten lüften:

»In der Realität kommt diese Konfrontation nicht augenscheinlich zum Ausdruck. Denn die Fundamentalisten erkennen und verachten zugleich die Unverbindlichkeit und den Relativismus im allgemeinen, von denen die westlichen Gesellschaften derart durchdrungen sind. Doch interessieren sie sich wenig für die philosophischen Grundprinzipien des Relativismus (und versuchen ihn für ihre Zwecke zu instrumentalisieren; B.T.). Die Relativisten wiederum richten ihre Angriffe allein gegen diejenigen, die sie als »Positivisten«, das heißt als Nicht-Relativisten verfemen, beschränken ihre Attacken jedoch auf ihre Gegner innerhalb ihrer eigenen aufgeklärten Tradition. Die Unstimmigkeiten, die sie logischerweise vom religiösen Fundamentalismus trennen, spielen sie herunter. Ihre Einstellung läßt grob gesagt zu, daß Absolutismus zu tolerieren sei, solange dieser kulturell nur ausreichend fremd daherkäme.«[20]

In diesem Buch plädiere ich, wie die Multikulturalisten, für die Öffnung Europas für Fremde, verbinde dies jedoch mit dem Appell zur Bewahrung der zivilisatorischen Identität Europas. Es ist an der Zeit, das von manchen bewußt gesäte Mißverständnis auszuräumen: Kritik am Multikulturalismus bedeutet nicht Ablehnung der Einwanderung, sondern der Wertebeliebigkeit und Verneinung des Anspruchs auf Freiraum, sprich auf Enklaven für Diaspora-Kulturen. Das ist eines der Tabus, die in

diesem Buch gebrochen werden. In den USA ist dies nach dem
11. September geschehen und dem Multikulturalismus abge-
schworen worden. In der »verspäteten Nation« (H. Plessner)
Deutschland steht dies noch bevor.

Migration regulieren!

Im Umgang mit der Migration bietet kein europäisches Land,
mit Ausnahme von Frankreich, ein Modell für die Integration
von heutigen Migranten. Dennoch bin ich bisher aus mehreren
Gründen auf frühere Form der Migration nach Europa eingegangen. Einmal wollte ich zeigen, daß Migration kein Novum
ist, wenngleich Unterschiede im Ausmaß der Erfahrung mit ihr,
zum Beispiel zwischen Deutschland und Frankreich, bestehen.
Dann lag mir daran, die kennzeichnenden Merkmale der Ar-
beitsmigration hervorzuheben, und schließlich wollte ich unterstreichen, daß die Migranten, die heute nach Europa kommen,
vorwiegend aus Asien und Afrika stammen, weshalb sie neue
Herausforderungen an die zivilisatorische Identität westlicher
Gesellschaften stellen. Daraus folgt ein Bedarf an Integration,
die nicht mit Assimilation zu verwechseln ist. Ebenso wie ich
Assimilation ablehne, weise ich die in Segregation resultierende
Integrations*un*willigkeit islamischer Zuwanderer zurück. Diese
nimmt in radikalen Fällen stark antiwestliche Züge an, welche
die Aufnahmegesellschaft, wenn sie zu ihrer Zivilisation steht,
nicht hinnehmen kann.

Der wichtigste Unterschied zu früheren Migrationsformen ist
jedoch, daß die heutigen Wanderungsbewegungen im Kontext
von Globalisierung und Entgrenzung stehen. Zu den negativen
Erscheinungen in diesem neuen Zusammenhang gehört sowohl
der Mißbrauch von Asyl als auch die illegale, von Schleuserbanden getragene Zuwanderung: Es wird heute offen von demokratischen Politikern, wie zum Beispiel Otto Schily, eingeräumt, daß
die illegale Migration eindeutig Bestandteil der organisierten Kriminalität geworden ist. Nach bekannten Recherchen – zum Bei-

spiel vom *Wall Street Journal* und Europol – handelt es sich sogar um ein gewinnbringenderes Geschäft als der Drogenhandel.

Das Ausnutzen der illegalen Migration durch Schleuserbanden beinhaltet, ein schmutziges Geschäft mit den Migrationssehnsüchten von Menschen zu machen. Für Europa wird in diesem Zusammenhang deutlich, daß die Migrationspolitik nur transnational erfolgreich zu regeln ist. Auf der Ebene der Europäischen Union redet man viel darüber, aber von politischem Handeln fehlt bislang jede Spur. Durch die Teilnahme an einem Europol-Projekt über diesen Gegenstand erfuhr ich, daß die Institutionen der EU lediglich Informationen sammeln und Empfehlungen abgeben, die allerdings kein Politiker befolgt. Ob dies auch vor dem Hintergrund der Geschehnisse am 11. September so weitergeht? Das Vorurteil von der EU als einem bürokratischen *Talking Club* wird dadurch nur gestärkt. Die aus der Globalisierung resultierende Entgrenzung der Welt und der Rückgriff, den illegale Zuwanderer auf den Rechtsformalismus der Gerichtsbarkeit nehmen, setzen den einzelnen europäischen Staaten deutlich Grenzen für ihr Handeln gegenüber ungesteuerter Zuwanderung.

Eine Einflußnahme ist nur auf der transnationalen Ebene denk- und umsetzbar. Am Ende dieses Kapitels werde ich die Diskussion über die Kontrollierbarkeit der Migration[21] wieder aufnehmen. Für mich existiert ein Zusammenhang zwischen der Integration der Migranten und der Kontrolle der Migration, zu der die nach dem 11. September 2001 veränderte Sicherheitspolitik zwingt. Würde die Migration nach Europa kontrolliert als Einwanderung und eben nicht als ungesteuerte Zuwanderung erfolgen, dann würde die Zahl und das Qualifikationsprofil der Migranten mit dem Bedürfnis des Landes übereinstimmen. Dies hätte zur Folge, daß Migranten eher das Gefühl hätten, willkommen zu sein, und die Menschen der Aufnahmegesellschaften eher gewillt wären, sie zu integrieren. Es handelt sich hierbei also um einen reziproken Prozeß. Das Aussortieren der Islamisten als potentielle Terroristen würde auch die Islam-gemeinde vor jedem Generalverdacht schützen. Anders formuliert: Es liegt auch im Interesse der in Europa lebenden Muslime, Migration stärker zu regulieren.

Die Turbulenzen und die sinnstiftende Identität

Angesichts des Fehlens von erforderlichen transnationalen Regelungen im Zeitalter der Globalisierung scheint in bezug auf Migration die Metapher von der Turbulenz, die Nikos Papastergiadis verwendet, zutreffend zu sein. Ihm zufolge fliegen wir um die Erde ohne einen Flugkapitän, der in der Lage wäre, vorauszuschauen und im richtigen Moment aufzurufen: »*Fasten your seat belts*«. Entsprechend gefahrvoll ist die Reise in dieser an Turbulenzen reichen Welt.[22] Die wichtigsten darunter sind die »Turbulenzen der modernen Migration«, die alles destabilisieren können, wenn sie außer Kontrolle geraten.

Papastergiadis spricht in diesem Zusammenhang von einem »*Twin Process*/Zwillingsprozeß« von Globalisierung und Migration. Die zeitgenössische Migration ist in jeder Hinsicht anders als frühere Formen, die auf Eroberung und Herrschaft gerichtet waren. Gewollte Wanderungsbewegungen wie etwa der Siedlungskolonialismus (einschließlich der islamischen *Djihad*-Eroberungen) der Herrscher sowie unfreiwillige Migration, beispielsweise die erzwungene Umsiedlung durch Vertreibung (Palästinenser aus ihrer Heimat) oder der Sklavenhandel (10 Millionen Afrikaner nach Nordamerika), gehören in den Bereich der Geschichtswissenschaft. In der Forschung wird der Ortswechsel von Menschen – gleich aus welchen Gründen – als Migration bezeichnet. Im 21. Jahrhundert stellt sich daher die Frage, ob die Turbulenzen der Migration wirklich unkontrollierbar sind. Ist die Globalisierung gleich einem Naturphänomen nicht steuerbar? Ist der Terrorismus, wie er in den Anschlägen von New York und Washington zum Ausdruck kam, das unentrinnbare Schicksal des Westens im 21. Jahrhundert?

Die moderne Migration entsteht durch die politisch unkontrollierte freie Bewegung von Menschen in einer globalisierten und entgrenzten Welt. Sie ist nicht mehr nur ein Forschungsgegenstand exklusiv für Soziologen, sondern die Migration betrifft vor allem auch die internationale Politik und findet mittlerweile Berücksichtigung in einem Forschungszweig, den man »kulturelle Analyse«[23] nennt. Trotz oder vielleicht gerade aufgrund unserer von Entgrenzung gekennzeichneten Welt ist die Problematik der kulturellen Identität von zentraler Bedeutung. Eine adäquate Auseinandersetzung mit ihr ist allerdings im Rahmen eines kulturrelativistischen und daher wertebeliebigen Multikulturalismus, der mit der Ersetzung des Individuums durch das Kollektiv in die Vormoderne zurückfällt, nicht möglich. Natürlich gibt es viele Schulen des Multikulturalismus, aber alle sind nach dem 11. September verstärkter Kritik ausgesetzt. Zumindest der Zweig der multikulturellen Ausrichtung, der Freiraum für Diaspora-Kulturen der Migranten fordert, hat durch die Terroranschläge in den USA seine Berechtigung eingebüßt.

Multikulturalisten und die Identität Europas

Nach dem 11. September 2001 ist die westliche Zivilisation nicht mehr dieselbe. Nun werden die in der gesamten Literatur des Multikulturalismus vorherrschenden Fehlperspektiven über Migration in bezug auf Kollektive korrigiert. Es ist berechtigt, für die kulturelle Identität der Einwanderer einzutreten. Es ist aber einseitig, wenn bei den Multikulturalisten die zivilisatorische Identität des Aufnahmelandes oder -kontinents, hier Europas, auf der Strecke bleibt. Die Kritik an der ethnischen Exklusivität des Aufnahmelandes ist ebenfalls berechtigt; genauso negativ ist es allerdings, wenn sich Einwanderer als Volksgruppe, also ethnisch definieren und eine Parallelgesellschaft aufbauen, die exklusiv ist und Ansprüche auf Freiraum stellt. Als ein Beispiel kann ich türkische oder kurdische Ghettos anführen. Auf diese Weise gibt es nur Öffnung auf seiten des Aufnahmelandes, aber exklusive Parallelgesellschaften gedeihen auf der anderen. In einem anderen Buch verwies ich auf diese besorgniserregende Entwicklung mit dem Ausdruck Gleichzeitigkeit von Kulturrelativismus und Neo-Absolutismus.[24]

Der bereits angeführte Migrationsforscher Papastergiadis argumentiert zu Recht gegen universalistische Multi-Kulti-Ideologien und bietet als Ersatz einen kritischen Multikulturalismus. Auch wenn dieser ebenso zu beanstanden ist, unterstütze ich Papastergiadis in seiner Bestimmung der Identität als »*an ongoing process of negotiating differences*/fortwährender Prozeß der Verhandlung von Unterschieden«. Auch teile ich sein Eintreten für »*a dialogical approach*/einen dialogischen Ansatz«.[25] Dieser Dialog hat aber nur Sinn, wenn er in Richtung Wertekonsens gestaltet wird, also einer Wertebeliebigkeit abschwört. Wir müssen der Erkenntnis, daß sich kulturelle Identität durch Migration stets wandelt, also nicht statisch ist, Rechnung tragen. Kulturelle Identität als ein fortwährender Prozeß der Verhandlung von Unterschieden ist steuerbar, zum Beispiel in Richtung multiple Identität, die Integration zuläßt. Diese flexible Identität können wir gegen die Verweigerer der Integration anführen, die uns eine essentialisierte Identität als Vorwand vorhalten.

Multikulturalisten verfahren ebenso wie Islamisten und Ethnonationalisten, wenn sie die Identität der Einwanderer essentialisieren. Sie bestimmen Identität damit zu etwas Unveränderlichem und verleugnen außerdem die westliche zivilisatorische Identität. Wird die Gestaltung der Migration mit dem Ziel, die Fremdheit des Migranten zu verringern, ernst genommen, und gilt es parallel dazu, kulturelle Identität in ihrem Wandel zu beachten, müssen wir für einen kulturellen Pluralismus eintreten.

Gesetztes Ziel muß es also sein, Migranten und Einheimische in einem Gemeinwesen zu vereinigen, um ein vielfältiges Miteinander, statt eines multikulturellen Nebeneinander zu erreichen. Gelingt dies nicht, dann obsiegt die multikulturelle Rhetorik, die einer Essentialisierung der Kultur zum Opfer fällt. Kultureller Essentialismus bedeutet, Stereotype zu haben, etwas als statisch in bezug auf Kultur darzustellen. Man essentialisiert zum Beispiel die Deutschen, wenn man sie als »Volk der Täter« abstempelt, die Südländer, wenn sie als »heißblütig« beschrieben werden, oder die Amerikaner, wenn man sie als »dollarsüchtige Business-Leute« bezeichnet. Islamisten, die den Islam essentiell verherrlichen und traditionelle Orientalisten, die im Gegenteil den Islam orientalisieren, verfahren ähnlich, insofern sie den Islam kulturell konstant bestimmen, wenngleich in entgegengesetzter Richtung. Also kurz: Es gibt keine einheitliche, nicht wandelbare islamische Identität. Dies ist ein Märchen oder wissenschaftlich ausgedrückt, eine Konstruktion. Islamische Einwanderer aus unterschiedlichen Teilen der islamischen Zivilisation können ein konstruiertes Kollektiv bilden und doch bestehen sie aus sehr verschiedenen Individuen. Die Gefahr der Entstehung eines solchen Kollektivs unter den Bedingungen der Diaspora-Kultur ist allerdings konkret gegeben. Diaspora-Kultur ist stets ethnisch bestimmt, gegen Integration gerichtet, anfällig für den Fundamentalismus und bildet daher auch ein Sicherheitsrisiko!

Migration und Ethnizität

Gegen Globalisten und Multikulturalisten argumentiere ich, daß es möglich ist, politisch Einfluß im Sinne von Steuerung auf die Migration auszuüben. Dazu gehört die Politik der Integration, die eine Festlegung der Zahl der Migranten einschließt. Die Folge fehlender Integration ist die Bindung von Kultur an Ethnizität in der Diaspora, wobei ein Wir-Gefühl verstärkt auftritt. Die ethnische Kultur wird zur konstruierten Diaspora-Kultur. Der Weg zu einer kulturübergreifenden Verständigung oder gar zur Integration der Migranten im Zeitalter der Globalisierung wird somit völlig versperrt.

Die kulturelle Differenz ist anzuerkennen, ohne daß daraus

eine Ontologie der unveränderbaren Kulturen entwickelt wird. Auch ist besonders vor dem Hintergrund der Geschehnisse am 11. September 2001 jede kulturelle Differenz der Migranten in Europa den Werten westlicher Verfassungen unterzuordnen. Migranten können eine multiple nicht-ethnische Identität entfalten und ihre Kultur mit westlichen Werten harmonisieren. Die Multikulturalisten zeigen wenig Verständnis für diese Problematik, weil sie in ihrem Drang nach Verteidigung der »kulturellen Identität« der Migranten als Kollektive diese in einem Maße essentialisieren, daß eine Anpassung undenkbar wird. Mit Recht schreibt Papastergiadis:

»Die Spannung zwischen dem Status der kulturellen Differenz innerhalb einer Nation und dem Druck, der von der Globalisierung ausgeht, wird evident bei der Bemühung, diasporisierte Kulturen zu redefinieren. ... Wo können wir kulturübergreifende Kommunikation plazieren? ... Es gibt wenig Achtung hierfür bei den Multikulturalisten ... weshalb sie den dynamischen Wandel aller kulturellen Identitäten nicht beachten. Statt dessen neigen sie dazu, essentialistische Ansichten im Rahmen ihres multikulturellen Bezugsrahmens zu pflegen ..., wobei sie einer Zusammenfassung zwischen Ethnizität und Kultur zum Opfer fallen.«[26]

Die Schlußfolgerung der Multikulturalisten in der Diskussion über die neue Form der Migration aus Asien und Afrika nach Europa, die sie als »Postkolonialismus« vernebeln, ist ein Plädoyer für die Geltung afrikanischer und asiatischer Kulturen in der Diaspora auf Kosten der Identität Europas. An der Bestimmung des Menschen als Individuum sowie an der Ablehnung des Anspruches auf Freiraum für Kollektive halte ich fest und definiere Rechte daher als solche des Individuums, nicht als Rechte von kulturellen und/oder ethnischen Gemeinschaften der Diaspora. Auch ein kritischer Multikulturalismus wie der von Papastergiadis bietet keine Alternative zur einseitigen Diskussion über kulturelle Identitäten, die in eine Sackgasse führt.

Papastergiadis, der bemüht ist, Migration und kulturelle Vielfalt unter den Bedingungen der Globalisierung in einem Konzept des kritischen Multikulturalismus in Einklang zu bringen, ist klug genug, um die lauernde Gefahr zu erkennen. Ihm entgeht nicht, daß Migration in einer Ansiedlung von ethnischen Gruppen in den Aufnahmegesellschaften resultieren würde, falls die Vision der Multikulturalisten zur Realität wird. Freiraum für Kollektive der Diaspora-Kulturen ist dann ein Euphemismus für Siedlungen der Migranten. Papastergiadis schreibt deutlich:

»Eine genauere Untersuchung des dominierenden Verständnisses von Multikulturalismus zeigt, wie sehr dieser dem klassischen Denken der Siedler-Migration sowie der politischen Mobilisierung von ethnischen Gemeinschaften ähnelt. Das entspricht nicht dem für globale Migration erforderlichen Muster« (S. 205).

Wir müssen uns vergegenwärtigen, daß die klassische Siedler-Migration (zum Beispiel *Hidjra* der Muslime) ein Zurückdrängen der eroberten Kulturen bedeutet: Siedlung ist eine Form des Kolonialismus. Dies ist kein Vorbild für die moderne Migration. Kurz: Das Ergebnis von Kollektiv-Identitäten sind Parallelgesellschaften (vgl. Kapitel 3 und 4). Sie dürfen bei der modernen Migration nicht Alternative zur Integration werden. Deshalb warne ich vor einem solchen Multikulturalismus in Europa, weil er in eine Balkanisierung und Zerstörung der europäischen Identität und des entsprechenden Gemeinwesens mündet. Für die Vereinigten Staaten nennt Schlesinger diesen Prozeß: *Disuniting of America*.[27] Die Schlußfolgerung lautet also: Ja zur Migration, nein zu ethnischen Parallelgesellschaften und Siedler-Migration. Kultureller Pluralismus der Individuen ist die Alternative zum multikulturellen Nebeneinander essentialisierter Kollektive, die in einer Demokratie westlichen Musters keine Existenzberechtigung haben dürfen.

Globalisierung und Migration als Naturereignis?
Von apolitischen Ansichten zur Politik der Steuerung

In den Beiträgen der Soziologen zur Migration ebenso wie in den populären Arbeiten über dieses Thema spürt man die Tendenz der Autoren, die unaufhaltsame Globalisierung als ein unsteuerbares Naturereignis wahrzunehmen. Zu dieser Erkenntnis gelangen sie in Anbetracht der Tatsache, daß die moderne Migration in einer entgrenzten Welt als Begleiterscheinung der Globalisierung erfolgt. James Hollifield kritisiert deshalb zu Recht die »apolitischen Ansichten« als das zentrale Charakteristikum der westlichen Veröffentlichungen über Migration.[28]

Sowohl in der Einleitung zu diesem Buch als auch in diesem Kapitel habe ich bereits Bezug auf den Migrations-Forscher Myron Weiner genommen, der selbst aus einer jüdisch-baltischen Migrantenfamilie stammt. Dabei habe ich argumentiert, daß trotz Globalisierung der Staat noch immer existent sei und politischen Einfluß auf die Migration nehmen müsse, weil mit dieser Problematik Gefahren verbunden sind, die in den Bereich der Sicherheitspolitik gehören. Anders als die meisten Deutschen sieht Weiner diese Probleme und erblickt nicht nur Engel unter den Fremden. Im Einklang mit Weiner und Hollifield bin ich der Auffassung, daß es nur auf einer sachlich-wissenschaftlichen Ebene möglich ist, gleichermaßen die Vorzüge wie auch die Risiken und Gefahren der Migration zu erkennen. Am 11. September mußten wir schmerzlich erfahren, daß Terrorismus auch aus der Migration erwachsen kann. Dies schrieb Weiner schon 1995; die entsprechende Stelle habe ich bereits in der Einleitung zitiert.

Der Staat kann auf die Entwicklung und den Verlauf der Migration Einfluß nehmen, indem er eine Auswahl der Migranten trifft und so politisch die Vorzüge der Migration erhöht und die Risiken minimiert. In Deutschland lehnt man diese unter anderem in den USA und Frankreich vertretene Position mit der

Begründung ab, daß man nicht zwischen den für das Gemeinwesen »nützlichen« und »unnützen« Ausländern (Sozialhilfeempfänger oder Ausländer, die zur organisierten Kriminalität
gehören) unterscheiden dürfe. Myron Weiner, der bis zu seinem
Tod am MIT (Massachusetts Institute of Technology) gelehrt hat,
war dagegen der Auffassung, daß eine politisch nicht gesteuerte
Migration große Destabilisierungseffekte auf jedes politische
System und jede Gesellschaft haben würde[29] und ordnete Mi-
grationsfragen daher dem Bereich der Sicherheitsstudien zu.

In der Wissenschaft scheint eine nicht abgesprochene Arbeits-
teilung zwischen Ökonomen und Soziologen als Propheten der
Globalisierung und Kulturanthropologen als Anwälten der kulturellen Identität zu bestehen. Die ersteren freuen sich über den
Verlust der Souveränität der Staaten durch die Globalisierung,
und die letzteren wollen – in der Regel essentialisierte – kulturelle Identitäten bewahren, gleichsam den Schutz bedrohter Völker. Beide genannten Parteien sehen in der Migration einen
Segen und verleugnen die Möglichkeiten der politischen Einflußnahme. Politik bedeutet aber Steuerung, und wer sich dieser
verweigert, wird apolitisch. Der Politikwissenschaftler hat in
dieser Hinsicht eine Sonderstellung, eben weil die Beschäftigung
mit Politik seine Profession ist.

In diese Richtung argumentiert Hollifield, der in einem inhaltlich reichen Band Beiträge zum Thema Migration von Vertretern aller Wissenschaftsdisziplinen im Rahmen eines Dialoges »*across the disciplines*« gesammelt hat. Ich fasse im folgenden die Positionen dieser Dialogparteien zusammen:[30]
– Der Kulturanthropologe fragt, wie Migration den Kulturwan-
del beeinflußt und wie sie die kulturelle Identität aus der Perspektive der kulturellen Differenz bestimmt.
– Der Demograph interessiert sich dagegen nur für die Größe
der Bevölkerung eines Landes und vermutet einen positiven
Einfluß der Migration insofern, als sie die Geburtenrate erhöht.
– Nun folgt der Ökonom, der primär am wirtschaftlichen Wohl-

stand interessiert ist und die Migranten nicht so sehr als Menschen, sondern als das menschliche Kapital (Arbeitskraft) sieht.
– Der Historiker greift auf die geschichtlichen Erfahrungen mit der Migration zurück und hat keinen Sinn für nützliche oder operative Empfehlungen, weil er nur auf Zurückliegendes schaut.
– Anders der Rechtswissenschaftler, der an die rechtliche Regelung der Migration denkt und vermutet, daß die Gewährung von Rechten die Migration fördert; seine Sicht bleibt stets formalistisch und prozedural.
– Der Soziologe ist mehr inhaltlich interessiert, bemüht sich, das Leben der Migranten in einer ihnen fremden Welt zu verstehen, und fragt, wie diese inkorporiert werden können. Ebenso wie die Kulturanthropologen setzen sich die neueren Soziologen für den Multikulturalismus ein.
– Allein der Politikwissenschaftler, der unter Politik nicht nur leeres Gerede versteht, wie dies leider bei Vertretern dieses Faches in Deutschland häufig der Fall ist (als Professor für dieses Fach weiß ich dies im internationalen Vergleich), sondern nüchternes Nachdenken und Forschen über die Möglichkeiten der Steuerung von Prozessen und Erscheinungen, bringt den Staat als Träger der Politik in die Diskussion über Migranten ein.

Hollifield ist – wie Weiner – einer dieser wenigen Wissenschaftler, die so arbeiten, und seine Annahme lautet nüchtern, unzensiert und schlicht: Die Aufnahmestaaten seien bisher wenig aktiv bei der Politik der Steuerung der Migration, weil sie von den »Pro-Immigranten-Interessen« oft »*captured*/gefangengenommen« seien. In den Fußstapfen der Harvard-Professorin Theda Skocpol plädiert er dafür, »den Staat (als Politikmacher/B.T.) zurückzubringen/*bring back the state*«. Es versteht sich von selbst, daß der Amerikaner James Hollifield den »demokratischen und an die Verfassung gebundenen Staat« meint. Diese Klarstellung ist nicht überflüssig, sondern nötig, damit keine Mißverständnisse entstehen. Der Ruf nach dem Staat ist in Deutschland oft von Mißtrauen begleitet.

Hollifield schließt sich der Forschung von M. Weiner an, der für staatliche Regulierung der Migration als demokratischer Politiker eintritt und schreibt:»Im Anschluß an dieses Denken läßt sich feststellen, daß die Nationalstaaten unserer Welt einerseits durch die Globalisierung von oben und den Multikulturalismus von unten bedroht werden.«[31]

Es ist wichtig – für die Sache – darauf aufmerksam zu machen, daß man in den USA und auch international etwas anderes unter Nationalstaat versteht als in Deutschland, nämlich ausschließlich einen Staat, der nach außen und innen Souveränität besitzt. Diese interne und externe Souveränität wird von der Bevölkerung des entsprechenden Territoriums durch demokratische Prozeduren erlangt beziehungsweise legitimiert. In diesem Sinne bedeutet die politische Bindung von Staat und Migration, daß Aufnahmestaaten Einfluß auf die Migration ausüben. Das ist die Position von Hollifield, welche auch den Inhalt dieses Buches prägt. Einerseits erkenne ich wie Soziologen und Demographen, daß in Europa ein großer Bedarf an Migration besteht, und gleich einem Kulturanthropologen habe ich – besonders als Migrant – Sinn für die Frage der kulturellen Identität der Zuwanderer, allerdings weder in einer essentialisierten Ausprägung noch exklusiven Praxis (Selbstabschottung). Das gleiche Recht auf Bewahrung gilt auch für die Identität Europas. Andererseits sehe ich als Politikwissenschaftler und Angehöriger des Faches Internationale Beziehungen die Migration nicht als unsteuerbares Naturereignis, sondern als einen Prozeß, der politisch gesteuert und beeinflußt werden kann und muß. Die Migrationsforscher Michael Teitelbaum und Jay Winter nennen diesen Prozeß »Migration und die Politik der nationalen Identität«[32]. Mögen Deutsche für sich eine nationale Identität verleugnen[33], andere westliche und vor allem nicht-westliche Nationen tun dies nicht.

Zugegebenermaßen stehen kulturelle Fragen – jedoch stets aus der Perspektive des Staates mitsamt seinen politischen Steuerungsmöglichkeiten – im Mittelpunkt aller folgenden Kapitel. Seit dem Ende der Bipolarität spricht man international von

»*the cultural turn*/der kulturellen Wende«[34]. Dies allerdings nicht, um vom Ökonomismus zum Kulturalismus überzuwechseln, wie es oft aus Mangel an Fachwissen unterstellt wird. Vielmehr geht es darum, der zunehmenden Bedeutung der Kultur – nicht aber ihrer Exklusivität – Rechnung zu tragen. Dies gilt in einem besonderen Maße für Fragen, welche die Migration betreffen. Menschen aus verschiedenen Kulturen haben stets unterschiedliche, für sie sinnstiftende Werte. Daher entstehen Wertekonflikte, wenn sie in einer Gesellschaft zusammenleben. Werden unterschiedliche Wertvorstellungen politisiert, kann von ihnen eine Gefahr ausgehen. Diese Konfliktpotentiale habe ich in friedenspolitischer Absicht in meinem Buch *Krieg der Zivilisationen* untersucht. In seinem Vorwort zu der nach dem 11. September 2001 erschienenen Neuausgabe habe ich die Kriegserklärung der Islamisten an den Westen als Ausdruck eines Zivilisationskonfliktes gedeutet.[35] Es gibt Deutsche, die diese Sicht ablehnen. Aber wer die Realität des Krieges nicht erkennt, der kann nicht erfolgreich für den Frieden eintreten.

Kapitel 2

Was ist Einwanderung? Was ist Zuwanderung? Ernüchterung nach dem 11. September 2001?

Wenn Themen und Fragestellungen tabuisiert werden, ist zwangsläufig inhaltliche Verwirrung sowie zunehmende Orientierungslosigkeit die Folge. Dies ist jedenfalls in der Bundesrepublik Deutschland der Fall, zumindest in bezug auf das Thema Migration vor dem 11. September. Kritikern des Islamismus wurde ein »Islam-Feindbild« unterstellt, oder sie wurden gleich in die Schublade der »Rechten« eingeordnet.

In der Regel herrscht in der deutschen Diskussion Unkenntnis über Tatsachen und Zusammenhänge, jedoch parallel zu einer lautstarken Rhetorik, bei der moralisiert wird und Gesinnungen verkündet werden. Es gibt kaum ein anderes Thema, dessen Behandlung dermaßen von Unsachlichkeit, Konzeptlosigkeit sowie mangelnder Information geprägt ist wie die Frage der Einwanderung; eine Überfrachtung durch Tabus kennzeichnet den Umgang mit der Problematik. Ich möchte in bezug auf den Islam dieses Urteil noch pointierter wiederholen. Die deutsche Diskussion beschränkt sich in der Regel auf das Niveau Pro und Contra. So gibt es »die Freunde und die Feinde des Islam«. Dies ist auch der Titel eines Buches von Siegfried Kohlhammer (Göttingen 1996). Folgenreich ist, daß in keinem Beitrag zwischen Zu- und Einwanderung differenziert wird. Dies gilt sogar für den Bericht der Süssmuth-Kommission, auf den ich am Ende dieses Kapitels näher eingehen werde. Auch unterscheiden Frau Süssmuth und ihre Mitstreiter in ihrem Bericht nicht zwischen Islam und Islamismus, wenn sie über islamische Zuwanderung sprechen und schreiben.

Klarheit über Migration schaffen

In der politischen Diskussion sowie den Medien wird die Frage der Einwanderung allzu oft auf eine »Ausländerproblematik«[1] reduziert. Es ist keineswegs im Interesse der hier lebenden Ausländer und dient nicht dem Ziel des inneren Friedens, wenn dieser Gegenstand chronisch nur zur Füllung des jeweiligen Sommerlochs dient oder gar aus rein wahltaktischen Motiven heraus zur parteipolitischen Profilierung mißbraucht wird. Es ist schon ein Fortschritt, wenn eine Tabuzone inzwischen dadurch aufgebrochen ist, daß eingeräumt wird, die Bundesrepublik sei ein Zuwanderungsland geworden. Dies geschieht jedoch, ohne den Unterschied zwischen Ein- und Zuwanderung zu erkennen oder gar zur Kenntnis zu nehmen. Aber genau diese Unterscheidung ist wichtig, denn nur auf diese Weise wird es möglich, klar zu definieren, welche Migranten Deutschland braucht. Auf keinen Fall etwa die islamischen Terroristen, die Deutschland als logistische Basis für ihre Taten in New York und Washington am 11. September mißbrauchten. Fest steht, daß Deutschland sowohl aus demographischen als auch ökonomischen Gründen Einwanderer benötigt, aber welche? Das ist der zentrale Punkt der ganzen Debatte. Und nach dem 11. September dürfen keine Tabus mehr die Debatte bestimmen.

Migration ist ein neutraler Begriff, der die Bewegung der Menschen von einem Ort zu einem anderen umschreibt, gleich wie diese geartet ist. Die im vorangegangenen Kapitel formulierte zentrale These lautet, daß der Staat die Migration steuern und somit ihre Qualität bestimmen kann. Zunächst konkretisiere ich dies mit einem Plädoyer, die bestehende Zuwanderung in Einwanderung zu verwandeln. Ich werde beides erklären. Im folgenden argumentiere ich, daß Migration keine Sozialpolitik als Instrument des Kampfes gegen globale Armut ist. Zweifelsohne muß die Weltgesellschaft etwas gegen die Weltarmut unternehmen, aber Einwanderungspolitik ist kein geeignetes Instrument hierfür.

Einwanderer ins Land holen muß heißen, qualifizierte Menschen, nicht Slums aus ärmeren Ländern einzuführen. In der Tat gilt es zwischen Einwanderungspolitik und der Neigung von Gesinnungsethikern zu unterscheiden, die Probleme der Welt zu moralisieren. Die falsch verstandene christliche Nächstenliebe, die darin besteht, »weltfromm« zu glauben, daß die Armut in der Welt und die politische, ethnische und religiöse Diskriminierung in Asien und Afrika durch die Öffnung der europäischen Grenzen für eine ungezügelte Zuwanderung gelindert oder gar gelöst werden kann, geht an der Realität vorbei: Die Bundesrepublik kann die Probleme der Armut und Verfolgung in dieser Welt nicht auf ihrem Territorium lösen.

In der deutschen Debatte fehlt die Einsicht, daß zwischen Migration und Sozialpolitik gegen globale Ungerechtigkeiten zu unterscheiden ist. Die Bundesrepublik ist nach Lage der Fakten ein Zuwanderungsland geworden. Nach Angaben, die Bundesinnenminister Otto Schily in einem *Spiegel*-Interview machte, sind alleine zwischen 1989 und 1999 10,7 Millionen Menschen neu ins Land gekommen. Das ist Zuwanderung als ein nicht durch die Politik bestimmter und daher wildwüchsiger Zuzug von unter Armut leidenden Bevölkerungsgruppen aus allen Teilen der Welt. Einwanderung bereichert ein Land, Zuwanderung belastet das Sozialsystem, und es bedroht den inneren Frieden, wenn sich darunter Islamisten und ethnische Nationalisten befinden, die keine Scheu vor Gewalt haben. Einwanderung erfordert politische Konzepte, um gestaltend das Phänomen zu steuern. Ich wiederhole: Deutschland braucht Einwanderung, keine Zuwanderung.

Wenn von *Ein*wanderung die Rede ist, dann gilt es, endlich über den eigenen Tellerrand hinauszuschauen und von den Erfahrungen der traditionellen Einwanderungsländer zu lernen. Die Migration in den USA, Kanada und Australien ist primär Ein- und keine Zuwanderung, weil sie in ein rechtlich geregeltes individuelles Verfahren eingebettet ist, das nach den Kriterien des Bedarfs von Arbeitsmarkt und Landespolitik abgewickelt wird. Es ist bekannt, daß die Einwanderung in diesen Ländern fast frei von moralischen Verpflichtungen und Quoten gehandhabt wird. Von Einwanderung können wir also nur sprechen, wenn es ein entsprechendes Konzept der Politik und ein rechtlich geregeltes Verfahren gibt. Andernfalls liegt *Zu*wanderung vor, bei der es sich um einen chaotischen und ungeregelten Zustrom von »Möchtegern-Einwanderern« handelt; angesichts des Fehlens eines institutionellen und rechtlichen Einwanderungsverfahrens können diese sich durch Mißbrauch des legalen und sozialen Systems Zugang zum begehrten Land verschaffen. Ich behaupte: *Zuwanderung ist praktisch illegale Einwanderung.* Diese Art der Zuwanderung ist zudem ein Sicherheitsrisiko für das Land.

So liegt die Schlußfolgerung nahe, daß die Bundesrepublik ein *Zu*wanderungsland – kein *Ein*wanderungsland geworden ist. Letzteres muß ein politisches Ziel für die nahe Zukunft sein, das durch Steuerung erreicht werden kann. Nicht nur fehlen hierfür zur Zeit die gesetzlichen Regulierungsmechanismen, auch herrscht in der deutschen Migrationsdebatte keine Klarheit über die Begriffe Ein- und Zuwanderung; diese werden sogar gleichbedeutend verwendet, so zum Beispiel von der Süssmuth-Kommission, die Autoritatives zur Thematik und uns Orientierung bieten sollte, aber das Minimum, das heißt die angeführte Unterscheidung, nicht erfüllt.

Auf der praktischen Ebene sind den zuständigen Behörden die Hände gebunden, vor allem durch die bisher uninformiert und inkompetent miteinander streitenden Politiker aller Parteien. Integrierten Ausländern wird mit diesen Debatten nicht geholfen und noch schwerwiegender: Sie werden kaum gehört oder in die Debatte miteinbezogen. Mehrfach habe ich in der Öffentlichkeit argumentiert, daß die illegale Zuwanderung die bestehende Fremdenfeindlichkeit zu Lasten der integrierten Ausländer fördert. Die Tatsache, daß deutsche Behörden im Rahmen falscher Toleranz vor dem 11. September Islamisten in das Land ließen, hat nur zu einem Feindbild bei der deutschen Bevölkerung beigetragen.

Bis jetzt haben deutsche Politiker das Einwanderungsproblem in seinen Dimensionen vielfach nicht verstehen wollen. Selbst der mir sehr sympathische und als Mitstreiter geschätzte grüne MdB Çem Özdemir nimmt die Erfahrungen klassischer Einwanderungsländer nicht zur Kenntnis. Zwar will er nicht, wie viele Grüne, die ungehemmte Öffnung der Grenzen – sein kultureller Hintergrund schützt ihn vor solcher Blauäugigkeit –, doch will er die Verpflichtungen zu einer Quote zusätzlich zu der bestehenden Familienzusammenführung sowie zu Asylbewerbern und Kriegsflüchtlingen einführen. Vor dem 11. September hatte er es wiederholt abgelehnt, Differenzierungen innerhalb der Gruppe der Ausländer zuzulassen. Dennoch gilt die Unterscheidung: Es gibt Ausländer, die dieses Land bitter benötigt, andere aber braucht es nicht! Wir sind doch nicht alle »Heilige«! Konservative Politiker sprechen dagegen von dem »Zuzug von Ausländern« und wollen ihn stark begrenzen. In beiden Positionen kommt der Hang der Deutschen zum Ausdruck, Pro- und Contra-Positionen zur Einwanderung einzunehmen, wobei sie an der Wirklichkeit und den internationalen Erfahrungen mit Migration völlig vorbeigehen.

In den USA, Kanada und Australien beantragen die Migranten ein Einwanderungsvisum. Über diese Anträge wird nach Interessenlage des aufnehmenden Landes anhand von sachlichen Kriterien positiv oder negativ entschieden. Der Antragsteller muß erstens eine Berufsqualifikation nachweisen, für die auf dem Arbeitsmarkt des Einwanderungslandes Bedarf besteht; zweitens muß er gesund und arbeitsfähig sein und darf keine Vorstrafen haben. In Deutschland gilt die Anwendung dieser Kriterien manchen als Diskriminierung. Die Auswahl nach solchen Kriterien ist in den traditionellen Einwanderungsländern gängige Praxis. Einwanderer dürfen weder politisch noch sozial zu einer Last für das Einwanderungsland werden. Aus diesem Grund haben die beiden Häuser des amerikanischen Kongresses die im Oktober 1996 in Kraft getretene *Welfare Bill* (Sozialhilfegesetz) verabschiedet.[2] Danach können

Migranten, die in die USA eingewandert sind, in den ersten zehn Jahren keine sozialstaatlichen Leistungen erhalten; erst wenn sie nachweislich zum Wohlstand des Landes durch *Social Security*-Abgaben und entsprechende besteuerte Arbeit beigetragen haben, qualifizieren sie sich für den Erhalt von Sozialhilfe. In den USA erhalten die anerkannten Einwanderer im Gegensatz zu den Asylbewerbern in Deutschland eine Arbeitserlaubnis. Asylbewerber gelten hier aufgrund des Asylgesetzes nicht als Einwanderer und dürfen nicht arbeiten. Die wirklich Verfolgten unter ihnen haben Recht auf Schutz, aber diejenigen, die – laut Gerichtsurteil – nicht in die Kategorie der politischen Verfolgung gehören, sind Armutsflüchtlinge oder Zuwanderer. Zu ihnen gehören Islamisten, die sich als Terroristen betätigen und deshalb strafrechtlich in ihren Ländern verfolgt werden: Sie dürfen in Deutschland nach dem 11. September keine Aufnahme mehr finden!

Auch für die Familienzusammenführung bestehen in den USA Regelungen, die beinhalten, daß eine solche Zusammenführung nicht auf Kosten der Steuerzahler erfolgen darf. Abgesehen von Kranken und Behinderten, darf kein US-Bürger länger als fünf Jahre in seinem Leben Sozialhilfe beziehen, und dies nie länger als zwei Jahre hintereinander (vgl. Anm. 2). Auf diese Weise hat der amerikanische Kongreß in dem im Jahre 1996 von Präsident Clinton unterzeichneten Gesetz verfügt, daß Sozialhilfe nicht mehr als Lockmittel für Migration und Familienzusammenführung dient; damit schließt er aus, daß die Kosten der Familienzusammenführung durch den Steuerzahler finanziert und somit für das Gemeinwesen zur Belastung werden. Die Labour-Regierung von Tony Blair hat eine ähnliche Gesetzgebung zum Umbau des Sozialstaats im Zeitalter der Einwanderung vorbereitet. Wichtigste Erkenntnis: Sozialhilfe muß von der Migration abgekoppelt werden.[3] Andernfalls wirkt das Sozialsystem als Anziehungskraft für Zuwanderung, die zudem oft illegal erfolgt.

Vorschläge zum Ausschluß der Zu- und Einwanderer von Sozialhilfeleistungen werden in Deutschland, etwa im Gegensatz zu den USA, als »Rassismus« verfemt. Nur wer unter tatsächlichem Rassismus[4] gelitten hat, weiß, was rassistische Diskriminierung wirklich ist. Wir sollten diesen Begriff vor Verwässerung schützen; andernfalls wird sein Inhalt, nämlich Entmenschlichung, also »Barbarei«, verwischt.

Im April 2001 wagte Bundeskanzler Gerhard Schröder, eine Debatte über den Mißbrauch der Sozialhilfe und des Arbeitslosengeldes anzuregen; die Moralapostel erklärten dieses Denken als »Faulenzer-Debatte« für politisch inkorrekt und haben sie abgewürgt. Die Deutschen pflegen stets ihre Sonderwege, die oft mit Gesinnungsethik legitimiert werden. Nach dem Angriff auf die westliche Zivilisation am 11. September kann es sich Deutschland nicht mehr länger leisten, eigene Wege zu gehen. In den USA sagte man mir mehrfach im September und Oktober 2001: Die Deutschen haben nicht die Freiheit, auf ihrem Gebiet »Schläfer« zu beherbergen, die in New York 4 000 Menschen umbringen; sie haben recht.

Gegenüber Ein- und Zuwanderung, ja Fremden allgemein herrscht in Deutschland oft eine hysterische politische Stimmung, die eine sachliche Diskussion über diese Fragen, wie sie etwa in den USA und Großbritannien möglich ist, ausschließt. Dort erfolgt die Debatte pragmatisch und wird berechtigterweise von Eigeninteressen geleitet. Bei der Arbeit an diesem Buch mußte ich mit Bedauern feststellen, daß die Standardwerke über Einwanderung, Integration, Multikulturalismus sowie religiösen und kulturellen Pluralismus überwiegend *nicht* in deutscher Sprache vorliegen, obwohl diese Problematik Deutschland schicksalhaft betrifft. Es scheint, daß nur ein von der deutschen Vergangenheit unbelasteter, nicht-europäischer Migrant in Deutschland – wie dieser Autor – die Möglichkeit hat, sich zu diesen Fragen frei zu äußern und in aller Klarheit die Beobachtung offen auszusprechen, daß die Bundesrepublik im Zeitalter der Globalisierung Arbeitsplätze ins Ausland exportiert, auf der anderen Seite aber Terroristen importiert, die Sozialhilfe empfangen. Die Statistiken belegen, daß ein Großteil der Zuwanderer aus Sozialhilfeempfängern besteht. Es ist unerwünscht, daß darüber geredet wird. Ich muß an dieser Stelle darauf hinweisen, daß auch ich in meinem Recht auf Redefreiheit über diese Thematik behindert werde, so daß ich manchmal an der Demokratie in diesem Land zweifle. Ich beginne aus diesem Grunde dieses Kapitel mit der Forderung, Klarheit über die Migration zu schaffen. Ich denke, daß die nach dem 11. September erforderliche Ernüchterung nicht mit einer Aufrechterhaltung von Tabus vereinbar ist.

Zur Klarheit gehören die Fakten. Laut Statistischem Bundesamt hat die Bundesrepublik Deutschland einen Ausländeranteil von 7,5 % an der (Gesamt-)Bevölkerung, der seit den neunziger Jahren aber jährlich ca. 20,7 % des Sozialhilfeetats in Anspruch nimmt. Im Jahre 1980 betrug dieser Anteil nur 8,7%. Diese Statistiken und die mit ihnen verbundenen Realitäten sind auch für integrierte Ausländer, die von ihrer Arbeit leben, eine Belastung. Uns wird nicht nur von Rechten vorgehalten, daß wir die Sozialkassen plündern. Eine Differenzierung innerhalb der Gruppe der Ausländer sollte möglich sein. Unter Fremdenfeindlichkeit leiden auch die integrierten Ausländer, und sie nimmt bei dem Transfer von ethnischer Armut in dieses Land im Rahmen ungeregelter Zuwanderung zu.

Zur Demokratie in Deutschland gehört, daß die Deutschen lernen, die Fremden zu respektieren und mit ihnen in Frieden zu leben, indem sie sie als ebenbürtig behandeln. Die ungelenkte Einfuhr von Armut im Rahmen von Zuwanderung des Bevölkerungsüberschusses aus dem Mittelmeerraum, Afrika und Osteuropa läuft diesem Ziel zuwider, eben weil ethnische Armutskultur den sozialen Frieden gefährdet. Zur Klarheit über den Gegenstand gehört die Erkenntnis: Migration ist keine globale Sozialpolitik der Umverteilung.

Es hat lange gedauert, bis Politiker der demokratischen Parteien erkannten, daß die sehr hohen Sozialhilfeleistungen des deutschen Sozialstaates Wirtschaftsflüchtlinge, die weder in der Gesellschaft noch in der Ökonomie gebraucht werden, aus aller

Welt anlocken. Erst sehr spät folgte die Verabschiedung von entsprechenden Gesetzen im Bundestag. Zunächst wurde das Asylbewerberleistungsgesetz (AsylbLG) vom 5. August 1997 verabschiedet, das für Asylbewerber Leistungen festlegt, die 20 Prozent niedriger sind als die Leistungen des Bundessozialhifegesetzes. Im Juli 1998 folgte das bitter nötige Gesetz, das unglaubwürdige Asylbewerber betrifft, die ihre Identität gegenüber den deutschen Behörden verschleiern, indem sie Whiskeymarken oder CocaCola als Namen angeben und ihre Papiere vernichten. Das Zweite Gesetz zur Änderung des Asylbewerberleistungsgesetzes vom 25. August 1998 reduzierte die Leistungen für Asylbewerber, bei denen »verhaltensbezogene Mißbrauchstatbestände«, wie etwa Identitätsverschleierungen, festgestellt werden. Solche Gesetze dokumentieren einen Fortschritt von der Gesinnungs- zur Verantwortungsethik; diese Gesetze haben mit rassistischer Diskriminierung nichts zu tun. Nach dem 11. September benötigen wir weitere Gesetze, die den Mißbrauch der Migration sowohl im Rahmen der Ausnutzung des Sozialstaates als auch des Terrorismus verhindern.

Wir leben im Zeitalter der Globalisierung nicht nur von Ökonomie und Arbeitsplätzen, sondern auch von Information durch die Medien. Die Leistungen des Sozialstaates in Westeuropa für »Möchtegern-Einwanderer« sind weltbekannt. Im Mittelmeerraum und auch in Asien und Afrika verdoppelt sich die Bevölkerung fast in jedem Jahrzehnt (Beispiel Algerien) bei entsprechender Zunahme der Armut. In den Medien erfährt man dort, daß ein *Zu*wanderer (wohl gemerkt, ich spreche *nicht* von *Ein*wanderern) in einigen Ländern Europas, an deren Spitze die Bundesrepublik steht, ohne Gegenleistung ein monatliches Einkommen erhält, volle Krankenversicherung eingeschlossen. Dagegen kann sich in den USA bedauerlicherweise ein Drittel der US-Bevölkerung die privatisierte Krankenversicherung nicht leisten. Unter diesen Bedingungen darf man sich nicht wundern, daß Europa vielen paradiesisch erscheint. Im *Wall Street Journal* wurden mehrfach Berichte veröffentlicht, nach denen neben dem Drogenhandel der Menschenschmuggel durch Schieberbanden zu einem Milliardengeschäft geworden ist – eben mit der Verheißung, »den Gang nach Westeuropa« erkaufen zu können. Im Dezember 1999 hat das Europaparlament darüber Informationen veröffentlicht. Auch Europol zeichnete nach, daß Schieberbanden jährlich rund eine halbe Million illegale Zuwanderer nach Europa bringen und dafür 17,6 Milliarden DM kassieren.[5]

Wie reagiert man in Deutschland auf diese unkontrollierte Zuwanderung, in deren Rahmen Terroristen ins Land kommen? Es gibt zwei Extreme: Das eine kommt in dem Wunsch zum Ausdruck, aus Europa eine Festung zu machen, das andere wird von den deutschen Gutmenschen vertreten, die aus Europa eine Art Flüchtlingslager für Arme und Verfolgte aus aller Welt machen wollen. Für eine verantwortungsethische Bestimmung einer Einwanderungspolitik eignet sich keines der beiden Extreme, denn beide sind gleichermaßen kontraproduktiv, auch für das friedliche Zusammenleben zwischen Deutschen und Ausländern in diesem Land. Statt Stammtischparolen und Gesinnungsethik bedarf die Bundesrepublik eines nüchternen Einwanderungskonzeptes, das die Umgestaltung der Zuwanderung in Einwanderung zum Ziel hat. Die Migration nach Deutschland muß durch ein Gesetz der politischen Steuerung untergeordnet werden, um an dem jeweiligen Bedarf orientiert werden zu können. Es muß möglich sein, nach Deutschland wie nach Australien, die USA und Kanada legal einzuwandern und hierbei durch Regeln der Integrationspolitik ein deutscher Bürger zu werden. Hierfür muß es aber – wie in den USA – allgemein anerkannte Kriterien geben. Deutsche Sonderwege, auch wenn sie noch so gut gemeint sind, erweisen sich stets als schädlich. Mancher »Gutmensch« erwachte nach dem 11. September. Andere erwachen und betreiben lieber Antiamerikanismus: Gutmensch gegen das »böse Amerika«.

Parallel zu der benötigten Einwanderungspolitik muß oft als illegale Migration erfolgte Zuwanderung beendet oder zumin-

dest auf ein Minimum beschränkt werden. Einwanderung bedeutet nicht bloße Einführung von Quoten, sondern die Institutionalisierung von gesetzlichen Mechanismen zur Regulierung und
Bestimmung nach dem jeweiligen Bedarf. Es ist dringend erforderlich, daß deutsche Politiker aller Parteien diese Problematik
angemessen und überparteilich verstehen. Ich stimme Otto Schily
zu, daß hierfür ein Konsens über ein Gesamtkonzept für deutsche und europäische Einwanderungspolitik – jenseits der Extreme von Stammtischparolen und Moralisierung – entwickelt
werden muß. Er sagte in einem Interview, bei Einwanderung
handle es sich »um ein Thema, bei dem es sich empfiehlt, einen
breiten Konsens zu suchen«[6]. Das Thema ist weder für Partei-
politik noch für den Wahlkampf geeignet.

Eine Einwanderungspolitik ist nicht »Ausländerpolitik«; sie
ist eher ein im europäischen Kontext[7] zu entwickelndes Konzept als Bestandteil der Integration. Für solche Forderungen
sagt man im Englischen: »*Easier said than done* (Leichter gesagt als getan).« Dieser Satz gilt für die Forderung nach einem
europäischen Rahmen für Einwanderung und macht ebenso
deutlich, wie schwer es ist, einen europäischen Rahmen statt
nationale Wege, die sich bisher als untauglich erwiesen haben,
zu beschreiten. Dennoch hat Europa keine bessere Alternative.
Die Tragödie vom 11. September hat einen unerfreulichen
Schatten auf die gesamte Problematik der Migration geworfen
und wird zu neuen Fragestellungen und Perspektiven zwingen.

Zuwanderung und der Transfer von Slums: Importierte »ethnische Armutskultur«

Damit mein Argument, daß Einwanderung nicht mit einer Sozialpolitik zur Bekämpfung von Armut in der Welt zu verwechseln
ist, nicht als eine Polemik mißverstanden oder falsch eingeordnet wird, möchte ich eine Berliner Sachdebatte bei der Friedrich-Ebert-Stiftung wiedergeben, bei der ich mit anderen Experten mitgewirkt habe.[8] Fachleute haben auf dieser Tagung wie-

derholt darauf hingewiesen, daß etwa in Berlin Familien von Zuwanderern leben, die vor mehreren Jahrzehnten als Flüchtlinge oder Asylanten ins Land kamen und deren Kinder heute bereits in der zweiten oder in der dritten Generation als Dauersozialhilfeempfänger leben. Natürlich ließe sich in solchen Fällen Diskriminierung finden, aber ob das alleine als Erklärung dafür ausreicht, daß diese Menschen trotz der langen Zeit nicht im Berufsleben stehen? Hier wäre sicher auch eine mangelnde Integrationswilligkeit festzustellen.

Ein Schulleiter aus Berlin-Kreuzberg berichtete, daß eines der Probleme bei der Integration von Kindern ausländischer Zuwanderer darin bestehe, daß die Eltern sehr oft dauerhafte Empfänger von Sozialhilfe seien, also nicht in der Arbeitswelt stehen; sie bieten somit keine Vorbilder für wirtschaftliche Integration (vgl. Anm. 8). Diese Aussagen beruhen auf statistisch gesicherten Fakten. Die ausländischen Schüler würden selbst nach Schulabschluß einem Schicksal ausgesetzt, bei dem sie, ebenso wie ihre Eltern, sehr oft eine Zukunft als dauerhafte Empfänger von Sozialhilfe vor Augen hätten. Die Schulpraktiker führen an, daß der Grund hierfür nicht allein in der mangelhaften Beherrschung der deutschen Sprache zu suchen ist. Die Kinder wachsen oft in ihrem Ghetto-Milieu auf. Die Integration kann aufgrund des Status der Eltern als dauerhafte Sozialhilfeempfänger nicht über die praktische Vermittlung der Werte der Arbeit erfolgen; die Last bleibt bei der Schule – so argumentieren die Schulvertreter –, die die Erziehungsaufgabe der Vermittlung der Wertigkeit von Arbeit alleine durch theoretische Unterweisung nicht leisten kann. Mit anderen Worten: Ohne wirtschaftliche Integration über die Arbeitswelt ist gesellschaftliche Integration unmöglich. Jede Einwanderungspolitik muß sich an dieser Erkenntnis orientieren. Es ist an dieser Stelle angebracht, die Unterscheidung zwischen folgenden Formen der Integration vorzunehmen: Erstens, wirtschaftlich in der Arbeitswelt, zweitens, politisch-rechtlich durch Einbürgerung als Aufnahme in das Gemeinwesen und schließlich drittens, kulturell, nicht nur durch Erlernen der Sprache, sondern auch und vor allem durch Annahme der Werte der entsprechenden Gesellschaft im Rahmen der Gewährung von Bürgeridentität. Alle drei Voraussetzungen machen die gesellschaftliche Integration aus, die keineswegs mit Assimilation gleichzusetzen ist. Ich betone besonders die dritte Komponente: Zwei Hintermänner der von Deutschland nach New York gereisten Terroristen besaßen deutsche Pässe und sprachen fließend Deutsch, begriffen sich dennoch als *Djihad*-Kämpfer und nicht als deutsche Bürger. Dies sollte zu denken geben.

Ich komme nochmals auf die bereits zitierte Tagung der Friedrich-Ebert-Stiftung zurück, auf der ein Berliner Richter über Supermarktüberfälle berichtete, die »ausschließlich von ausländischen Jugendlichen und Heranwachsenden begangen werden«. Ein erheblicher Teil davon kommt aus arabisch-libanesischen Familien, »von denen eine Reihe eingebürgert sind, wo kein Mensch versteht, warum die eingebürgert worden sind, obwohl ... alle erheblich strafrechtlich belastet gewesen sind und auch Strafen verbüßt haben« (wie Anm. 8, S. 75f.).

Ein anwesender libanesischer Wissenschaftler, der über diese Problematik ein Buch vorgelegt hat[9], klassifizierte diese Einwanderer als vormalige Slum-Bewohner aus dem Libanon, die während des Bürgerkrieges illegal durch Schieberbanden über Ost-Berlin nach Deutschland gekommen seien. Oft kommen sie aus der untersten Schicht der libanesischen Gesellschaft und sind Analphabeten. Ghadban sagte in Berlin, er kenne als Sozialarbeiter den zitierten Richter aus Neukölln.

»Er hat mir viele Jugendliche geschickt. Es war allgemein feststellbar, daß die Jugendlichen, die zu mir kamen, kein Bewußtsein davon hatten, daß sie eine Straftat begangen hatten. Sie waren alle fest davon überzeugt, daß man hier als Jugendlicher Straftaten begehen kann und nicht bestraft wird. Die Strafmündigkeit ist im Libanon 12 Jahre. Wenn einer straffällig erwischt wird, kriegt er einen auf den Deckel. Hier kommt die Gerichtsverhandlung erst einmal zwei, drei Jahre später, und die

Jugendlichen begreifen nicht, warum sie jetzt plötzlich zum Gericht sollen. Die Erziehungsmaßregeln, die das Jugendgerichtsgesetz vorsieht, sind den Jugendlichen unbekannt, deshalb denken sie, man wird hier nicht bestraft. Es gibt Straftaten, die auch ethnisch bedingt sind. Wenn in einem ethnischen Milieu eine bestimmte Kultur entsteht, die eine feindselige Haltung gegen die Gesellschaft enthält, dann überlegen sich Jugendliche, wie sie die Gesellschaft ausplündern können. Sie entwickeln bestimmte Strategien, und dann gibt es das Nachahmungs-Problem. Ich habe von den tribalen Verhältnissen gesprochen, von Familien. Wenn Sie die Akten lesen, dann werden Sie feststellen, daß aus dem Libanon bestimmte Familien betroffen sind. Und wenn die eine Familie sieht, die können das, dann können wir das auch« (wie Anm. 8, S. 78f.).

Von diesen Tatsachen der Herkunft von Zuwanderern aus sozial unterprivilegierten Schichten und ihrer mangelnden Qualifikation spreche ich, wenn ich die Einfuhr der Armutskultur[10] aus außereuropäischen Slums mit der beschriebenen Kriminalität als Folge von Zuwanderung kritisiere.

Für eine breite öffentliche Debatte

Bundespräsident Rau hat in seiner Berliner Rede vom Mai 2000 die Aufforderung formuliert, daß »eine breite öffentliche Debatte« über Einwanderung geführt werden muß.[11] Ich verstehe meine hier vorgelegte Analyse als Beitrag dazu. Mir dient Raus Berliner Rede als Vorbild, weil sie relativ tabufrei war; sie bietet einen Rahmen für die Debatte, den ich als Einwanderer, der seit mehr als einem Jahrzehnt oft als Rufer in der deutschen Wüste eine rationale Diskussion dieser Problematik fordert, für sehr geeignet halte. In seiner Berliner Rede sagte Rau offen, daß die Probleme dieser Welt – zum Beispiel Armut und politische beziehungsweise religiöse Verfolgung – nicht auf deutschem Boden gelöst werden können. Auch Bundesinnenminister Otto Schily forderte zu Recht wiederholt in Interviews eine Steuerung der

Zuwanderung im Rahmen einer konzeptualisierten Einwanderungspolitik. Steuerung bedeutet eben, politischen Einfluß auf
den Prozeß zu nehmen. Dazu gehört die Auswahl der Einwanderer, die ins Land kommen. Dies heißt in aller Deutlichkeit,
vorwiegend qualifizierte Fachkräfte als Migranten auszuwählen, die von der deutschen Gesellschaft und Wirtschaft benötigt
und gesellschaftlich integriert werden können. Der Transfer
von Armut aus dem Mittelmeerraum (zum Beispiel aus dem
Libanon, siehe oben), Asien und Afrika nach Deutschland ist
weder Einwanderung noch eine Lösung für das Problem der
globalen Armut. Traurig aber wahr: Die Tragödie vom 11. September hat mehr zur Debatte als die Rede von Rau beigetragen.
Heute wissen Deutsche, daß durch Sicherheitsbehörden auch
eine politische Selektion der Einwanderer erfolgen muß.

Die Angaben des Statistischen Bundesamtes zeigen, daß aufgrund des Fehlens eines Einwanderungsgesetzes wildwüchsige
Zuwanderung stattfindet, welche die Zahl der Sozialhilfeempfänger ansteigen läßt; darunter befinden sich auch dauerhafte
Sozialhilfeempfänger – wie die von Kreuzberg. Im Jahre 1967
waren die angeworbenen türkischen »Gastarbeiter« vorwiegend erwerbstätig, und auf Ausländer entfielen nur 1,3 % des
Sozialhilfebudgets. 30 Jahre später, 1997, waren es 20,7 %,
Tendenz steigend; 1998 betrug der Anteil 23,3 %, obwohl Ausländer nach der offiziellen Statistik nur ca. 7 % der Bevölkerung ausmachen.[12]

Daß integrierte Ausländer fürchten, in diesen Sog hineinge-
zogen zu werden, habe ich bereits angeführt. Ich habe auch den
Anstieg der Sozialhilfeempfänger unter den Zuwanderern als
eine Quelle der Fremdenfeindlichkeit in Deutschland angesprochen. Die integrierten und erwerbstätigen Ausländer leiden besonders unter dieser Entwicklung. Als Migrant lehne ich die
Gleichsetzung der Ausländer mit ungebetenen Zuwanderern,
die Sozialhilfeempfänger werden, ab. Wie können Menschen,
vor allem Politiker, aus der Vergangenheit lernen und den Trend
zur Ethnisierung der Arbeitslosigkeit – also Bindung der sozia-

len Probleme an zugewanderte ethnische Gruppen – und dessen soziale Folgen unterbinden, und wie kann man die hieraus erwachsenden sozialen Probleme vermeiden? Die Antwort heißt auch hier: Steuerung der wildwüchsigen Zuwanderung und deren Umwandlung in regulierte Einwanderung.

Ich bin mir bewußt, daß ich ein Tabu breche, wenn ich anführe, daß die bisherige wildwüchsige Zuwanderung nach Deutschland zu einem nicht unerheblichen Teil über das Asylrecht verlief. Der vom Bundespräsidenten in der zitierten Berliner Rede mit 4% angegebene Prozentsatz der anerkannten Asylanten zeigt, daß 96 % der Asylbewerber Zuwanderer und rechtlich nicht als politisch Verfolgte einzustufen sind. In der eben angeführten Diskussion bei der Ebert-Stiftung wurde deutlich, daß die auf diese Weise Zugewanderten mehrheitlich ungelernt, ja sogar Analphabeten sind und aus dem untersten Teil der sozialen Pyramide etwa aus der Türkei und dem Libanon kommen. Kurz: Zuwanderung fördert den Transfer von Slums von armen Ländern nach Deutschland, wodurch eine ethnische Armutskultur entsteht. Erschwerend kommt hinzu, daß Islamisten als Asylbewerber ins Land kommen, die diese ethnisch-religöse Armutskultur für sich instrumentalisieren.

Ich habe schon auf Diskriminierung und Rassismus hingewiesen, die ich aus meinem Alltagsleben in Deutschland nur zu gut kenne.[13] Aber damit allein kann man nicht erklären, daß bestimmte Zuwanderer auf Dauer arbeitslos und Sozialhilfeempfänger und somit außerhalb jeder Integration bleiben. Die Ursachen sind in der mangelnden Berufsqualifikation vieler Zuwanderer zu suchen. Deutsche sind an vielem schuld, aber man sollte einige der Mängel auch bei den Zuwanderern suchen. Jugendarbeitslosigkeit bei Zuwanderern hängt auch damit zusammen, daß sie kaum eine Berufsqualifikation vorweisen können. Aufgrund schlechter Sprachkenntnisse können viele selbst ungelernte Arbeiten nicht verrichten.

Die Erkenntnis, daß ein Einwanderungsgesetz für Deutschland erforderlich ist, bleibt nicht nur inkonsequent, sondern auch wertlos, wenn sie nicht mit der Einsicht verbunden wird, daß Art. 16a Grundgesetz Zuwanderung, wie sie hier beschrieben wird, begünstigt. Es bedarf der Anpassung an europäische rechtliche Standards, die die Gewährung von Asyl regulieren, um einen Mißbrauch als Hintertür für Zuwanderung zu unterbinden. Ohne dies ist gesteuerte Einwanderung nicht möglich, und so würde die wildwüchsige Zuwanderung parallel zu ihr weitergehen. Auch integrierte Ausländer befürworten eine solche Steuerung der Politik, weil kein Interesse daran bestehen kann, stets mit steigender Kriminalität und der Belastung des Sozialhaushaltes in Verbindung gebracht zu werden. Auch der in Deutschland als Migrant lebende Durschnittsmuslim möchte nicht stets in den Sog des Islamismus gezogen werden. Es liegt im Interesse der deutschen Islam-Diaspora, Islamisten nicht mehr als Asylbewerber zuzulassen.

Der geistige Urheber des »Dritten Weges«, Anthony Giddens, der auch den britischen Premier Blair berät, hat eindringlich vor der Einfuhr von hier »ethnisch« bestimmten Armutskulturen im Rahmen von Migration gewarnt.[14] Das eigentliche Problem besteht nicht darin, daß arme Menschen – etwa wie oben gezeigt aus dem Libanon – nach Deutschland kommen. Vielmehr besteht es darin, daß Armut ethnisiert wird. Mit Ethnisierung ist gemeint, daß soziale Probleme (etwa Armut oder Kriminalität) an eine ethnische Gruppe gebunden werden und ethnischen Konflikten den Boden bereiten. Ein arbeitsloser Zuwanderer sieht in seiner Erwerbslosigkeit nicht ein wirtschaftsbedingtes Marktproblem, sondern ethnische Ausgrenzung. Hier liegt ein ungeheures Konfliktpotential, das im Vorfeld friedlich bewältigt werden kann, wenn es frühzeitig erkannt wird. Ausgegrenzte Zuwanderer erliegen leicht der Verführung fundamentalistischer Agitation.

In unserer Zeit ist es überfällig, die Tabuzone Sozialstaat anzutasten und – mit Giddens – zu urteilen, daß dieses Projekt »mißglückt« ist.[15] Der Ursprung des Sozialstaates bestand darin, »Armut, Arbeitslosigkeit, Krankheit und dergleichen

mehr« (ebd., S. 186) zu bekämpfen. Heute aber ist der Sozialstaat bei einigen die Quelle der Erwartung, ein Einkommen
zu beziehen, ohne erwerbstätig zu sein, also ohne eine Gegenleistung zu erbringen. Ich nenne den hier angesprochenen Personenkreis Sozialstaatskonsumenten. Für unseren Zusammenhang von Migration und multikultureller Gesellschaft ist die
schon dargestellte »Verknüpfung von Sozialstaatsabhängigkeit
und Armutskultur« (Giddens) von Bedeutung. Die »Sozialhilfe-
empfänger-Mentalität« ersetzt das Ethos, wonach der Mensch
von seiner bezahlten Arbeit leben muß. Diese Einstellung erzeugt Abhängigkeit vom Staat als Geldgeber und fördert eine
relativ arme Subkultur der Sozialstaatskonsumenten, die mit stets
wachsenden Ansprüchen auftreten. Gefährlich für den inneren
Frieden wird diese Armutskultur, wenn sie durch die Migration
eine ethnische Dimension annimmt.

»Ethnische Unterschiede zwischen ihnen (den Migranten)
und der Mehrheitsbevölkerung ... können zum Kennzeichen der
kulturellen Ausschließung werden ... Bei Einwanderern kann
dergleichen dazu dienen, ... eine kulturelle Diaspora von außer-
ordentlicher Reichweite« (wie Anm. 14, S. 204) zu entfalten.
Am Beispiel des Ghetto-Islam der Diaspora lassen sich die
Gefahren einer solchen ethno-religiösen »Armutskultur« veranschaulichen. Das Ghetto ist nicht nur eine kulturelle, sondern –
angesichts der Armutskultur – auch eine sozio-ökonomische
und politische Größe und Ursache von Unfrieden und Instabi-
lität. Wenn Armutskultur und Parallelgesellschaften (vgl. Kapitel 4) zu einer Einheit werden, kann Unfriede eine reale Gestalt
annehmen. Was am 11. September geschehen ist, sollte eine Vorwarnung sein und der Ernüchterung dienen.

In der erforderlichen öffentlichen und breiten Debatte über
Einwanderung gilt es, folgende Erkenntnis wahrzunehmen: In
Zuwanderergesellschaften werden im binnenstaatlichen Rahmen »die mit der ethnischen Zugehörigkeit verbundenen Un-
gleichheiten oft Ursachen von Spannungen oder von gegenseitiger Feindschaft«, so Giddens in seinem zitierten Buch; er fügt

hinzu, daß diese Kombination von Ungleichheit und ethnischer Zugehörigkeit »eine Rolle bei der Auslösung von Konflikten, die zum Zusammenbruch der zivilen Ordnung führen können, spielt«[16]. Nach Giddens kann in einer solchen Situation globale »dialogische Demokratie« im Verbund mit »Abwehr des Fundamentalismus« (ebd.) einen Ausweg aus der Krise bieten. Aber auch das Gegenteil ist hierbei möglich, nämlich »negative Spiralen emotionaler Kommunikation« (ebd.). Darunter versteht Giddens »einen Vorgang ..., bei dem Antipathie von Antipathie und Haß von Haß zehrt«[17]. In Deutschland gibt es nicht nur ein Feindbild Islam bei den Deutschen; es gibt auch bei den Migranten ein »Feindbild Westen«, das ich nur allzu gut kenne. Beide Feindbilder gehören zu den von Giddens angeführten Spiralen. Diese sozialen Erscheinungen erwachsen zwangsläufig – nicht nur, aber auch – aus dem Transfer von Slums und der Entstehung ethnischer Armutskultur im Rahmen von Zuwanderung. Daraus wird erkennbar, wie wichtig es ist, Zuwanderung durch Steuerung in Einwanderung zu verwandeln.

In einer Gesellschaft, die mit ihrem Wohlstand prahlt, kann die Sozialhilfe für Jugendliche aus einer ethnischen Armutskultur nicht ausreichen, um mithalten zu können. Der Drang nach Konsum treibt die Jugendlichen in die Kriminalität, so wie dies bei der bereits geschilderten Supermarkt-Kriminalität in Berlin und bei ähnlichen, in der Regel ethnischen Banden der Fall ist. Der bereits zitierte Berliner Jugendrichter Walter Jentsch beschrieb die Situation von Jugendlichen, die der Versuchung, Straftaten zu begehen, nicht widerstehen konnten und die auch nach Bestrafung als Wiederholungstäter erneut auffällig wurden, folgendermaßen:

»Wenn sich Jugendliche aufgrund von Arbeitslosigkeit und anderen Benachteiligungen in einer erhöhten Streßsituation befinden, ist das eine Konsequenz, die sich in verstärktem Maße deutlich macht. Die Antwort von Jugendlichen – und das will ich Ihnen nicht verhehlen – war durchweg: ›Wir sind zusammen und einer kommt und sagt, paßt auf, ich lade euch alle zur Pizza ein, und er macht sein Portemonnaie auf, und was sehen wir, zahllose Fünfhundert-Mark-Scheine darin. Und uns fielen fast die Augen aus dem Kopf. Und dann hat er gesagt, das ist kein Problem, das könnt ihr auch haben. In zehn Minuten, das geht ganz schnell!‹ So ist die Verlockung, in ganz kurzer Zeit ganz viel Geld zu machen, unheimlich groß und läßt alle anderen Bedenken in den Hintergrund treten. Es gibt bei diesen Straftaten eine zunehmende Organisierung, aber nicht in Form von Banden, sondern in der Weise, daß man cleverer wird.«[18]

In den Zusammenhang von ethnischer Armutskultur, fehlender Integration und Kriminalisierung der aus Zuwanderern bestehenden sozialen Randgruppen gehört auch das Problem des Fundamentalismus als Politisierung der Religion.[19] Professor Heitmeyer aus Bielefeld hat in einer aufgrund der deutschen Fixierung auf tagespolitische Aktivitäten leider in Vergessenheit geratenen Untersuchung gezeigt, daß der politische Islam, sprich Fundamentalismus, eine starke Anziehungskraft auf arbeitslose türkische Jugendliche ausübt.[20] Über diese Probleme offen zu sprechen muß die Konsequenz aus Raus Berliner Aufforderung zu einer »breiten öffentlichen Diskussion« sein. Diese ist nach dem 11. September überfällig geworden.

Verantwortungsethisch formuliert heißt die Lehre: Ja zu gesteuerter Einwanderung, nein zu Wildwuchszuwanderung. In der gegenwärtig vorherrschenden politischen Kultur der Bundesrepublik scheint alles auf Aktualität zu basieren, das heißt zu einem flüchtigen Eintagesereignis zu verkommen. Davon bleiben die wichtigen Erkenntnisse, die in Raus Berliner Rede zum Ausdruck kommen, und die Warnungen von Professor Heitmeyer nicht verschont. Die Einwanderungsproblematik ist eine Schicksalsfrage Europas, und es ist an der Zeit, sich dieser Herausforderung verantwortungsethisch in der benötigten öffentlichen und breiten sowie tabufreien Debatte, zu der dieses Buch einlädt, zu stellen. Nach dem 11. September kommt nun ein starker Druck aus den USA auf die Europäer zu, ihr Haus in Ordnung zu halten.

Das Erfordernis:
Einwanderung tabufrei – keine deutschen Sonderwege

Es gibt viele Gründe dafür, auf die Berliner Rede des Bundespräsidenten Johannes Rau zurückzugreifen und sich ihre Themen im Lichte des 11. Septembers zu vergegenwärtigen. Zu bedauern ist, daß niemand auf die Idee kommt, daß auch den Einwanderern selbst eine Stimme in der Diskussion zusteht. Als ein Migrant, der seit vier Jahrzehnten in der Bundesrepublik lebt, ohne ethnisch »Deutscher« werden zu können – dies geht ja nicht –, kann ich mich nicht entsinnen, in diesem Lande je so viel Fremdenfeindlichkeit wie in den vergangenen zehn Jahren erfahren zu haben. Es gibt die primitive offene, also handgreifliche Form und zudem die subtile Fremdenfeindlichkeit des Alltags (vgl. Anm. 13). Dennoch verteidige ich dieses Land gegen den im Ausland pauschal erhobenen Vorwurf, »die Deutschen« seien generell fremdenfeindlich. Wie oft habe ich dies im Ausland getan bei der Antwort auf die Frage: »Wie halten Sie es unter den Deutschen aus?« Meine Antwort war stets, die Bundesrepublik Deutschland garantiert den Fremden demokratische Freiheiten und Schutz. Auf dem Harvard-Symposium vom September 2001 über »*Re-imagined Identities*«, auf dem Bundestagspräsident Wolfgang Thierse die Keynote-Rede hielt, habe ich neben Dan Diner und Çem Özdemir, also einem Juden und einem Muslim, über »*Being German*« gesprochen und in kritischer Distanz diese Identität bestätigt.

Aber wie kann Deutschland den chaotisch ins Land zugewanderten Millionen eine Identität bieten? Ohne Anerkennung von Tabus hat Bundesinnenminister Schily im *Spiegel*-Interview vom 12. Juni 2000 die Zahl der Zuwanderer für die Zeit zwischen 1989-1999 mit 10,7 Millionen angegeben. Nicht nur bleiben diese fremd, auch bieten sie eine der Erklärungen für die Zunahme der Ausländerfeindlichkeit. Ihre Zahl entspricht fast der Bevölkerung anderer Länder, zum Beispiel in Nordeuropa oder Westafrika. Keine Gesellschaft, die deutsche erst recht nicht, kann eine solch große Zahl von Zuwanderern in einem so kurzen Zeitraum integrieren. Nicht nur die Zahl, sondern auch die Qualifikation der Zuwanderer, vor allem auch die Tatsache, daß das Land seine Migranten als Einwanderer nicht aussuchen darf – hierfür fehlt das erforderliche Einwanderungsgesetz –, ist am gegenwärtigen Zustand schuld. Solange dieses Gesetz fehlt, erfolgt Migration als Zuwanderung auf diese Weise: Wer nach Deutschland einwandern will, der greift auf das Asylrecht zurück oder beruft sich auf »deutsche Herkunft«, um als sogenannter »Spätaussiedler« zu gelten, gleich ob eines davon zutrifft oder nicht. Nach dem wissenschaftlichen Verständnis sind auch »Spätaussiedler« Migranten. Nach Berichten gehört der in vielen Fällen gefälschte Nachweis einer deutschen Herkunft – vergleichbar mit den Schleuserbanden – zur organisierten Kriminalität.

Vor dem 11. September wurde jeder, der es riskierte über diese Probleme zu reden, gleich in die rechtsradikale, fremdenfeindliche Szene eingeordnet und dadurch mundtot gemacht. Ich kann mich dagegen wehren, viele Deutsche nicht. Auf der Medienmesse in Köln (Juni 2001) haben Journalisten auf einem Panel von *EuroNews* dieses Problem offen angesprochen und festgestellt, daß die Predigten der Medien über »verordnete Fremdenliebe« bei den Bürgern nicht ankommen. Mich als semitisch-arabischen Migranten und zudem ehemaligen Achtundsechziger kann man weder mit der Keule der Fremdenfeindlichkeit noch der Gesinnung der verordneten Fremdenliebe treffen; doch gibt es andere Methoden, jemanden zum Schweigen zu bringen. Als ich mit meinem Buch »*Europa ohne Identität?*« 1998 eine Debatte über Einwanderung auslösen wollte, wurde jenes Buch von den Medien in einer sehr auffälligen Weise zunächst totgeschwiegen. Unter den großen überregionalen Tageszeitungen war die einzige Ausnahme der Berliner *Tagesspiegel*. Dort hat eine aufgeschlossene Rezensentin über mich geschrieben:

»Ein Ausländer nimmt sich das Recht, die Befindlichkeit Europas zu untersuchen, ... wirft Fragen auf und verlangt eine Auseinandersetzung. Bleibt sie aus, hat er mit seinem Buch ins Schwarze getroffen ...«[21]
Und dies war der Fall. Die Situation änderte sich nur oberflächlich, als die deutsche Leitkulturdebatte ausbrach. Der Begriff wurde eben in diesem Buch entfaltet, und der CDU-Politiker Merz nahm den Begriff aus dem Buch »*Europa ohne Identität?*« auf, jedoch ganz offensichtlich, ohne es gelesen zu haben.[22] Doch Frau Merkel gab öffentlich zu, ich sei »der Ursprung des Begriffes ... Leitkultur. Bassam Tibi hat ihn in bezug zu den Werten der europäischen Aufklärung und Demokratie im Gegensatz zur Idee einer multikulturellen Gesellschaft gesetzt.«[23] Die »hysterisch« geführte – so der Chefredakteur des *Tagesspiegel*, Giovanni di Lorenzo, auf dem *EuroNews* Panel der Kölner Medienmesse im Juni 2001 – deutsche Leitkulturdebatte war bisher der beste Beweis dafür, wie besorgniserregend es um die deutsche »Zuwanderungsdebatte« bestellt ist. Ich faßte sie zunächst in der *Welt am Sonntag* unter dem Titel »Die neurotische Nation« zusammen und bewertete sie dann wissenschaftlich in der Festschrift zu Ehren des jüdischen Freundes und Kollegen Alexander von Bormann[24]; ich werde sie auch in diesem Buch wieder im Schlußkapitel aufnehmen; sie war kein Vorbild für die von Bundespräsident Rau geforderte »öffentliche und breite Debatte« über diesen Gegenstand. Seit dem 11. September pflege ich zu sagen: Wenn die Deutschen keine Leitkultur wollen, überlassen sie es den Islamisten, ihre eigene durchzusetzen.
In der allgemein vorherrschenden deutschen Atmosphäre der Denkverbote war die noch vor der Leitkulturdebatte gehaltene Berliner Rede von Bundespräsident Johannes Rau zunächst vielversprechend, weil sie aus dem gesinnungsethischen Rahmen fiel. In ihren Aussagen finde ich mich als Migrant und Autor des Buches »*Europa ohne Identität?*« völlig wieder. Und ich fordere für uns Migranten das Recht, mitreden zu dürfen. Doch Rau ging darauf nicht ein. Uns Fremde in Deutschland ordnet

man in der Regel unausgesprochen in drei Kategorien ein. Ausländer werden in der Regel als:

1) ungelernte (Gast-)Arbeiter,
2) Asylbewerber oder
3) Sozialhilfeempfänger

angesehen. Eingebürgerte Ausländer wie zum Beispiel mich nennt man »Syrer mit deutschem Paß«. Hinter diesem für uns Ausländer gewiß nicht schmeichelhaften Image stehen zwei Einwanderungswellen: Die erste – sie war gewollt – hat während der sechziger und siebziger Jahre stattgefunden, als überwiegend ungelernte Arbeiter aus den ländlichen Teilen der Türkei ins Land geholt wurden, die Hilfsarbeiten verrichteten, die Deutsche nicht tun wollten, da sie lieber Sozialhilfe beziehen, als solche Arbeiten anzunehmen. Die zweite in dem von Otto Schily angegebenen Zeitraum erfolgte Welle – die im Gegensatz zur ersten ungewollt war – bestand aus Asylbewerbern, Flüchtlingen und Spätaussiedlern, die trotz der rechtlichen Klassifizierung als Volksdeutsche doch Zuwanderer sind. Auch die letztgenannten sind Fremde, weil sie ethnisch und kulturell anders sind und viele unter ihnen kaum Deutsch sprechen. Es hat bisher weder eine Steuerungsmöglichkeit noch eine Anpassung der Zahl der Einwanderer an die Bedürfnisse des Landes und seine Integrationsfähigkeit gegeben.

Unter diesen Bedingungen hatte plötzlich der deutsche Bundeskanzler Gerhard Schröder bei mehreren Anlässen von einem Mangel an »Internationalität« in Deutschland gesprochen und dabei gefordert, beruflich kompetente Ausländer per *Greencard* ins Land zu holen. Um es deutlich zu sagen: Jene Debatte war nicht nur eine Eintagsfliege, sondern auch eine Flucht vor der erforderlichen Debatte über Migration. Zu keinem Zeitpunkt wurde diese seriös geführt. Der Bericht der *Zu*wanderungs-Kommission ändert nichts an diesem Urteil.

Als Migrant, der mehr für den internationalen Ruf deutscher Wissenschaft im Ausland beigetragen hat als manche, ihr eigenes Süppchen kochende deutsche Professoren und der es daher ablehnt, als Gastarbeiter inferiorisiert (vgl. Anm. 13 oben), ja in eine der drei oben angegebenen Kategorien eingeordnet zu werden, fordere ich wiederholt in diesem Buch eine tabufreie Debatte über Einwanderung sowie praktische Lösungsansätze. Bedingt durch die Ereignisse um den 11. September konzentriere ich mich auf die islamische Zuwanderung nach Deutschland und breche mit allen Tabus.

Bereits wiederholt habe ich vorgeschlagen, Einwanderung vom Asylkomplex abzukoppeln. Das ist ein Standard der Internationalität, um den Bundeskanzler beim Wort zu nehmen. Genau heißt das, den Artikel 16a des Grundgesetzes an europäische Standards anzupassen und Abschied von deutschen Sonderwegen zu nehmen. Ansonsten nützt ein Einwanderungsgesetz wenig. Denn wer als Einwanderer mangels Berufsqualifikation und Bedarf am deutschen Arbeitsmarkt abgelehnt wird, der kann sich auf Artikel 16a Grundgesetz berufen und durch die Hintertür des Asyls Zugang finden. Die meisten in Deutschland agierenden Islamisten sind auf diesem Wege in das Land eingedrungen.

Es ist international bekannt, daß Deutschland, im Gegensatz zu den USA und europäischen Nachbarländern, die Mehrheit der abgelehnten Asylbewerber nicht ausweist. Somit besteht Sicherheit für Zuwanderer auf dem Asylweg. In der Regel bleiben abgelehnte Asylbewerber als »Geduldete« doch im Land. Auf einer Tagung für Kommunalpolitik in Hannover sagte ein hochrangiger Politiker, auf Erfahrungen zurückgreifend: »Deutsche Behörden schikanieren hochqualifizierte Ausländer, die auf normalem Wege zu uns kommen, um hier zu arbeiten, bis sie freiwillig das Land verlassen. Dagegen sind diese Behörden machtlos bei Asylbewerbern, die keine politisch Verfolgten sind.« Von führenden Kommunalpolitikern habe ich bei jenem Niedersächsischen Landkreistag 2000 die Information bekommen, daß abgelehnte Asylbewerber mehrheitlich nicht abgeschoben werden, vor allem die Islamisten unter ihnen nicht! Tritt nach dem Schock vom 11. September endlich Ernüchterung ein?

Bundespräsident Rau und die Einwanderung

Nach meinem Dafürhalten zwingt die neue, nach dem 11. September 2001 sich aufdrängende Perspektive zu einem neuen Denken über Migration. In diesem Rahmen will ich die Aktualität der schon im Mai 2000 gehaltenen Berliner Rede des Bundespräsidenten Rau hervorheben; ihr Inhalt eröffnet immer noch die Möglichkeit, die bisherige Verhinderung einer rationalen Diskussion, die eine Orientierung bieten könnte, zu überwinden. Ich bin bisher in diesem Kapitel der Aufforderung Raus, eine »möglichst offene« Debatte über Einwanderung zu führen, gefolgt. Im Lichte des 11. September 2001 möchte ich vor allem zwei Punkte hervorheben:

Erstens: Die Migration in den Westen aus der Welt des Islam muß nach folgenden Kriterien gesteuert werden:

a) Wirtschaftliche Interessen des westlichen Aufnahmelandes. Die Einfuhr von islamischen Sozialhilfeempfängern im Namen von »Einwanderung« ist schädlich für das Land und auch für integrierte Ausländer. Es erzeugt *Dijhad*-Militante, die sich einer Ausgrenzung ausgesetzt fühlen. Dagegen sind integrierte Muslime, die die Bundesrepublik und ihr Sozialsystem mittragen, europäische Bürger; das ist ein Zusammenleben von Fremden und Deutschen. Einwanderungspolitik ist nicht mit Sozialpolitik zu verwechseln. Die Zuwanderungskommission empfiehlt in diesem Sinne ein Punktesystem, sagt aber nicht, wie die Einreise und der Daueraufenthalt von potentiellen Sozialhilfeempfängern verhindert werden kann.

b) Humanitäre Politik. Hier sollte jedoch die Erkenntnis, daß Deutschland die Probleme der Welt nicht lösen kann, berücksichtigt werden. Es darf nicht verschwiegen werden, daß der organisierte Zuzug von Minderheiten – zum Beispiel Yeziden aus dem Irak, Ahmadiyya aus Pakistan und so weiter – zu einem Geschäft von Schleuserbanden geworden ist. Unabhängig davon betone ich, daß *wirklich* politisch Verfolgte in Deutschland Aufnahme finden müssen. Terroristen und Islamisten sind dagegen Kriminelle und keine politisch Verfolgten. Europäer müssen lernen, den Schutz von politisch Verfolgten von der Schleuserbanden-Migration abzukoppeln und genau hinzusehen, wer Opfer ist und wer Terrorist.

Zweitens: Einwanderung ist nicht identisch mit dem Charme einer Multi-Kulti-Gastronomie oder solchen unterstellten Idyllen; sie bringt Probleme mit sich. Multikulturalismus bedeutet nicht kulturelle Vielfalt, sondern »*free space*/Freiraum« für Diasporakulturen. Parallelgesellschaften entstehen. In diesem »Freiraum« ist in Hamburg der Anschlag auf New York vorbereitet worden.

a) Die Belastung des Sozialsystems ist unausweichlich, wenn die berufliche Qualifikation der Zuwanderer, so wie sie bisher zwischen 1985 und 1999 war, weiter besteht. Ich wiederhole: 1967: Anteil der Ausländer an Sozialhilfeempfängern 1,3 %, 1997: 20,7 %, 1998: 23,3 %. Die zitierte Statistik verrät einen unverhältnismäßig hohen Anteil der Ausländer an den Sozialausgaben; dies ist eine Folge fehlender Steuerung. Einwanderung ist ein Gegenstand der Politik und hat weder mit Fremdenliebe noch mit Fremdenfeindlichkeit zu tun.

b) Unter den Migranten befinden sich nicht nur Demokraten, sondern beispielsweise auch Islamisten, die im Namen sogenannter religiöser Toleranz, die sie selbst für andere nicht gelten lassen, Europa als Hinterland für ihre politischen Aktivitäten mißbrauchen. Zwei der Terrorpiloten von New York kamen aus der bundesrepublikanischen Islam-Diaspora. Deutsche müssen verstehen, daß die politischen Vorstellungen der Islamisten mit individuellen Menschenrechten, Demokratie und Zivilgesellschaft nicht vereinbar sind. Bundespräsident Rau hat in seiner Berliner Rede deutlich gesagt, daß die Einwanderung »in manchen Punkten bis an den Kern unserer Verfassungsordnung ... reicht«, und er hat verlangt: »Wer nach Deutschland ... kommt, der muß die demokratisch festgelegten Regeln akzeptieren. ... Diese Regeln setzen auch Grenzen.«[25] Eben dies nenne ich europäische Leitkultur. Deshalb war ich befremdet, als Rau bei der deutschen Leitkulturdebatte hinter seine eigene Forderung zurückfiel. »Leitkultur gegen Rechts«, gleich ob deutsch oder ausländisch, gehört zu den Antworten auf die durch die islamische Zuwanderung auftretenden Herausforderungen: Toleranz gegenüber der Religion des Islam, aber wehrhafte Demokratie gegen die Ideologie des Islamismus und ihre Realitäten.

Viele Deutsche wollen nicht wahrhaben, wie sehr Zuwanderung in den vergangenen Jahrzehnten die deutsche Gesellschaft bereits verändert hat: »Zu wenig denken wir darüber nach ... und wir handeln zu wenig« (ebd.), schätzt Rau ein. Wer keine gewalttätigen Konflikte riskieren will, muß die oft eingeforderte Zivilcourage haben, offen über diese Problematik und ihre Implikationen nachzudenken und hierfür friedliche Lösungen anzustreben – dies füge ich als ein Ausländer hinzu. Ich bin kein Panikmacher, ganz im Gegenteil, ich trete gegen solche ein; ich bin oft Opfer von Deutschen gewesen, die nicht zwischen Aufklärung und Panikmache unterscheiden können. Nun ist Aufklärung auch über unerfreuliche Dinge keine Panikmache. Als Aufklärer, der keinen Sand in die Augen streut, und als Dialogbefürworter bin ich dafür, daß wir über die vielen ethnischen Auseinandersetzungen in der Welt, auch in Europa, informieren, um im Vorfeld der Ethnisierung der Konfliktpotentiale beziehungsweise deren religiöser Färbung durch Politisierung der Religion entgegenzuwirken. Der Islamismus, der hieraus hervortritt, ist eine Gefahr für Europa. Aus dem Prinzip der Religionsfreiheit darf keine Duldung für politisierte Religionen abgeleitet werden. So ist es keine Lösung, die Augen zuzumachen, wenn Islamisten auf deutschem Boden Synagogen anzünden und Rabbiner zusammenschlagen. Ich war sehr befremdet, daß vom »Aufstand der Anständigen« keine Rede mehr war, als feststand, daß die Täter von Düsseldorf Islamisten und keine Neonazis waren.[26] Dann kam der 11. September, und viele konnten die Augen nicht länger verschließen.

Islamisten kommen auch als Asylantragsteller nach Deutschland. Rau sagte in seiner Berliner Rede, daß 50% aller Anträge innerhalb der EU in Deutschland gestellt werden, aber »nur 4% werden anerkannt« (ebd.). Gleich, auf welcher Grundlage die Justiz in Asylverfahren entscheidet, keiner kann die Augen davor verschließen, daß die Zuwanderung nach Deutschland über das Asylrecht erfolgt. Als Bundesinnenminister Schily im November 1999 laut über die Abkopplung von Asyl und Einwanderung nachdachte und sagte: »Deutschland kann sich aus dieser Debatte nicht heraushalten« (*Spiegel* vom 15.11.1999), wurde er – symbolisch gesprochen – geknebelt; mit dem Erfolg, daß er seitdem über diese Thematik schweigt. Und doch mußte dieses Schweigen nach dem 11. September gebrochen werden. Ein neues politisches Denken nahm seinen Anfang (vgl. den Bericht in *Die Welt* vom 17. Oktober 2001, S. 2).

Als Ausländer weiß ich, vor allem von Publikumsaktivitäten außerhalb der Universität, daß das Thema Einwanderung in Deutschland bei der Bevölkerung nicht gerade populär ist. Die Medien versuchen das Thema »schmackhaft« zu machen, indem sie Zuwanderung in den buntesten Farben beschreiben; jedoch tun sie dies mit geringem Erfolg, wie namhafte Journalisten auf der Kölner Medienmesse im Juni 2001 eingestehen mußten. Nach meinen Beobachtungen haben die Grünen es geschafft, bei der Bevölkerung ein Unbehagen verursachendes Verständnis von Einwanderung zu verbreiten. Manche ihrer Abgeordneten sprechen unspezifisch von Einwanderung, einmal als quasi uneingeschränkte Öffnung der Grenzen, dann fast im selben Atemzug mit der Verpflichtung zu einer allerdings nicht an die Bedürfnisse und Kapazitäten der Integration angepassten Aufnahmequote. Das erweckt den Eindruck, das Land müsse zur Aufnahme von Einwanderern unabhängig vom Eigenbedarf und der Fähigkeit der Gesellschaft zur Integration verpflichtet werden. Das Gegenextrem zu dieser permissiven Position besteht in der Forderung der Konservativen nach einem »Zuwanderungsbegrenzungsgesetz«. Ich habe bereits argumentiert: Beide Vorstellungen von offenen und geschlossenen Grenzen sind falsch. Der international respektierte und anerkannte Migrationsforscher Myron Weiner vom MIT – selbst aus einer baltisch-jüdischen Migrantenfamilie stammend – hat vor seinem Tod in einer bedeutenden Schrift empfohlen, die Einstellung der Bevölkerung in bezug auf die Auswirkungen der Zuwanderung, also auch »die Wahrnehmungen sowie die Ängste, die damit zusammenhängen, ernst zu nehmen und nicht als irrational und fremdenfeindlich abzukanzeln«[27]. Denn es gibt eine »globale Migrationskrise«, und damit müssen wir – durch politische Steuerung und Aufklärung – rational umgehen und die Probleme tabufrei debattieren. Im Anschluß an Weiner habe ich in der Einleitung dieses Buches den Zusammenhang zwischen Migration und Sicherheitspolitik aufgezeigt.

Zu den Steuerungsinstrumenten gehört Sicherheitspolitik sowie ein Einwanderungsgesetz; es soll nicht nur der Regulierung dienen, es richtet sich auch stets nach dem Bedarf, das heißt nach Marktbedingungen, und unterliegt nicht der Verpflichtung zur Erfüllung einer Quote. Auch muß dieses Gesetz der Fähigkeit der Gesellschaft und ihren Kapazitäten zur Aufnahme Rechnung tragen. Um es offen zu sagen: Ein Einwanderungsgesetz ist nicht mehr als ein rechtliches Verfahren mit einer gesellschaftspolitischen Orientierung, mit dessen Hilfe Migration berechenbar wird; weder öffnet es noch verschließt es. Solange wir in Deutschland dieses rechtliche Instrumentarium der politischen Steuerung nicht haben, bleibt es in diesem Land bei der chaotischen Zuwanderung statt einer gesteuerten Einwanderung. In diesem Sinne vollzieht sich die Migration nach Deutschland anarchisch, also ungeregelt, und die »Migrationskrise« sowie ihre auf Sicherheit bezogenen Nebenerscheinungen (Weiner) bleiben unbewältigt. Eines der Themen der internationalen Debatte lautet jedoch: »*controlling migration*«, was aus einer »*global perspective*«[28] geschehen muß. Zu dieser Perspektive muß die Abkopplung des Asyls von der Migration gehören, so daß Asylanten zwar als politisch Verfolgte anerkannt, aber Migranten von Möchtegern-Zuwanderern unterschieden werden können. Bei Asyl und Migration handelt es sich um völlig unterschiedliche Gegenstände, und daher ist Asylpolitik nicht Einwanderungspolitik. Die Einwanderung ist wirtschaftlich zu bewerten. Asylpolitik muß an Sicherheitspolitik gebunden werden; sie ist nicht nur ein Gegenstand der Grundrechte.

Bei gleichzeitiger Respektierung des Asyls als Grundrecht – ich betone dies mit allem Nachdruck – trete ich für die soeben formulierte »globale Perspektive« ein, die anerkennt: Wer wirklich und nachweislich verfolgt wird, bekommt Asyl – das ist ein Menschenrecht. Nun werden gewaltbereite Islamisten auch in ihren Ländern verfolgt. Soll Europa diese Verfolgung anerkennen und auch diesem Personenkreis Asyl gewähren? Ich weiche hier von der etablierten Meinung ab und trete für eine Einschränkung des Asylrechts für Islamisten ein, wie dies bereits in Frankreich übliche Praxis ist. Wer *Djihad* gegen den Westen führen will, ist nicht willkommen. Darüber hinaus darf Asyl nicht als Instrument der Zuwanderung mißbraucht werden. Einwanderer sind weder »Gastarbeiter« noch »Asylanten«, sondern Menschen, deren Berufsqualifikation das Aufnahmeland, hier Deutschland, braucht und die durch Integration zum Gemeinwesen gehören sollen; ihr Aufenthalt ist dauerhaft, und sie sind nicht nach dem Prinzip im Land: »Der Mohr hat seine Schuldigkeit getan, der Mohr kann gehen.« Keine Politik der Migration darf diese Degradierung der Einwanderer zulassen.

Der Bericht der Süssmuth-Kommission über »Zuwanderung«: Ein radikaler Wandel oder die Paraphrasierung von Selbstverständlichkeiten?

Wer die vorangegangenen Teile dieses Buches aufmerksam gelesen hat, der verfügt über eine dreifache Grundlage zur Beurteilung der Arbeit und des Ergebnisses der Süssmuth-Kommission zur Migrationsproblematik. Diese besteht aus folgenden Komponenten:

– Erstens, die Erkenntnis, daß Migration im 21. Jahrhundert in einer entgrenzten Welt mit umfassenden Migrationsschüben und mit sicherheitspolitischen Risiken verbunden ist.

– Zweitens, die Erkenntnis, daß Migration im Westen und auch in Deutschland benötigt wird, es sich hierbei jedoch nicht um ein »Quasi-Naturphänomen« der Globalität, sondern um eine steuerbare gesellschaftliche Erscheinung handelt; die Politik ist herausgefordert, die Instrumente hierfür zu schaffen.

– Drittens, in Deutschland ist weder die Gesellschaft und ihre Bevölkerung noch die Politik auf die Migration und die damit verbundenen Veränderungen angemessen vorbereitet. Die deutsche Diskussion über diesen Gegenstand erschöpft sich in Pro und Contra und läßt jede sachliche Beurteilung vermissen.

Von diesen drei Grundlagen ausgehend, analysiere ich den Süssmuth-Bericht und finde Fortschrittliches darin, jedoch auch gleichzeitig erhebliche Lücken, deren besorgniserregendste das Festhalten an Tabus und die Ignoranz gegenüber dem Islam in bezug auf islamische Zuwanderung und Integration sind. Myron Weiner nennt die Erscheinungsform des Phänomens »Globale Migrationskrise«, weil er es in seiner Ganzheit sieht.[29] Für Aufnahmeländer ist Migration eine demographische und wirtschaftliche Bereicherung, sie ist aber auch mit »Sicherheitsrisiken« wie Terrorismus (vgl. den 11. September 2001), ethnischen Konflikten, illegalen Formen, kultureller Balkanisierung und Mißbrauch der offenen Grenzen mit dem Ergebnis der Internationalisierung der Kriminalität verbunden. Zu einer verantwortlichen Politik gehört es, alle Aspekte einzubeziehen und offen darüber zu sprechen; aber genau darin liegt das Versagen der Süssmuth-Kommission.

Die Mängel des Süssmuth-Berichts lassen sich gleich zu Beginn festzustellen. Es ist eigenartig, wie die »Zuwanderungskommission« an manchen Stellen zwischen Zu- und Einwanderern unterscheidet. So sind die »*Greencard-Holders*« als »Engpaßarbeitskräfte« im Gegensatz zu den »dauerhaften Einwanderern« einzuordnen. Ich halte diese Differenzierung für unbrauchbar.

»*Greencard Holders*« sollten nicht bloß geduldete Arbeitskräfte sein, die im Rahmen eines begrenzten Aufenthalts zur Verfügung stehen. Dies wäre eine Fortsetzung der scheußlichen »Gastarbeiter«-Tradition unter neuem Namen. Einwanderer möchten keine »Gastarbeiter« mit begrenztem Aufenthalt sein. Es gilt der Grundsatz: Wer arbeitet, ist kein Gast. Geduldete Asylbewerber, denen vor Gericht abgesprochen wird, Asylant zu sein, sind weder politisch Verfolgte noch Migranten, sondern eine Belastung für das Land und sein Sozialsystem. Wenn sie mit Kriminalität und Terrorismus zu tun haben, müssen sie als ein Sicherheitsrisiko gelten und sind abzuschieben. Es müssen Ausnahmen bei den Menschen zugelassen werden, die aus humanitären Gründen nicht abgeschoben werden können; dies darf aber nicht die Regel sein, sonst wäre Migration nicht steuerbar. Als Asylbewerber mit den entsprechenden Rechten gilt nur einer, der seine Identität als politisch Verfolgter und den Sachverhalt der Verfolgung nachweisen kann und zudem weder Islamist noch Terrorist ist. Auf diese Weise fallen alle Menschen mit Whisky-Marken als Namen sowie sogenannte *Djihad*-Kämpfer durch. Der Süssmuth-Bericht[30] räumt der Asylproblematik sehr unkritisch großen Raum ein, obwohl es gilt, Gewährung von Asyl als ein zu respektierendes Menschenrecht und am Bedarf des Landes orientierte Einwanderungspolitik auseinanderzuhalten! Um Sicherheitspolitik kümmert sich der Bericht nicht. Man müßte den Kommissionsmitgliedern das Standardwerk von Myron Weiner als Lektüre empfehlen.

Mit der Erwartung, ohne Tabus, ohne Gesinnungsethik und ohne Emotionen über Einwanderung zu debattieren, lese ich den Bericht der »Zuwanderungskommission«, um ihn im Lichte der hier bisher problemorientiert geführten tabufreien Diskussion zu bewerten. Wenn deutsche Politiker und Kirchenvertreter die Demokratie in Deutschland vor dem Makel der zunehmenden Fremdenfeindlichkeit schützen wollen, müssen sie diese Debatte ohne einschränkende Vorgaben führen und entsprechend auf der Basis der zu gewinnenden Erkenntnisse rational handeln. Es stellt sich die Frage: Werden diese Voraussetzungen von der Süssmuth-Kommission erfüllt? Meine Antwort muß nach der Lektüre leider negativ ausfallen. Schon der Name »Zuwanderungs-Kommission« wird meine Leser auf der Basis der bisher in den vorangegangenen Teilen gebotenen Informationen und Klärungen veranlassen zu verstehen, warum meine Einschätzung des Kommissionsberichtes eher kritisch ist.

Es beginnt eben mit dem Titel der Kommission: *Zuwanderung*. Meine Leser kennen schon den Unterschied zwischen Ein- und Zuwanderung. Ich erinnere mich an eine persönliche Begegnung mit Frau Süssmuth, deren Wertschätzung ich dankenswerterweise genieße, bei der ich ihr meinen *Focus*-Artikel vom 18. September 2000, »Einwanderung statt Zuwanderung«, überreicht habe. Das war im Januar 2001. In jenem Artikel ist die zentrale, bereits in diesem Buch formulierte These enthalten. Die Begegnung erfolgte im Rahmen unseres gemeinsamen Auftritts im Göttinger Theater im Januar 2001 unter dem Motto »Leitkultur gegen Rechts«, wo ich ebenfalls den Unterschied zwischen Ein- und Zuwanderung erläuterte. Konkret geht es um zwei völlig unterschiedliche Erscheinungen: Zuwanderung ist chaotisch und ungeregelt, Einwanderung ein durch Konzept und Gesetz gesteuerter Vorgang. Dieser Unterschied wird jedoch in dem Süssmuth-Bericht sehr eigenartig gefaßt: »Unter Zuwanderung versteht die Kommission alle Arten der Migration, auch diejenigen, die nur vorübergehenden Charakter haben, unter Einwanderung die dauerhafte Niederlassung« steht auf S. 2 der publizierten Zusammenfassung (wie Anm. 30) des Berichts.

Um möglichen Mißverständnissen, die aus falschen Schlußfolgerungen aus meiner pointiert formulierten Kritik gezogen werden könnten, aus dem Weg zu gehen, betone ich die gegenseitige Wertschätzung. Zu der Wertschätzung meiner Arbeit durch Rita Süssmuth gehört ihr Telegramm vom 19. Januar 1996 anläßlich der Verleihung des Bundesverdienstkreuzes 1. Klasse an mich mit dem Hinweis: »Ihr vorbildliches Engagement und

Ihre Verdienste, zu einem besseren Verständnis des Islam in Deutschland und zu einer Vermittlung der Kulturen beizutragen, verdienen die heutige Ehrung.« Diese Worte haben mich damals sehr bewegt, und deshalb wundert mich sehr, warum dieses positive Urteil nicht auch für meine durch Publikationen öffentlich zugängliche Arbeit als Migrant über Ein- und Zuwanderung gilt.

Ich fasse meine Position in einem kurzen Satz zusammen: Den Erkenntnissen des Berichts ist trotz aller Kritik im wesentlichen zuzustimmen. Die zentralste davon: Die Bundesrepublik ist ein »Zuwanderungsland« geworden. Das ist eine Erkenntnis der Lebenswirklichkeit in diesem Lande, die nur von bestimmten ideologisch voreingenommenen Politikern und ethnisch denkenden Deutschen nicht wahrgenommen wird. Ich empfand das Urteil des Bevölkerungswissenschaftlers Rainer Münz über den Bericht – einschließlich der Konfusion beziehungsweise der falschen Deutung von Ein- und Zuwanderung – zitierenswert, nämlich daß dieser zum »Konsens darüber (beitrage), daß Zuwanderung notwendig ist. Deutschland soll ein Einwanderungsland werden.«[31]

Gewiß, wir müssen durch Debatten und Aufklärung diesen Konsens anstreben, aber worüber, frage ich: Benötigen wir einen Konsens über Deutschland als ein Zu- oder ein Einwanderungsland? Beides zusammen geht wohl nicht!

Das wichtigste an dem Bericht der Süssmuth-Kommission ist die Anerkennung von Realitäten und das Eintreten dafür, daß das Bewußtsein der deutschen Bevölkerung sowie ihrer Politiker an diese Fakten angepaßt wird. Tatsächlich nimmt Deutschland sogar mehr Fremde als das traditionelle Einwanderungsland USA auf, ohne daß sich die hier lebenden Menschen dies bewußt machen und ihr Land entsprechend neu definieren. So leben in den USA mit einer Bevölkerung von 283 Millionen Bürgern inklusive der »*Greencard-Holders*« nur 9 % im Ausland geborene Menschen, während diese Zahl für Deutschland nicht weniger als 12 % beträgt. Rainer Münz führt diese Fakten an und kommentiert dies in seinem Statement zu dem von ihm als Mitglied mitverfaßten Süssmuth-Bericht mit den richtigen Worten:

»Aber das Bewußtsein in Deutschland stimmt mit dieser Realität nicht überein. In unserer Gesellschaft dominiert die Vorstellung: Zuwanderung ist die Ausnahme ... Der Süssmuth-Bericht ... plädiert für ... eine Öffnung der Gesellschaft gegenüber Zuwanderern« (ebd.).

Positiv an dem Bericht ist auch die Anführung des Bedarfs an »Maßnahmen zur Förderung der Integration«, um »gleichberechtigte Teilhabe zu ermöglichen«. Der Bericht stellt allerdings keinerlei Forderungen an die Migranten und steht somit treu zur traditionellen Multi-Kulti-Einstellung.

In diesen positiven Punkten erschöpfen sich die Vorzüge des Berichts. Wenn ich den als Leitmotiv für dieses Buches formulierten Maßstab »Eine Debatte ohne Tabus« anwende, dann kommen die Schwächen des Berichts deutlich zum Vorschein. Der Bericht hält sich getreu an alle Tabus und übergeht die in der Sache klaren Unterschiede zwischen Asyl, Flucht und Einwanderung. Zudem herrscht die blauäugige Vorstellung: Es gibt keine Probleme. Von Sicherheit ist keine Rede. Ich bin der Ansicht, daß in diesem Bericht Begriffsverwirrung betrieben wird.

Jedes Land dieser Welt mit Anspruch auf Demokratie und Menschenrechte hat *wirklich* Verfolgten Asyl zu gewähren und Flüchtlinge, an eigene Kapazitäten angepaßt, aufzunehmen. Aber diese sind doch keine Einwanderer, die nach den eigenen Bedürfnissen des Landes auszuwählen sind. Zudem ist weder der Status von »politisch verfolgt« noch »Flüchtling« dauerhaft. Politische Verfolgung ist temporär und situativ, wohingegen Einwanderung auf die Dauer zu sehen ist. Die Regel bisher ist, daß dem politisch Verfolgten das Asyl dauerhaft gewährt wird. Innenminister Schily hat den Vorschlag eingebracht, im Abstand von zwei oder drei Jahren die Sachlage dahingehend zu überprüfen, ob die Asylgründe immer noch vorliegen, denn politisch Verfolgter zu sein ist an eine Situation gebunden und nicht Ausdruck eines Status auf Lebenszeit. Nach dem 11. September hat Priorität: Kein Asyl für Vertreter antiwestlicher Ideologien wie den Islamisten. Das ist auch im Interesse der islamischen Länder, die der Westen im Kampf gegen den Terrorismus als Verbündete gewinnen will.

Es ist wahr, daß die Süssmuth-Kommission durch das Punktesystem als Kriterienkatalog für die Aufnahme von Einwanderern einen Schritt in die richtige Richtung unternimmt. Dies kann aber nur dann Konturen gewinnen, wenn Einwanderungspolitik von Asyl- und Flüchtlingspolitik streng getrennt wird, weil es sich um zwei getrennte Bereiche handelt. Ein Zusammenhang zwischen beiden entsteht jedoch dann, wenn Armutsflüchtlinge, die keine politisch Verfolgten sind, das Asylrecht als Instrument der Zuwanderung mißbrauchen. Die Kopplung beider Bereiche entsteht auch in einem weniger erfreulichen Kontext: dem der Schleuserbanden als einer Form der organisierten Kriminalität. Eine klare, im Bericht nicht vorhandene Unterscheidung zwischen Ein- und Zuwanderung würde der Politik helfen, die richtigen Erkenntnisse bei politischen Entscheidungen zu gewinnen, und somit dazu beitragen, daß richtig gehandelt wird: Einwanderung fördern, Zuwanderung in Schranken halten, ja, verhindern soweit es geht. All das fehlt im Süssmuth-Bericht, den eine deutsche Kommission, der nur ein einziger Migrant, Vural Öger, angehören durfte, verfaßte. Die Kommissionsarbeit ging an den in Deutschland lebenden Einwanderern schlicht vorbei und war eine Arbeit von Deutschen für Deutsche [32] mit einem gehörigen Maß entsprechendem Gutmenschentum.

Der Süssmuth-Bericht läßt eine Fülle von Inhalten vermissen. Wenn der Bericht konkret wird – zum Beispiel in den Ausführungen über den Islam –, findet sich bedauerlicherweise nur Ignoranz und Inkompetenz. Münz hat trotz allem recht, wenn er von der Sorge spricht, »daß die Debatte über Zuwanderung (er meint wohl Einwanderung, B.T.) ... als Asyldebatte geführt werden wird. Das könnte den Blick von der Notwendigkeit einer Öffnung der deutschen Gesellschaft ... ablenken.«[33]

Nach der vorgenommenen Evaluierung des Süssmuth-Berichts möchte ich dieses Kapitel mit folgenden Erkenntnissen abschließen:

1) Wir müssen an der Praxis, politisch Verfolgten Schutz zu bieten, jedoch ohne Tabuisierung des Asylrechts als Instrument der Zuwanderung, festhalten. Asyl soll nicht von Terroristen in Anspruch genommen werden.

2) Aktive Einwanderungspolitik bedeutet Steuerung der Migration und Umwandlung der Zuwanderung in Einwanderung.

3) Wenn der Mißbrauch von Asyl bestimmte Deutsche zu einem eigenen Mißbrauch veranlaßt, wenn sie also den Mißbrauch für fremdenfeindliche Argumente instrumentalisieren, dann dürfen wir diesen Stimmen nicht dadurch das Feld überlassen, indem wir verbieten, über dieses Thema zu reden. Wenn Demokraten dieses Thema nicht ansprechen, dann überlassen sie es den »Haiders« & Co.

4) Die Erkenntnis, daß Migrationspolitik sich an den demographischen Bedürfnissen der Aufnahmeländer, nicht jedoch an denen in der Welt insgesamt orientieren muß. Europa kann die Überbevölkerungsprobleme Afrikas und Asiens nicht auf seinem Territorium lösen.

In Deutschland gibt es zwei Formen der Fremdenfeindlichkeit: die offene, primitive von Rechtsradikalen und die von sogenannten »feinen Deutschen« als Diskriminierung der Fremden im Alltag und Beruf; ich kenne beides aus meinem Leben, verstehe dennoch nicht, warum das Rederecht über diese Problematik mit der Begründung beschnitten wird, dies würde der Fremdenfeindlichkeit dienen. Ganz im Gegenteil: Tabubildung – wie bereits angedeutet – führt dazu, daß Rechtsradikale Probleme vereinnahmen und für sich instrumentalisieren. Bei diesem Anlaß möchte ich folgende Parallele anführen: Als Achtundsechziger erinnere ich mich an Debatten seinerzeit in Frankfurt in unseren damaligen linken Zirkeln über den Einmarsch der sowjetischen Panzer in Prag. Es gab manche unter uns, die jede Kritik mit dem Argument verbieten wollten, dies könne zu Zwecken des Antikommunismus mißbraucht werden. Ich gehörte zu denjenigen, die sich dieses Verbot nicht gefallen ließen. Ebenso sehe ich heute keinen Widerspruch darin, gegen Fremdenfeindlichkeit zu sein, aber gleichzeitig für eine Steuerung von Einwanderung, Asyl und die Aufnahme von Flüchtlingen. Damit trete ich gegen Zuwanderung als ungesteuerten Vorgang ein, besonders, wenn diese in die Hände organisierter Schleuserbanden fällt.

Schließlich muß jede Einwanderungspolitik – trotz der Verpflichtung zu humanitären Prinzipien – sich von der Illusion befreien, daß sie Weltprobleme lösen kann; dies führt uns zu der Erkenntnis, daß wir die demographische Entwicklung in der Welt in unserem Jahrhundert wahrnehmen müssen. Im 20. Jahrhundert entwickelte sich die Weltbevölkerung von im Jahr 1900 einer auf sechs Milliarden Menschen im Jahr 2000. Bereits für die Mitte dieses neuen Jahrhunderts wird ein weiteres Anwachsen der Weltbevölkerung auf 7,9, bei einigen Voraussagen sogar auf 10,9 Milliarden Menschen erwartet. Auf einem internationalen Symposium in Bern, auf dem auch Rita Süssmuth in ihrer Funktion als Vorsitzende der »Zuwanderungskommission« anwesend war, sprach der Hauptreferent Joseph Chamie[34], der selbst aus dem Libanon in die USA emigrierte, in seiner Eigenschaft als Direktor der Abteilung »Bevölkerung« der UNO. Er legte nüchterne Analysen und Zahlen vor: 80 Prozent der gesamten Weltbevölkerung leben 2000 in Entwicklungsländern, 2050 wird dieser Anteil auf 88 Prozent ansteigen. Dabei stagniert das Bevölkerungswachstum in den Industriegesellschaften weiterhin, so daß hier weiterer Bedarf an Migration entstehen wird. Dagegen steigt die Bevölkerung in Asien und Afrika rapide an (Indien 21 %, China 12 %, Pakistan 5 %, Nigeria 4 %) und wird danach drängen, außerhalb der überbevölkerten Ursprungsländer ein besseres Leben zu finden. Dadurch wird ein globaler Migrationsdruck entstehen. Die genauen Zahlen sind:

»1950 kamen zwei Personen in einem unterentwickelten Teil der Welt auf eine Person, die in einem entwickelten Land lebte.

Jetzt (2000) steht dieses Verhältnis 4 zu 1, im Jahr 2050 dürfte es 7 zu 1 stehen.«[35]

Aus diesen und anderen in Bern vorgetragenen Zahlen schlußfolgerte Chamie:

»Migration wird in Zukunft vor allem die Wanderbewegung der Habenichtse sein, die es wegdrängt aus den zurückgebliebenen ländlichen Gebieten Richtung der städtischen Ballungsräume« (ebd.).

Auf den globalen Charakter der Migrationsbewegung bezogen, bedeutet diese Wanderung eine Bewegung von Süd, also Asien und Afrika, nach Nord, also Europa und Nordamerika, aber auch von Osteuropa nach Westeuropa. Auch Myron Weiner sieht die Lage so und nennt sein bereits mehrfach zitiertes Buch deshalb: Die globale Migrationskrise.[36] Denn hierbei geht es nicht alleine darum, Nutzen für die Industrieländer zu ziehen, es müssen auch Konfliktpotentiale bewältigt werden. Auch hat Europa begrenzte Kapazitäten zur Aufnahme des globalen Andrangs der Migration.[37]

Die Politik ist in diesem Zusammenhang herausgefordert, die Migration zu steuern, und deshalb besteht folgender Bedarf in Europa, zu dem Deutschland zivilisatorisch gehört, das daher auch keine Sonderwege braucht:

1. Sich für Migration zu öffnen, sich jedoch an eigenen Interessen – zum Beispiel wirtschaftlichen – und eigenem Bedarf an hochqualifizierten Kräften sowie demographischem Bedarf, das heißt Ausgleich der stagnierenden Bevölkerungsentwicklung im eigenen Land, zu orientieren.

2. Sich kulturell für die Migranten aus anderen Kulturen zu öffnen, jedoch bei legitimem Recht, die eigene zivilisatorische Identität – hier also auch die europäische Leitkultur – zu bewahren.[38] Man muß den islamischen Migranten deutlich machen, daß Europa eine eigene zivilisatorische Identität hat, also nicht Teil des *Dar al-Islam* sein kann. Es gibt friedliche Muslime, die diese Position vertreten. Europäer, die sich ihrer Zivilisation bewußt sind, müssen sagen dürfen: »Nein, danke!«

3. Außer den wirtschaftlichen und demographischen Interessen sind auch humanitäre Überlegungen miteinzubeziehen, jedoch ohne die Illusion, daß die Migration aus humanitären Gründen als eine globale Sozialpolitik betrieben werden kann. Die Migration darf nicht zu einer erheblichen Belastung der Sozialsysteme[39] werden, und somit ergibt sich, was Migrationsforscher »*a question of numbers*«[40] nennen.

In den folgenden Teilen dieses Buches werde ich diese Problembereiche ansprechen, wenngleich die soziokulturellen Fragen als Fokus mehr als andere im Mittelpunkt stehen werden. Im Europa des 21. Jahrhunderts geht es um Integration und Formen des friedlichen Zusammenlebens von Menschen aus verschiedenen Kulturen und Zivilsationen. Die Perspektive hierfür wird in Zukunft entscheidend vom 11. September 2001 geprägt. Jener Tag stellt einen Wendepunkt in der Weltsicht der westlichen Zivilisation dar.

Zweiter Teil

Strategien für den Umgang mit der Integration islamischer Zuwanderer durch die westlichen Aufnahmegesellschaften.
Integration statt multikulturell legitimierter Enklaven als Parallelgesellschaften

Einführung

Neu in unserer Zeitgeschichte ist nicht die Migration, sondern der globale Prozeß, in den sie heute eingebettet ist; sie geschieht im Rahmen sich intensivierender Globalisierung. Diese neue Form der Migration macht Strategien erforderlich, die eine friedliche Lösung entstehender Konflikte ermöglichen. Die fast wie eine Binsenwahrheit klingende Tatsache, daß das Zusammenleben von Menschen aus unterschiedlichen Kulturen mit Wertekonflikten verbunden ist, beleuchtet den Bedarf an solchen Strategien. Ich kritisiere oft den Vergleich dieses Zusammenlebens mit einem Gang in ein Restaurant zum Genuß fremder exotischer Speisen, weil eine Interaktion von Menschen, die kulturell nicht dieselben Werte teilen, nicht auf diese »genüßliche« Weise verläuft. Exotische Sehnsüchte und gesellschaftliche Realitäten sollten auseinandergehalten werden. Im Gegensatz zu dieser Einstellung befasse ich mich mit globalen Problemen und spreche gemeinsam mit dem Migrationsforscher Myron Weiner von einer aufkommenden »*Global Migration Crisis*«. Insbesondere in bezug auf muslimische Migranten ist die Herausforderung zentral, weil Muslime andere Wertevorstellungen haben, deren Gedeihen in Parallelgesellschaften als Enklaven Konfliktherde schafft.

Für ein friedliches Leben in einer interkulturellen »Seinslage« (Karl Mannheim) im 21. Jahrhundert müssen sich beide, Einwanderer und Menschen der Aufnahmegesellschaften, verändern; beide haben eine Bringschuld, um die benötigte interkulturelle Kompetenz für den Umgang miteinander zu erlangen und auch um in der Lage zu sein, Probleme nüchtern anzusprechen. Dieser Bedarf an Veränderung gilt für verschiedene Bereiche, vor allem in bezug auf kulturelle Einstellungen sowie Selbst- und Fremdbilder. Zunächst muß das gesamte Bildungssystem radikal von einem monokulturellen in ein interkulturelles verändert werden. Ich begnüge mich an dieser Stelle mit der Feststellung: Hier in Deutschland ist außer viel Rhetorik bisher kaum etwas in Schule und Universität getan worden, um den Realitäten gerecht zu werden; außer Predigten des guten Willens finde ich nichts vor. Vor der interkulturellen Öffnung des Bildungssystems muß noch ein Schritt vollzogen werden. Dieser besteht darin, daß Menschen beider Konfliktparteien, Einheimische und Zuwanderer, eine Vorleistung erbringen müssen, nämlich in bezug auf kulturelle Differenz ihre Bereitschaft zu zeigen, miteinander und nicht nebeneinander zu leben. Hier reicht es nicht aus, Forderungen aufzustellen; nötig ist ein umfassendes Programm, das eine Palette von Handlungen beinhaltet.

Im Lichte des 11. September 2001 kann keiner im Westen mehr unwidersprochen dem Schutz der kulturellen Differenz ohne entsprechende einschränkende Vorgaben huldigen, so wie dies bisher mit einer Monopolstellung im öffentlichen Diskurs von den Multikulturalisten gepflegt worden ist. Jede kulturelle Differenz muß den universalistischen Verfassungsprinzipien – vor allem säkular-liberale Demokratie, individuelle (also nicht kollektive) Menschenrechte sowie Pluralismus in allen Lebensbereichen – untergeordnet werden. Diese Prinzipien machen eine europäische Leitkultur aus und bieten als Richtschnur die benötigte Orientierung für die Integration. Die Terroristen von New York und Washington, die aus der deutschen Islam-Diaspora kamen, sprachen fließend Deutsch; wichtige Hintermänner besitzen deutsche Pässe, aber ihre Tat zeigt, daß sie dennoch nicht integriert waren, ja den Westen hassen. Heute kann keiner mehr behaupten, daß alleine das Beherrschen der deutschen Sprache sowie die Einbürgerung für eine Integration ausreichen, ohne sich lächerlich zu machen. Ohne die Annahme einer Bürgeridentität, die auf ein Gemeinwesen zugeschnitten ist –

sowie ohne Leitkultur –, kann keine Integration gelingen. Das Gegenteil von Integration ist eine Islam-Diaspora, die für den Fundamentalismus anfällig ist. Dies muß ungeschminkt gesagt werden.

Wenn es nicht zur Integration kommt, dann entstehen kulturelle Demarkationslinien zwischen Zu- beziehungsweise Einwanderern und Menschen der Aufnahmegesellschaften; diese kommen durch die Bildung von Parallelgesellschaften zum Ausdruck. Wird die Wirklichkeit hiervon geprägt, dann sind die Chancen für ein Miteinander sehr gering und ein Nebeneinander ist die Folge. Die Konsequenz habe ich soeben tabufrei genannt. Bei diesem Gegenstand gilt es zu unterscheiden zwischen den Fakten, die die Realität ausmachen, und der Wahrnehmung dessen, worauf ideologische Konstruktionen basieren; diese werden oft von einer kleinen Minderheit innerhalb der Diaspora-Kultur, also von selbsternannten Wortführern der Migranten, vorgenommen und kultiviert. Dazu gehören religiöse Fundamentalisten ebenso wie ethnische Nationalisten. Das Stichwort, auf das sich diese Konstruktionen konzentrieren, lautet in der Regel: kulturelle Identität. Was ist das?

In einem süddeutschen Bundesland fordern Islamisten im Namen des Schutzes der Identität ihrer hier geborenen Kinder, daß islamische Kindergärten zugelassen werden. Wenn diese Forderung nach exklusiven Kindergärten Realität würde, dann würden diese islamischen Kinder nie Gelegenheit bekommen, mit deutschen Kindern oder Kindern von Migranten anderer Kulturen oder Religionen zu spielen. Die Folge wäre, daß hier geborene Muslime schon in ihrer Kindheit monokulturell und verschlossen in einer Ghetto-Mentalität erzogen würden. Einen Unterschied zu den Kindern der Koranschulen, zum Beispiel in Nord-Pakistan, die im *Djihad*-Geist des Hasses aufwachsen, sehe ich nicht. So etwas können wir nicht zulassen, denn es kann niemals im Interesse des Schutzes der kulturellen Identität von Minderheiten sein. Der deutsche Innenminister Otto Schily, der sich als Ziel ein »neues und weltoffenes modernes Deutschland« setzt (so die *Süddeutsche Zeitung* vom 10. Juli 2001), verteidigt lobenswerterweise die Rechte der Migranten, schützt sich aber dabei vor der traditionell-deutschen Blauäugigkeit, denn er weiß:

»Es ist nicht günstig, wenn Eltern ihren Lebensmittelpunkt nach Deutschland verlegen und dann ihre Kinder in die Türkei zurückschicken und sie dort erziehen lassen ... Integration funktioniert um so besser, je früher sie beginnt... Daß ein Kind ausländischer Herkunft in Deutschland geboren wird, aufwächst, schon sehr frühzeitig in Sprachkontakt mit deutschen Kindern kommt, erleichtert die Integration« (ebd.).

Durch exklusive islamische Kindergärten entziehen Islamisten hier geborene Kinder jeder gesellschaftlichen Strategie der Integration. Es entsteht dann in der Folge eine abgeschottete Diaspora-Kultur, die es überflüssig macht, die Kinder in die Türkei oder anderswo in die Welt des Islam zu senden, um sie vor europäischen Einflüssen zu bewahren. Aber bleiben wir bei Schilys zitierter, rationaler und richtiger Ansicht. Er hat folgende entscheidende Beobachtung und Erkenntnis gemacht:

»Es gibt Leute, die wollen auf Dauer hier ein Minderheitenrecht begründen. Am Schluß stünden dann zweisprachige Ortsschilder herum. Das kann ich nicht gutheißen« (ebd.).

Und hier sind wir beim Thema der beiden Kapitel dieses zweiten Teils, in deren Mittelpunkt die kulturellen Ghettos, die in diesem Buch als Parallelgesellschaften analysiert werden, stehen. Die Frage lautet: Sind sie, positiv formuliert, wünschenswert, wie dies Multikulturalisten behaupten, oder einfach, wie manche argumentieren, nur zu dulden? Im Gegensatz zu solchen Einstellungen geht es mir nicht um etwas Passives, sondern um Strategien. Ich muß weit ausholen, um eine angemessene Antwort in bezug auf die Optionen zu geben. Diese sind: Förderung, Duldung oder Verhinderung. Wir müssen uns entscheiden!

Meine Leser wissen es schon: Migration im Sinne der Bewegung von Menschen von einem Ort zu einem anderen und somit eventuell auch von einer Kultur in eine andere – individuell oder im Kollektiv, freiwillig oder forciert – ist so alt wie die Geschichte der Menschheit. Klassische Formen kollektiver Migration – gleich ob islamisch oder europäisch – gingen oft mit Siedlungskolonialismus einher. Die Europäer waren nicht die ersten, die dies in Nord- und Südamerika, Australien, Südafrika und Algerien unternommen haben. Lange vor ihnen haben Muslime dies vom 7. bis zum 16. Jahrhundert getan, als sie den *Djihad* zur Verbreitung des Islam mit der Migration, also mit der *Hidjra* ganzer Stämme und Völker verbunden haben. Diese in Kapitel 1 erläuterten Zusammenhänge sind der Hintergrund der Frage, ob *Hidjra* als ein Modell für das 21. Jahrhundert hinzunehmen ist. Wird die Welt des Islam um islamische Enklaven in Europa als Bestandteil des *Dar al-Islam* erweitert, oder können islamische Migranten europäische Bürger werden? Dies sind die Alternativen, und in dieser Frage gibt es keine Zwischenlösungen.

In Kapitel 1 habe ich einen kritischen Vergleich des fundiert argumentierenden Multikulturalisten Nikos Papastergiadis zitiert, der die Bildung von »*gated communities*/abgeschotteten Gemeinschaften« der Diaspora-Kulturen den klassischen Formen des Siedlungskolonialismus gegenüberstellt. Bei diesem Vergleich muß man korrigierend den Unterschied zu unserer Gegenwart anführen. Dieser besteht darin, daß arabische beziehungsweise türkische Muslime in der alten Zeit und Europäer in der neueren Geschichte als Eroberer handelten und ihre Siedlung mit einer dominanten Kultur verbunden haben, sei es – je nachdem – durch Islamisierung oder Europäisierung. Im Gegensatz dazu handelt es sich in einer Zu- beziehungsweise Einwanderungsgesellschaft bei den neu hinzukommenden Menschen nicht um Eroberer, sondern eher um *underdogs*, das heißt Unterprivilegierte, die ethnisch und zugleich sozial schwache Randgruppen bilden. Zudem sind die Migranten-Kulturen zahlreich und vielfältig. Für diese große Fülle der Kulturen führe ich das Beispiel Frankfurt an: 30 Prozent der Bewohner Frankfurts sind Zuwanderer aus 165 Nationen. Es versteht sich, daß es unter diesen Bedingungen zur Bildung einer durch zahlreiche abgeschottete Gemeinschaften fragmentierten Gesellschaft kommt, eine von allen geteilte politische Kultur im Sinne von *civic culture* fehlt.

Ohne dem Inhalt der folgenden Kapitel vorzugreifen, möchte ich vorläufig meine Bedenken gegenüber einer solchen Fragmentierung, die mystifiziert als »multikulturelle Gesellschaft« und damit verfälschend als Idyll beschrieben wird, äußern. Über ethnischen Zwist und Wertekonflikte wird von Multikulturalisten schlicht hinweggeschaut. Gegen diese Fragmentation schlage ich eine Politik der Integration vor. Mit Schily teile ich daher die Ansicht, daß Integration die Gegenstrategie zur Bildung von Parallelgesellschaften ist. Es besteht die Gefahr, daß die Gewährung von Minderheitenrechten in einem dauerhaften Recht auf die Bildung von *gated communities* der jeweiligen Diaspora-Kulturen resultiert. Dies wäre keine Integration, sondern eine Legitimation für kulturelle Balkanisierung. Multikulturalisten werden zu Ideologen, wenn sie sich weigern, diese Fakten rational wahrzunehmen, und kulturelle Rechte von Kollektiven mit Menschenrechten verwechseln. Nach dem 11. September sagt man in den USA, also dem Land, in dem der Multikulturalismus entstanden ist, daß Amerika weiterhin eine offene Gesellschaft bleiben, jedoch kulturelle Vielfalt von einem unbegrenzten Freiraum/*free space* für Diaspora-Kulturen streng unterschieden werden müsse. Antiwestliche Diaspora-Kulturen im Westen sind nach dem 11. September nicht erwünscht, und Toleranz bedeutet nicht Selbstaufgabe. Die Gegen-Option zu *gated cultures* der Diaspora ist nicht die »Festung Westen«, sondern eine selbstbewußte Zivilisation, die Migranten aufnimmt, aber ihre Identität als Maßstab der Integration setzt.

Kapitel 3

**Für Integration und gegen Assimilation,
aber auch gegen Ghetto-Bildung als Freiraum
für den Islamismus.
Sind islamische Parallelgesellschaften
ein Sicherheitsrisiko?**

Wenn Menschen von einer Kultur in eine andere migrieren, dann ergeben sich unterschiedliche Optionen. Es gibt Deutsche, die ihre romantischen Vorstellungen, ihre exotischen Sehnsüchte und ihre Gutmenschen-Mentalität auf das, was sie als »multikulturelle Gesellschaft« bezeichnen, projizieren, das heißt voreingenommen an die Problematik der Migration ohne Beachtung der Fakten herangehen. Als Beispiel wird von diesen Romantikern oft die Gastronomie angeführt, um die Multi-Kulti-Idylle zu veranschaulichen. So wird die »multikulturelle Gesellschaft« als Paradies dargestellt, in dem jeder nach eigenem Gusto an jeder Ecke beliebig italienische, chinesische, arabische oder auch indische Speisen verzehren kann. Das irdische Glück geht hier wie bei der Redewendung »Liebe geht durch den Magen« beim interkulturellen Frieden über die Gastronomie. Was ist das für eine »Verweltlichung« des himmlischen Glücks? Doch die Fakten sind anders als Phantasien und Sehnsüchte. Der 11. September 2001 war ein Schock, und viele beginnen neu nachzudenken, andere beharren auf ihren Positionen und stellen ihre Unbelehrbarkeit zur Schau.

Erneuter Aufruf:
Die Probleme ansprechen, ohne Tabus!

In der Realität sind Probleme ein typisches Charakteristikum jeder Multi-Kulti-Gesellschaft; sie ernüchtern und entfernen uns von der romantisch konstruierten Idylle der unbegrenzten kulturellen Vielfalt. Natürlich gibt es nichts Schöneres als eine reale kulturelle Vielfalt. Aber bei der romantischen Wendung zur Gastronomie oder bei westlichen Phantasien vom Harem handelt es sich um eine Mystifizierung fremder Kulturen. Nun ist die reale Welt von einem anderen Schlag; die multikulturelle Gesellschaft beinhaltet zweifellos Konfliktpotentiale, die in eine solch romantisierte Vorstellung nicht hineinpassen, aber für die weitere Entwicklung der Gesellschaft von eminenter Bedeutung sind und deshalb zu einem »Nachdenken über den Multikulturalismus« zwingen.[1]

Nun ernsthaft, jenseits von Gastronomie und Harem: Vielfalt ist entschieden jeder Monokultur oder Standardisierung, etwa orientiert an der Konsumwelt einer McWelt/*McWorld*[2], vorzuziehen. Es gibt Amerikaner, die als Angehörige der einzig verbliebenen Weltmacht glauben, die heutige Welt sei nach den Maßstäben ihrer *Pax Americana* vereinheitlicht. Dieses amerikanische Modell einer *McWorld*/McWelt gibt es in der Realität ebensowenig wie die multikulturelle Idylle der Romantiker und des deutschen Gutmenschen. Gleich bei der Zitierung der Begriffe »Djihad gegen McWorld« von Barber, die aus dem Jahr 1996 stammen, möchte ich mich von ihrem Gebrauch als Deutung der Anschläge vom 11. September distanzieren. Der Bin Laden-*Djihad* ist nicht gegen Globalisierung, sondern wie er sagt, gegen *al-Kufr al-alami*/internationalen Unglauben gerichtet.

Es gibt Grenzen für die Globalisierung. Sie umfaßt nicht Normen und Werte und auch nicht Weltbilder; diese Aspekte sind vielmehr von einer Fragmentierung gekennzeichnet. In diesem Sinne spreche ich von der Gleichzeitigkeit einer Globalisierung der Strukturen und einer Fragmentation der Kulturen, die zu einer neuen Welt*un*ordnung führt.[3] Bezogen auf Einwanderung bedeutet dies, daß es stets Probleme gibt, wenn Menschen aus verschiedenen Kulturen in ein und derselben Gesellschaft zusammenleben. Im Gegensatz zu den konstruierten Multi-Kulti-Vorstellungen sind diese Probleme real und führen zu Konflikten, die friedlich gelöst werden müssen. Man macht es sich zu einfach, wenn man die Reaktionen auf kulturelle Differenzen allein mit Fremdenfeindlichkeit und Rassismus erklärt. Ich habe im Einwanderungsland Argentinien im Juli 2001 beobachten können, daß Argentinier sich fremdenfeindlich gegenüber anderen Lateinamerikanern, die als Migranten aus den Nachbarländern kommen, wie zum Beispiel Peruaner oder Paraguayer, verhalten. In diesem Falle handelt es sich um Menschen, die dieselbe Kultur, Religion und Sprache teilen, so daß Ablehnung des Fremden in diesem Fall nicht mit Rassismus erklärt werden kann.

Menschen, die unterschiedliche Werte und Normen haben, können oft nicht konfliktfrei zusammenleben. Bei wachsender globaler Migration aus nicht-westlichen Kulturen, insbesondere nach Europa, besteht Bedarf an Mitteln der Konfliktlösung, um ein friedliches Zusammenleben mit dem jeweils *Anderen* zu ermöglichen. Es wäre also nicht nur zu einfach, diese Konflikte, die aus dem Zusammentreffen und folglich dem Zusammenprall unterschiedlicher Normen und Werte resultieren, allein mit Fremdenfeindlichkeit zu erklären; diese Verdrängung der Probleme ist dem inneren Frieden sehr abträglich, ja sogar gefährlich. Die Thematisierung der Konflikte und ihre Lösung sind jeder Rhetorik der verordneten Fremdenliebe vorzuziehen. Ich betone: Wertekonflikte resultieren aus der kulturellen Differenz und sind kein »Kulturkampf«.

Einer der modernen Theoretiker des Multikulturalismus, Jacob Levy, räumt ein, daß Menschen kulturell und ethnisch in dem Sinne vielfältig sind, als sie auf ethnische Identitäten bezogene, also kulturelle und ethnische Kollektividentitäten besitzen. Im Zuge seiner Beschäftigung mit der Fachliteratur über den Multikulturalismus stellt Levy[4] zwei sich gegenseitig ausschließende Denkschulen gegenüber: Zum einen gibt es diejenigen, die die Forderung erheben, ethnische und kulturelle Kollektive mit entsprechenden Grundrechten, also Kollektivrechten (anstelle von Individualrechten), auszustatten und diese sozusagen zu verherrlichen. Auf der anderen Seite stehen Idealisten, die sich der Illusion hingeben, die bestehenden ethnischen und kulturellen Kollektividentitäten einzelner Gruppen im Rahmen der Zivilgesellschaft auflösen zu können. Levy ist Realist und weiß, daß ethno-kulturelle Zugehörigkeiten sich nicht abschaffen lassen; als Realist läßt er sich nicht von Wunschdenken leiten und betont, daß nur die Übel, die ethnische Gruppen, unter anderem in Form von Gewalt, gegeneinander als Kollektive begehen können, zu verhindern sind. In einer Gesellschaft, in der Menschen unterschiedlichen Kollektiven angehören, heißt eine solche Politik »Multikulturalismus der Angst/*Multiculturalism of Fear*«. Das ist auch der Titel des Buches von Levy, dessen Denken sich auf das zentrale Anliegen bezieht, Möglichkeiten der Abwehr von Multi-Kulti-Übeln, das heißt von Gewalt und Ungerechtigkeiten, zu eruieren. Diese Übel erwachsen aus dem Zusammenleben von Menschen unterschiedlicher Kulturen. Es wird unterstellt, daß Kollektive Rechte, ähnlich wie es auch bei den individuellen Grundrechten in bezug auf Staat und Gesellschaft der Fall ist, haben.

In bezug auf den kulturell *Anderen* heißt die Maxime: Du darfst dem *Anderen* nichts antun! Bei der praktischen Umsetzung dieses Vorhabens bleiben die kulturellen Unterschiede jedoch bestehen; so werden nach Levy lediglich ethnische Übel des jeweils *Anderen* parallel zur Verteidigung der eigenen Identität verhindert. Letzten Endes wird hier anstelle eines auf Konsens ausgerichteten Dialoges Abschottung gegenüber dem Fremden betrieben. Diese Politik des »Multikulturalismus der Angst/ *Multiculturalism of Fear*« ist im Gegensatz zur Multi-Kulti-Romantik von Realismus geprägt, aber sie löst keine Probleme, und so bleiben wir auf der Suche. Diese Suche wurde nach dem 11. September erleichtert: Keine kulturelle Differenz darf Vorrang vor westlichen Verfassungen haben.

In diesem Kapitel folge ich Levy lediglich in der Erkenntnis, daß man ethnische Kollektividentitäten nicht abschaffen kann. Aber durch eine Politik der Integration können Menschen auf der Basis eines Minimalkonsenses einander kulturell näherkommen. Auf diese Weise unterstelle ich die Möglichkeit eines dritten Weges zwischen Assimilation und der Abschottung in Parallelgesellschaften, und ich nenne diesen dritten Weg Integration. Der kulturelle Konsens bezieht sich gleichermaßen auf die Sprache als Mittel der Kommunikation wie auf Normen und Werte. In Deutschland wird deutsch, in Frankreich französisch und in England englisch gesprochen. In dem Land, in dem man lebt, gilt dies jeweils als die vorhandene Kommunikationssprache. Aber die Sprache allein als Gemeinsamkeit reicht nicht aus. Die angeführten Länder gehören zu Europa, und dieser Kontinent hat eindeutig eine zivilisatorische Identität, die Migranten aus nicht-westlichen Kulturen zu akzeptieren haben. Nach dem 11. September wagen viele, dies ohne Zögern auszusprechen. Ich habe es immer gewagt.[5]

Das zentrale Problem der zivilisatorischen Identität des Aufnahmelandes ist bei der Einwanderungsdebatte nicht zu verschweigen. Wenn ein Muslim aus Ägypten oder dem Iran in ein europäisches Land migriert, kann er im Rahmen der Integration das Fremdsein nur dann überwinden, wenn er diese zivilisatorische Identität annimmt. Erfolgt dies nicht, dann entstehen kulturelle Enklaven, die wir Parallelgesellschaften nennen können. Aus diesen kommen die Terroristen von New York und Washington. Ich trete für Integration ein und meine damit keineswegs, daß ein Muslim seine gesamte Identität aufzugeben hat, sondern nur die grundlegenden Normen und Werte der europäischen Identität annehmen soll. Als ein Muslim, der der Freiheit verbunden ist, fordere ich, daß es in Europa keinen Platz für die *Schari'a* im Namen multikultureller Toleranz der Kollektivrechte geben darf, da sie ihrem Geiste nach den europäischen Grundwerten, wie etwa der Säkularität und individuellen Menschenrechten, zuwiderläuft. Deshalb bricht positives europäisches Recht die Rechtsvorstellungen der Migranten. In einem *Spiegel*-Essay[6] verglich ich das Verhältnis von *Schari'a* und Grundgesetz mit dem von Feuer und Wasser! Ich denke, ein Muslim kann *individuell* seine Religion bewahren und praktizieren – dazu gehört allerdings nicht die *Schari'a* –, ohne in Konflikt mit der laizistischen europäischen Identität zu geraten; es sei denn, er versteht unter Religionsfreiheit, das Recht zu haben, Europa zu islamisieren. Hierüber zu sprechen, war bisher ein streng gehütetes Tabu, aus dem Islamisten Nutzen gezogen haben. Ich hoffe, dies gehört nach dem 11. September der Vergangenheit an.

Alle europäischen Verfassungen gewähren Religionsfreiheit. Hierzu gehört jedoch nicht, daß ein Muslim in der Diaspora eine Gottesordnung für sich fordern kann oder eine antiwestliche politische Kultur pflegt. Hier liegt die Grenze der Toleranz; Europa hat eine zivilisatorische Identität und auch das Recht, diese zu bewahren. Diese Identität ist säkular. Auch andere grundlegende Werte wie etwa individuelle Menschenrechte, zu denen auch die Glaubensfreiheit gehört, sind nicht verhandelbar. In der Multi-Kulti-Diskussion über Einwanderung scheint nur die Identität der Migranten im Mittelpunkt zu stehen, parallel wird die europäische Identität *ad acta* gelegt, als hätte sie schon »ausgedient«. Toleranz heißt jedoch nicht Aufgabe der eigenen Identität. Dieses Tabu ist nach dem 11. September gebrochen. Doch scheinen die Amerikaner schneller als Europäer klare Lehren zu ziehen. Trotz aller Tragik ist es bedauerlich, immer wieder zu beobachten, daß mancher Europäer nach Entschuldigungen für die Taten des Terrors sucht.

Integration und Interkulturalität

Einhergehend mit der Migration können Parallelgesellschaften entstehen, und dies geschieht tatsächlich. Es stellt sich die Frage: Ist dies eine Lösung für die aus den unterschiedlichen Wertvorstellungen hervorgehenden Konflikte innerhalb einer Zuwanderungsgesellschaft?

Es gibt deutsche Professoren, die den politischen Pluralismus der Parteien auf das Nebeneinander von Parallelgesellschaften übertragen und deren Existenz mit Parteiendemokratie gleich-

setzen, ohne auf die konsensuellen Grundlagen der Parteiendemokratie einzugehen.⁷ Die Integrationsproblematik hat mit
Multikulturalität und nicht mit Verbandsdemokratie zu tun.
Um eine sachliche Beschäftigung mit der aufgeworfenen Frage
zu ermöglichen, gilt es aber, die Begriffe, die diesem Kapitel
zugrunde liegen, inhaltlich zu bestimmen, um auf einer klaren
Basis argumentieren zu können: Identität und Integration in
der Spannung zwischen Assimilation, Multikulturalismus und
parallelgesellschaftlicher Ghettoisierung. Das sind die anstehenden Begriffe. Um es klarzustellen: Keineswegs geht es hier um
akademische Fachsimpelei. Es steht fest, ohne definierte Begriffe
ist weder klares Denken noch rationale Diskussion möglich.
Allein diese Erkenntnis leitet meine Bemühungen, die verwendeten Begriffe inhaltlich zu klären! Wir sollten uns gegen Ver-
flachung des Denkens in unserer Medienwelt wehren!

In diesem Buch bin ich stets um eine sachliche Diskussion
bemüht, jedoch ohne die deutsche Trennung von Person und
Sache hinzunehmen. Ich bin selbst ein Einwanderer und möchte auch hier, wie bereits in der Einleitung geschehen, mit einer
persönlichen Bemerkung sowie einer Vorüberlegung beginnen,
um anschließend über vier zentrale Begriffe nachzudenken. Die
persönliche Bemerkung bezieht sich darauf, daß ich in diesem
Buch insofern nicht nur als Wissenschaftler unberührt ein
Objekt abhandle, als der anstehende Gegenstand meine Lebensgeschichte angeht. Ich bin mit 18 Jahren aus Damaskus nach
Deutschland gekommen, also in einer islamischen Umwelt aufgewachsen und im Hinblick auf meine Werte entsprechend
sozialisiert worden. Lesen und Schreiben etwa habe ich in der
Damaszener Omaiyyaden-Moschee anhand des Korantextes
gelernt. Deutsche Leser denken hier vielleicht an die Fernsehbil-
der vom Mai 2001, als erstmalig ein Papst eine Moschee betrat
und dort betete; es war dies die Omaiyyaden-Moschee, meine
erste Bildungsstätte.

Trotz dieses positiven Hintergrundes kam ich mit einer ge-
spaltenen Beziehung zum islamischen Orient nach Europa, weil

ich schon als Junge unter den dortigen autoritären Strukturen litt. Als Teenager betrat ich daher 1962 mit rebellischem Geist und vielen Illusionen in bezug auf Europa Deutschland. Der Drang nach Freiheit verführte mich dazu, mich zunächst weitgehend zu assimilieren, also zu verwestlichen. Die ersten zwanzig Jahre meines Lebens in Deutschland von 1962 bis 1982 dokumentieren diese vollzogene Assimilation. Selbstkritisch räume ich rückblickend ein: Im Resultat wurde ich auf vielen Ebenen deutscher als die Deutschen selbst.

Der Bruch mit meiner Assimilation begann 1982 in Harvard mit einem unvergeßlichen und einschneidenden Erlebnis: Es war ein Schock in Harvard, der in meiner Lebensgeschichte vergleichbar ist mit dem Schock von 1962, als ich nach Deutschland kam. Seit 1982 habe ich mein wissenschaftliches Parallel-Leben in den USA aufgebaut. Dieser Schock ereilte mich nach der Antrittsvorlesung, als meine Harvard-Gastgeber mir etwas sagten, das ich nie vergessen werde: »*We know your middle-eastern background, so why do you behave and speak like a German professor?* (Wir wissen um ihre nahöstliche Herkunft. Warum verhalten Sie sich und sprechen wie ein deutscher Professor?)« Doch das war nicht nur ein Schock, sondern zugleich auch ein Impuls.

Jeder Mensch, der zwischen unterschiedlichen Kulturen hin- und herpendelt, ist stets Identitätskrisen ausgesetzt. Entsprechend hat mir der Schock von 1982 Anreiz gegeben zu versuchen, mich zu entgermanisieren. Zuvor habe ich mich freiwillig germanisieren lassen, und ich weiß, wie negativ der Begriff belegt ist. In diesem Sinne sind die im folgenden zu erläuternden Begriffe Integration und Assimilation Teil meiner eigenen Lebensgeschichte, also nicht nur abstrakte Begriffe über den anstehenden Gegenstand.

Mein bisheriges Leben gliedert sich in drei Abschnitte: Der erste reicht von meiner Geburt bis zum 18. Lebensjahr in Damaskus, danach verbrachte ich – unterbrochen von nur zwei Besuchen in Damaskus 1963 und 1965 und sehr wenigen Auslandsaufenthalten – zwanzig Jahre bis 1982 durchgehend in Deutschland. Es waren zwei Dekaden meines Lebens reinster Assimilation. Der dritte Abschnitt umfaßt die Jahre der De-Assimilation, bis heute verbunden mit einem aufrechten Willen zur Integration. Ich stehe dazu und ich kämpfe dafür, daß ich als deutscher Bürger in der Bedeutung von *citoyen* Anerkennung finde; dies zu erreichen, ist eines meiner Lebensziele. Bisher bin ich gescheitert. Ich wohne in Göttingen, und die dortige Lokalzeitung *Göttinger Tageblatt* schrieb in einem Bericht über mich: »… seinen Werdegang in Göttingen muß man paradoxerweise wohl als die Geschichte einer gescheiterten Integration bezeichnen« (*Göttinger Tageblatt* vom 6. Juli 2001, S. 11). Das ist nicht meine Schuld, sondern die meiner integrationsunwilligen Umwelt!

Integration bedeutet, daß wir Fremde hier in Deutschland nicht mehr als Gastarbeiter inferiorisiert sowie – in meinem Fall – als »Syrer mit einem deutschen Paß« aus dem Gemeinwesen ausgegrenzt werden. Ausgrenzung ist die Zusammenfassung meiner Göttinger Lebensgeschichte. Als ich etwa zwei Wochen nach dem 11. September 2001 auf einer Konferenz in Harvard neben dem jüdischen Gelehrten Dan Diner und dem schwäbisch-türkischen Bundestagsabgeordneten Çem Özdemir über »*Being German*« sprach, benannte ich diese Schranke. Die Lehre ist: Nicht nur Migranten müssen integrationswilliger werden, ebenso müssen Deutsche von ihrer hohen Kanzel herabsteigen und integrationsfähig werden. Ich sage es offen: Dies sind sie heute nicht. »Mitbürger« als Begriff ist neutral, wird aber durch den Zusatz »ausländische« kritikwürdig. Diese unsinnigen Ausweichbegriffe sind nicht das, was wir Einwanderer uns wünschen. Wir wollen als *citoyens*, *citizens*, also gleichberechtigte Bürger gelten und auch so behandelt werden. Im Deutschen bezieht sich der juristische Status »Staatsbürger« auf eine formale Rechtskategorie der Zuordnung – nicht auf eine Zugehörigkeit zum Gemeinwesen. Dagegen konzipiert der Begriff *citoyen* den Menschen als einen gleichberechtigten Bürger. Aus

diesen Ausführungen wird deutlich: Nicht nur die integrations-
*un*willige deutsche Islam-Diaspora, sondern auch die integrati-
onsunfähige deutsche Gesellschaft trägt Mitverantwortung an
der »gescheiterten Integration«.

Nach diesem persönlichen Exkurs wende ich mich den vor-
angestellten Fragen zu. Im amerikanischen Englisch reagieren
Menschen auf langatmiges Gerede stets mit der Frage: Worüber
sprechen wir? Dies zu beantworten erfordert, die vier anstehenden Begriffen zu klären. Hinter diesem Drang zur Klarheit steht
nicht nur die amerikanische Gepflogenheit, sondern auch mein
Philosophiestudium in Frankfurt bei Adorno und Horkheimer.
Seit dem Erlebnis von 1982 in Amerika verbinde ich den Wunsch
nach klaren Begriffen mit der Praxis, sehr konkret, also nicht
vergeistigt zu reden. Ich versuche einen Mittelweg zwischen beiden Denkweisen – der rein begrifflichen und der sehr konkreten
– zu finden. Im Gegensatz zu der Ich-feindlichen, sehr vergeistigten deutschen Denkweise besteht die angelsächsische Art zu
denken darin, konkret am Gegenstand zu argumentieren. Der
Gegenstand, den ich hier behandle, ist die Migration am Beispiel der Muslime in Deutschland.

Die Muslime sind in Deutschland, statistisch gesehen, die
größte »*single community*/Einzelgruppe« unter den Migranten
und aus kulturell-religiösen Gründen die schwierigste in bezug
auf ihre Integration. Trotz aller Versuche der De-Assimilation
gibt es etwas, was ich mir im europäischen Deutschland ange-
eignet habe und nie aufgeben möchte, weil es das Wertvollste
ist, was mir die Frankfurter Schule vermittelt hat: das Denken
als Subjekt, also Individuum, nicht als Angehöriger eines Kollektivs, und zudem noch in klaren Begriffen. Erst einmal muß
man die Begriffe klären, damit man weiß, worum es geht. Amerikaner reagieren auf Geschwätz mit der bereits oben angeführten Frage: »*What are we talking about?*« Dies bringt Schwätzer
in Verlegenheit. Ernst Bloch schreibt in seinem Hegel-Buch,
daß der schlimmste Tag eines Schwätzers der sei, an dem er
nach Substanz in wenigen Worten ausgedrückt gefragt werde.

Nach diesem orientalisch erzählerischen Umweg gehe ich zu der genauen, im deutschen Denken üblichen Begriffsklärung über, um sicherzustellen, daß – trotz aller Interkulturalität – nicht aneinander vorbeigeredet wird. In diesem Sinne – und das ist der Inhalt der Vorüberlegung – ist folgendes von Bedeutung: Wenn wir über den Islam, Migration und die Islam-Diaspora in Deutschland reden, müssen wir zwischen *Islam* und *Islamismus* unterscheiden. Die europäische zivilisatorische Identität ist universell durch säkulare Werte, also weder ethnisch noch religiös definiert. Der Islam als Euro-Islam kann in die europäische Identität integriert werden. Der Islamismus tritt für Parallelgesellschaften ein, die ethnisch und religiös definiert werden, wodurch Integration tatkräftig verhindert wird. Nach dem 11. September ist es nun eine Pflicht, diese Unterscheidung zwischen Islam und Islamismus vorzunehmen. Die Täter waren Islamisten, die Mehrheit der Migranten besteht aus einfachen Muslimen.

Islam als Religion, Islamismus und Parallelgesellschaften

Der in Deutschland wenig geläufige Unterschied zwischen Islam und Islamismus ist folgender: *Islam ist eine Religion, eine Zivilisation und ein kulturelles System. Der Islamismus hingegen ist eine politische Ideologie.* Islamismus ist ein anderer Begriff für religiösen Fundamentalismus im Islam.[8] Einer der größten islamischen Reformer unserer Gegenwart lebt in Kairo und heißt Said M. al-Ashmawi; er verwendet für Islamismus den Begriff »*al-Islam al-siyasi* (politischer Islam)«.[9] Eine seiner Schriften über den politischen Islam ist in das Französische übersetzt worden und trägt den inhaltlich richtigen Titel: »*L'islamisme contre l'islam* (Der Islamismus gegen den Islam)«. Erst durch Schaffung dieser Klarheit, die Aufdeckung der Spannung zwischen Islam und Islamismus, ist der Weg für Propaganda und Täuschung verschlossen, jede Kritik am Islamismus mit der Keule »Feindbild Islam« unterbinden zu wollen. Der Islamismus ist eine Ideologie gegen Integration und für die Schaffung von Parallelgesellschaften. Vor dem 11. September haben Islamisten mit Hilfe der deutschen Wächter der *political correctness* die Keule des »Feindbilds Islam« gegen jede Kritik eingesetzt.

Die angeführte Unterscheidung gilt nicht nur für die islamische Migration nach Europa, sie deutet auch auf einen Konflikt innerhalb der islamischen Zivilisation hin. Hier in Deutschland, aber auch in aller Welt erstarken Islamisten. Vor dem 11. September erhielten sie leider auch von deutschen Gutmenschen von christlich-kirchlicher Seite Unterstützung. Islamisten weisen die angeführte Unterscheidung mit der Begründung zurück: »Es gibt nur einen Islam.« Zudem präsentieren sie sich als Sprecher des »wahren Islam« und beanspruchen in dieser Eigenschaft in ihren Anträgen die Autorität, als Vertreter aller muslimischen Migranten anerkannt zu werden. Diese Anträge, die mir als Gutachter vorgelegt werden, möchte ich aus Gründen der Vertraulichkeit nicht näher erläutern.

In der europäischen Islam-Diaspora versuchen die Islamisten, die eben aufgeführte Unterscheidung zwischen der Religion des Islam und der von ihnen vertretenen politischen Ideologie des Islamismus zu verbieten; sie versuchen jeden, der sie kritisiert, als einen Menschen zu diffamieren, der das »Feindbild Islam« verbreitet und damit die Angst vor dem Islam schürt.[10] Ich selbst, als Nachkomme einer der ältesten islamischen Familien in Damaskus, des Banu al-Tibi, bin davon nicht verschont geblieben. Ich bin mit dem von deutscher Seite gegen mich wiederholt erhobenen Vorwurf der Selbstdarstellung bestens vertraut, wage dennoch anzuführen, daß ich international im französischsprachigen, englischsprachigen aber natürlich auch im arabischen Schrifttum als Islam-Reformer gelte; aber bei manchen Leuten hier in Deutschland werde ich mit der »Islam-Feind«-Keule, sogar von atheistischen Deutschen, diffamiert, weil ich dazu aufrufe, keine Toleranz gegenüber der Intoleranz des Islamismus walten zu lassen. Verständnis, Dialog und das Reden mit allen Vertretern des Islam ist erstrebenswert, nicht aber mit den Islamisten, weil diese eine totalitäre Ideologie vertreten, Dialogbereitschaft nur suggerieren, täuschen und mit gespaltener Zunge sprechen. Wer den Unterschied zwischen Islam und Islamismus nicht kennt oder nicht anerkennen will, der kann an einem rationalen Gespräch über diesen Gegenstand nicht teilhaben. Wer die gespaltene Zunge der Islamisten nicht durchschaut, dokumentiert seine Naivität.

Es geht einfach an den Tatsachen vorbei, wenn die CDU-Politikerin Barbara John den Islamismus für eine »gedankliche Konstruktion« hält und hinzufügt, »es hat keinen Sinn, über so etwas zu reden«[11]. Das ist eine massive Vulgarisierung des postmodernen Konstruktivismus, der jede Objektivität als »konstruiert« charakterisiert. Die zitierten Worte stammen von vor dem 11. September. Auch danach hält Barbara John daran fest.

In die Debatte über Parallelgesellschaften und die Integration der Muslime sowie über die Integrationsunwilligkeit der Islamisten gehört die Problematik der Anpassung und Abgrenzung. Hierbei steht immer wieder der Vergleich zwischen Juden und Muslimen an. Interessant ist, daß Islamisten diesen Vergleich mit dem Ziel anstellen, den von ihnen unterstellten Antiislamismus mit Antisemitismus gleichzusetzen. In meinen Arbeiten zeige ich, daß dieser Vergleich jeder Grundlage entbehrt. Denn deutsche Juden waren vor 1933 in jeder Hinsicht – bis auf ihre religiöse Zugehörigkeit – als Deutsche zu bezeichnen. Der Vater meines Lehrers Horkheimer soll stets gesagt haben: »Ich bin mehr Deutscher als dieser Hurensohn Hitler, aber ich soll als Deutscher das Land verlassen?« Die deutschen Juden waren assimiliert und deutscher als so mancher Deutsche. Wer das nicht glauben will, soll nach Israel reisen und sich dort von der deutschen *Jeken*-Gemeinschaft ein Bild machen. Im Vergleich zu den assimilierten deutschen Juden sind Muslime in Deutschland zivilisatorisch fremd. Die ersten dieser inzwischen 3,5 Millionen Menschen zählenden Gemeinschaft kamen in den sechziger Jahren und waren, wie auch die nachfolgenden, aus einer anderen Zivilisation. Aus diesem Grund ist es eine größere

Herausforderung für die deutsche Demokratie, uns Muslime zu integrieren, nachdem die Katastrophe von 1933 bis 1945 die unzureichende Integration der Juden in das deutsche Gemeinwesen deutlich gemacht hat.

Anpassung und Abgrenzung

Bei jeder Debatte über Integration stellt sich die Frage, wieviel Anpassung, wieviel Abgrenzung ist notwendig? Führt Abgrenzung letztendlich nicht doch zur Bildung von Parallelgesellschaften? Zur Beantwortung dieser Fragen möchte ich von einer nicht-europäischen Erfahrung berichten.

Mein erster Aufenthalt in einem nicht-arabischen islamischen Land führte mich nach West-Afrika, in den Senegal. Dort verweilte ich im Sommer 1982 und lernte hierbei erstmals die vielen Spielarten des Afro-Islam kennen. Der Islam ist ursprünglich – also bei seiner Stiftung – arabisch, aber im Senegal, wohin der Islam aus dem arabisierten Nordafrika gelangte, ist diese Religion dennoch nicht fremd. Dort ist der Islam afrikanisch geprägt worden und kein arabischer Islam mehr, weil er an die lokalen afrikanischen Kulturen angepaßt worden ist.[12] Im Vergleich dazu ist der Islam in Deutschland[13] noch sehr fremd, eben weil eine Integration der Muslime bisher ausgeblieben ist. Dagegen hat der Islam im Senegal afrikanische Züge angenommen und wird deswegen als Afro-Islam bezeichnet. In den darauffolgenden Jahren habe ich andere außerarabische Spielarten des Islam kennengelernt, unter anderem in Indonesien und auch in Indien. Diese sind dort ebenfalls durch erfolgte Anpassung nicht fremd. Wie kann der Islam in Deutschland und Europa sein Fremdsein überwinden? Warum sollte er nicht europäisch werden? Ist diese europäische Anpassung des Islam in Form eines Euro-Islam – etwa analog zum Afro- oder Indo-Islam – möglich?

Anpassung heißt nicht Preisgabe der Religion des Islam, denn die afrikanische Spielart des Islam im Senegal ist auch ein authentischer Islam. Die größte islamische Nation in der Welt ist Indonesien mit 210 Millionen Einwohnern. Selbst in jenem Land gibt es keinen einheitlichen indonesischen Islam, sondern vielmehr lokal-kulturelle Spielarten des Islam. Ein Euro-Islam wäre ein Reform-Islam, und hier ist der indonesische Islam als Beispiel von Interesse. Mein Freund und Mitstreiter, der Islam-Reformer und ehemalige Präsident Abdurahman Wahid, hat – wie er mir in Jakarta sagte – veranlaßt, daß zwei meiner Bücher über den Islam in die indonesische Sprache, also in Bahasa Indonesia übersetzt wurden. Dort wird mein Konzept eines Reform-Islam positiver als im Iran oder in Saudi-Arabien aufgenommen. Warum sollte der Islam in Deutschland durch Reformen nicht auch heimisch, also europäisch werden? Warum wird mein Reform-Islam zum Beispiel in der Süddeutschen Zeitung als »Ein-Mann-Sekte« bezeichnet (*SZ* vom 15.2.1999)? Ziehen diese deutschen Medien die Islamisten und ihren Taliban-Islam vor?

Im vorliegenden Zusammenhang ist zu unterstreichen, daß *Anpassung durch Reformen nicht Assimilation heißt*. In unserem Kontext bedeutet Anpassung, daß der Islam mit dem deutschen Grundgesetz, also einer europäischen Verfassung vereinbar wird. Meine These lautet: *Der Islam ist das, was man daraus macht*. Der Islam ist mit demokratischen Prinzipien vereinbar. Ein europäischer Muslim, der zugleich ein Demokrat ist, vertritt den Euro-Islam. Totalitaristen, d.h. Fundamentalisten, ziehen den Islamismus als Ideologie der Parallelgesellschaft vor! In bezug auf den ersten Begriff lautet die Formulierung: Ein an Europa und seiner Verfassungstradition angepaßter Islam muß ein Euro-Islam sein und ist, vergleichbar dem Afro-Islam in Westafrika, Europa nicht mehr fremd.

Ich denke, daß dies möglich ist, weil der Islam in seiner Verbreitungsgeschichte viel Flexibilität und Anpassungsfähigkeit bewiesen hat. Auf alle Fälle steht fest: Ein orientalischer Islam oder gar ein Taliban/Bin Laden-Islam kann in Europa nur im Rahmen einer Parallelgesellschaft gedeihen; hierdurch würden muslimische Einwanderer durch Selbst-Ethnisierung und somit

Selbstausgrenzung fremd bleiben. Ein europäischer Islam ermöglicht ihnen dagegen, europäische Bürger zu werden.

Bekanntlich bestimmen fünf Säulen den Islam: der Glaube an Gott und seinen Propheten, das Beten, das Fasten, das Pilgern und das Zahlen der Almosensteuer. Dies sind die einzigen, für alle Muslime gültigen Grundsätze; alles andere ist vielfältig interpretierbar. Der Islam ist offen, eben weil er unterschiedlich interpretierbar ist; das ist also die eigentliche Stärke des Islam und eine Quelle seiner Anpassungsfähigkeit. Die Islamisten sowie orthodoxe Muslime anerkennen diese reale Vielfalt aber nicht und halten ihre Deutung des Islam für die einzig richtige, lehnen also die kulturelle Spielart eines Euro-Islam sowie Reform-Denken strikt ab. Warum darf diese Flexibilität nach ihrem Dafürhalten nicht für Europa gelten?

In Deutschland leisten Islamisten ein Lippenbekenntnis zur Demokratie, aber in der Sache lehnen sie Integration ab. Die logische Folge ist dann Abgrenzung. Dies ist der zweite zu klärende Begriff als Gegenbegriff zu Anpassung und Integration. Es ist sehr wichtig, daß viele Deutsche endlich verstehen, daß nicht nur deutsche Rechtsradikale gegen eine Integration der Einwanderer sind; auch die Islamisten sind dagegen, weil dies bedeuten würde, daß die Muslime, die hier leben, sich dem Zugriff des Islamismus entziehen. Unter meinen Studenten in Göttingen befinden sich deutsche Muslime vorwiegend türkischer Herkunft; von ihnen weiß ich, daß der *Hodja* in Göttingen keinen Einfluß auf sie hat, weil sie wissen, was offener Islam ist. Aufgeklärte Muslime können den Islamisten Paroli bieten. Nur ein Islam-Unterricht, der an Aufklärung anknüpft, kann zur Integration beitragen. Alles andere ist Abgrenzung. Es ist daher empörend, wenn Islamisten mit Hilfe deutscher Gerichte das Recht bekommen, Islam-Unterricht zu erteilen und praktisch islamistische Indoktrination zu betreiben.

Abgrenzung folgt aus einer gescheiterten Integration. Die Islam-Diaspora wird von den Islamisten als ein Gewässer betrachtet, in dem sie sich wie Fische tummeln und ihre Aktivitäten und Ziele verdeckt verfolgen können. Dies war jedenfalls vor dem 11. September möglich. In Parallelgesellschaften konnten die »Schläfer« unauffällig agieren. Es ist bedauerlich zu sehen, daß Kirchenvertreter und Politiker oft blind gegenüber dieser Bestrebung und den parallel dazu betriebenen Täuschungen sind. Wir können hier von Frankreich lernen. Ich kenne die französische Erfahrung, und meinen Begriff vom Euro-Islam habe ich in Paris am »Institut du Monde Arabe« entwickelt. Der Imam der größten europäischen Moschee, der Moschee von Paris, Dalil Boubakir, ist von der Herkunft her Algerier, von seiner Denkweise her aber Europäer. Auf dem Weltwirtschaftsforum in Davos 2000 trat er neben mir auf und sagte: »Wenn der Islam für Migranten nicht europäisch werden kann, wird der Islam in Europa nicht einheimisch werden können.« Mein Konzept vom Euro-Islam ist eine Vision von der Integration islamischer Migranten als Alternative zur Bildung von Parallelgesellschaften des Islam in Europa.[14]

Was ist Identität?

Von Gegnern der Integration hören wir das Scheinargument von einheitlicher und einer angeblich unveränderbaren islamischen Identität der Migranten, die es zu bewahren gelte. Was ist diese islamische Identität? Können 1,4 bis 1,5 Milliarden Menschen, also alle Muslime der Welt, dieselbe monolithisch strukturierte Identität teilen? Heißt islamische Identität, Schleier zu tragen, nach der *Schari'a* zu leben – also ein angeblich unveränderbares Gerüst von als göttlich unterstellten Normen und Werten anzuerkennen, nach denen die Hand eines Diebes abgehackt wird, Ehebrecher gesteinigt und Ungläubige hingerichtet werden? Islamisten und orthodoxe Muslime behaupten, daß ein Einwanderer nur dann als Muslim gelten kann, wenn er die *Schari'a* bejaht. Verhält er sich dazu kritisch, dann wird er von Islamisten und Orthodoxen als ungläubig ausgegrenzt. Was ist das für eine Identität, die den Wandel ablehnt?[15]

Dem pauschalen Gerede ist entgegenzuhalten: Identität[16] befindet sich unentwegt im Wandel und ist dazu noch kulturell vielschichtig. Bei der Diskussion über Migration und die kulturelle Identität der Migranten lohnt es sich, einen Blick nach Australien zu werfen, wo eine ähnliche Problematik bei starker asiatischer Einwanderung zu beobachten ist. Dort wird diskutiert, ob Australien von den asiatischen Einwanderern asiatisiert wird oder, umgekehrt, die europäischen Australier die Asiaten australisieren. Beide Fragen sowie ihre Optionen sind falsch. Ich habe dort den Begriff der *multiple identity*[17] entwickelt, und dieser ist mittlerweile auch in die Politik eingegangen. Wenn man diesen Begriff nun auf islamische Migranten in Europa überträgt, läßt sich sagen, daß Islamisten den Traum aufgeben sollten, Europa durch die Ausweitung ihrer Parallelgesellschaft eine muslimische Identität zu geben. Auch muslimische Einwanderer können multiple Identitäten haben: Muslim und europäischer Bürger; beide Identitäten sind zudem ethnisch und lokal-kulturell untergliedert.

Mein Argument lautet: Ein Mensch kann verschiedene Segmente in seiner Identität vereinen, die durchaus miteinander harmonieren können. Ich veranschauliche dies an meiner Person: Meine religiöse Identität ist islamisch, nach meiner ethnischen Identität bin ich Damaszener aus dem *Banu al-Tibi* – die Herkunft aus Damaskus ist Bestandteil meiner Persönlichkeit und damit auch meiner Identität –, aber politisch und zivilgesellschaftlich beanspruche ich, zivilisatorisch ein deutscher Bürger im Sinne von *citoyen* Europas zu sein, obwohl manche ethnisch Deutschen mir dies absprechen. *Citoyen* ist eine Bestimmung, die sich in deutschen Gesetzen findet, die aber nicht Teil der politischen Kultur Deutschlands ist; sie muß durchgesetzt werden. Ich glaube, diese drei Segmente können in einer Identität vereinigt werden, um zu ermöglichen, miteinander in Frieden zu leben. Ich denke, in der Arbeit an sich selbst und im Dialog mit den *Anderen* ist es möglich, konfligierende Identitätsmuster miteinander zu versöhnen. Natürlich ist dies auch die Aufgabe des Erziehungswesens für hier geborene Kinder; diese brauchen keinen Islam-Unterricht, sondern Unterricht in Demokratie und Ethik. Eine multikulturelle Gesellschaft als eine Addition von Parallelgesellschaften führt nur zu ethnischem Nebeneinander, gewiß nicht zu einem zivilgesellschaftlichen Miteinander.

Viele Europäer scheinen die Problematik nicht zu verstehen: Im Islam gibt es beispielsweise keine *Individualidentität*. Das ist vielmehr ein europäisches Konzept der kulturellen Moderne.[18] Als ich noch in Damaskus lebte, antwortete ich auf die Frage: »Wer bist du?« in der Regel folgendermaßen: »Ich bin von Banu al-Tibi, ich bin ein Muslim, ich bin ein Araber.« Vielleicht an zehnter Stelle sagte ich: »Ich bin Bassam«, wenn überhaupt! Nach meinem Philosophiestudium in Frankfurt habe ich auf die Frage nach meiner Identität mit dem Satz geantwortet: »Ich bin Bassam Tibi.« Erst danach folgte die Angabe: Ich bin ein Muslim, ich bin aus Damaskus, ich bin deutscher Bürger. Diese individuelle Identität hat es auch in Europa nicht immer gegeben, sie ist erst als ein Produkt der kulturellen Moderne entstanden. Habermas' Werk *Der philosophische Diskurs der Moderne* (Anm. 18) bietet eine große Hilfe, um dies alles besser zu verstehen und zu verarbeiten. Für mein Leben ist dieses Werk zentral, und ich denke, auch für viele Europäer sollte es Pflichtlektüre im Zeitalter der Migration sein.

Im Islam läßt sich eine *kollektive Identität* der Menschen feststellen, die Zugehörigkeit zur *Umma*, das heißt der Religionsgemeinde des Islam; sie weist religiöse und ethnische Züge auf. Ich stamme aus Damaskus, das ist meine ethnische Identität, eine Kollektividentität, die ich mit anderen Damaszenern teile. Die Alawiten um den al-Assad-Clan beherrschen die Stadt seit dem Putsch von 1970, aber die Damaszener zählen sie nicht zu sich. Innerhalb von Damaskus ist es wiederum wichtig, aus welcher *Hara*, also aus welchem Stadtviertel man kommt und ob man wirklich den Namen einer Damaszener Familie trägt. Auch dies gehört zur ethnischen Identität; sie ist also partikular. Die religiöse *Umma*-Identität bezieht sich auf eine kulturübergreifende Größe und ist daher übergeordnet. In der Realität wird sie jedoch von ethnischer Identität – die untergeordnet ist – überlagert. Beide Muster kultureller Identität bringen jedoch kollektive Identitäten zum Ausdruck. Das ist ein Problem bei der Erziehung der islamischen Migranten und bei dem Versuch, sie individuell auf zivilgesellschaftlicher Ebene zu integrieren. Zivilgesellschaftliche Integration setzt individuelle Identität vorus, aber in ihrem Elternhaus sowie in der Koran-Schule von einem Islamisten-*Hodja* wird eine kollektive Identität vorgegaukelt, die ihre Integration verhindert; somit haben sie Schwierigkeiten, beides miteinander zu verbinden. Am stärksten abzulehnen ist die von Islamisten angestrebte Institution des islamischen Kindergartens, die islamische Kinder in ihrer Entfaltung behindert und sie von der europäischen Umwelt abgrenzt, ja abschirmt. Deutsche Gutmenschen können weder diese Erscheinung noch die Konfliktpotentiale, die daraus erwachsen, wegreden, denn sie sind Realität. Konflikte kann man nur lösen, wenn man über sie offen reden darf. Daher halte ich die deutsche Spielart der *political correctness* für ebenso fatal wie folgenreich. Kurz: Der Prozeß der Bildung von Identität ist beeinflußbar. Nach dem 11. September sollte man die im Namen des Identitätsschutzes betriebene Propaganda der Selbstabgrenzung nicht mehr dulden.

Integration als Alternative zur Assimilation und Parallelgesellschaften

Über das vierte Begriffspaar: *Integration* versus *Assimilation* habe ich auf persönlicher Ebene einleitend gesprochen. Mein Vorbild ist hierbei Heinrich Heine. Seine Biographie ist ein Stück deutscher Geschichte und spiegelt den Kampf um Anerkennung und Integration wider. Dafür kämpfte er seinerzeit genauso, wie wir Muslime und andere in diesem Land es heute tun. Anerkennung erfolgt aber nicht durch Wahrnehmung als

»Syrer mit einem deutschen Paß«, sondern durch Akzeptanz als Bürger, also auch als *citoyen*. Hierzu gehört die Befähigung der Deutschen, mit den Migranten eine Identität zu teilen; die Deutschen scheinen in unserer Gegenwart dazu nicht in der Lage. Dieser Mangel führt zur Bildung von Parallelgesellschaften mit starker Diaspora-Identität. Ich denke, der Begriff »ausländischer Mitbürger« ist kein Weg aus der Sackgasse, er ist für mich eine Diskriminierung. An anderer Stelle habe ich polemisch gefragt, ob ein *Mit*bürger auch *mit*reden dürfe. Ich habe die Erfahrung gemacht, daß dies nicht gewünscht wird.[19]

Heinrich Heine hat sein ganzes Leben lang gegen die Assimilation und für Integration gekämpft und hat am Ende aufgegeben, indem er sich christlich taufen ließ. Assimilation hieß im 19. Jahrhundert, das Jude-Sein aufzugeben und deutscher Christ zu werden. Marcel Reich-Ranicki sagte einmal im Fernsehen, im 19. Jahrhundert habe es nur wenige Deutsche gegeben, die im Deutschen eine Stufe der Artikulation wie Heine erreicht hätten. Heine war Deutscher, genauso wie der zitierte Vater von Horkheimer, und dennoch wurde ihm das Deutsch-Sein aus einer ethnischen Perspektive abgesprochen. Er hat sich dann christlich taufen lassen, was zu einer Entfremdung von seiner eigenen Gemeinde führte. Die zu ziehende Lehre lautet: Assimilation ist abzulehnen.

Natürlich hat jeder Einwanderer das Recht, sich assimilieren zu lassen, wenn er dies wünscht; eine Bedingung für die Eingliederung in ein Gemeinwesen darf dies aber nicht sein. Doch dürfen wir die Gleichsetzung von Assimilation und Integration durch *Milli-Görüş* (vgl. Einleitung) nicht zulassen. Islamisten fördern bewußt große Unklarheit hinsichtlich der Bestimmung des Begriffes Assimilation. Bei einem Dialog in Wien, an dem Mitglieder der dortigen islamischen Gemeinde beteiligt waren, sagte mir eine als Islamistin gekleidete Österreicherin türkischer Herkunft: »Was verlangen Sie von mir? Wollen Sie von mir, das ich einen Weihnachtsbaum zu Hause aufstelle?« Die Erfüllung dieses christlichen Brauchtums war für sie gleichzusetzen mit

Integration. Islamisten propagieren, jede Integration sei Christianisierung. Muslime müßten dann Schweinefleisch essen und Wein trinken. Dazu verwischen Islamisten bewußt die Unterscheidung zwischen *Integration* und *Assimilation*; sie sagen den einfachen Leuten ihrer Gemeinde: »Die Deutschen wollen euch mit Integration durch die Hintertür christianisieren.« Damit fördern sie die Unsicherheit unter den Migranten. Die Folge ist Angst, Abgrenzung und Abwehr. Schließlich führt diese Einstellung in einer fremden Umwelt zu den beanstandeten Parallelgesellschaften, wodurch Islamisten und andere Fundamentalisten sowie ethnische Nationalisten ihr Ziel erreichen.

Trotz des Rückgriffs auf den Fall Heine aus dem 19. Jahrhundert weiß ich, daß sich seitdem vieles verändert hat. Heute bedeutet Assimilation nicht mehr Christianisierung. Und doch gibt es eine parochiale Bestimmung von dem, was »deutsch« ist. Als ein Beispiel hierfür läßt sich das Stereotyp des deutschen Professors anführen, der nur unpersönlich und ohne Witz dozieren kann. Ich rebelliere gegen solche Konventionen und nehme es in Kauf, daß manch »Teutone« unter den Professoren mir Wissenschaftlichkeit abspricht. Es gab Zeiten, da habe ich nach dem gehandelt, was ich gelernt habe – also wie ein deutscher Professor vom Text abzulesen, ohne Regung, mit einem regungslosen Gesicht. Ich wiederhole, was man mir in Harvard sagte: »*Why are you so stiff, why are you so Germanic?*« Diese schockierenden Worte klingen immer noch in meinen Ohren und rufen in mir eine große Abneigung gegen Assimilation hervor.

Bin ich kein Wissenschaftler mehr, weil ich einen anderen Diskurs praktiziere? Ich möchte nicht mehr assimiliert sein, auch wenn meine deutschen Kollegen mich als »Erzähler« deswegen aus ihrer »Gemeinschaft« ausgegrenzt haben. In der *F.A.Z.* schrieb ich einmal im Zusammenhang mit Rechtsradikalismus »Vor den Dumpfbacken kann ich die Straßenseite wechseln«. Vor dieser Fremdenfeindlichkeit des Alltags – zum Beispiel in meinem beruflichen Leben – kann ich mich nicht schützen. Es kostet viel Beherrschung, hier keine härteren Worte zu verwenden. Es reicht das Zitat aus dem *Göttinger Tageblatt:* »Ein Fremder, der dazugehören möchte.« Die entsprechende Stelle über mein Göttinger Leben als »gescheiterte Integration« habe ich schon oben zitiert.

Meine Vernunft bewahrt mich vor irrationalen Reaktionen, und ich bleibe bei der Ansicht, daß eine konsensuelle *Wertegemeinschaft* die Alternative zur Parallelgesellschaft in Deutschland ist. Ich blicke auf das Grundgesetz als Vorbild. Ich sage es als Ausländer, der gegen alle Formen der Fremdenfeindlichkeit eintritt, in aller Klarheit: Wer das Grundgesetz nicht akzeptiert, hat in einem demokratischen Deutschland nichts zu suchen. Zum Vergleich: Wenn ein Europäer in Ägypten leben will und den Islam ablehnt, dann würde man ihm sehr eindringlich die Tür weisen! Die Kultur des Grundgesetzes muß man nicht nur Einwanderern, sondern auch noch vielen Deutschen beibringen. So ist etwa die exklusive deutsche Professorengesellschaft in mancher Hinsicht bei weitem diskriminierender als jede religiöse oder ethnische Parallelgesellschaft der Migranten. Ich kenne beide Muster und weiß, wovon ich rede, wenn ich die Worte Aus- und Abgrenzung verwende. Es ist dadurch klar: Bei dieser Einstellung und in meiner Kritik am *Multikulturalismus* sowie durch meinen Einsatz für *kulturellen Pluralismus*[20] sitze ich zwischen allen Stühlen. Obwohl ich im dritten Teil dieses Buches (Kapitel 5 und 6) die Pluralismus-Problematik näher beleuchten werde, halte ich die Kontrastierung beider Begriffe schon hier für angebracht.

Multikulturalismus und Kulturpluralismus

Ich trete für kulturelle Vielfalt ein, unterscheide dabei jedoch zwischen Multikulturalismus und Kulturpluralismus. Die Frage, was eine *multikulturelle Gesellschaft* sei, läßt sich dahingehend beantworten, daß verschiedene Kulturen nebeneinander als Multi-Kulti-Gemisch existieren. Wir haben es also mit Parallelgesellschaften zu tun, die nicht durch die Bindeklammer der Zivilgesellschaft miteinander verbunden sind. Diese ethnisierten Kulturen in Form von Parallelgesellschaften existieren nebeneinander als Multi-Kulti-Gemisch. Die Silbe »Multi« ist hierbei als Ausdruck einer Addition zu interpretieren, vergleichbar mit Multi-Vitamin, welches keine neue Vitamin-Qualität bedeutet.

In einem multi-ethnischen Wohngebiet lassen sich kaum Gemeinsamkeiten feststellen. Jeder lebt nach seinem Gusto. Und so gilt praktisch eine Wertebeliebigkeit auch in bezug auf Demokratie und demokratische Konfliktaustragung. Das ist der genaue Inhalt von Multikulturalismus, in dessen direkter Folge eine Wertebeliebigkeit auftritt. Ich bin Gegner des Multikulturalismus, weil ich Gegner der Wertebeliebigkeit und der ethnisierten Parallelgesellschaften bin.

In der in Deutschland oft gleichermaßen ideologisch und polemisch geführten Diskussion wird von Multi-Kulturalisten behauptet, wer gegen ihre Multi-Kulti-Ideologie sei, sei damit auch gegen Einwanderung. Viele Leute fragen mich deshalb: »Wieso bist du als Migrant gegen den Multikulturalismus?« Hinter der Frage steht – wie gesagt – die Unterstellung: Eine ablehnende Haltung gegenüber dem Multikulturalismus ist gleichbedeutend mit der Ablehnung der Einwanderung. Wenn ich gegen Einwanderung wäre, dann wäre ich gegen meine eigene Existenz als Einwanderer. Hierdurch wird deutlich, wie absurd diese Unterstellung ist.

Alternativ trete ich für einen kulturellen Pluralismus ein; mit diesem Begriff meine ich, daß Angehörige der unterschiedlichen Kulturen – in Frankfurt kommen 30% der Bevölkerung aus 165 Nationen – auf der Basis eines Werte-Konsens friedlich miteinander leben. Ganz einfach ausgedrückt: Multi-Kulturalismus bedeutet ein Leben *nebeneinander*, also eine Aneinanderreihung von Parallelgesellschaften. Dagegen heißt kultureller Pluralismus ein Leben *miteinander* durch wertebezogene Gemeinsamkeiten. Die Migranten können ihre kulturellen Identitäten, wobei der Begriff Identität hier flexibel und näher zu bestimmen ist, im Rahmen einer *Leitkultur* neu bestimmen. Ich betone erneut die Möglichkeit von multiplen Identitäten.

Genauso wie in der deutschen Demokratie die CSU und die Grünen, also zwei Parteien, die weitgehend unterschiedliche Standpunkte vertreten, doch die Gemeinsamkeit, sich zum Grundgesetz zu bekennen, aufweisen, können Migranten aus unterschiedlichen Kulturen den Geist des Grundgesetzes und seiner Werte teilen. Trotz aller Differenzen setzt Pluralismus eine Wertegemeinsamkeit und Grenzen voraus.[21] Der Islam als Religion kann im Rahmen des Pluralismus zugelassen werden, nicht aber die totalitäre Ideologie des Islamismus.

Analog zum politischen Pluralismus spreche ich von kulturellem Pluralismus. Jede Kultur hat das Recht, ihre Normen und Identitäten zu pflegen, aber innerhalb eines Rahmens. Dieser Rahmen ist in Deutschland die Leitkultur des Grundgesetzes. Die Werte des Grundgesetzes sind europäisch ebenso wie die »Leitkultur«, für die ich eintrete. Jede kulturelle Differenz ist den Verfassungsnormen unterzuordnen.

Die Neubestimmung der eigenen Identität gilt nicht nur für die Migranten, sondern auch für die Deutschen selbst. Bei Konflikten gibt es zwei Verfahren zur Beilegung: Erstens den Dialog, wenn Werte-Konsens möglich ist. Bei Inkompatibilität (zum Beispiel *Schari'a* und Grundgesetz) muß man – und dies ist die zweite Möglichkeit – sagen können: »Nein danke!« Mit Befürwortern des Gottesgesetzes der *Schari'a* (etwa Tötung der Ungläubigen) gibt es ebensowenig einen Dialog wie mit deutschen Rechtsradikalen.

Eine Integration in ein Gemeinwesen ist für ein Zusammenleben von Menschen aus verschiedenen Kulturen unausweichlich. Dieses Zusammenleben wird nie funktionieren, wird nie in Frieden verlaufen, wenn eine Leitkultur nicht einen Minimalkonsens über Werte enthält: Diese Werte sind Demokratie, Toleranz, die individuellen Menschenrechte, Zivilgesellschaft, Säkularität und religiöser Pluralismus; sie in Frage zu stellen, heißt die Identität Europas zu verleugnen! Mit der europäischen (nicht deutschen) Leitkultur meine ich nichts anderes als diesen Wertekanon. Ich kann es mir als Muslim, als Araber semitischer Abstammung und als Migrant erlauben, auf diese Weise, also offensiv, für europäische Werte einzutreten. Wenn ein ethnisch Deutscher so redete wie ich, würde man ihn oder sie gleich in der rechtsradikalen Ecke verorten. Hierbei müssen wir uns dann natürlich die Frage stellen: Was ist rechtsradikal an der Verteidigung der europäischen Werte der Freiheit gegen Unfreiheit und Despotie? Ich stelle diese Frage an einen bestimmten Kreis von deutschen Gesinnungsethikern!

Dank gebührt hier dem Bundespräsidenten Johannes Rau, der durch seine Berliner Rede vom Mai 2000 demokratische Maßstäbe für die Enttabuisierung der Einwanderungsproblematik gesetzt hat (vgl. Kapitel 2). Er machte klar, daß ein Einwanderer sich nicht auf seine Religion oder Kultur berufen kann, um das Grundgesetz abzulehnen. Hierbei steht Rau in der Tradition von Altbundespräsident Herzog, der im Bereich des kulturellen Dialogs wichtige Impulse gegeben hat.[22] Seine Dialogbemühungen blieben aber auf die Außenpolitik beschränkt und berührten die Einwanderung nicht. Ich habe zu Herzogs Buch *Preventing the Clash of Civilizations* beigetragen und für einen Wertekonsens argumentiert. Öffnung gegenüber anderen Kulturen kann und darf nicht wahllos sein, weil auch das Fremde vielfältig ist; Fremde sind keine Heiligen. Und wie bei den Deutschen befinden sich auch unter ihnen Rechtsradikale. Wer nach Europa kommt, muß ja zur Demokratie als Identität Europas sagen, ja zur Toleranz – aber die Toleranz hat verbindliche Spielregeln sowie Grenzen. Wie ich in Kapitel 5 zeigen werde, darf Toleranz nicht in Selbstaufgabe und Selbstverleugnung enden. Für Islamisten, wie jene aus Hamburg, die in New York als Terrorpiloten die Todesmaschinen gegen das World Trade Center flogen, darf es keine Toleranz geben.

Genauso wie ich einen Neo-Nazi niemals tolerieren würde, würde ich einem radikalen Islamisten, der eine säkulare Ordnung ablehnt und eine Gottesordnung sogar mit Mitteln der Gewalt fordert, keinen Persilschein ausstellen, nur weil er »fremd« und Öffnung gegenüber anderen Kulturen eine Tugend ist. Ebenso würde ich nicht jede Norm einer anderen Kultur tolerieren, nur weil sie der Migrantenkultur entspringt. Ich wiederhole: Es gibt Grenzen der Toleranz, um sie selbst zu schützen. Eine Demokratie, die »gegen sich selbst« ist[23], ist untragbar! Der 11. September hat aufgerüttelt und dieser Eindruck soll bleiben.

Nun beziehe ich diese Problematik auf die *Parallelgesellschaften* und argumentiere, daß diese zu einer Balkanisierung führen. Deshalb sind sie eine Gefahr für die Demokratie, ja sogar für die innere Sicherheit und somit auch für den inneren Frieden in einem Gemeinwesen; sie sind nicht, wie Dieter Oberndörfer (vgl. Anm. 7) unterstellt, mit Parteien oder Verbänden vergleichbar, weil sich diese an einem demokratischen Wertekonsens orientieren. Im Namen von Toleranz sind Parallelgesellschaften nicht zu akzeptieren. Ihrem Wesen nach sind sie weder Verbände noch Parteien, sondern soziale Gebilde, deren Mitglieder eigene, sich voneinander abgrenzende Wertvorstellungen vertreten. Im Falle einer an der *Schari'a* orientierten islamischen Parallelgesellschaft haben wir ein Paradebeispiel für ein Gegengebilde zum demokratischen Gemeinwesen.

Der modische, aus dem Multikulturalismus erwachsene Begriff für die Bildung von solchen Parallelgesellschaften ist Kommunitarismus. Verbunden mit Multikulturalismus führt dies zu Multi-Kulti-Kommunitarismus, das heißt zu einer *community*, die unabhängig von der zentralen Gesellschaft nach ihren eigenen Werten lebt. In einer anderen Arbeit gehe ich in einem Kapitel auf das Beispiel der islamischen Gemeinde in Indien ein, die ein auf der *Schari'a* basierendes *Personal Law*/Zivilrecht durchgesetzt hat.[24] Ich bin nach Indien gereist und habe hierfür vor Ort recherchiert. Indien ist eine säkulare Demokratie, wenn auch nicht mit der Bundesrepublik Deutschland vergleichbar. Rajiv Gandhi hat als Ministerpräsident aus opportunistischen

Gründen gehandelt. Er wollte islamische Stimmen für die Kongreßpartei gewinnen. Deshalb stimmte er dem Wunsch der islamischen Orthodoxie zu, die *Schari'a* als Basis für Gerichtsbarkeit und Rechtsprechung für die indischen Muslime zuzulassen. Die Folge war: In der in Indien existierenden islamischen Parallelgesellschaft gilt seitdem für indische Muslime das angeführte *Muslim Personal Law*. In Indien besteht ein Dual-Recht, säkulares Recht für Nicht-Muslime und religiöses *Schari'a*-Recht für die Muslime. Damit gelten für die nicht-muslimische Bevölkerung weiterhin die säkularen Bestimmungen, für die Muslime aber Gottesrecht. Kann dies ein Modell für Europa sein? Ein »ja« wäre das Ende der westlich-säkularen Identität Europas. Deswegen zog ich in der zitierten Veröffentlichung den Buchtitel »Europa ohne Identität?« heran und habe durch das Fragezeichen das Ergebnis offengelassen. Der Westen hat sich nach dem 11. September seine zivilisatorische Identität bewußtgemacht.

Bleiben wir noch bei dem warnenden Beispiel der islamischen Minderheit in Indien: Ein Artikel der indischen Verfassung schreibt für alle Inder einen *Civil Code* vor. Doch haben die orthodoxen Muslime und die Islamisten mit Rajiv Gandhis Hilfe durchgesetzt, daß für sie das angeführte *Muslim Personal Law* gilt, das sich ausschließlich an der *Schari'a* orientiert, und haben damit ein Kollektivrecht erhalten. Ich kenne den Text des Koran sehr gut und weiß, das Wort *Schari'a* kommt nur ein einziges Mal im Koran vor; die entsprechende Stelle heißt: »Wir haben Dir eine *Schari'a* gegeben, dann leb' danach.«[25] Somit ist die *Schari'a* hier als Ethik und moralische Orientierung zu verstehen und nicht als ein Rechtssystem. Die *Schari'a* als Rechtsordnung wurde erst einhundert Jahre nach Abschluß der islamischen Offenbarung entwickelt, und diese ist für Europa im Namen des Respekts vor *Anderen* nicht verbindlich. Das Argument, die *Schari'a* sei göttlich und gehöre zur kulturellen Identität der Muslime, ist nicht haltbar. Jeder *Schari'a*-Experte weiß, daß es keine einheitliche *Schari'a* gibt. Denn die *Schari'a* ist interpretativ. So gibt es kein *Schari'a*-Gesetzesbuch, das mit dem Bürgerlichen Gesetzbuch (BGB) vergleichbar wäre.

Man muß als Demokrat den Befürwortern der *Schari'a* unter den islamischen Einwanderern in Europa sagen, daß demokratische Grundrechte jedem anderen Recht vorrangig sind. Die *Schari'a* kennt zum Beispiel keine Gleichheit zwischen Mann und Frau. So kann ein Muslim, der seine Frau nicht mehr mag, sie nach der *Schari'a* verstoßen. Für eine islamische Scheidung genügt es, im Beisein von Zeugen dreimal das Wort *Talaq* auszusprechen, dann ist die Ehe geschieden und die Ehefrau hat, sofern keine Schwangerschaft vorliegt, nur drei Monate Recht auf Unterhaltszahlung beziehungsweise auf die Kinder. In diesem wie auch in anderen Fällen (zum Beispiel keine Gleichheit der anderen Religionen) steht die *Schari'a* in krassem Gegensatz zu Menschenrechten, wie der muslimische Reformer An-Na'im gezeigt hat.[26] Ein Hindu in Indien kann nicht tun, was sich ein Muslim erlauben kann. Dieses Dual-Recht des *Muslim Personal Law* hat große Spannungen zwischen Hindus und Muslimen hervorgerufen und hat weitgehend auch zum Ende der Regierung von Rajiv Gandhi und dem Niedergang der Kongreßpartei sowie zur Stärkung der von der *Baratija Janata Party*/BJP vertretenen Hindu-Fundamentalisten beigetragen. Diese extreme Hindu-Partei regiert in Indien seit Jahren. Dies wäre ohne dieses *Muslim Personal Law* und die damit verbundene Polarisierung zwischen den Muslimen und Hindus nicht möglich gewesen.

Wir in Deutschland benötigen Internationalität und sollten nicht so provinziell sein. Bundeskanzler Schröder pflegte zu Beginn seiner Regierungszeit einen schönen Satz zu verwenden. »Wir haben einen Mangel an Internationalität hier in der Bundesrepublik.« Über diese Rhetorik hinaus bedeutet Internationalität, über den Tellerrand hinauszuschauen, sich also zum Beispiel auf die Erfahrungen mit der islamischen Minderheit in Indien zu stützen, um »Nein« zu den *Schari'a*-Befürwortern zu sagen. Aus diesen Erfahrungen in Indien können Deutsche lernen, daß Parallelgesellschaften mit eigenen Rechtsordnungen in keiner Weise wünschenswert sind, ja die Gesellschaft fragmentieren!

Ich hoffe, daß dieses Kapitel eine begriffliche Klarheit für die Fortsetzung der Diskussion in den verbleibenden Kapiteln dieses Buches geschaffen hat. Die klare Sprache auf dem Boden inhaltlich gefüllter Begriffe sowie die pointiert formulierten Thesen erleichtern den Zugang zu den Strategien und den Umgang mit der Migration in einer tabulosen Debatte über die Möglichkeiten, diese Erscheinung politisch zu steuern, um Zuwanderung in Einwanderung und Migranten in *citoyen* – nicht Mitglieder von Parallelgesellschaften – umzuwandeln.

Kapitel 4

Wie entstehen Parallelgesellschaften? Nachdenken über den Multikulturalismus als Ideologie der Balkanisierung

Parallelgesellschaften entstehen durch die Bildung von kulturellen Kollektiven aus Migranten, die sich nicht in das Gemeinwesen der Aufnahmegesellschaft integrieren. Nach außen und oberflächlich betrachtet können diese folkloristisch, ja exotisch wirken, im Inneren – und dies besonders, wenn sie politisiert werden – bergen aber ein ungeheures Balkanisierungs- und Konfliktpotential. Wir kennen den Fall der Parallelgesellschaft der Albaner im ursprünglich serbischen Kosovo; daraus entwickelte sich ein Bürgerkrieg, der die Weltgemeinschaft beschäftigte. Weder die Serben noch die Albaner waren in der Lage, den Geist eines Gemeinwesens zu teilen, und das Ergebnis war ein Sezessions-Krieg. Wird dies in einem halben Jahrhundert in Deutschland passieren, wenn die Integrationspolitik scheitert? Ich denke an diese Perspektive, wenn ich in Nordrhein-Westfalen in quasi-türkischen Enklaven die türkische Fahne als ein fremdes Staatssymbol auf deutschem Territorium gehißt sehe. Die Deutschen verstehen dies nicht! Es gibt, wie ich zeigen werde, hiervon Superlative: Deutsche Politiker hissen selbst die türkische Fahne.

Das Unverständnis erreicht einen Höhepunkt, wenn aus einem Konfliktpotential Folklore wird. Dies veranschaulicht ein Kommentar von Johann Michael Möller in *Die Welt* vom 30. Oktober 2001, S. 8, unter dem Titel »Keine Döner-Buden-Seligkeit«:

»Der Düsseldorfer Parlamentspräsident Ulrich Schmidt von der SPD hat den Integrationsbemühungen türkischer Zuwanderer wahrhaft einen Bärendienst geleistet. Pünktlich zum vierzigsten Jahrestag des deutsch-türkischen Anwerbeabkommens 1961 ließ er vor dem Düsseldorfer Landtag die türkische Fahne hissen. Das ist Symbolpolitik der törichtsten Form und wirkt eher anbiedernd und peinlich. ... Es gehört doch gerade zu den Problemen der türkischen Gemeinden in Deutschland, daß sie noch immer stark auf ihr Herkunftsland fixiert sind und von ihrer deutschen Umgebung nur das Allernotwendigste wahrnehmen. ... Man muß nicht deutsche Fahnen vor türkischen Moscheen hissen. Aber die Rede von den deutschen Mitbürgern türkischer Herkunft endlich einmal ernst nehmen.«

Parallelgesellschaften sind Sozialgebilde mit einem eigenen gesellschaftlichen Leben; sie werden von eigenen Wertvorstellungen geleitet; sie entstehen, wenn es nicht zu einer Integration der Ein- beziehungsweise Zuwanderer in die Aufnahmegesellschaft kommt. Bezogen auf den Zuzug von Migranten aus aller Welt, bedeutet dies die Abkoppelung der jeweiligen Migranten-Diaspora von der Hauptgesellschaft mit der Folge der Balkanisierung eines Gemeinwesens. Vergessen wir nicht: In einer solchen Parallelgesellschaft ist der Anschlag vom 11. September 2001 auf die westliche Zivilisation vorbereitet worden.

Schauen wir uns ein Beispiel außerhalb Deutschlands an: Nikos Papastergiadis verweist auf die Existenz von Parallelgesellschaften als »*gated communities* (abgeschottete Gemeinschaften)« in Aufnahmegesellschaften in Sydney, Johannesburg und Los Angeles; es handelt sich um »*mini-fortresses* (kleine Festungen)« von Kulturen der Diaspora, die »den Enklaven der Fremden im imperialen Shanghai ähneln und sich zugleich von ihnen unterscheiden«[1]. Wie läßt sich dies deuten? Ich denke, daß es sich angesichts der Tatsache, daß eines der bedeutendsten Vorzeichen des neuen Millenniums eine weltweit fortschreitende massive Migration von Süden nach Norden und von Osten nach Westen ist, empfiehlt, die Entstehung von Parallelgesellschaften als Erscheinungsform der kulturellen Fragmentation sowie politischen Balkanisierung zu verhindern.

Zuwanderer kommen sowohl aus sozialer Not als auch in der

Hoffnung auf ein besseres Leben, und verständlicherweise bringen sie ihre Kultur mit. Die globalisierten Medien erwecken den
berechtigten Eindruck, daß der Lebensstandard in Europa
höher ist als in Asien oder Afrika, also auch als in der Welt des
Islam. Dies bewirkt eine massive Zuwanderung vor allem aus
dem Mittelmeerraum nach Europa. Nach dem Ende des Zweiten Weltkrieges lebten etwa 800 000 Muslime in Westeuropa,
zu Beginn des 21. Jahrhunderts sind es bereits weit mehr als
15 Millionen. Schätzungen zufolge wird sich die Zahl der Muslime in Westeuropa bis zur Mitte des neuen Jahrhunderts verdreifachen.

Die zentrale Frage, die sich im Zusammenhang mit den erläuterten Veränderungen in bezug auf die Geltung von Demokratie
und Menschenrechten stellt, lautet: Wird eine Integration dieser
muslimischen Zuwanderer gelingen und können sie somit
durch die Annahme einer europäischen Identität Bürger Europas werden? Oder wird die bestehende Ghettoisierung, also die
Entstehung von Wohngebieten mit überwiegend islamischer
Bevölkerung, zur Bildung von Siedlungen einer islamischen
Diaspora-Kultur führen, die praktisch Enklaven entsprechen?
Die Folge dieser Entwicklung wäre eine Balkanisierung des bestehenden Gemeinwesens.

Europäische Identität oder kulturelle Lokalidentitäten von Parallelgesellschaften?

In bezug auf seine ethnisch, religiös und kulturell fragmentierten Gesellschaften, in denen »islamische Enklaven«[2] bestehen,
ist Europa nicht nur ein Pulverfaß, sondern auch, wie ich es
einmal als Frage formulierte, ein *Europa ohne Identität*.[3] Die
Alternative dazu wäre die Anerkennung der jeweiligen säkularen Verfassungen durch die in Europa lebenden Muslime und,
von seiten der Aufnahmegesellschaft, die Integration der Migranten als Bürger der bestehenden Ziviligesellschaft.

Die Integration muslimischer Migranten erfordert, daß diese

das westeuropäische zivilisatorische Verständnis von Religion, Recht und Politik auch in Zukunft anstelle der *Schari'a*/Gottesrecht akzeptieren. Als ich dieses Erfordernis der Integration in einem langen Interview mit dem Wiener Magazin *Format* nach dem 11. September 2001 formulierte (Ausgabe 4/2001, S. 50-55), bekam ich Post von einigen wütenden Muslimen mit der Frage: »Verlangen Sie von uns, Schweinefleisch zu essen und Wein zu trinken?« – als würde die europäische Identität darin bestehen. Gelingt die Integration der Migranten nicht, werden die Weltanschauungen der unterschiedlichen Parallelgesellschaften (türkisch, kurdisch, arabisch, bengalisch etc.) die Zukunft der europäischen Demokratien verändern und die ihnen zugrunde liegenden Werte unterminieren. Über diese Problematik habe ich Debatten in Kairo und in Harvard geführt, die ich dem europäischen Leser in diesem Kapitel vermitteln möchte, da sie für die Zukunft Europas von eminenter Bedeutung ist. Ich will zunächst den allgemeinen Rahmen dieser Diskussion erklären.

Obwohl ich andere Akzente als Huntington bei der Untersuchung der zivilisatorischen Konflikte setze, möchte ich mich – trotz der in Deutschland reflexartig eingesetzten Huntington-Keule – an dieser Stelle auf eine seiner Arbeiten beziehen. Hierbei lasse ich mich von deutschen Klischees und Verfemungen in bezug auf Huntington nicht beeindrucken. In Harvard leitete Prof. Samuel Huntington in einem mehrsemestrigen Kolloquium eine Diskussion über *Culture and Globalization*, an der in einem pluralistischen Geist wichtige Experten partizipierten. Der Ausgangspunkt war folgender: Der auf der Idee des Staatsbürgers – im Sinne von *citoyen* – basierende Nationalstaat befindet sich im Zeitalter von Ethnizität und politisierter Religion in der Krise. *Citoyennité* geht von Individuen aus, Ethnizität von Kollektiven. Anders formuliert: *Citoyennité* ist Bestandteil der europäischen Identität der kulturellen Moderne, Kollektive sind dagegen Zeichen vormoderner Kulturen. Die Folgen der Bildung von ethnischen oder religiösen Kollektiven sind uns unter anderem seit den Konflikten im Kosovo, in Tschetschenien,

Ost-Timor und Kaschmir bekannt, auch wenn diese nicht unmittelbar die Folge von Migration sind; doch dienten sie uns in unserer im Frühjahr 2000 geführten Diskussion in Harvard als Beispiele für den Zerfall des Nationalstaats durch das ethnische Bewußtsein partikularer Kollektive seit dem Ende der Bipolarität. Diese ethnischen Gruppen berufen sich auf religiös-kulturelle Identitäten. Auf dieser Basis fordern sie die bestehende territoriale Integrität des Nationalstaats heraus und begünstigen die Bildung von Parallelgesellschaften, die in einem fortgeschrittenen Stadium letztendlich zur Sezession führen können.[4]

Die Globalisierung unserer Welt schließt Fragmentation[5] ein; sezessionistische Bewegungen stehen heute in aller Welt auf der Tagesordnung. In diesem Zusammenhang muß die Zukunft der Minderheiten in der Welt gesehen werden. Auf Deutschland bezogen, geht es also um die Zukunft der Muslime als einer Minderheit in einer ihnen fremden Zivilisation. Es stellt sich die Frage, ob die Bildung von Parallelgesellschaften in diesem Rahmen zu befürworten oder abzulehnen ist. Gilt auch hier das Selbstbestimmungsrecht?

In bezug auf die Islam-Diaspora in Europa kann das Recht auf Selbstbestimmung nicht zur Anwendung kommen, weil es sich bei der Gruppe der Muslime um ein religiöses Kollektiv handelt, dem das Selbstbestimmungsrecht nicht zusteht. Nicht jede zugewanderte Minderheit kann ein Recht auf Selbstbestimmung in Anspruch nehmen. Wenn ethnische Kollektive von Migranten solche Kollektivrechte im Namen des Multikulturalismus für sich beanspruchen, muß man sie, vor allem im Lichte des 11. September, im Bewußtsein der möglichen Folgen zurückweisen. Bestimmte Muslime in der Diaspora sind bestrebt, sich selbst zu ethnisieren, also ihre Religionsgemeinschaft als ethnisches Kollektiv zu definieren und so zur Geltung zu kommen. Es bleibt aber die Frage, wie mit einer solchen Berufung auf das Selbstbestimmungsrecht beziehungsweise mit der Selbstethnisierung umgegangen werden kann, um das darin enthaltene Konfliktpotential zu entschärfen. Die von mir für Europa vorgeschlagene Lösung ist der Status des *citizen* für Migranten.[6] Integration kann nur auf individueller Ebene erfolgreich sein; die Integration von Kollektiven ist nicht möglich.

In der angeführten Harvard-Diskussion sind wir im Gegensatz zu den in Deutschland vorherrschenden Debatten (zum Beispiel zwischen den »Freunden und Feinden des Islam«[7]) von Fakten und nicht von Gesinnungen ausgegangen. Zu den Fakten gehört die verstärkt auftretende Erscheinung der auf Minderheiten bezogenen Gruppen-Identitäten sowie ihre Politisierung mit den Folgen der Entstehung separatistischer Bewegungen. Nach Habermas gehört das Subjektivitätsprinzip zur kulturellen Moderne[8] als zivilisatorischer Identität Europas. Gefährden Kollektividentitäten der Migranten diese Basis? Diese und andere Fragen wurden vor dem 11. September tabuisiert. Heute werden sie aufgeworfen, und eine Antwort wird gesucht.

In Harvard stellten wir uns folgende Frage: Führt Zuwanderung zwangsläufig zur Bejahung von Parallelgesellschaften, also praktisch zur Entstehung ethnisch-religiöser Siedlungsgebiete von Zuwanderern, die, gestützt auf eine Multi-Kulti-Ideologie, die Anerkennung ihrer Werte und Normen sowie der dazugehörigen Anschauungen als Grundrecht einfordern? Oder gibt es andere Optionen?

Es ist zweitrangig, ob man die Erscheinung der Bildung von ethnischen und religiösen Kollektiven in Gesellschaften befürwortet oder nicht, denn sie existieren nun einmal; jeder verantwortungsethisch orientierte Beobachter auf diesem Gebiet muß lernen, sie unvoreingenommen zu erklären, und stets auch bemüht sein, nach Lösungen für die daraus entstehenden Probleme zu suchen. Zwar ist dieses Phänomen vorwiegend in außerwestlichen Zivilisationen zu beobachten, aber es gibt Spielarten auch im Westen. Als Beispiel für das Auftreten sezessionistisch wirkender Bewegungen können etwa Kanada (Quebec), Spanien (Basken), Belgien, ja Frankreich (Korsen) angeführt werden. Diese Problematik hängt auch mit einer Verschiebung in der Diskussion, was Identität ist, im Westen selbst zusammen. So entwickelt sich die Gruppen-Identität im Westen im Rahmen der gepflegten Mode der postmodernen Vergötterung des Kollektivs und der mit ihr verbundenen Verschiebung des Fokus von individuellen auf kollektive Menschenrechte als Grundrecht.[9] Überall werden hierbei kulturelle Kollektiv-Identitäten konstruiert, und sie gedeihen vor allem in Kulturen der Diaspora, die eine fortschreitende Fragmentation bestehender Gemeinwesen fördern. Der 11. September wird den Kurs dieser Diskussion entscheidend verändern.

Die Sensationshascherei der westlichen Medien verleiht dem angesprochenen Phänomen erheblichen Auftrieb. Was hat dies alles mit den Muslimen in Europa, besonders in Deutschland zu tun? Folgende Feststellung des Islam-Experten John Kelsay macht den Zusammenhang deutlich:

»Die Geschwindigkeit der muslimischen Immigration und das Phänomen der Konversion zum Islam (besonders in Nordamerika) deuten darauf hin, daß wir schon bald gezwungen sein könnten, nicht nur vom Islam und dem Westen, sondern vom Islam *im* Westen zu sprechen.«[10]

An anderer Stelle informiert Kelsay darüber, daß Muslime die Welt in ein Haus des Islam/*Dar al-Islam* und ein Haus des Krieges/*Dar al-harb* separieren und fügt hinzu:

»…in einigen Fällen haben muslimische Migranten in Europa und Nordamerika das Prinzip des abgeschotteten Lebens akzeptiert: Islamische Gemeinschaften bilden eine Art sektiererische Enklaven im Kontext einer größeren, westlichen Kultur. Im Westen, aber nicht zu ihm gehörig« (ebd.).

In dieser Enklave – dies wiederhole ich unentwegt – ist der Anschlag vom 11. September vorbereitet worden. Die Antwort auf diese Herausforderung kann nicht die Ausgrenzung der Muslime sein, sondern muß Integration heißen. Ein Jahr zuvor waren wir uns in Harvard darüber einig, daß für das mit dem angeführten Phänomen verbundene Konfliktpotential bereits im Anfangsstadium Lösungen möglich sind. In Einwanderungsgesellschaften lautet sie Integration, in gewachsenen multiethnischen Gesellschaften kulturelle Autonomie. Durch die Gewährung von Autonomie im Rahmen der bestehenden Territorialität kann ein Konflikt entschärft werden. Bei zunehmender Gewalt – so wie im Kosovo und in Tschetschenien – ist es schwer denkbar, daß Separatismus, das heißt Ablösung vom Staatsverband, noch zu vermeiden ist. Diese für angestammte ethnische und religiöse Minderheiten gültige Debatte haben wir in Harvard dann auf die durch Migration entstandenen Minoritäten – so die Islam-Gemeinde in Deutschland – erweitert. Hier steht Integration, nicht kulturelle Autonomie auf der Tagesordnung. Eine multikulturelle Ideologie läßt auch hier Autonomie zu, eine Leitkultur nicht. Die Multi-Kulti-Romantik wird es nach dem 11. September schwer haben fortzubestehen.

Die Prävention von Separatismus kann nur in bestimmten Fällen durch die Gewährung von »kultureller Autonomie« erfolgen, das heißt durch die Gewährung des Rechts, die eigene Sprache und Kultur in selbständigen Institutionen und Medien zu pflegen. In Einwanderungsgesellschaften darf das nicht geschehen, weil dies im Widerspruch zu jeder Politik der Integration steht. Denn das Recht auf freie Ausübung der Religion ist innerhalb der Verfassungsrechte, nicht aber durch eine »kulturelle Autonomie« und ein Recht auf Anwendung der *Schari'a* zu gewähren. Als Grundlage für die Integration islamischer Einwanderer kann eine europäische Deutung des Islam zur Harmonisierung mit der demokratisch-säkularen Verfassung dienen.

Bei einem Aufenthalt in Kairo im Rahmen eines Dialoges, der unmittelbar anschließend an die angeführte Harvard-Diskussion stattfand, konnte ich beobachten, wie viele religiöse Autoritäten in Ägypten über diesen Gegenstand denken; nach ihrer Auffassung gibt es nur einen Islam, zu dem elementar die *Schari'a*[11] gehöre. Folglich bestehen sie darauf, die Geltung der *Schari'a* auch für Europa zu beanspruchen. Wenn an dieser Auffassung festgehalten wird, wird der Islam in Europa für immer fremd bleiben, es sei denn, Europa wird langfristig isla-

misiert; und dies wollen nicht nur die Islamisten, auch orthodoxe Muslime streben dies an. Ein *Schari'a*-Islam kann nur in Parallelgesellschaften mit eigener Rechtsprechung gedeihen; bei
ethnisch-religiösen Ballungen kann dies langfristig auch zu
separatistischen Bestrebungen führen.

Mein Konzept des Euro-Islam geht von individuellen Menschenrechten aus, wonach auch das europäische Grundrecht
auf Religionsfreiheit ein individuelles Recht ist. Als liberaler
Muslim sehe ich keinen Widerspruch zwischen meiner Zugehörigkeit zum Islam und der Übernahme einer europäisch-säku-
laren Identität. Menschen können multiple Identitäten haben.
Dagegen behaupten Islamisten und orthodoxe Muslime, gleichermaßen in Kairo und in Deutschland, daß ein Muslim eine
unveränderbare Identität habe, zu der es nicht gehöre, nach den
Regeln einer säkularen Ordnung zu leben. Das ist eine essentialisierte Identität.[12]

In einem mir zur Begutachtung vorliegenden Antrag einer
islamistischen Gruppierung in Süddeutschland auf Anerkennung
als Körperschaft des öffentlichen Rechts steht:

»Die einzige Quelle bei der Auswahl der Mittel und Wege zur
Erfüllung der Aufgabe des Vereins ist die islamische Lehre. Die
Gemeinde ... wird nicht erlauben, ihre islamische Natur durch
irgendwelche Richtung beeinflussen zu lassen ... Die Vertretung
der wahren (sic!) islamischen Meinung und aktiv für den Islam
ein(zu)treten,« werden als Heilmittel angegeben. »Wahr« ist in
diesem Fall, was Islamisten und orthodoxe Muslime denken,
falsch dagegen ist ein Euro-Islam. Also: Es besteht *kein* Wille
zur Integration.

Über das Verhältnis islamischer Migranten zur westlichen
Demokratie fand innerhalb der britischen Islam-Diaspora vor
den britischen Wahlen vom Juni 2001 eine heftige Debatte statt:
Demokratische Reform-Muslime riefen die Muslime mit britischem Paß zur Wahlbeteiligung auf. Dagegen haben Islamisten
argumentiert, daß die Demokratie, die auf Volkssouveränität
basiert, im Widerspruch zum Islam stehe, weil nur Allah Recht

auf Souveränität habe. So behaupten die Islamisten:»Demokratie ist ein Unglaube!«[13] Können es sich die Europäer leisten, sich aus solchen Debatten innerhalb ihrer Zivilisation herauszuhalten?

Besonders schwer wiegt, daß die *Schari'a* als unterstellter Bestandteil der kulturellen Gruppenidentität muslimischer Migranten in Deutschland ausgegeben wird. In vielen Beiträgen habe ich jedoch gezeigt, daß sich *Schari'a* und Grundgesetz wie Feuer und Wasser zueinander verhalten.[14] Was bedeutet es für Deutschland, wenn ein Euro-Islam als Lösung abgelehnt und den muslimischen Migranten kulturelle, eine eigene Rechtsprechung beinhaltende Autonomie zugestanden wird?

Ich gehe davon aus, daß die europäischen Rechtsnormen auch für islamische Migranten gelten, daß es etwa in der Rechtssphäre keine kulturelle Autonomie gibt. Einfach gesagt: Eine Integration wäre nicht mehr möglich, wenn die *Schari'a* zugelassen würde. Parallelgesellschaften würden gedeihen und die Konflikte wären immens und nicht lösbar, Gewalt wäre an der Tagesordnung, auch gegen Muslime, die sich der *Schari'a* nicht beugen würden. Islamisten und orthodoxe Muslime würden sie als Ungläubige rechtlich verfolgen, und europäische Werte blieben auf der Strecke.

Ein Vertreter der Europäischen Union, der als Fellow Harvard besuchte, machte in der Diskussionsrunde deutlich, daß die *Shari'a across Europe* eine Antithese zur europäischen Identität sei. Ich fügte hinzu, daß auch ich als liberaler Muslim gegen die Geltung der *Schari'a* in Europa bin, weil dadurch die zivilisatorische Identität Europas in Frage gestellt wird. Die Ablehnung der Geltung der *Schari'a* in Europa hat entgegen allen Multi-Kulti-Moden, die vormoderne Kollektividentitäten glorifizieren und ihre Gegner zum Beispiel mit Vorwürfen wie »Rassismus« beschmutzen, nichts mit einer Beschneidung der Grundrechte der Migranten zu tun. Es besteht kein Grundrecht auf die Bildung von Parallelgesellschaften. Die Einführung der *Shari'a* würde die Entwicklung von Parallelgesellschaften fördern. Dann stünde eine *Schari'a*-orientierte »kulturelle Autonomie« für Muslime in Europa im Konflikt mit individuellen Menschenrechten, die ein Verfassungsrecht sind. Dies ist eine Gefahr für den inneren Frieden. Zudem würden auf dieser Grundlage eine Vielzahl von Parallelgesellschaften entstehen, weil es eine einheitliche *Schari'a* einfach nicht gibt. Hinzu kommt, daß die *Schari'a* der säkularen Identität Europas diametral widerspricht.

Wir kamen im Verlauf der Harvard-Debatte zu dem Schluß, daß die Gewährung von Autonomie für Migranten in bezug auf Eindämmung der Gewalt nur oberflächlich präventiv wirken kann. Denn auf lange Sicht ist dies der Nährboden für sezessionistische Bestrebungen wie im Kosovo, in Kaschmir und Tschetschenien. Eine solche Gefahr scheint für Deutschland unter heutigen Bedingungen nicht zu bestehen. Aber man muß in größeren Zeiträumen denken, und hier besteht durchaus die Möglichkeit, daß ethnische oder religiöse Gruppen auf Abspaltung drängen, wenn die demographische Zusammensetzung der Bevölkerung dies fördert. Wir dürfen – besonders im Lichte der Herausforderung an die westliche Zivilisation vom 11. September – dieses Balkanisierungspotential nicht mehr wie bisher tabuisieren.

Im Lichte der vor dem 11. September geführten und hier wiedergegebenen Harvard-Diskussion komme ich zu dem Schluß, daß eine Integration der Muslime diesen Entwicklungen vorbeugen kann, indem sie Alternativen sowohl zur »kulturellen Autonomie« als auch zum Separatismus bietet. Anders ausgedrückt: Integration ist die Gegenstrategie zur Gewährung einer auf der *Schari'a* basierenden Parallelgesellschaft für muslimische Zuwanderer, die eine Gefahr für die Demokratie und den inneren Frieden sowie eine negative Herausforderung an die Identität Europas darstellt. Wären die muslimischen Terrorpiloten von New York, die aus Hamburg kamen, integrierte deutsche Bürger gewesen, hätte die Bin Laden-Connection sie für diese Aktion mit Sicherheit nicht gewinnen können.

Gemeinwesen oder Balkanisierung?

Mein zentrales Argument ist, daß jedes stabile Gemeinwesen auf einer normativen Orientierung an einem Wertekonsens basiert. Im Gegensatz dazu kann multikulturelle Wertebeliebigkeit als Ideologie von Parallelgesellschaften dienen. Bei der Erörterung der möglichen Strategien zur Bewältigung der Problematik der Zuwanderung und ihrer Umwandlung in Einwanderung wird jeder Demokrat sich gleichermaßen zu Vielfalt und Gemeinsamkeit bekennen. Das ist auch der Inhalt des demokratischen Begriffs des Pluralismus, weil er die Gleichzeitigkeit von Diversität und Werteverbindlichkeit völlig deckt. Anders formuliert: Pluralismus basiert auf Vielfalt und fördert sie als demokratische Lebensform, aber zugleich setzt Pluralismus die Spielregeln fest und macht eine Werteorientierung für das Bestehen der Vielfalt zur Bedingung. Nur auf diese Weise ist es möglich, daß unterschiedliche Menschen in Frieden miteinander leben. Ist dies nicht gewährleistet, kann Vielfalt zur Fragmentierung eines Gemeinwesens und langfristig zur Balkanisierung seines Territoriums führen. Ich übertrage dieses Verständnis von Pluralismus auf die Kulturen und spreche von kulturellem Pluralismus[15] statt von Multikulturalismus.

Die multikulturelle Ideologie setzt die Akzente auf die *Rechte* der einzelnen Gruppierungen innerhalb einer multiethnischen Gesellschaft, nicht auf die *Pflichten*. Auch verlagert sie das Gewicht vom Individuum hin zum Kollektiv. Eine Balance zwischen diesen partikularen Rechten und der Gemeinsamkeit des Ganzen muß jedoch bestehen. Dies gewährt nur demokratischer Pluralismus, nicht die Wertebeliebigkeit des Multikulturalismus.[16] Der politische Pluralismus[17] in einer Demokratie ist, wie angemerkt, um einen kulturellen Pluralismus in einer Gesellschaft zu erweitern, in der Menschen leben, die aus verschiedenen Kulturen stammen.[18]

Außer den verbindlichen Spielregeln für die Konfliktaustragung in einer pluralistisch-demokratischen Gesellschaft gehören

Demokratie, Toleranz und individuelle Menschenrechte zu den verbindlichen Werten einer politischen Kultur, die sich unter Bedingungen der Entfaltung der westlichen Zivilisation herausgebildet haben. Das ist der Inhalt des Pluralismus, dessen Geltung als Leitkultur voraussetzt, daß Grundwerte als verbindlich akzeptiert werden. In Parallelgesellschaften besteht diese Voraussetzung nicht, eben weil Werteverbindlichkeit fehlt.

Nun ist es Mode geworden, die westlichen Werte im Namen der Öffnung gegenüber anderen Kulturen zu relativieren, ja, sogar postmodern zu verleugnen. Die Begriffe hierfür sind leider Fremdwörter: Kulturrelativismus und Postmoderne, aber sie bestimmen unseren Alltag. Obwohl Kulturrelativisten Objektivität und Verallgemeinerung ablehnen, verteidigen sie die absolute Geltung der Ansicht, daß die Werte jeder Kultur relativ seien und somit keine allgemeine Verbindlichkeit beanspruchen könnten. Diese Relativierung der Werte führt zu einer fehlenden Verbindlichkeit von Werten. Die Wertebeliebigkeit macht keinen Unterschied zwischen demokratischen Verbänden in einer pluralistischen Gesellschaft (zum Beispiel Parteien, Gewerkschaften) oder ethnischer bzw. religiöser Parallelgesellschaft. Diese Anschauung ist unhaltbar, weil sie versucht, Verbandsdemokratie mit den zahlreichen ethnischen Gruppierungen der Migrations-Diaspora gleichzusetzen.[19]

Im Zeitalter der Migration bleibt die Geltung der kulturrelativistischen Geisteshaltung nicht mehr auf Kulturen jenseits der eigenen Grenzen beschränkt; sie erweitert sich auch und vor allem auf die westlichen Gesellschaften selbst, die Migranten aus aller Welt aufnehmen. Wie können diese, einer großen ethnischen und kulturellen Vielfalt entstammenden Menschen zusammen mit der ursprünglichen Bevölkerung in Frieden leben, ohne daß verbindliche Werte zur Regulierung dieses Zusammenlebens im Rahmen eines Pluralismus anerkannt werden? Mit »Werten« meine ich nicht »Gesetze«; vielmehr beziehe ich mich auf eine ethische Weltsicht, die die Menschen jeweils als verbindliche Orientierung für ihr Leben anerkennen. Islamische Fundamentalisten bemühen sich in der Diaspora, sich nicht strafbar zu machen. Das ist keine Bejahung der Werte, die den Gesetzen als *Esprit* zugrunde liegen. Von Montesquieu wissen wir, daß die Gesetze einen Geist haben.[20]

In unserer Zeit haben Tagträumer und weltfremde Ideologen der Achtundsechziger-Generation sowie manche ihrer Nachzügler ihre einstigen abgedroschenen und utopischen Schlagwörter von einer klassenlosen Gesellschaft durch die konstruierte Idylle einer multikulturellen Gesellschaft ersetzt. Doch eine multikulturelle Gesellschaft kennt weder verbindliche Werte noch zivilisatorische Identität; somit bietet sie keine Basis für Integration. Der Vorbehalt gegen Multikulturalität bezieht sich nicht auf die Vielfalt und vor allem nicht auf Einwanderung. Jede Gesellschaft kann ihre kulturelle Vielfalt aber nur durch eine verbindliche Werteorientierung für die Gestaltung des Lebens miteinander sichern. Das ist aber kein Multikulturalismus, der Parallelgesellschaften durch seine Wertebeliebigkeit Tür und Tor öffnet. Die Alternative hierzu heißt kultureller und religiöser Pluralismus als Leitkultur (vgl. Anm. 3), der eine Orientierung für Integration bietet. Sicherlich wird diese Leitkulturdebatte nach dem 11. September neu zu führen sein.

Einige deutsche Ideologen des Multikulturalismus führen das arabische Spanien als eine Illustration für die multikulturelle Ideologie an.[21] Der Historiker, der die Fakten kennt und nicht dem Wunschdenken erliegt, weiß, daß es dort eine dominante, für alle verbindliche kulturelle Quelle für die Werteorientierung gab, nämlich die des Islam.[22] Im islamischen Spanien waren die damaligen Muslime aufgeklärt, und doch setzten sie die Geltung ihrer Werte und Normen als Leitkultur durch. Sie waren sicher keine Rassisten. Der große jüdische Historiker Bernard Lewis[23] rühmt die jüdisch-islamische Tradition jenes Spanien. Juden lebten nicht in einer Parallelgesellschaft, sondern in einer »islamisch-jüdischen Symbiose«, so Lewis. Warum wird dann von Multikulturalisten die vergleichbare Auffassung, daß in westlichen Gesellschaften die Werte der westlichen Zivilisation gelten sollten, als Rassismus verfemt?

»Multi-Kulti« ist kein Wert an sich, sondern der schlichte Tatbestand, daß Menschen aus verschiedenen Kulturen ohne Wertekonsens auskommen, nebeneinander, nicht miteinander leben. Die Wirklichkeit zeigt aber, daß beim Fehlen eines Wertekonsenses ethnische Konflikte entflammen. Anders formuliert: Weil der Multikulturalismus als Ersatz für verbindliche Werte nicht funktioniert, bedarf er deshalb eines »*Rethinking*«, also der Revision.[24] Denn wie kann ein Gemeinwesen ohne verbindliche Werte in Frieden zusammenleben, wenn dieser fragmentierende Multi-Kulti-Geist dominiert? Gerade wenn die Mehrheit der Zuwanderer aus Kulturen stammt, deren Identität eine ethnische beziehungsweise religiöse Bestimmung hat und die den Menschen als Individuum nicht kennen, kann solche Wertebeliebigkeit nur zu rivalisierenden Parallelgesellschaften, bestenfalls zu nebeneinander bestehenden Gebilden führen. Ein Gemeinwesen aber fehlt. Ich möchte an einem Ereignis, das ich selbst in Gießen erlebte, illustrieren, wie Konflikte dieser Art entstehen, die nicht rational ausgetragen werden können.

In meiner Eigenschaft als aufgeklärter Muslim lud man mich ein, im Rahmen des Collegium Gissenum über Toleranz zu sprechen. Dort wollte ich in einer Vorlesung zeigen, daß eine Synthese von Islam und Toleranz im Sinne einer Freiheit, die auch für Andersdenkende gilt, möglich ist. Diese These kann sowohl unter Bezugnahme auf die positiven Aspekte des islamischen Erbes[25] als auch durch Anleihen bei der europäischen Aufklärung eine Legitimation finden. Eine Minderheit dort anwesender islamischer Fundamentalisten hat jedoch durch ihr intolerantes Verhalten genau das Gegenteil bewiesen, ohne daß die Mehrheit der deutschen Zuhörer – mangels Zivilcourage – dies beanstandet hätte. Anschließend sagten mir Deutsche, sie hätten Angst vor dem »Vorwurf der Fremdenfeindlichkeit« gehabt! Kein Kommentar!

Der Vorfall verlief auf diese Weise: Nach islamischer Norm

kann ein Muslim das Abendgebet jederzeit zwischen Sonnenuntergang und -aufgang verrichten. Abweichend davon und im Namen der Toleranz wurde jedoch von den Fundamentalisten willkürlich eine Unterbrechung der Vortragsveranstaltung für das Abendgebet verlangt; die Mehrheit sollte also erst nach Ende des Gebets mit der Veranstaltung fortfahren. Dieser Wunsch ist durch keine Vorschrift der islamischen Religion zu begründen. Die Ablehnung der Forderung mit der Begründung, für das Collegium Gissenum gelten die Werte einer säkularen Institution sowie praktische Zwänge (zum Beispiel Raumschließung gegen 22 Uhr), wurde als Intoleranz propagandistisch verfemt. Nach dem Vortrag gab es keine fruchtbare Diskussion; statt dessen wurden fundamentalistische Proklamationen und Werbung für den Islam verlesen – wiederum ohne Beanstandung der anwesenden schweigenden Mehrheit. Warum kann man solche »befremdlichen« Verhaltensweisen nicht auch ablehnen, wenn sie von Fremden kommen? Nach dem 11. September dürfte sich so ein Fall nicht wiederholen. Dessen bin ich mir in Deutschland allerdings nicht sicher!

Nicht nur für das Zusammenleben unterschiedlicher Menschen, sondern auch für die Führung eines Dialoges oder einer Diskussion werden Werte und Normen als Leitkultur benötigt, an die sich jeder zu halten hat. Denn ohne einen solchen Rahmen kann kein Miteinander entstehen. Auf solche Argumente reagierten die Islamisten mit der Keule »ausländerfeindlich«. Um nicht mißverstanden zu werden: Diese Intoleranz hat nichts mit der Religion des Islam, wohl aber mit der Ideologie des Islamismus zu tun. Ich erinnere meine Leser an den vielen Deutschen nicht bekannten Unterschied zwischen Islam und Islamismus.[26] Manche Deutschen waren nach dem 11. September offen für diese Differenzierung, die hilft, vor einem »Feindbild Islam« zu schützen, andere aber nicht!

Noch alarmierender als der Gießener Vorfall war ein anderer in Nürnberg: Islamisten beanstandeten den Titel meines Vortrages »Deutsche und muslimische Einwanderer« mit dem törichten Vorwurf: Die Groß- und Kleinschreibung bringe das auch vom *Spiegel* in einem Artikel über Leitkultur vermeintlich erkannte »oben/unten« des Verhältnisses Deutsche/Muslime zum Ausdruck; daher sei der Titel eine »Diskriminierung«. Die Hinweise auf die Orthographie der deutschen Sprache nutzten nichts. Der Vorwurf »demagogisch« diente ihnen als Grundlage für eine polizeiliche Anzeige gegen mich wegen vermeintlicher »Beleidigung der Muslime«, die als höchst lächerlich von der Staatsanwaltschaft abgewiesen wurde.

Die Einwanderung und die Gefahr der Bildung von Parallelgesellschaften auf Kosten des demokratischen Gemeinwesens machen auf eine Realität aufmerksam: In unserer Welt gibt es Tausende von Lokalkulturen, die sich zu Zivilisationen mit je eigenen Anschauungen gruppieren. Die Heterogenität der Zivilisationen spiegelt sich vor allem im weltanschaulichen Bereich wider. Der Zivilisationskonflikt resultiert somit aus einer Konfrontation der Weltanschauungen, wenn keine friedliche Konfliktbewältigung möglich ist. Auch der 11. September 2001 war ein Ausdruck eines Zivilisationskonfliktes. Diese Dimension darf nicht tabuisiert werden.[27] Im Lichte des 11. Septembers müssen wir zur Erkenntnis gelangen, daß die falsch verstandene Toleranz einer Multi-Kulti-Ideologie, die eigene Werte verleugnet, übersieht, daß die anderen dies nicht tun. Das Ergebnis ist dann ein Ungleichgewicht der Akteure im Zusammenspiel von Kulturrelativismus sowie Wertebeliebigkeit auf der einen Seite und Neo-Absolutismus der Werte vormoderner Kulturen auf der anderen. Der Absolutist ist in diesem *Krieg der Zivilisationen* der Gewinner, der wertelose Relativist der Verlierer. Jene Europäer, die keine Leitkultur als Werteorientierung haben wollen, übersehen das Faktum, daß die anderen eine sehr starke Leitkultur haben (vgl. Anm. 3). Multi-Kulti wird zum Ersatz für Werte und auch zum ideologischen Instrument für die Verfolgung von Zielen, die mit dem Dialog zwischen Kulturen und Zivilisationen als Friedensinstrument nichts zu tun haben.

Ein demokratischer Pluralismus in einer Zivilgesellschaft kann kulturelle und religiöse Vielfalt nur auf der Basis der Geltung von Werten entfalten, die für alle Mitglieder des Gemeinwesens – gleich welche ethnische Bestimmung sie haben – verbindlich sind. In einem Nebeneinander von ethnischen oder religiösen beziehungsweise ethno-religiösen Parallelgesellschaften ist dies nicht möglich. Nur ein verbindlicher Pluralismus ermöglicht die säkulare Demokratie und kann die Geltung ihrer Werte schützen. Menschen aus unterschiedlichen Kulturen können ihre kulturelle Vielfalt pflegen und dennoch friedlich miteinander leben. Selbst in der gefestigten US-Gesellschaft und trotz ihrer starken Identität trägt die Bildung von Parallelgesellschaften dort zu der Gefahr bei, die Arthur Schlesinger als »*Disuniting of America*« beschrieben hat.[28]

Kurzum: Zwischen den Extremen der Assimilation und der Bildung von Parallelgesellschaften bietet eine demokratische Integration den Einwanderern die Möglichkeit, die eigene kulturelle Identität zu bewahren und sie durch Bürgeridentität zu bereichern. Nach dieser Feststellung frage ich: Warum verwechseln deutsche Gesinnungsethiker diese Begriffe? Demokratische Integration und kulturelle Assimilation sind zweierlei Begrifflichkeiten und führen zu unterschiedlichen Szenarien. Auch kulturelle Vielfalt und Multikultur sind nicht dasselbe, wie aufmerksame Leser den bisherigen Ausführungen entnommen haben. Im folgenden will ich diese Problematik an einem nichteuropäischen Beispiel veranschaulichen: Pakistan.

Eine Veranschaulichung der Problematik am Beispiel einer Parallelgesellschaft außerhalb Europas: Die Mohadjir-Gemeinschaft zwischen Karachi und London

Zunächst will ich begründen, warum ich mein Beispiel außerhalb Europas gesucht habe. Ethnische und religiöse Parallelgesellschaften bilden sich in der Diaspora, bewahren jedoch eine Verbindung zum Ursprungsland in der Dreiecksbeziehung

Aufnahmestaat – Diaspora – Herkunftsstaat. Dieses Muster gilt überall, also auch in Deutschland. So versuchen gewisse Migranten das Aufnehmerland – so zum Beispiel die türkischen Kurden und *Milli Görüş*-Islamisten in Deutschland –, den Aufnahmestaat für ihre Zwecke zu instrumentalisieren. Weil ich um Distanz und Sachlichkeit bemüht bin, wende ich mich einem Beispiel außerhalb Deutschlands zu: indisch-pakistanischen *Mohadjirs*, die zwischen London und Karachi agieren. Dies kann helfen, ohne Emotionen und Voreingenommenheit in die Problematik einzudringen.

Am Beispiel der *Mohadjirs* in Pakistan sehen wir, daß Einwanderung sicherheitspolitisch relevante Konflikte mit sich bringt, selbst wenn die beteiligten Parteien dieselbe Kultur und Religion haben, wie die Situation in der pakistanischen Provinz Sindh und ihrer Großstadt Karachi zeigt. Konfliktparteien sind hier die *Sindhi*, die Urbewohner, und die *Mohadjirs* (andere Schreibweise: *Mohadschirs*), also jene Muslime Indiens[29], die nach der Aufteilung des Subkontinents 1947 aus einem säkularen, jedoch vorwiegend von Hindus bewohnten Indien in ein multiethnisches, aber bis zu 97% muslimisches Pakistan, also in den islamischen Teil, aus allerdings unbegründeter Angst, zuwanderten. Die muslimischen Religionsbrüder der indischen *Mohadjirs* in Pakistan haben sie nicht willkommen geheißen, sondern sie als Randgruppe behandelt und sie somit als Parallelgesellschaft ethnisiert.

Ich hatte die Gelegenheit vor Ort in Karachi die Aktualisierung der Konfliktpotentiale zu beobachten. Die aus Indien migrierten Muslime fügen dem Wort *Mohadjir*/Migrant das Wort *Qaum*/Volk hinzu und sprechen von *Mohadjir Qaum*/dem Volk der Zuwanderer. Beide, die *Sindhis* und die *Mohadjir*, sind Muslime, aber sie töten einander.

Dieses Beispiel habe ich insbesondere deshalb ausgewählt, weil ich deutsche Leser erreichen will. Denn bei uns in Deutschland gehört zur Gesinnungsethik oder besser zur deutschen Ideologie des Gutmenschen die Verneinung von Differenzen und die Verleugnung von Konflikten. Wer hierüber in bezug auf die Fremden redet, gilt als ein Brunnenvergifter, ja Fremdenfeind. Auf einer Veranstaltung in Saarbrücken warf mir ein deutscher gesinnungsethischer Protestant vor, ich trage mit dem Aufzeigen der Konfliktpotentiale zur Polarisierung bei. »Viel wichtiger ist die menschliche Begegnung, bei der Muslime und Christen aufeinander zugehen«, sagte dieser Gesinnungsethiker, vergaß aber den Zusatz hinzuzufügen »ohne miteinander offen und ehrlich zu sprechen«, erst recht nicht über anstehende und reale Probleme und wie damit umzugehen ist. Aus dem hier ausgesuchten Beispiel geht hervor, daß es Probleme selbst unter Muslimen gibt.

Jahrelang hat in Karachi zwischen beiden Konfliktparteien ein Guerillakrieg geherrscht, der Tausende Menschenleben gekostet hat. Manchmal ruhte er, dann wurde er erneut entfacht. In Karachi konnte ich 1995 die aus *Pundschabis* zusammengesetzten furchteinflößenden militärischen Rangereinheiten aus der Nähe beobachten; sie rasen mit ihren Jeeps durch die Straßen Karachis und jagen Mitglieder des *Mohadjir Qaumi Movement*/MQM (Bewegung des Zuwanderervolkes), auf deren Konto nicht nur Bombenanschläge, sondern auch die Entführung und brutale Hinrichtung von Rangers und Polizisten gehen. Der damalige Führer der MQM, Altaf Husain, lebte zu jenem Zeitpunkt im Londoner Exil und gab von dort per Fax seine Anweisungen nach Karachi. Ein Wort von ihm, das heißt auch von seiner Parallelgesellschaft in London, reichte aus, um einen Streik der inzwischen die Mehrheit bildenden *Mohadjirs*/Zuwanderer auszulösen, mit dem Karachi lahmgelegt werden kann. Diese Streiks veranschaulichen in ihrer Wirkung die gesamte Dreiecksbeziehung, und sie gehörten seit Jahren zum Alltag der Stadt. Trotz dieses Guerillakrieges ist die MQM nicht in jeder Hinsicht eine Untergrundbewegung. Aus Opportunität erlauben die pakistanischen Behörden politischen Führern der MQM, von Karachi nach London zu reisen, um dort Konsultationen mit ihrem Führer Altaf Husain zu führen, damit dieser zur Zurückhaltung aufruft.

Die unterprivilegierte Stellung der *Mohadjir* in Sindh – es gibt noch zahlreiche andere Beispiele – illustriert die Heuchelei vieler islamischer Politiker, die die Stellung der Muslime in Europa beklagen, aber selbst islamische Migranten in ihren Ländern offen diskriminieren. Dies ist auch der Fall in Pakistan, wie der Führer der MQM Altaf Husain in einem in DAWN veröffentlichten Interview einräumt.

»Die Herrscher Pakistans sprechen auf jedem weltpolitischen Forum von der Repression in Kaschmir und Bosnien, klagen dabei die indischen Behörden und die Serben an, übersehen aber, daß sie selbst eine ähnliche Unterdrückung der eigenen Bevölkerung betreiben ... Die *Mohadjirs* werden den Mördern ihrer Kinder nie verzeihen.«[30]

Das arabisch-islamische Wort *Mohadjir* bedeutet auch in der Urdu-Sprache Migrant/Zuwanderer; es hat jedoch eine religiöse Implikation dadurch, daß der islamische Prophet auch ein *Mohadjir* war; seine *Hidschra* (Migration) erfolgte nach der religiösen Verfolgung durch die Ungläubigen im Jahre 622 von Mekka nach Medina. Das *Hidjra*/Exodus-Jahr 622 ist das erste Jahr islamischer Zeitrechnung (vgl. Kapitel 6).

Doch das *Mohadjir Qaumi Movement*/MQM ist keine religiöse, sondern eine ethnisch-politische Bewegung, die die Interessen der betroffenen Parallelgesellschaft vertritt, für eine Separation kämpft und hierbei zu den Mitteln der Guerilla-kriegführung greift. Die Rechte der Zuwanderer, die Muslime sind, werden gegen die ursprünglich einheimische Bevölkerung, die ebenso muslimisch ist, mit Gewalt verteidigt. Die Urdu-sprechenden Zuwanderer/*Mohadjirs* haben mit den einheimischen *Sindhis* und anderen Bewohnern der Provinz Sindh zwar die Religion – also hier den sunnitischen Islam –, nicht aber die Sprache und Ethnizität gemeinsam; sie teilen aber dennoch eine relativ ähnliche Kultur.

In ihrer Eigenschaft als Angehörige einer Parallelgesellschaft sind die *Mohadjirs* ethnisch eine Gruppe mit eigener konstruierter Identität und grenzen sich von den gleichfalls muslimischen

Einheimischen, den *Sindhis*, radikal ab. Ethnizität heißt hier die Bildung des Bewußtseins einer sich von allen anderen abgrenzenden »Wir-Gruppe« als »*imagined community*«[31]. Die deutsche Diskussion über die Bundesrepublik als »Einwanderungsland« klammert alle Fragen der Ethnizität und der Ethnisierung der Politik aus. Es bleibt nur der oft berechtigte Hinweis auf den Rechtsradikalismus, aber es ist keine Rede von den ethnischen Konflikten. Ich weiß, dies ist ein sensibles Thema, bei dem manches mißverstanden werden kann, aber mit Rechtsradikalismus und Rassismus als Erklärungsmuster läßt sich nicht alles deuten.

Die deutschen Fernsehzuschauer kennen aus der Zeit nach Beginn des US-Krieges gegen den Terrorismus (ab 7. Oktober 2001) die Bilder der Paschtunen-Flüchtlinge aus Afghanistan nach Pakistan. Es gibt aber im Süden des Landes in Karachi eine ältere Geschichte von Relevanz für unser Thema. Karachi bietet ein Beispiel zur Illustration der Ethnizitätsproblematik im Zusammenhang mit Migration, aus dem die Europäer viel lernen können. Denn dort zeigt sich: Parallelgesellschaften sind ethnisch definierte Sozialgebilde und keine demokratischen Verbände. Das Beispiel ist deshalb nicht gefährlich, dafür aber aussagekräftig, weil beide Kontrahenten Muslime und Südasiaten sind. Also können weder Rassismus noch Rechtsradikalismus am Werk sein: Warum dann der Konflikt?

Das MQM wird seit Jahren von Altaf Husain vom Londoner Exil aus autoritativ geführt. Schon früher bestand es aus streitenden Fraktionen und hatte gleichermaßen gemäßigte lokale Führer, wie auch militante gewalttätige Untergrund-Aktivisten, die Anschläge auf die Institutionen der Sindh-Lokalregierung in Karachi sogar mit Raketen verübten. Wir wissen aus den Medien, daß ähnliches in Nord-Pakistan durch die Paschtunen-Flüchtlinge geschieht.

Obwohl der gesellschaftliche Hintergrund die entsprechende Parallelgesellschaft ist, war das MQM politisch eine Schöpfung des Diktators Zia ul Haq, der in der Provinz Sindh ein Gegengewicht zu der von ihm seinerzeit gestürzten *Pakistan People Party*/PPP von Benazir Bhutto aufbauen wollte.[32] Von Zia wird berichtet, daß er selbst ein *Mohadjir* war. Doch hat sich das MQM anders entwickelt, als seine Gründer dies im Sinn hatten. Der Versuch, nachträglich ein anderes, loyales MQM zu gründen, schlug fehl. Generell läßt sich das MQM als eine auf einem ethnischen Nationalismus basierende, teilweise separatistische, gegen das Machtzentrum der *Sindhis* gleichermaßen in Karachi und in Islamabad gerichtete gewaltbereite Bewegung definieren. Ihr Hintergrund ist die Parallelgesellschaft der *Mohadjir*-Zuwanderer in der Provinz Sindh, und sie agiert in der Dreiecksbeziehung Ursprungsland – Diaspora – Aufnahmeland, also Pakistan – London – Großbritannien. Generell ist das islamische Land Pakistan zwischen den politischen Kräften des von Staatsgründer M. A. Jinnah konstruierten pakistanischen Nationalismus, Ethnizität und vor allem politischem Islam[33] hin- und hergerissen. Bleiben wir im Süden Pakistans, wo die Hafenstadt Karachi eine moderne Stadt darstellt; sie gilt als Wirtschaftsmetropole nicht nur der Provinz Sindh, sondern ganz Pakistans. Unter den Unruhen leidet die gesamte Wirtschaft. Die Forderung des pakistanischen Business Forums, eines Gremiums der Wirtschaft des Landes, von 1995 an das MQM, auf das politische Instrument des Streiks im Interesse des wirtschaftlichen Wohlergehens aller zu verzichten, antwortete das MQM mit der Gegenforderung, die Rangers abzuziehen und den Terror gegen die *Mohadjirs* einzustellen. Seitdem hat Pakistan – unter anderem der Coup von Muscharraf 1999 – eine Reihe von Regierungen gesehen, die abwechselnd auf demokratischem oder gewaltsamem Wege an die Macht gelangten. Das Problem der *Mohadjir*-Zuwanderer, die den Anspruch erheben, ein Volk zu sein, bleibt unverändert bestehen. Es ist das Problem einer wirtschaftlich und sozial nicht integrierten ethnischen Randgruppe, die zur Parallelgesellschaft geworden ist.

Man kann in der Tat nicht nur von MQM-Terror, sondern auch vom Terror der Rangers der pakistanischen Zentralmacht sprechen, die ohne Hausdurchsuchungsbefehl Häuser der *Mohadjirs* überfallen, ohne Haftbefehl Verdächtige mitnehmen und darüber hinaus Schutzgelder erpressen. Die *Mohadjirs* müssen etwa für die Inanspruchnahme von Leistungen jeglicher Art (Wasser, Elektrizität und ähnlichem) bestimmte Geldsummen an die korrupte lokale Polizei zahlen. Diese Atmosphäre von Terror und Gegenterror sowie die Diskriminierung der *Mohadjirs* treibt die politisch Nichtaktiven unter ihnen in die Hände des MQM. Das ist eine lehrbuchartige Fallstudie für die Folgen der wildwüchsigen Zuwanderung, die, wenn Integration ausbleibt, Parallelgesellschaften mit den entsprechenden Konfliktpotentialen hervorruft.

Die MQM-Aktivisten bewegen sich in den nördlichen *Mohadjir*-Vororten von Karachi (zum Beispiel Orangi) wie ein Fisch im Wasser. Davon träumen die Islamisten in Europa, die sich dies in der Diaspora wünschen. Es gibt zwar keine zuverlässigen Statistiken, aber der Angabe, die *Mohadjirs* bildeten inzwischen die Bevölkerungsmehrheit in Karachi, ist Glauben zu schenken. Ich greife auf folgenden Vergleich zurück: Auch in den Kosovo wanderten Albaner zu, eine Integration blieb aus, sie wurden zur Mehrheit, und die Folgen sind bekannt. In Mazedonien setzte sich das Spiel 2001 mit den in früheren Zeiten zugewanderten Albanern fort. Wir sehen: Das Phänomen ist global.

Zurück zu Pakistan: Im Gegensatz zu den urbanen *Mohadjirs* zählen die *Sindhis* vor allem zur ländlichen Bevölkerung. Sie bevorzugen es, in den »*interiors*«, in den kleinen und ruralen Orten im Landesinneren von Sindh zu leben. Die Nicht-*Mohadjirs* in Karachi setzen sich aus vielen ethnischen Gruppen zusammen. Im Polizei- und Militärbereich überwiegen die *Pundschabis*, was sie sehr einflußreich macht; aus ihnen rekrutieren sich auch die Rangerkommandos. In der Provinz Sindh leben illegal zudem etwa zwei bis drei Millionen Bengalis (sie strömen zu Fuß oder auf einem Tragtier über Indien ins Land); sie kommen aus dem ehemaligen Ost-Pakistan – mit der Hoffnung auf ein besseres Leben als in ihrem Armenhaus Bangladesch. Und so entsteht eine weitere Parallelgesellschaft. Im Jahre 2001 wiederholt sich diese Geschichte im Lichte des Afghanistan-Krieges gegen den Terrorismus. Die Paschtunen-Flüchtlinge werden zu den Problemen Pakistans ein weiteres hinzufügen. Dies gehört zu den von Myron Weiner analysierten Sicherheits-problemen unerwünschter Migration.[34]

Im Gegensatz zu den Paschtunen und Bengalis sind die *Mohad-jirs* pakistanische Bürger. Den Bengalis wird die Einbürgerung, ja eine Legalisierung ihrer Arbeit (zum Beispiel den bengali-schen Fischern von Karachi) verweigert. Dies wird auch den Paschtunen im Norden geschehen. Das Land Pakistan hat seine Kapazitätsgrenze erreicht.

Bis 1994 war die Armee für die Bekämpfung des MQM in Ka-rachi zuständig. Danach wurde sie abgezogen, weil die pakista-nischen Generäle erkannt hatten, daß die *Mohadjir*-Frage und die Konflikte mit ihrer Parallelgesellschaft sich militärisch nicht lösen lassen. Als 1995 die *Pakistan People Party*/PPP von Bena-zir Bhutto und des Bhutto-Clans, der ja – wie die gesamte Regierungspartei – aus *Sindhis* besteht, regierte, warfen ihre politischen Gegner ihr einen allzu sanften Umgang mit den *Mohadjirs* vor. Seitdem hat Pakistan unterschiedliche Regierun-gen gehabt – und ist seit dem Sturz von Scharif, der Gegner der Bhutto-Herrschaft war, durch General Muscharaf, eine Militär-diktatur. Die Regierungen – ob gewählt oder durch Putsch an die Macht gekommen – kommen und gehen, aber die *Mohad-jir*-Frage bleibt.

Nun komme ich auf Sicherheitsprobleme, die mit dieser Zu-wanderung in Pakistan zusammenhängen, zurück. Die Waffen, die in Karachi und ebenso im benachbarten Afghanistan ein-gesetzt werden, kommen ohne Zweifel aus den Beständen des Afghanistan-Krieges gegen die sowjetischen Besatzer.[35] Es ist bekannt, daß viele MQM-Kämpfer, wie andere islamische Ter-roristen, seinerzeit in Peshawar, im nördlichen Pakistan an der afghanischen Grenze, mit Hilfe der amerikanischen CIA ihre Guerillaausbildung erhalten haben.[36] Die »Fragmentation von

Afghanistan«[37] ist nicht nur der Hintergrund der Taliban und Bin Ladens, sondern auch des internationalen Terrorismus.[38]

Die pakistanische Regierung hat kaum eine Kontrolle über jene gebirgige Gegend des Nordens, die offiziell den Namen *Federally Administered Tribal Area*/FATA trägt. Die dort ansässigen Stämme/*Qabail* fühlen sich als jeweils eigenständige ethnische Gruppe und haben auch ihre eigenen Parallelgesellschaften; sie haben sich inzwischen zu einer Bewegung zusammen geschlossen, die sich *Tehrik Ittehad-i-Qabail*/Bewegung der Vereinigten Stämme nennt und die Bildung eines fünften Bundeslandes in Pakistan fordert. Das neue Land soll laut Forderung der Stammesbewegung *Qabailstan*/Land der Stämme, heißen. In jenem Land blüht der Waffen- und Rauschgift-Schmuggel; die Karachi-Peshawar-Connection ist für jeden Beobachter vor Ort durchschaubar. Unter der Taliban-Herrschaft in Afghanistan hat sich diese Lage verkompliziert, und dementsprechend gewinnen die Forderungen der Zuwanderer/*Mohadjirs* gegenüber den *Sindhis* und *Pundschabis* an Schärfe. Das Gewaltpotential ist viel größer und umfaßt die Waffenmärkte und die Rauschgift-Mafia, deren Einflußzone bis nach Europa reicht. In diesem Rahmen haben die *Mohadjir* die separatistische Forderung nach einem eigenen *Mohadjistan* – das Land der *Mohadjirs* – entwickelt. Durch den Krieg gegen den Terrorismus von 2001 wird dieser Konflikt dramatische Züge annehmen.

Es bleibt nicht aus, daß auch die islamischen Fundamentalisten in Pakistan bei der Malaise von Karachi in diesem Dschungel von Machenschaften mitmischen wollen; sie klagen, das Problem der *Mohadjir* sei eine »amerikanisch-zionistisch-hinduistische Verschwörung« gegen den Islam. Diese Propaganda ändert nichts an der Tatsache, daß jahrelang in Karachi täglich Muslime gegen Muslime kämpften und sich gegenseitig ermordeten. Die *Jama'at-i-Islami*-Fundamentalisten[39] sprechen immer von der weltweiten Einheit der islamischen *Umma*, können aber nicht überzeugend erklären, warum diese Idee selbst innerhalb eines einzigen Landes, in Pakistan, keine Realität werden kann. Die ethnischen Kämpfe unter anderem zwischen *Sindhis*, *Pundschabis*, den illegalen Bengalis und in erster Linie dem »Zuwanderer-Volk«/*Mohadjir Qaumi*, haben Pakistan vor eine Zerreißprobe gestellt und sind sicherlich nicht das Werk einer Verschwörung. In Pakistan werden die Konflikte zwischen religiösen Gruppen (*Sunna* und *Schi'a*) überlagert von den Konflikten zwischen Urbewohnern und Migranten. Pakistan ist islamisch, aber nach innen ein zerrissenes Land, dessen Zerrissenheit sich durch den Beitritt zur Anti-Terror-Koalition erheblich intensiviert.

Die auf dem Boden ethnischer und religiöser Parallelgesellschaften gedeihenden Ideologien des ethnischen Nationalismus, religiösen Fundamentalismus und der religiösen Sektiererei gefährden die Idee eines einheitlichen pakistanischen Volkes, die der Gründer Pakistans, Mohammed Ali Jinnah, im Rahmen seiner Zwei-Nationen-Theorie vertreten hat. Es bleibt nicht bei der Aufteilung des indischen Subkontinents, die Konstruktion eines muslimisch definierten pakistanischen Volkes droht sich in den bestehenden Parallelgesellschaften aufzulösen. Pakistan bietet Lehren für Europa. Denn auch in Europa, konkret auf dem Balkan, haben wir vergleichbare Konflikte in Bosnien, Kosovo und Mazedonien, bei denen Gemeinwesen zerbrechen. Diese Entwicklungen hängen mit Zuwanderung ohne Integration und so mit der Bildung von Parallelgesellschaften zusammen.

Schlußfolgerungen

Multikulturalisten, die individuelle Rechte und Identität durch Kollektivrechte und rein kulturelle Identität ablösen, verwenden zwar den Begriff Parallelgesellschaft nicht, doch seinen Inhalt. Für denselben Inhalt haben sie ihren eigenen Begriff, nämlich multikulturelle *communities*/Gemeinschaften (daher der: Multi-Kulti-Kommunitarismus), geprägt.[40] Ihr Argument lautet, daß diese *communities*, nebeneinander lebend, ein Mosaik bildeten. Sie erkennen jedoch nicht, daß in diesem Rahmen ein zivilgesellschaftliches Gemeinwesen kaum möglich sein kann. Wo ein solches besteht, zerfällt es – wie beim »*Disuniting of America*« (Anm. 28) –, wenn Migration an Multi-Kulti-Kommunitarismus, das heißt an die Entstehung von Parallelgesellschaften gebunden wird. Sowohl in den westlichen als auch in nicht-westlichen multi-ethnischen Gesellschaften funktioniert die Verbindung Hauptgesellschaft – Parallelgesellschaft nicht. Daran sehen wir, daß kein Weg an der Integration vorbeiführt. Gerade nach den Ereignissen des 11. Septembers drängt sich die Perspektive der Integration nicht nur als die der Vernunft, sondern gar die der Sicherheitspolitik auf. Eine Politik der Integration gehört auch zu dem, was seit dem 11. September als *war against terrorism*/Krieg gegen den Terrorismus bezeichnet wird.

Dritter Teil

**Die erforderliche Doppelstrategie:
Kulturelle Öffnung bei gleichzeitiger
Bewahrung der zivilisatorischen
Identität Europas**

Einführung

Globale Migration führt zu der Begleiterscheinung, daß die früher in der Geschichte oft dominierende Übereinstimmung von geographischen und kulturellen Grenzen durch die Entgrenzung nicht mehr wie bisher weiterbesteht, sondern langsam verschwindet. In bezug auf das Thema dieses Buches läßt sich feststellen: Die Welt des Islam befindet sich nicht mehr an der Grenze Europas, sondern in dessen geographischer Mitte. Ausgehend von dieser Veränderung, entwickelt sich ein neuer Typ von Gesellschaften, in denen die Angehörigen zahlreicher Kulturen auf demselben Territorium leben. Wer die vorangegangenen Teile dieses Buches genau gelesen hat, weiß schon, daß Kulturen sich trotz dieser neuen Nähe voneinander durch jeweils andere Werte und Normen unterscheiden und in der Diaspora voneinander abgrenzen. Diese Feststellung gilt in besonderem Maß für islamische Migranten. Es ist aber klar, daß für den inneren Frieden einer Gesellschaft gemeinsame Plattformen benötigt werden. Dies erfordert, Formen des Umgangs mit dem *Anderen* zu entfalten und zu institutionalisieren. Mit anderen Worten, bei allen Menschen, die in diesen Gesellschaften leben, entsteht ein Bedarf an interkultureller Kompetenz für den Umgang mit der »Differenz«. Für diese existieren klassische Begriffe wie Toleranz und Pluralismus, doch sind sie auf Individuen, nicht auf Kulturen zugeschnitten. Unter den veränderten Bedingungen müssen diese Termini neu durchdacht werden. Das ist die Aufgabe der beiden Kapitel des vorliegenden dritten Teils.

Vorab möchte ich anmerken, daß »Toleranz« seinen Ursprung außerhalb Europas hat. Die islamische Zivilisation, der etwa 15 Millionen der in Westeuropa lebenden Migranten angehören, zählt zu den ältesten, die eine Tradition für den toleranten Umgang mit dem *Anderen* vorweisen kann, und hat daher gegenüber dem Christentum einen Vorsprung. Nach den Lehren des Islam sind Andersgläubige – wenngleich mit Einschränkungen – zu dulden. Diese Lehren müssen allerdings historisiert werden, wodurch ihre Geltung im 21. Jahrhundert begrenzt wird. Andernfalls würde der Bezug auf die islamische Toleranz nur apologetischen Zwecken dienen, um Sand in die Augen der weniger Informierten zu streuen. Nur im Vergleich mit dem mittelalterlichen, noch nicht reformierten Christentum genießt die klassische islamische Toleranz Vorzüge. Bei der Gegenüberstellung des islamischen Toleranzbegriffes und dem der Aufklärung zeigen sich klar die engen Grenzen des ersteren. Die islamische Toleranz im Mittelalter gegenüber Christen und Juden in ihrer Bestimmung als geschützte Minderheiten würde bei einer Anwendung in unserer Gegenwart eher eine Diskriminierung und Verletzung der Menschenrechte bedeuten. Auch Islamreformer wie beispielsweise Abullahi An-Na'im teilen diese Ansicht.

Mit dieser Einführung möchte ich zu den beiden Kapiteln des dritten Teils einleiten, nicht aber deren Inhalt vorwegnehmen. Daher begnüge ich mich hier mit der Aussage, daß die Anerkennung von religiösen Minderheiten im Islam – womit ausschließlich Juden und Christen gemeint sind – nicht als Vorbild für eine multikulturelle Gesellschaft dienen kann, wie es von manch europäischem Islamophilen dargestellt wird.

Hier steht die Idee im Mittelpunkt, daß aus der Migration ein zunehmender Bedarf an interkultureller Kompetenz im Umgang mit dem *Anderen* entsteht, wofür ich bisher »Toleranz« als ein Erfordernis angegeben habe. Toleranz ist aber nicht nur eine persönliche Einstellung der Offenheit gegenüber anderen; sie ist auch eine gesellschaftliche Praxis, deren Ausübung institutionelle und andere soziale Voraussetzungen als Rahmenbedingungen für die Einhaltung entsprechender Spielregeln erfordert. Diese Vorbedingungen fasse ich mit dem Begriff des religiösen und kulturellen Pluralismus zusammen. Die inhaltliche Füllung dieses Terminus ist Aufgabe der Ausführungen in den folgenden Kapiteln. Eine besondere Schwierigkeit ergibt sich bei der Etablierung eines religiösen Pluralismus aus dem Charakter der Religion selbst. Es gehört zum Bestandteil *jeder* Religion, das Absolute für sich zu beanspruchen, und insofern steht sie im Widerspruch zum Gebot des Pluralismus, das die Gleichstellung der verschiedenen Kulturen und Religionen fordert.

Mit meiner Kritik am Multikulturalismus, als Ausdruck einer Wertebeliebigkeit, habe ich bereits in den vorangegangenen Teilen dieses Buches gezeigt, daß ich den kulturellen Pluralismus als Alternative vorschlage. Multikulturalisten, die alle kulturellen Werte, einschließlich die der Religionen, gleichsetzen, wissen entweder tatsächlich nicht oder wollen nicht wissen, daß absolute Werte der Religion in Konflikt mit der Grundannahme des Pluralismus stehen. Ähnlich den Multikulturalisten argumentiere ich, daß wir Vielfalt benötigen. Im Gegensatz zu ihnen halte ich es aber für wichtig, Werte und Spielregeln, das heißt verbindliche Rahmenlinien für den Umgang mit »Differenz« festzulegen. Außerdem ist meine Definition von religiösem Pluralismus eine andere, weil ich glaube, daß dieser nur auf einer säkularen Grundlage gedeihen und praktiziert werden kann. Damit ist gewährleistet, daß der Religion nicht innerhalb des Glaubens, aber in der Sphäre der Öffentlichkeit, der Anspruch auf das Absolute abgesprochen wird, denn nur dann können Angehörige unterschiedlicher Religionen in Frieden zusammenleben. Die folgenden Kapitel beanspruchen, interkulturelle Kompetenz in bezug auf die Problematik Toleranz und Pluralismus zu vermitteln.

Kapitel 5

Zwischen Kulturpluralismus und multikultureller Wertebeliebigkeit: Kein Raum für antiwestliche Ideologien im Namen der Toleranz

Toleranz ist ein kultureller Wert; seine inhaltliche Bestimmung und Bedeutung muß folgerichtig zwischen den Zivilisationen variieren. In der westlichen Zivilisation geht der Toleranzbegriff auf die Aufklärung zurück, ist daher auf Individuen zugeschnitten und bezieht sich auf den Umgang mit Andersdenkenden. Im Islam[1] hat der Begriff hingegen eine andere, engere Bedeutung, weil Toleranz sich allein auf die Kollektive der Monotheisten (also nur Juden und Christen) bezieht, die als Schutzbefohlene/*Dhimmi* bestimmt werden. Ein unvoreingenommener Vergleich des islamischen Verständnisses der Toleranz mit dem der europäischen Aufklärung zeigt, daß die Duldung der Christen und Juden nach islamischem Vorbild als *Dhimmi* diese zu Gläubigen zweiter Klasse macht und daher als Diskriminierung einzustufen ist. Die Duldung der Juden und der Schutz vor Massakern, der ihnen im Mittelalter gewährt wurde, war eine lobenswerte Leistung des Islam. Wie ein Rabbiner vor uns Muslimen bei der Eröffnung des »jüdisch-islamischen Dialogs« in London (Mai 1994) mit Recht forderte, wollen die Juden heute als »eine souveräne Nation« wahrgenommen werden. Der islamische Toleranzbegriff kann – ohne Reform – dies nicht leisten, deshalb ist das Verständnis, das man von diesem Terminus seit der europäischen Aufklärung hat, heute eindeutig vorzuziehen.

Es ist erstaunlich, daß in Deutschland orthodoxe Muslime der Diaspora deutsche Gerichte anrufen, um im Namen der Toleranz und Religionsfreiheit alle Rechte – von der Moschee bis zum Religionsverein – für sich einzufordern, die sie Christen und sogar islamischen Minderheiten (Aleviten in der Türkei, Bahai im Iran, Ahmadiyya in Pakistan) völlig versagen. Gilt nicht Gegenseitigkeit? Und wie ist es, wenn extrem antiwestliche, antichristliche und sogar antisemitisch orientierte Islamisten aus Europa einen Hort für ihre Aktivitäten machen? Deutschland bildete nämlich die logistische Basis für die Attentate gegen die westliche Zivilisation am 11. September 2001.

Unter diesen Bedingungen entsteht ein neuer Bedarf in bezug auf die global gewordene Migration, und zwar vor allem die Neubestimmung des Toleranzbegriffes. Auch im 21. Jahrhundert ist die Öffnung von Grenzen und die damit verbundene globale Migration ein zentrales Thema, was nicht ohne Folgen für die davon betroffenen Menschen – gleich ob Einheimische oder Zuwanderer – geblieben ist. Sinnbildlich gesprochen rücken die Menschen einander so nahe wie noch nie in ihrer Geschichte. Toleranz wird vor diesem Hintergrund zum wichtigsten Gebot. Nur für wen soll sie gelten – etwa auch für Islamisten, die den Westen zum Niedergang bringen wollen? Die erste Voraussetzung für einen nützlichen Diskurs ist zu klären, was wir meinen, wenn wir von Toleranz sprechen. In der Diskussion um Einwanderung wird das Gebot der Toleranz beachtet, doch ohne zu erkennen, daß das Verständnis des Begriffes Toleranz keineswegs einheitlich ist, sondern von dem jeweiligen Wertesystem unterschiedlicher Kulturen bestimmt wird. Jede Zivilisation und jede Kultur innerhalb einer Zivilisation weisen ein anderes Wertesystem und damit auch ein anderes Verständnis der Bedeutung von Toleranz auf. Dieses Faktum bildet den Ausgang der folgenden Ausführungen.

Multikulturelle und westliche Toleranz

Die unterschiedliche Bedeutung des Toleranzbegriffes in der westlichen und der islamischen Zivilisation kann uns als Illustration dienen: In der westlichen Zivilisation geht der Toleranzbegriff auf die Aufklärung zurück, ist – wie angemerkt – individuell und bezieht sich auf Andersdenkende. Bei dieser Definition stellt sich die Frage nach den Grenzen der Toleranz. Gilt sie, wie dies heutzutage oftmals der Fall ist, bis zur Selbstverleugnung? Die Antwort lautet: Toleranz im Sinne der europäischen Aufklärung bedeutet nicht Selbstaufgabe.

Wie bereits erwähnt, umfaßt Toleranz im Islam die Duldung der anderen. Der Islam unterscheidet aber zwischen nicht-islamischen monotheistischen religiösen Kollektiven, die als Minderheit zu dulden sind, und den Ungläubigen, die es zu bekämpfen gilt. In der Diaspora des Westens sind die Muslime selbst in der Minderheit, und sie als Schutzbefohlene zu behandeln wäre nichts anderes als Ausgrenzung. Muslime müssen sich im Zuge der globalen Migration rapide verändernden Bedingungen des Zusammenlebens anpassen, wobei ihre religiösen Konzepte reform-islamisch überdacht werden müssen. Am Beispiel des Vergleichs dieser beiden Definitionen von Toleranz ist folgende wichtige Frage zu stellen: Welche inhaltliche Bedeutung hat dieser Begriff als einer der wichtigsten Faktoren in einem Zeitalter, in dem die Menschheit stärker vernetzt ist als je zuvor? Im Mittelpunkt muß in diesem Zusammenhang die Klarstellung der Wertefrage stehen, da Werte die Lebenseinstellungen der Menschen bestimmen. Zunächst gilt es zu erkennen, daß die Bedeutung von Toleranz abhängig ist von den Werten der jeweiligen regionalen Zivilisation[2] oder lokalen Kultur. Ist es dennoch möglich, sich auf eine kulturübergreifende Bestimmung zu einigen?

Im zu unterschiedlichen Graden säkularisierten westlichen Europa rangiert der Wert der Toleranz an höchster Stelle und gehört damit zu den wichtigsten Bestandteilen der europäischen zivilisatorischen Identität. Glaubens- und Meinungsfreiheit gehören zu den Grundrechten in jedem westlichen Gemeinwesen, und sie werden von einer toleranten Weltanschauung abgeleitet. Andere Kulturen – wie etwa die der islamischen Zivilisation – haben andere Werte, wodurch unvermeidbar Wertekonflikte entstehen. Diese werden sichtbar, sobald Menschen mit unterschiedlichen Weltanschauungen und den daraus resultierenden Werteorientierungen in einer Gesellschaft zusammenleben, was im Zeitalter der globalen Migration stets der Fall ist. Kann der so oft beschworene Multikulturalismus für dieses Problem eine Lösung bieten? Meine These lautet, daß er dieses im Gegensatz zum Kulturpluralismus nicht vermag. Wir benötigen einen Wertekonsens; andernfalls riskieren wir einen weltanschaulichen Zusammenprall der Zivilisationen, den auch die Multi-Kulti-Ideologie nicht verhindern kann.

Der Grund für dieses Unvermögen ist, daß der Multikulturalismus nichts anderes als eine Form des Kommunitarismus ist, der die Gesellschaft in mehrere Teilsysteme segmentiert, die ich Parallelgesellschaften nenne. Auf diese Weise ist kein Minimalkonsens in bezug auf die Gültigkeit von Normen und Werten möglich. Ohne einen solchen Wertekonsens riskieren wir jedoch einen Zusammenprall der Zivilisationen. Im Gegensatz zu der Wertebeliebigkeit des Multikulturalismus vertrete ich einen Kulturpluralismus. In einem kulturpluralistischen Rahmen können Menschen aus verschiedenen Kulturen unter Beibehaltung ihrer jeweiligen kulturellen Identität zusammenleben, sofern sie die für alle bindenden Normen und Werte akzeptieren. Diesen Wertekonsens, der einem Zusammenprall der Zivilisationen entgegenwirkt, nenne ich auf globaler Ebene *internationale Moralität*[3], innerhalb von Einwanderungsgesellschaften habe ich hierfür den Begriff der *Leitkultur* geprägt.

In der Multi-Kulti-Ideologie wird der Bedarf an einem solchen Grundkonsens oftmals im Namen der Toleranz tabuisiert und Andersdenkende mit Totschlagargumenten, die zu verbalen Keulen werden, mundtot gemacht. Auf diese Weise werden Bedenken gegen die *anything goes*-Weltanschauung, das heißt die Wertebeliebigkeit der Multikulturalisten, oft als »Fremdenfeindlichkeit« verfemt. Die Grenze zwischen seriösem Denken und Gesinnungsethik oder Propaganda wird so verwischt. Toleranz[4] als Rahmen für Glaubens- und Denkfreiheit ist eine westlicheuropäische Idee der Aufklärung, die Pluralismus auf allen Ebenen, zum Beispiel auf der religiösen, ermöglicht. Meine Leser wissen bereits, daß andere Kulturen und Zivilisationen ein anderes Verständnis von Toleranz haben, das dies nicht leistet.

Wir hören oft ohne Spezifizierung und nähere Erläuterung, daß der Islam eine tolerante Religion sei. Man kann nicht redlich sein und zugleich von einer toleranten Religion des Islam ohne Einschränkung sprechen. Dies ist nicht gerechtfertigt, weil wie gesagt islamische Toleranz nicht gegenüber Anhängern nichtmonotheistischer Religionen oder Atheisten gilt. An fremden Kulturen zu beanstanden, daß sie eine solche Öffnung nicht erreicht haben, hat mit Fremdenfeindlichkeit oder »Feindbild Islam« nichts zu tun, wie von Multikulturalisten und Islamisten ständig behauptet wird. Die verbale Keule vom »Feindbild Islam« ist Teil der Propaganda der Islamisten geworden, die zudem ihr eigenes »Feindbild Westen« verschweigen.

Als Befürworter von Toleranz, so wie sie im Westen seit der europäischen Aufklärung verstanden wird, und als Reform-Muslim aus dem Orient, der aus einer der ältesten islamischen Damaszener-Gelehrtenfamilien (Banu al-Tibi) stammt, trete ich gegen multikulturelle Moden für die Bewahrung der Aufklärungsidentität Europas ein. Die islamische Bestimmung des Begriffes Toleranz ist aus der Perspektive eines religiösen Pluralismus überholt. Während Multi-Kulti-Ideologen Toleranz als Rahmen für Wertebeliebigkeit predigen, läßt kultureller Pluralismus eine solche nur im Rahmen einer Leitkultur zu, die auf einem Wertekonsens basiert. Multikulturalisten sind auf der einen Seite überzogen tolerant, auf der anderen Seite aber genauso intolerant, was sich in ihrem Umgang mit den Kritikern des von ihnen vertretenen werterelativistischen Ansatzes zeigt. Für multikulturalistische Intoleranz möchte ich folgendes Beispiel anführen: Gleichermaßen als Reform-Muslim und als aufklärerischer Kulturpluralist warne ich in meinen Schriften vor der totalitären Ideologie des Islamismus und ihrer Anerkennung im Rahmen einer Multi-Kulti-Toleranz und empfehle, zwischen ihr als politischem Totalitarismus und dem Islam als einer in den oben angezeigten Grenzen toleranten Religion zu unterscheiden. Diese Werteorientierung paßte einem protestantischen Multikulturalisten nicht, weshalb er die unter Islamisten geläufige Verfemung meiner Person, ich würde »Angst vor dem Islam schüren«, anführte. Wenn ein Christ einem Muslim vorwirft, solche Feindbilder über den Islam zu verbreiten, dann haben wir es mit Komik, aber auch mit Impertinenz und Intoleranz im Umgang mit Andersdenkenden zu tun. Nach dem 11. September 2001 sind diese protestantischen Selbstverleugner, die dem Islamismus jahrelang Rückendeckung geboten haben, entblößt, und dennoch warnen sie nicht vor dem Terrorismus, sondern vor dem »Feindbild Islam«.

Meine Diskussion über den Toleranzbegriff erfolgt im Lichte unseres Zeitalters, welches eingangs als das der globalen Migration bezeichnet wurde. Um eine Abgrenzung des zu befürwortenden Kulturpluralismus von der Wertebeliebigkeit des Multikulturalismus vorzunehmen, bei der Toleranz zur *anything goes*-Einstellung, also zur Werteindifferenz verkommt, möchte ich den Toleranzbegriff neu bestimmen. Großen Wert lege ich auf die Feststellung, daß es keine akademische Debatte ist, über Toleranz in unserem Zeitalter nachzudenken. Statt dessen geht es dabei um den inneren Frieden in Einwanderungsgesellschaften und generell in einer strukturell globalisierten, kulturell jedoch fragmentierten Welt. Wir müssen Toleranz schützen; aber nach dem 11. September 2001 dürfen wir ihre instrumentelle Ausnutzung durch Islamisten und Gleichgesinnte nicht mehr zulassen.

Indifferenz ist weder gegenseitige Toleranz, noch zeugt sie von Dialogfähigkeit

Unter den Zuwanderern der islamischen Diaspora-Gemeinde in Deutschland befindet sich eine kleine, aber politisch sehr effiziente Minderheit von Islamisten, das heißt religiösen Fundamentalisten. Aus diesem Kreis kamen einige der Attentäter, die für die Anschläge vom 11. September 2001 verantwortlich sind.[5] Auf die von bestimmten Europäern oft zu hörende Aufforderung, Toleranz gegenüber den Islamisten walten zu lassen, antwortete ich früher mit einem Verweis auf die von Islamisten verübten blutigen Massaker in Algerien seit 1992 und neuerdings mit der Anführung der Kriegserklärung an die westliche Zivilisation vom 11. September 2001. Der Islam ist eine Religion, der Islamismus aber eine politische Ideologie. In Algerien und anderswo haben Fundamentalisten Abertausende von Frauen und Kindern ermordet, indem sie ihnen in einer quasi rituellen Handlung die Kehlen durchschnitten. Diese Vorfälle wurden den Zeitungslesern durch ihre Häufigkeit so vertraut, daß die zu erwartende Empörung mehr und mehr ausblieb. Medienkonsumenten nahmen sie fast einem Werbespot gleich, das heißt ohne Anteilnahme zur Kenntnis. Die amerikanische Presse berichtete darüber – wenn auch unter dem dramatischen Aufmacher »*Algerian Killing*« – wie über das Wetter, und die deutsche Presse bediente sich solch lapidarer Überschriften wie »Neue Anschläge in Algerien«. Eine sachlich tiefgehende Auseinandersetzung mit der Erscheinung des Fundamentalismus blieb aus, statt dessen wurde ich als Autor mehrerer Bücher über dieses Thema sogar verfemt.

Noch vor dem 11. September 2001 wurde die Welt in demselben Jahr auf die religiöse Intoleranz der Taliban in Afghanistan durch deren Vernichtung der Buddha-Statuen aufmerksam. Störend war die Tatsache, daß sich die westliche Empörung auf die »Zerstörung des UNESCO-Weltkulturerbes«, aber nicht etwa auf die Verletzung des Grundrechts auf Religionsfreiheit richtete. Mit meinem Hinweis, daß es sich dabei um einen Angriff auf den religiösen Pluralismus handele, stand ich allein.[6] Warum gehe ich einleitend auf diese Vorfälle ein, obwohl Toleranz im Zusammenhang mit Migration und nicht die Gewalt der Islamisten mein Thema ist? Am Beispiel der Taliban wird, denke ich, der anstehende kulturelle Zusammenhang überdeutlich, denn die Intention dieser Islamisten war die Zerstörung religiöser Symbole Andersgläubiger. Also ging es hier nicht primär um die Vernichtung eines Weltkulturerbes, sondern um die Demonstration der islamistischen Intoleranz gegenüber anderen Religionen. Die Schändung der Synagogen in Düsseldorf und Essen durch Islamisten erfolgte in gleicher Absicht. Bei manchen Deutschen stoßen wir auf Gleichgültigkeit und Ignoranz gegenüber diesen dramatischen politischen Vorfällen. So hatte die Berliner Ausländerbeauftragte Barbara John, der *Süddeutschen Zeitung* vom 16. Januar 2001 zufolge, nach dem Zusammenschlagen des Reform-Rabbiners Rothschild in Berlin zum Herunterspielen aufgerufen, damit kein »Feindbild Islam« entstünde. Hier frage ich mich, ob das die postmoderne Variante von europäischer Toleranz darstellt. Ist die Gefahr des Entstehens eines womöglich falschen »Fremdbildes« tatsächlich größer als die der Veräußerung von Freiheit, Demokratie und Pluralismus? Die folgende Diagnose unserer Zeit und die daran anschließenden Überlegungen mögen diese Fragen indirekt beantworten.

Europa als zivilisatorische Einheit steuert zum Beginn des 21. Jahrhunderts nach einer fast fünfhundertjährigen Geschichte westlicher Weltherrschaft unsicheren Zeiten entgegen. Daraus entsteht eine Sinnkrise, zu der das Phänomen des Werteverlustes und der Orientierungslosigkeit vieler Europäer gehört. Die sich im Westen ausbreitende Wertebeliebigkeit ist dafür verantwortlich, daß die Grenze zwischen Tätern und Opfern immer mehr verwischt und die Dinge sogar auf den Kopf gestellt werden: Opfer der Islamisten werden abgeschoben, rechtsradikalen Fundamentalisten wird hingegen politisches Asyl mit den entsprechenden Sozialleistungen gewährt, weil sie von islamischen Staaten wegen ihrer gewaltsamen Aktivitäten belangt werden. Nach dem 11. September 2001 wird die Schuld für diese Anschläge den Amerikanern in die Schuhe geschoben, indem man behauptet, daß die US-Politik sie sich selbst zuzuschreiben habe.

Die europäische Eroberung der Welt begann in dem Zeitraum 1500-1800 als »Aufstieg des Westens« infolge einer »Militärischen Revolution« (G. Parker). Die daraus hervorgegangene westliche Zivilisation konnte kraft ihrer techno-wissenschaftlichen Überlegenheit, vor allem in bezug auf Waffen, einen Prozeß einleiten, der die »europäische Expansion« genannt wird. Doch nicht nur Hegemonie, die auf militärischer Überlegenheit basierte, koloniale Herrschaft, Faschismus und Völkermord brachte diese neue Zivilisation hervor, sondern sie hat nach den Worten Horkheimers wie keine andere Zivilisation solch positive Errungenschaften vorzuweisen wie die Befreiung des Menschen von der Naturgewalt und den Fesseln der Tradition. Das Stichwort hierfür lautet: die kulturelle Moderne. Die vom deutschen Selbsthaß geleitete Schwarz-Weiß-Malerei wird manchmal auf die europäische Geschichte übertragen, so daß nur Kolonialismus und Faschismus, nicht aber die Verdienste der europäischen Aufklärung gesehen werden. Begangener Völkermord und das damit verbundene Schuldbewußtsein bestimmen immer häufiger das Selbstbild der Europäer, und zwar dermaßen, daß nicht mehr zwischen Kant und Hitler unterschieden wird.

Habermas, der in der Tradition von Horkheimer Europa verpflichtet bleibt, hat das erstmals von Descartes formulierte Subjektivitätsprinzip als Substanz des neuen Menschenbildes beschrieben. Dieses hat laut Habermas die von der Aufklärung eingeleitete Befreiung ermöglicht und wird von ihm als kulturelle Moderne[7] bezeichnet. Das sind Leistungen Europas, die nicht-europäische Kulturen wiederum für ihre Befreiung – von Europa selbst – in Anspruch genommen haben. Hierzu gehört deren Berufung auf das Selbstbestimmungsrecht der Völker im Rahmen der Entkolonisierung. Mit anderen Worten, Europa hat Normen und Werte von der Individualität des Menschen zur Entfaltung gebracht, die eine Qualität von universeller Gültigkeit besitzen. Zu diesen Werten, welche die zivilisatorische Identität Europas ausmachen, gehört die kulturübergreifende säkulare Toleranz der Aufklärung. Diese gilt ebenso gegenüber Einwanderern, jedoch nur solange sie sich nicht gegen Europa wenden und das unter Berufung auf Toleranz zu legitimieren versuchen, wie dies zum Beispiel von Islamisten praktiziert wird.

Der historische Bogen vom einstigen europäischen Kolonialherren und Eroberer zum europäischen Demutsengel von heute ist sehr weit gespannt, entspricht aber einer realen Entwicklung von einem Extrem zum anderen: Von der Euro-Arroganz zur Selbstverleugnung. In bezug auf die Migration sind die Folgen fatal. Nur eine von der europäischen Ideengeschichte geprägte Toleranz kann Schutz vor den Gegnern des Westens und seiner Werte bieten. Als ein in Europa lebender liberaler Muslim sehe ich mich mittlerweile dazu veranlaßt zu fragen, ob solche im Ursprung europäischen Anschauungen als Basis einer Leitkultur überhaupt noch in Europa selbst gelten? Unterscheiden die Europäer noch zwischen Toleranz und Indifferenz? Vor dem Hintergrund meiner Erfahrungen in Deutschland habe ich meine Zweifel. Schon der einleitend festgestellte Tatbestand, daß mordende Fundamentalisten, die in ihren Heimatländern strafrechtlich verfolgt werden, in Deutschland als politisch Verfolgte anerkannt werden und Asyl erhalten, während ihre Opfer als Nicht-Verfolgte abgeschoben werden können, veranschaulicht das Ausmaß an Orientierungslosigkeit, das meine Zweifel untermauert. Sogar schlimmer ist es, wenn die berechtigte Kritik an Islamisten mit einem »Feindbild Islam« in Verbindung gebracht oder gleichgesetzt wird. Es fällt mir schwer, die Welt zu verstehen, wenn bestimmte deutsche Linksliberale genauso wie rechtsradikale Islamisten gegen meine Person und mein Konzept vom Euro-Islam als Leitkultur für Migranten eintreten und damit an demselben Strang ziehen. Ein deutscher Rezensent meines Buches *Fundamentalismus im Islam. Eine Gefahr für den Weltfrieden?* betitelte seinen Text mit der Überschrift »Inschallah aufgewacht?« (*Die Welt* vom 14.7.2001). Nach dem 11. September 2001 wachten viele auf, doch noch immer gibt es zahlreiche Publizisten, die nur die Gefahr der Entstehung eines »Feindbilds Islam« sehen. Das rechtfertigt die Frage, was geschehen muß, damit auch sie aufwachen.

Vom Eurozentrismus zum deutschen Gutmenschen

Alltagserfahrungen unter Europäern sowie meine Beobachtung, daß diese zu Beginn des neuen Millenniums im Rahmen einer Sinnkrise an sich selbst zweifeln, veranlassen mich – aus der Perspektive eines Nicht-Europäers betrachtet – zu der Vermutung, daß viele unter ihnen zu rationaler Erkenntnis nicht mehr fähig sind. Es ist nicht Vermessenheit, die mich behaupten läßt, daß mir die innere Distanz zum kriselnden Europa hilft, die Dinge mit ungetrübtem Blick zu sehen. Vorrangig kritisiere ich hier viele gesinnungsethische deutsche Intellektuelle sowie deren Denkmuster, die der jüdische Gelehrte Alfred Grosser »Selbstmitleid« genannt hat. Die Gesinnungsethik des deutschen Gutmenschen wird bis zur zerstörerischen Selbstverleugnung gesteigert. Die Folge ist die schon angeführte Unfähigkeit, zwischen Aufklärung und Faschismus, demokratischen Menschenrechten und Kultur-Imperialismus und damit auch zwischen Mördern und ihren Opfern angemessen zu differenzieren. Dieses Unvermögen war klar an den Reaktionen auf die tragischen Ereignisse des 11. September 2001 abzulesen. Das, was ich hier beanstande, gilt nicht nur für den Umgang mancher Deutscher mit Fremden, auch bei Vergewaltigung, Mord und anderen schweren Verbrechen zeigen diese häufig mehr Verständnis für die Leiden der Täter als für die der Opfer. Merkwürdiger Humanismus! Indifferenz, Werteverlust und fehlende Maßstäbe reichen einander die Hand. Dies nenne ich Sinnkrise. Wie können Europäer – vor allem Deutsche – in diesem Zustand Leitbilder für Migranten bieten?

Parallel zu der angesprochenen europäischen Orientierungslosigkeit erleben wir bei Nicht-Europäern einen genau entgegengesetzten Prozeß der Selbstbehauptung, der ein ausgeprägtes Zivilisationsbewußtsein ermöglicht. Dieses nimmt zuweilen die Form des Neo-Absolutismus an und steht damit im starken Kontrast zum europäischen Kulturrelativismus. Hierbei verlangen Nicht-Europäer offensiv die *Entwestlichung der Welt*. Kulturrelativismus und Neo-Absolutismus stehen nebeneinander als eine Gleichzeitigkeit von Selbstverleugnung bei der einen Partei und überhöhtem Zivilisationsbewußtsein bei der anderen. In einer Diskussion bei der *Erasmus-Foundation* in Amsterdam über die Grenzen des Pluralismus haben wir die angeführten Begriffe Kulturrelativismus und Neo-Absolutismus in diesen Rahmen eingebettet.[8]

Läßt sich Europa selbst ins Abseits treiben? Steckt der Kontinent, der nicht nur vom eurozentrischen Weltbild her, sondern auch aufgrund seiner realen Geschichte einer globalen Hegemonie für mehrere Jahrhunderte im Zentrum der Welt gestanden hat, in einer zivilisatorischen Krise? Hat Europa seine Identität eingebüßt? Ist Toleranz der richtige Begriff, um die neuen europäischen Einstellungen zu beschreiben? Das sind harte Fragen, die jedoch nicht akademischer Natur, sondern von existentieller Bedeutung für Europa sind! Es gibt ein Novum, das als Komplikation bei der Suche nach Antworten auf die gestellten Fragen wirken mag. Dies ist die Tatsache, daß Europa unter den Bedingungen von Globalisierung und weltweiter Migration diese Fragen zum Beginn des neuen Millenniums nicht mehr nur für sich allein beantworten kann und darf. In unserer Gegenwart hat Europa nicht-europäische Nachbarn im eigenen Haus, die es in seine Überlegungen einbeziehen muß. Zu meinem Bedauern wurde in der Süssmuth-Zuwanderungskommission dieser Tatsache keine Rechnung getragen. Die Rhetorik der verordneten Fremdenliebe von Frau Süssmuth behebt diesen Mangel nicht.

Die Mehrheit der nach Europa drängenden Migranten kommt aus der islamischen Zivilisation, und dies nimmt dem Trend nach zu. Anstelle der Konfrontation suche ich in dieser Krisensituation Vermittlung und Dialog mit dem Ziel, einen Wertekonsens zu erreichen – jedoch ohne blauäugig zu sein, das heißt ohne Selbstaufgabe. Durch meine orientalische Erziehung zu einer stolzen Persönlichkeit bin ich vor einer solchen Blauäugigkeit geschützt. Dialog und Vermittlung können in Konfliktsituationen wie der vorliegenden nicht harmonisch wie etwa die Sitzung eines Gesangvereins ablaufen. Ein Dialog beinhaltet Konflikt und Streit, und sein Erfolg erfordert die Erfüllung von Bedingungen und den Willen zu einem Konsens. Europa muß in der neuen Situation eine Balance finden zwischen den Extremen der klassischen Selbstherrlichkeit (Eurozentrik) und der Selbstaufgabe im Namen der Rücksicht auf den anderen; beide Einstellungen sind für den zu führenden Dialog hinderlich. Nach meiner Auffassung stellen diese Rahmenbedingungen die Basis für einen im Sinne des Kulturpluralismus toleranten Dialog in unserer Zeit, die ich Weltzeit nenne, dar. Zur Erinnerung: Jede Zivilisation hat ihre eigene Zeitrechnung, doch die Globalisierung bringt als Nebeneffekt parallel dazu die Weltzeit hervor.

Kurz: Die Mentalität des deutschen Gutmenschen ist unter den beschriebenen Bedingungen für die Suche nach einer friedlichen Konfliktlösung schlicht unbrauchbar. Dialog erfordert das Bestehen einer Streitkultur, in der Verantwortungsethik den Platz von Rhetorik und Gesinnung einnimmt. Wer kein Selbstwertgefühl hat und die eigene zivilisatorische Identität verleugnet, wird von den anderen geringgeschätzt.

Der europäische Geist der Aufklärung und des Humanismus verpflichtet Europa ethisch besonders im Zeitalter globaler Migration zu Toleranz und zum Frieden mit sich und seinen Nachbarn. Daher ist es ratsam, auf der Suche nach Formen des erträglichen Zusammenlebens den Dialog als Instrument der Konfliktlösung mit den anderen anzustreben. Die Bedingungen für einen Kulturdialog im Rahmen einer politischen Kultur der Toleranz sollen hier pointiert genannt werden: Ein Dialog zwischen Menschen, die unterschiedlichen Zivilisationen angehören und somit unterschiedliche Normen und Werte haben, muß als Ausgangspunkt der Tatsache Rechnung tragen, daß es eben diese weltanschaulichen Unterschiede gibt; verleugnet man sie, dann wird der Dialog sinnlos, weil die Parteien über gegenseitige moralische Zusicherungen nicht hinausgehen. Zudem funktioniert der Dialog nur zwischen Partnern, die gleichermaßen kompromißbereit und sich ihrer eigenen Identität sowie deren kultureller Grundlagen sicher sind, also ohne Selbstherrlichkeit oder Selbstaufgabe auftreten. Toleranz bedeutet in diesem Zusammenhang, auf der Basis eines Wertekonsenses mit Unterschieden so umzugehen, daß man sich zur eigenen Identität bekennt und gleichzeitig die Identität des anderen wahrnimmt.

Der erste Schritt bei dem angestrebten Dialog besteht in der Einsicht, daß weltanschauliche Differenzen das gegenseitige Verständnis erschweren können. Einige darunter sind überwindbar, doch andere sind es nicht. Dennoch ist es möglich, daß eine gemeinsame Basis der Verständigung gefunden wird. Menschen sind in ihrer Humanität gleich, aber sie haben unterschiedliche Welt-, Selbst- und Fremdbilder, die miteinander in Konflikt geraten können. Der zur Beschreibung dieses Sachverhalts zitierte »Kampf der Kulturen«, der heute als sprachlich und inhaltlich falsche Übersetzung der Huntingtonschen Formel vom *Clash of Civilizations* kursiert, eignet sich weder zu einem verantwortungsethischen Verständnis noch zur Bewältigung der anstehenden Konfliktsituation. *Preventing the Clash of Civilizations* (vgl. Anm. 3) erfordert einen toleranten Dialog, nicht Verneinung der realen Zivilisationskonflikte. Es ist inhaltlich falsch »*Preventing the Clash of Civilizations*« mit »Wider den Kampf der Kulturen« zu übersetzen.

Es gibt eine deutsche Tradition der Ich-Bezogenheit im Sinne einer Selbstanklage, die in neubelebter Form als eine Öffnung gegenüber den angesprochenen veränderten Rahmenbedingungen unserer globalisierten Welt präsentiert wird. Als Araber, der in Deutschland lebt, fällt mir eine Selbstzentrierung bei beiden Kulturen auf, jedoch mit folgendem Unterschied: Araber suchen stets die Schuld bei anderen (Verschwörungssyndrom), Deutsche aber bei sich selbst (protestantische Selbstgeißelung). Mit diesem Vergleich[9] will ich zeigen, daß beide Parteien ihre herkömmlichen Weltbilder und Anschauungen revidieren müssen, um dialogfähig zu werden. Auch die anderen Europäer müssen eine ähnliche Leistung erbringen. Die Dialogparteien haben also in bezug auf Toleranz eine Bringschuld zu erfüllen, um ihre Dialogfähigkeit zu verbessern. Ein Gutmensch und ein Neo-Absolutist sind dazu allerdings nicht fähig.

In einer kulturell vielfältigen Gesellschaft ist eine Leitkultur als verbindlicher Wertekonsens erforderlich, den sich Deutsche und Einwanderer zu eigen machen müssen, um ein Miteinander des gegenseitigen Respekts in demokratischer Freiheit gestalten zu können. Dieses Konzept werde ich im folgenden vorstellen.

Globalität und Lokalität

Auch ohne Migration wäre die Menschheit in unserem Zeitalter zunehmender Globalisierung zu einem Wertekonsens verpflichtet, den ich kulturübergreifende internationale Moralität nenne. Durch Migration und die dadurch entstehende kulturell zunehmend vielfältigere Bevölkerung wird dieser Bedarf noch intensiviert und zu einer nationalen Frage. In diesem Rahmen unterscheide ich zwischen zwei Ebenen, der globalen und der lokalen. Der außenpolitische Umgang der Europäer mit der islamischen Zivilisation muß anders aussehen als die Innenpolitik gegenüber den Muslimen, die als Migranten nach Europa kommen. Für die globale Ebene der Koexistenz Europas mit seiner islamischen Umwelt ist eine kulturübergreifende Moralität erforderlich, für die lokale dagegen eine Leitkultur. Der Islam beeinflußt Europa, zum einen als Nachbar in der südlichen und östlichen Mittelmeerregion, zum anderen durch seine Präsenz in Europa selbst als Folge von Migration.[10] Diese Einschätzung ist beispielhaft und generalisierbar auf andere Kulturen, aus denen Migranten nach Europa kommen. Für den globalen Umgang mit anderen Zivilisationen ist also eine kulturübergreifende internationale Moralität, für den auf lokaler Ebene eine Leitkultur vonnöten.

Genauso unterscheide ich auch zwischen zwei Mustern des

Dialogs: Einmal innerhalb Europas, also mit den Migranten, und dann an den europäischen Grenzen mit den islamischen Nachbarn. Beide Dialogmuster beziehen sich auf Werte sowie die Suche nach Gemeinsamkeiten, die sich nach Austragung eines Konfliktes über die kulturelle Differenz herauskristallisieren; nach dem 11. September 2001 kommt ein weiteres Dialogmuster, nämlich der sicherheitspolitische Diskurs hinzu.

Der Ausgangspunkt ist die Tatsache, daß Menschen aus unterschiedlichen Zivilisationen nicht nur unterschiedliche Normen und Werte haben, sondern sich sogar in ihrer Denkweise grundlegend voneinander unterscheiden können. Es macht keinen Sinn, die kulturellen Unterschiede moralisierend zu verleugnen und alles zu nivellieren. Wenn das Vorhandensein von Differenzen zwischen den Zivilisationen schlicht bestritten wird, dann braucht man keine Lösungen mehr. Rhetorik und Realität sind nicht das gleiche. Das friedliche Zusammenleben von Menschen erfordert die rationale Bewältigung der Unterschiede und das Vorhandensein eines Konsenses über einen Normen- und Werte-Katalog; beides bildet den Rahmen für die Gewährung von Toleranz. Nur wenn wir Unterschiede erkennen und über sie sprechen dürfen, versetzen wir uns in die Lage, den benötigten Konsens zu erreichen. Mit Hilfe dieses Konsenses wird das friedliche Zusammenleben von Menschen, die unterschiedliche Selbst- und Weltbilder haben – ich nenne diese zivilisatorische Weltanschauungen – ermöglicht.

Kurz, innerer und sozialer Friede in Europa erfordert einen Wertekonsens, den ich »Leitkultur« auf innenpolitischer Ebene und »kulturübergreifende Moralität« auf der außenpolitischen nenne; wir müssen die bestehenden Spannungen mit Potential zur gewaltsamen Eskalation erkennen und verringern. Fest steht: Die angesprochenen Konfliktpotentiale lassen sich durch gesinnungsethisches Moralisieren nicht aus der Welt schaffen. Besonders gefährlich und für den Frieden abträglich ist die Neigung deutscher Gutmensch-Intellektuellen zu tabuisieren und diejenigen, die sich an Denkverbote nicht halten, als »Kultur-

rassisten« zu diffamieren. Dieser Umgang mit Andersdenkenden mittels Totschlagargumenten, die zu verbalen Keulen werden, ist für das geistige Klima in Deutschland typisch und sehr
beängstigend, und er fördert zudem Intoleranz. Bei der deutschen Debatte um die Leitkultur vermißte ich jede Toleranz für
Andersdenkende und war selbst Opfer deutscher Umgangsformen. Dennoch halte ich an meinem Konzept fest.

Im Gegensatz zum europäischen Umgang mit den nicht-
europäischen Nachbarn, bei denen Europa gleichermaßen zu
sich stehen wie in der Anerkennung *des Anderen* neue Wege
beschreiten muß, haben Europäer innerhalb der Grenzen ihres
Kontinents das Recht auf die Geltung ihrer eigenen zivilisatorischen Identität. Zusammengefaßt: *Innerhalb Europas wird eine
mit den Migranten zu teilende Leitkultur als Wertekonsens
benötigt; außerhalb Europas eine internationale Moralität. Die
erste muß europäisch, die zweite kulturübergreifend geprägt
sein.* Das ist der Rahmen für Toleranz in unserer *Weltzeit.*

Vieles habe ich an Deutschland zu kritisieren – jedoch gewiß
ohne ablehnende oder gar antiwestliche Haltung – und deshalb
bestehe ich auf das Attribut »europäisch« für mein Konzept
von Leitkultur. Einerseits ist es gefährlich, grob zu verallgemeinern und von »den Deutschen« zu sprechen, aber andererseits
kann man ohne begründete Generalisierungen kein allgemeines
Wissen erlangen. Helmuth Plessner zum Beispiel spricht verall-
gemeinernd von der Neigung der Deutschen, »dem Zauber der
Extreme«[11], das heißt, entweder dem einen oder dem ganz
anderen zu verfallen. Diejenigen Deutschen, die verantwortungsethisch geprägt sind, und andere nüchtern denkende Europäer
werden hoffentlich dazu in der Lage sein, eine Leitkultur und
internationale Moralität zu etablieren, weil Europa sonst un-
kalkulierbare Folgen bevorstehen. Toleranz bedeutet niemals
»*anything goes*«! Das ist eine gefährliche Mode! Die angeführten Extreme kamen während der Leitkultur-Debatte zum Tragen. Mein Begriff löste die Debatte aus, aber ich fühlte mich
fremd zwischen dem Extrem des deutschen Gutmenschen, der

jede Leitkultur vor dem Hintergrund des Kulturrelativismus ablehnt, und dem anderen Extrem des deutschen Patrioten, der Leitkultur mit eigenen regionalen Gepflogenheiten verwechselt.

Die Kommunikation zwischen Menschen mit zivilisatorisch und weltanschaulich unterschiedlichem Hintergrund erfolgt als »Kulturdialog im globalen Dorf«, gewiß nicht als »Kampf der Kulturen«. Bei dem Dialog zwischen Europäern und nicht-europäischen Migranten darf Europa die Geltung seiner eigenen politischen Kultur von Demokratie und Toleranz beanspruchen. Eine Leitkultur setzt den Ansprüchen mancher Einwanderer und Zuwanderer (zum Beispiel Islamisten und ethnischen Nationalisten) auf Ablösung der europäischen Identität durch ihre eigene Grenzen. So kann im Rahmen religiöser Toleranz – dies schreibe ich als Muslim – der *Schari'a*/islamisches Gottesgesetz kein Platz eingeräumt werden.

Gerade wegen der Sensibilität der anstehenden Problematik ist es erforderlich, stets konkret zu argumentieren. Als Beispiel führe ich die Islam-Diaspora an. Die Islamisten unter den nach Europa eingewanderten Muslimen fordern im Namen kommunitaristischer Rechte und im Rahmen eines Anspruchs auf eine eigene, allerdings konstruierte kulturelle Identität die Geltung der *Schari'a* für die muslimischen Migranten innerhalb einer Parallelgesellschaft. Ausgehend von diesem »Freiraum«, den die Migranten für sich in Anspruch nehmen, erfolgte die Kriegserklärung an die westliche Zivilisation am 11. September 2001. In den USA sagt man seither: »Der Multikulturalismus ist tot«,[12] das heißt, daß man zwar noch immer die Migration bejaht, nicht aber einen Freiraum für die jeweilige Kultur der Migranten gewährt. Wie reagieren die Deutschen?

Gegen Multikulturalisten argumentiere ich: Die *Schari'a* würde mit der Identität Europas kollidieren, weil sie in diametralem Widerspruch zu den säkularen europäischen, von Menschen gestalteten Verfassungen steht; aufgrund dessen bleibt sie abzulehnen. Die Alternative zum Neo-Absolutismus der Islamisten ist ein interkultureller Dialog, der Zivilisationsbewußtsein und zugleich Kompromißbereitschaft bei der Suche nach Gemeinsamkeiten als Zeichen der Dialogfähigkeit auf beiden Seiten erfordert. Über die Trennung von Religion und Politik und über die Geltung individueller Menschenrechte kann allerdings im Namen der Toleranz nicht verhandelt werden, weil die Aufgabe dieser Werte einer Selbstaufgabe der säkularen europäischen Zivilisation gleichkäme; die Säkularität bildet die Grundlage für die Praxis des religiösen Pluralismus, und dieser gehört zur Leitkultur Europas.

Als Muslim kann ich das europäische Bewußtsein für mich beanspruchen, weil es weder ethnisch exklusiv noch religiös ist. Dieses Verständnis ist vor allem auf die Deutschen und die hier lebenden Migranten zu übertragen; jede ethnische Bestimmung des Bürgers steht im Gegensatz zu den ideengeschichtlichen Grundlagen des okzidentalen Europas, das eine kulturelle Moderne hervorgebracht hat. Für eine Leitkultur innerhalb Europas zu plädieren, ist eine Denkweise, die auf dieser kulturellen Moderne und ihrer Säkularität basiert.

Warum muß ein Nicht-Europäer wie ich dies den Europäern heute sagen? Die Europäer scheinen einer zweiten Aufklärung zu bedürfen, in deren Rahmen sie im interkulturellen Dialog ihr Verhältnis zum nicht-europäischen Rest der Welt, aber vor allem zu den Einwanderern im eigenen Haus bestimmen. Zu den Aufgaben, besonders der Deutschen, gehört, ihr ethnischexklusives Denken zu entromantisieren. Allerdings dürfen sie damit nicht fälschlicherweise eine Selbstverleugnung verbinden. Auf dem Boden der europäischen kulturellen Moderne müssen sie einen für sich und andere verbindlichen Normen- und Werte-Katalog verlangen. Noch einmal: Diesen Katalog nenne ich bezogen auf Europa Leitkultur, und diese basiert auf einem Wertekonsens als Grundlage für die Ausübung *gegenseitiger Toleranz.*

Es ist wichtig zu wiederholen und damit erneut daran zu erinnern, daß die Forderung nach einer Leitkultur von einem semitischen Araber und somit Angehörigen der islamischen Zivilisation gestellt wird, der zugleich Migrant ist und Europa angehören will, das heißt als ein Fremder um Anerkennung mittels Einbeziehung des Anderen kämpft.[13] In dieser Eigenschaft bin ich der Auffassung, daß Europa mit seiner kulturellen Moderne die wesentlichen Bestandteile der soeben erläuterten Leitkultur bietet. Diese fasse ich mit wenigen Worten zusammen: Primat der Vernunft vor religiöser Offenbarung, das heißt vor der Geltung absoluter Wahrheiten, also Säkularität (die Franzosen sprechen von Laizität), *individuelle* Menschenrechte (also nicht multikulturelle Gruppenrechte), säkulare, auf der Trennung von Religion und Politik basierende Demokratie, *allumfassender*, also auch religiöser und kultureller Pluralismus, gegenseitige säkulare Toleranz im Rahmen einer Zivilgesellschaft.[14] Diese europäische Leitkultur, die eine an Spielregeln und Normen gebundene Toleranz beinhaltet, ist die Alternative zu Fundamentalismus und ethnischem Nationalismus der Diasporakultur. Dies ist nach dem 11. September 2001 offensichtlicher als je zuvor.

Diesen Abschnitt möchte ich mit folgender Frage abschließen: Ist es ein Widerspruch, wenn ich gleichzeitig für Kulturdialog mit nicht-europäischen Zivilisationen und für die Bewahrung der zivilisatorischen Identität Europas eintrete? Es ist wichtig zu klären, daß ein Dialog zwar eine vordringliche Aufgabe ist, zugleich aber festzustellen bleibt, daß er in der Substanz leider noch nicht vorhanden ist, auch wenn es bereits fruchtbare Ansätze dazu gab (zum Beispiel der Cordoba-Trialog im Februar 1998 sowie im März - April 2000). Niemand wird folgendes bestreiten können: Der unverzichtbare Kulturdialog mit den Migranten innerhalb Europas und der Dialog zwischen den Zivilisationen, das heißt zwischen Europa und seinen Nachbarn, sind kein »Business« für die deutsche Exportindustrie, sondern eine Voraussetzung zugleich für den inneren und den äußeren Frieden Europas. Doch warum kommt es nicht zu solch einem substantiellen Dialog? Wo liegen die Hürden?

Kulturübergreifende Moralität, Leitkultur und Dialog

Der erforderliche Kulturdialog im Rahmen gegenseitiger säkularer Toleranz muß aufrichtig und werteorientiert sein. Bisher ist er in dieser Form nicht in Gang gekommen, weil beide Seiten die hierfür erforderlichen Voraussetzungen nicht erfüllen. In ihrer Sinnkrise sowie ihrem Pendeln zwischen Euro-Arroganz und Selbstzweifeln neigen die Europäer immer häufiger zur Selbstverleugnung; besonders Deutsche verstehen die Menschen außerhalb Europas nicht. In einer solchen Gesellschaft, die zur Integration der Einwanderer unfähig ist, verkapseln sich die Einwanderer in ihrer ethnisch bzw. religiös bestimmten Diaspora-Kultur, auf deren Basis dann Parallelgesellschaften entstehen. Dialog heißt nicht einfach nur miteinander reden oder »Begegnung«, wie manche Christen sagen; er ist viel mehr als das. Er erfordert Spielregeln, setzt einen Konsens über bestimmte, auf Werten basierende Grundlagen voraus. Hierfür habe ich – wie angeführt – auf globaler Ebene den Begriff kulturübergreifende Moralität und auf lokaler Ebene den der Leitkultur geprägt.

Zentral für Europäer ist, zu verstehen, daß ein Mangel an Zivilisationsbewußtsein eine Einstellung ist, die von Nicht-Europäern entweder als Schwäche oder als Ausdruck der Dekadenz einer ohnehin kriselnden Zivilisation wahrgenommen wird. Vorurteilsbeladen schlußfolgern die Nicht-Europäer, daß man mit Europäern alles machen kann und sie dieses hinnehmen. Gewiß: Dies trifft nur für die deutschen Gutmenschen zu und nicht für alle Europäer. Viele Nicht-Europäer, vor allem Muslime, pflegen eine – aus Höflichkeit nicht offen ausgesprochene – Geringschätzung und Verachtung der Europäer und besonders der deutschen Selbsthasser. Diese Einstellung behindert auch den Dialog und die Einigung auf einen Wertekonsens. Mit anderen Worten: Auf der europäischen Seite krankt der Kulturdialog am fehlenden Zivilisationsbewußtsein und dem Mangel an verbindlicher Moralität sowie Leitkultur, bei Nicht-Europäern genau am Gegenteil, wie durch den von ihnen häufig vertretenen Neo-Absolutismus, der die universelle Geltung ihrer Werte beansprucht, deutlich wird.

Erschwerend kommt hinzu, daß Begriffe in jeder Kultur einen jeweils anderen Sinngehalt aufweisen. So heißt *Salam*/Frieden im Islam Erweiterung von *Dar al-Islam*/Haus des Islam und Dialog bedeutet nicht nur Austausch, sondern beinhaltet *Da'wa*/ Aufruf zum Islam. Für die orthodoxen Muslime sind also nicht Austausch und kulturelle Anleihen das Ziel eines Dialogs, sondern sie verstehen darunter Missionierung. Dies kann nicht zu einer gegenseitigen Verständigung beitragen und widerspricht jedem religiösen Pluralismus, der nur auf der Basis eines säkularen Normen- und Werte-Katalogs möglich ist, durch den das Absolute in jeder Religion in die private Sphäre verwiesen wird. Besonders die Islamisten binden die Migration an das Ziel der Islamisierung. Dies möchte ich an einem eigenen Erlebnis veranschaulichen: Bei dem Cordoba-Trialog vom Februar 1998 hat der Imam von Jericho, Scheich Rajai Abdou, in aller Aufrichtigkeit und Offenheit dieses Problem angeführt und seine »Gewissensnöte« dargelegt, die ihm der Umstand bereite, daß die in Cordoba zum Trialog Versammelten Austausch wollen, während er als orthodoxer Muslim die Bekehrung der Andersgläubigen zum Islam im Sinne hätte. Das klingt seltsam, entspricht aber den Tatsachen, die viele Deutsche nicht verstehen.

Eben weil viele Muslime Europa als einen »Kontinent im zivilisatorischen Verfall« wahrnehmen (Sittenverfall, Drogensucht, Gottlosigkeit und Prostitution), glauben sie – zugleich missionarisch und gut gemeint –, durch die von ihnen angestrebte Islamisierung Europa vor der Dekadenz zu retten. Auch christliche Missionare mögen solche »ehrlichen« Absichten bei ihrer Arbeit in Asien und Afrika verfolgen; dennoch steht fest, daß Missionierung kein Dialog ist. Zu missionieren steht im Prinzip jedem zu, aber dann sollte das Kind auch beim Namen genannt werden. Es ist sehr wichtig, und deshalb wiederhole ich es, daß

Toleranz Missionierung ausschließt. Dies verlange ich von Christen und meinen Glaubensbrüdern gleichermaßen. Eine islamische Missionierung Europas ist – auch wenn sie als friedlicher *Djihad* betrieben wird – eine Bedrohung für Europa und verletzt alle Spielregeln der Toleranz.

Zusammengefaßt: Die selbstverleugnende Haltung der Europäer unserer Zeit stößt auf die selbstherrliche Haltung der Islamisten und verstärkt das missionarische muslimische Bewußtsein. So entsteht eine falsche Wahrnehmung der Bedeutung von Dialog, nach der dieser als ein Mittel zur Verbreitung des Islam in Europa gesehen wird. Wiederholt habe ich die Erfahrung gemacht, daß viele protestantische Pfarrer diesen Zusammenhang nicht verstehen und eine falsche Auffassung von Dialog haben. Das ist sehr bedauerlich und von Nachteil für die praktische Umsetzung des Toleranz-Konzeptes, ein Manko, das ich aus Gründen der Integrität offen aussprechen muß.

Einleitend sprach ich von dem Bedarf an einer Diagnose unserer Zeit, die ich als *Weltzeit* deute. Im Zeitalter der Zivilisationskonflikte und dem Bestreben nach einer Entwestlichung der Welt bildet diese benötigte Diagnose die Grundlage meines Plädoyers für den Kulturdialog innerhalb und außerhalb Europas auf der Basis kulturübergreifender Moralität und Leitkultur als Wertekonsens. Dies ist der Bezugsrahmen meines Nachdenkens über Einwanderung. Die vorläufigen Antworten auf die gestellten Fragen machen deutlich, daß nicht moralisierende Gesinnungsethik, sondern ein verantwortungsethisches Ansprechen der Probleme den Zustand Europas im unterstellten »Abseits« überwinden hilft.

Dieses Kapitel wurde mit der Frage: »Was aber ist Toleranz?« eingeleitet, und eingangs habe ich darüber informiert, daß unterschiedliche Kulturen unterschiedliche Antworten auf diese Frage geben. Viele Europäer denken nicht nur eurozentrisch, sondern leider auch monokulturell. Der monokulturelle Toleranzbegriff muß kulturübergreifend erweitert werden. Wenn Europäer dies nicht verstehen und die Erweiterung ihres Hori-

zonts im Sinne einer Öffnung für andere Kulturen und Zivilisationen unterlassen, dann bleibt es bei der beklagten Euro-
Arroganz. Das Gerede über Toleranz entpuppt sich bei vielen
Deutschen schnell als Heuchelei, wie ich leider oft in der von
mir als Fremdem und Migranten wahrgenommenen deutschen
Alltagskultur feststellen mußte. Diese mit langen rationalen Be-
gründungen verbundene Aufforderung, zu erkennen, daß eine
kulturübergreifende Erweiterung der eigenen Perspektive erforderlich ist, stößt immer auf Widerstand.

Was heißt Toleranz im globalen Dorf?

Eine der Grundlagen des Toleranzbegriffes ist die Anerkennung
des Rechts auf Anderssein, dies gilt jedoch nur innerhalb von
verbindlichen Spielregeln. Auf deren Basis sind dann Gemeinsamkeiten zu suchen, ohne daß man dabei von der Illusion
geleitet ist, daß Differenzen verschwinden. Dieses Recht auf
Anderssein nehme ich auch für mich in Anspruch. Als ein in
Damaskus geborener und sozialisierter semitischer Araber muslimischen Glaubens möchte ich meine Kritik persönlich, also
nicht in einem deutsch-professoral abstrakten Stil, das heißt das
eigene »Ich« negierend, vortragen. Vergeistigung der Argumente
ist mir noch immer sehr fremd, obwohl ich bereits mit 18 Jahren aus Damaskus nach Deutschland kam, hier seit 1962 lebe
und mir die deutsche Sprache in der ansonsten immer noch
fremden deutschen Umwelt eine geistige Heimat geworden ist.
Immer wieder muß ich meinen Stil gegen meine Lektoren verteidigen. Es sind die Deutschen, die vergeistigt sind; ihre Sprache,
die auch die meine ist, erlaubt den persönlichen Stil, wie dieses
Buch bereits in seiner Einleitung zeigt. Auch hier ist Toleranz im
globalen Dorf gefragt.

Um zu veranschaulichen, was ich mit meinem anderen Stil
und der diesem entsprechenden Argumentationsweise meine,
möchte ich auf das Motto von *Europa ohne Identität?* zurückgreifen: Der in Budapest geborene und vor dem Naziterror nach

Frankreich geflüchtete Psychoanalytiker Joseph Gabel zitiert in seinem Werk über *Ideologie und Schizophrenie* aus Albert Béguins *Faiblesse d'Allemagne* folgendes Urteil:

»Mehr als die angeblich rationalistischen Völker sind die Deutschen einer so vollkommenen Unterdrückung des Subjekts fähig, daß allein der Intellekt bleibt und daß der Dämon des Abstrakten unerhörte Triumphe feiert.«[15]

Toleranz bezieht sich auch auf Konflikte, die den Gegensatz von Normen und Werten zum Gegenstand haben; sie besteht nach der Klärung des Gegenstandes in der Akzeptanz des Anderslautenden. Die Anerkennung gilt also auch für die jeweils andere Denkweise, in diesem Fall die nicht vom »Dämon des Abstrakten« versklavte, also die nicht-vergeistigte. Als ein in Damaskus aufgewachsener Araber denke ich anschaulich, an Beispielen orientiert, bringe mich und meine Erfahrungen in die sachliche Argumentation narrativ ein. Der eine nennt dies »unsachlich«, der andere »Selbstdarstellung« und ein *Spiegel*-Redakteur in der Begründung für die Abweisung eines Artikels »Ich-Stil«; ich nenne diese Qualifizierungen schlicht: intolerant. Die Welt ist viel größer als Deutschland, und die deutsche Tradition der Vergeistigung sowie die damit verbunde Ablehnung des »Ichs« steht mit der europäischen Leitkultur der Aufklärung nicht im Einklang.

Meine Kritik hängt mit meiner »Seinslage« (Karl Mannheim) als ein zwischen den Kulturen lebender Mensch zusammen. In der frühen Phase meines Lebens in Deutschland – also während meiner Anpassung – war ich ein Mensch, der dem »despotischen Orient« entfliehen wollte. Ein aus dem Sozialstaat Nutzen ziehender »Asyl-Bewerber« war ich jedoch nie, weil ich auf Kosten meines vermögenden Banu al-Tibi-Clans zum Studium nach Frankfurt kam; als diese Quelle später versiegte, bestritt ich meinen Lebensunterhalt als Arbeiter. Wer als Fremder für seinen Unterhalt arbeitet, ist kein »Gastarbeiter«! An einer anderen Stelle dieses Buches habe ich näher beschrieben, wie ich mich aus meiner Assimilation, die durch Germanisierung

erfolgte, befreit habe, ohne aufzuhören, für Integration einzutreten (vgl. Kapitel 3).

Es war ein Zufall, daß meine Studienjahre in die Blütezeit der
Frankfurter Schule fielen, in deren geistigem Umfeld ich meine
Lehrjahre verbrachte. Damals, zwischen 1962 und 1982, hatte
ich im Rahmen einer heute von mir abgelehnten Assimilation
den vergeistigten deutschen Stil des Denkens angenommen.
Meine zwischen den Jahren 1971 und 1981 unter anderem in
streng wissenschaftlichen Reihen erschienenen frühen Bücher
dokumentieren diese Neigung zur Vergeistigung, weshalb ich
damals im deutschen Wissenschaftsbetrieb anerkannter war, als
ich es heute bin. In jenen Büchern kommt mein »Ich« nicht vor.
Heute bin ich – nach Wiederentdeckung der eigenen multiplen
Identität sowie dem Gewinn der Erkenntnis, daß die sinnbildlich gesprochen zu einem globalen Dorf zusammengeschrumpfte
Welt weit größer als Europa, geschweige denn als Deutschland
ist – sehr bewußt ein interkulturell denkender und handelnder
Mensch. Hierzu gehört, daß ich eine vergeistigende Abstrahie-
rung von *Lebenslagen* strikt ablehne. Von manchem Leser und
auch von meinem Lektor höre ich bereits die Frage: Was haben
diese persönlichen Bezüge mit Ihrem Gegenstand Toleranz zu
tun? In diesem Kapitel ist mein Thema Toleranz und Migration.
In diesem Sinne fordere ich Toleranz für mein »Anderssein« ein
und erwarte dessen Anerkennung.[16] Toleranz ist auch eine Praxis der Alltagskultur; als Pflichtrhetorik ohne Taten ist sie wertlos.

Der erste Kritikpunkt an vielen linksliberalen Deutschen bezieht sich darauf, daß sie die Toleranz in einem vergeistigten
Sinne definieren, sie in der Praxis, das heißt in ihrem konkreten
Verhalten, aber völlig vermissen lassen. Als Einwanderer habe
ich die deutsche Universität in einem Zeitraum von mehr als
drei Jahrzehnten als Ort der Intoleranz erfahren: keine Streitkultur, keine Anerkennung des Fremden. Diese mir in Deutschland oft widerfahrene Intoleranz bezieht sich auf Dinge der Alltagskultur. Als Professor an einer deutschen Universität spreche

ich dennoch mit den Händen sowie mit Herz und Seele, also nicht vergeistigt, wie es sich offenbar für einen etablierten deutschen Professor geziemt, dessen Habitus ich weder annehmen kann noch will. Viele deutsche Professoren bezeichnen mich deshalb – zumeist in herabwürdigender Weise – als einen »Erzähler« aus dem Orient und nicht als Wissenschaftler. Mein Trost ist, daß ich bei meinen Vorträgen vor gebildetem deutschem Publikum besser ankomme als die Nicht-Erzähler, die ihre Zuhörer durch regungsloses Ablesen aus dem Manuskript zum Einschlafen bringen. Positiv angemerkt – es gibt auch den anderen Deutschen. Ein weiterer Trost ist mir die Übersetzung meiner auf Deutsch verfaßten Arbeiten in vierzehn Sprachen, die mir jene Anerkennung im globalen Dorf bringt, welche mir an der deutschen Universität versagt bleibt. Bundeskanzler Schröder sprach mir aus dem Herzen, als er für Deutschland »mehr Internationalität« forderte. Dies gilt auch für das kulturelle Verständnis von Toleranz.

Toleranz bezieht sich nicht nur auf Wertekonflikte, sondern auch auf die Fähigkeit zur Empathie, also auf die Sensibilität, das sozialpsychologische Anderssein von Migranten aus Asien und Afrika und anderen Nicht-Europäern zu verstehen. Das bedeutet natürlich nicht, alles Fremde zu akzeptieren. Leider mündet der Mangel an dieser Fähigkeit zur Empathie in Deutschland oft in eine Fremdenfeindlichkeit des Alltags, die Fremde in ein Ghetto treibt.[17] Dies hat mit Mangel an Sensibilität, nichts mit Rechtsradikalismus zu tun; in dieser Hinsicht sollte man die Kirche im Dorf lassen. Parallel zu diesem Extrem der mangelnden Empathie bzw. Intoleranz des Alltags stoßen wir in Deutschland auf die kollektive Toleranz deutscher Gutmenschen gegenüber allem Fremden einschließlich dem Islamismus, ja sogar einschließlich der Taten des 11. Septembers 2001.

Es ist gewiß angebracht zu wiederholen, daß Deutsche nicht automatisch alles, was sie nicht verstehen, auch tolerieren müssen. Doch ist die geforderte Sensibilität eine wichtige Voraussetzung, um zur Toleranz überhaupt fähig zu sein und andere

Menschen anzuerkennen. Meine Kritiker könnten mir hier vielleicht eine widersprüchliche Argumentation vorwerfen, wenn ich dafür plädiere, die *Schari'a* abzulehnen und Muslime zu akzeptieren. Bei ein wenig mehr Sensibilität und Wissen über *den Anderen* zeigt sich jedoch schnell, daß es kein Widerspruch ist, die Gefühlswelt von Nicht-Europäern zu verstehen, zu tolerieren und die Anerkennung *des Anderen nicht* mit Akzeptanz von »Gottesgesetzen« gleichzusetzen. Mehr Wissen über die *Schari'a*[18] würde zudem erkennen lassen, daß diese postkoranisch und von Menschen konstruiert, also nicht Teil der islamischen Offenbarung ist. Die islamischen Aufklärer des Hoch-Islam im Mittelalter sind von *Schari'a*-Gelehrten inkriminiert worden. Der beste Schutz vor einem »Feindbild Islam« ist, den Islam gut zu kennen. Viele deutsche Sittenwächter, die den Islam schützen wollen, erfüllen diese Bedingung nicht.

Toleranz im globalen Dorf erfordert von den Menschen nicht nur Anpassung an gemeinsame Standards, sondern auch die Fähigkeit zu kritischer Distanz. Erst diese ermöglicht die Unterscheidung zwischen Islam und Islamismus. Bei vielen deutschen Intellektuellen, deren Denkqualität, Stringenz und hohen Grad an Reflexivität ich bewundere und von denen ich auch vieles lerne, stelle ich häufig beim Umgang mit *dem Anderen* eine monokulturelle Perspektive fest; sie ist leider oft – wie die der meisten deutschen Gelehrten – sehr eurozentrisch. Ein Beispiel hierfür ist der zitierte Philosoph Werner Becker; er schreibt über Toleranz, sein realer Kontext beschränkt sich jedoch auf Deutschland und wird nur teilweise auf den europäischen Kontinent erweitert. Wenn er schreibt: »Die Toleranz in der Welt von heute«, dann umfaßt die Welt für ihn nur Europa. Aus diesem Grunde glaubt er aus der Feststellung, daß Toleranz ihre rechtsstaatliche Institutionalisierung erst in der Demokratie erhält, folgern zu können:

»Wir befinden uns als Demokraten zum ersten Mal in diesem Jahrhundert in der glücklichen Lage, daß fundamentale Alternativen nirgendwo öffentlichkeitswirksam diskutiert werden«.[19]

Als Nicht-Europäer, der mit Becker die Demokratie als Werteorientierung teilt, kann ich seiner Feststellung – auf Basis der empirischen Fakten – nicht beipflichten. So kann ich beispielsweise für die Zivilisation, aus der ich stamme und der ein Fünftel der Menschheit angehört, eine solch »glückliche Lage« leider nicht feststellen. Dies möchte ich mit Fakten untermauern, die auch die Islam-Diaspora der Migranten betreffen.

Sehr öffentlichkeitswirksam wird in jenem Teil des Globus eine Schrift des großen geistigen Führers des Fundamentalismus Abu al-A'la al-Maududi diskutiert. In Großbritannien lernen dort geborene Muslime im Islam-Unterricht ihre Religion anhand der Schriften von Maududi kennen.[20] In einer dieser Schriften steht:

»Ich sage es Euch Muslimen in aller Offenheit, daß die säkulare Demokratie in jeder Hinsicht im Widerspruch zu Eurer Religion ... steht ... Der Islam, an den Ihr glaubt und wonach Ihr Euch Muslime nennt, unterscheidet sich von diesem häßlichen System total ... Es kann keine Übereinstimmung zwischen Islam und Demokratie geben.«[21]

Ist diese Proklamation der Ausdruck einer »glücklichen Lage«? Und kann diese Position Toleranz im Namen von Religionsfreiheit für sich in Anspruch nehmen? Wo bleibt die Globalität, wenn in Großbritannien im Namen der Toleranz islamische Schulen zugelassen werden, die die Kinder islamischer Migranten in diesem Geist von Maududi erziehen? Am 31. Oktober wurde im ZDF-*heute-Journal* ein Bericht ausgestrahlt, demzufolge 600 Briten islamischen Glaubens – in England geboren – nach Afghanistan reisten, um auf seiten der Taliban auch gegen die britischen Soldaten, ihre Landsleute, zu kämpfen.

Berücksichtigen wir die durch Zuwanderung entstandene Islam-Diaspora, dann müssen wir sicherlich zu einer anderen Auslegung des Islam als der von Maududi zitierten gelangen, denn Islam und Demokratie sind im Rahmen einer reform-islamischen Interpretation[22] durchaus miteinander vereinbar. Es gibt sogar westliche, anscheinend gleichgültige Islamkenner, die ihre Toleranz soweit ausdehnen, daß sie die islamische Ablehnung der Demokratie als eine »islamische Spielart der Demokratie«[23] deuten. Öffentlichkeitswirksam ist in der Welt des Islam jedoch die soeben zitierte Position von Maududi, die auch an britischen islamischen Schulen gelehrt wird. Gehört es zum Verständnis von Toleranz zuzulassen, daß der Islam-Unterricht auf solchen Lehrbüchern basiert? Welche Art von postmoderner europäischer Toleranz ist das? Wenn ein Deutscher die oben zitierten Worte Maududis in den Mund nähme, würde er gleich in die rechtsradikale Szene eingeordnet. Warum gilt dieses Urteil nicht auch für den islamischen Fundamentalismus?[24] Ein Konsens über Toleranz innerhalb eines religiösen Pluralismus würde zu einer solchen Einschätzung führen.

Mein Argument lautet, daß die »Welt von heute« sicherlich nicht mehr auf Europa konzentriert ist, sondern sinnbildlich zu einem »globalen Dorf« zusammenschrumpft.[25] Bei eurozentrisch eingestellten Menschen beschränkt sich die Wahrnehmung nur auf den eigenen Teil der realen Welt, weshalb ihre Urteile nicht mehr zutreffend sein können. Es ist bedauerlich, daß man für den Hinweis auf die veränderten Realitäten in einer globalisierten Welt von diesen Europäern die Beschimpfung erntet, »unsachlich« zu sein. Dies kann schlichtweg als eurozentrische Intoleranz bezeichnet werden. In einer globalisierten Welt gehen die Kulturen nicht ineinander auf; die ihnen eigenen Werte und ihre für sie spezifische Sinnstiftung haben weiterhin Bestand. Daher besteht der Bedarf an einem Kulturpluralismus, der einen Wertekonsens einschließt. Die Wertebeliebigkeit des Multikulturalismus führt gewiß in eine Sackgasse und resultiert in einer Rechtfertigung der Intoleranz, weil ihre Indifferenz den Unterschied zwischen Demokratie und Totalitarismus übersehen bzw. verwischen läßt. Der Islamismus ist die neueste Form des Totalitarismus.

Migration und Toleranz

Gegenseitige Toleranz ist eine Bedingung für das Leben im 21. Jahrhundert, weil durch Migration Menschen aus unterschiedlichen Kulturen in Frieden zusammenleben müssen. Toleranz bedeutet aber weder Selbstaufgabe noch den Zwang, zu allem »ja« sagen zu müssen. Die Möglichkeit »Nein, danke!« zu sagen, gehört zu einer aufgeklärten Toleranz. Im »globalen Dorf« unserer Zeit kommen Menschen aus nicht-westlichen Zivilisationen als Migranten nach Europa, verlangen Geltung für ihre Werte und auf diese Weise entstehen Wertekonflikte, die angesprochen werden müssen. In einem früheren Buch, *Im Schatten Allahs*[26], habe ich am Beispiel der Gültigkeit und Akzeptanz der Menschenrechte diese Konflikte problematisiert. Toleranz setzt die Geltung eines weltanschaulichen, also kulturellen Pluralismus voraus, dessen Spielregeln allerdings als Leitkultur von allen Parteien – also auch von den Migranten – akzeptiert werden müssen.

Im Zeitalter globaler Migration muß jede Diskussion über Toleranz eine gedankliche Verarbeitung von Alltagserfahrungen umfassen. Weder die deutsche vergeistigte Art der Diskussion über Toleranz in der multikulturellen Gesellschaft noch die deutsche Spielart der *political correctness* sind bei der Bewältigung dieser Aufgabe hilfreich. Ausgangspunkt muß die Erkenntnis sein, daß jede wirklich pluralistische Gesellschaft ohne eine Leitkultur, also ohne einen Wertekonsens nicht auskommen kann. Während der deutschen Leitkulturdebatte vom Herbst/ Winter 2000 haben sich islamische Fundamentalisten über Intoleranz beklagt, weil Demokraten auf der Basis einer Leitkultur ihre fundamentalistischen Anschauungen zurückwiesen. Die Forderung von Fundamentalisten, im Rahmen der Toleranz Anerkennung für sich zu finden, verwischt die Tatsache, daß diese noch nicht einmal innerhalb ihrer eigenen Religionsgemeinschaft Reform-Muslime dulden; bei ihnen wird Toleranz zum Instrument degradiert, um sich jedes Versuches, dem Fundamentalismus Grenzen zu setzen, zu erwehren. Aus diesem fundamentalistischen Teil der Islam-Diaspora kamen einige der Attentäter vom 11. September 2001. Manche deutsche Links-liberale bieten sich im Namen der Toleranz unbewußt als Ver-bündete an, denn sie wissen nicht, was sie tun.

Dieses Kapitel beende ich mit der Schlußfolgerung, daß Tole-ranz nicht in jeder Hinsicht grenzenlos ist und auch nicht vor-schreibt, alles Abweichende zu dulden. Als Muslim, der für eine kulturübergreifende, an der kulturellen Moderne orientierte Toleranz eintritt, ohne sich der Selbstverleugnung zu verschrei-ben, freue ich mich, wenn ich aus einer christlichen Feder die Erkenntnis vernehme, daß »das Gebot Jesu, demjenigen auch die andere Wange hinzuhalten, der einem bereits einen Schlag auf die eine Wange versetzt hat, mit Toleranz ... in diesem Sinne nicht vereinbar« (Becker, wie Anm. 4) sei.

Diesen Satz möchte ich vielen deutschen Gesinnungsethikern vorhalten. Es trifft zu, daß Toleranz zwar dazu verpflichtet, Positionen, die man nicht teilt, zu tolerieren, dies schließt aber weder eine moralische Selbstaufgabe noch die Annahme frei-heitsfeindlicher Einstellungen ein. Für die Ausübung der Tole-ranz gilt die Grundvoraussetzung, daß die eigene Position bei geistiger Offenheit beibehalten werden kann und hierfür die Bedingung der Gegenseitigkeit gilt. Im westlichen Dialog mit nicht-westlichen Neo-Absolutisten, seien sie religiöse Funda-mentalisten oder ethnische Nationalisten, sind diese Vorausset-zungen nicht gewährleistet, wodurch die Leitkultur der Tole-ranz und ihre Spielregeln keine Geltung haben.

Viele Gegner der Demokratie instrumentalisieren Toleranz für ihre eigenen Belange. Islamisten verlangen zum Beispiel offensiv Toleranz für die eigene Intoleranz. In anderen europäi-schen Ländern, zum Beispiel in den Niederlanden, werden sub-stantielle Diskussionen darüber geführt, ob die im Westen ge-deihende Mode des selbstverleugnerischen Kulturrelativismus im Namen der Toleranz der Intoleranz Tür und Tor öffnet. Eine dieser großen Diskussionen ist die in Buchform erschienene und auch von mir getragene Amsterdamer Debatte über *The Limits of Pluralism: Neo-Absolutisms and Relativism* (vgl. Anm. 8). Auch für die »verspätete Nation« (Plessner, vgl. Anm. 11) Deutschland gilt es, diese internationale Debatte aufzunehmen und fortzuführen. Dies ist bedauerlicherweise bislang nicht geschehen. Jede systematische diskursive Auseinandersetzung über die Zusammenhänge Toleranz-Kulturrelativismus-Multikulturalismus muß die Gefährdung der Demokratie in Europa nach dem Slogan *Democracy Against Itself* [27] in die Argumentation einbeziehen.

Zusammenfassend möchte ich feststellen, daß jeder Entwurf über die Idee der Toleranz weit über das Ideengeschichtliche hinausgehen muß. Wenn wir die Realgeschichte zur Kenntnis nehmen, können wir feststellen, daß die Idee der Toleranz in Europa gepredigt wurde, aber nicht »zur praktizierten ethischen Kultur des europäischen Christentums gehört«[28] hat. Auch W. Becker, der dies beklagt und Toleranz predigt, aber die Aufforderung zur kulturübergreifenden Erweiterung der Perspektive als »unsachlich« ablehnt, ist mit dem Widerspruch behaftet, geistig tolerant, aber praktisch intolerant zu sein. Jede Perspektive, die nicht der Tatsache Rechnung trägt, daß die Welt in unserem *Global Age*[29] sinnbildlich gesprochen zu einem globalen Dorf geschrumpft ist, bleibt der eurozentrischen Betrachtungsweise verhaftet und führt in der Konsequenz zu falschen Schlußfolgerungen. Dazu gehört die Fehlwahrnehmung, daß alles, was in Europa bzw. im Westen gilt, auch für die übrige Welt zu gelten habe. Im Zeitalter des Strebens nach Entwestlichung der Welt gilt diese Annahme nicht mehr!

Jenseits der deutschen Liebe zur Vergeistigung und zu rein begriffslastigem Denken besteht die Welt aus einer – schon lange vor Huntington von Raymond Aron festgestellten – »Heterogenität der Zivilisationen«[30]. Auch wenn deutsche Gesinnungsethiker es nicht mögen, ist es schlicht eine Tatsache, daß jede Zivilisation ihre eigene Weltsicht hat. Daraus folgt, daß in einer zum globalen Dorf gewordenen Welt die Frage des »weltanschaulichen Pluralismus« und somit der Toleranz nicht allein auf den europäischen Kontinent beschränkt bleiben darf. Dieser Konflikt kann politisiert werden, woraus ein weltanschaulicher *Krieg der Zivilisationen*[31] erwachsen kann, der den Weltfrieden zu Beginn des neuen Millenniums gefährdet.

Die Ausführungen in diesem Kapitel gelten vor allem für die Problematik der Einwanderung, und sie veranschaulichen den großen Bedarf, in einem interkulturellen Rahmen erneut über Toleranz sowie deren Grenzen und Spielregeln nachzudenken. Zu den Grundvoraussetzungen der Integration islamischer Zuwanderer gehört deren Verzicht auf ihr längst überholtes islamisches Verständnis von Toleranz und die Akzeptanz eines europäisch bestimmten Toleranzbegriffes. Erst dadurch können sie sich in die Lage versetzen, europäische Bürger zu werden. In einer Welt, die *ent*westlicht wird, gehört die Duldung der Islamisierung nicht zur Toleranz. Die Grundvoraussetzung für Toleranz ist gegenseitiges Wissen um *den Anderen* und Verständnis für ihn. Dazu gehört die Öffnung vor dem Fremden bei gleichzeitiger Bewahrung des Eigenen. Toleranz ist ein Bestandteil der pluralistischen Demokratie und kann interkulturell erweitert werden, ohne in Wertebeliebigkeit zu verschwimmen.

Kapitel 6

Religiöser Pluralismus erfordert die Akzeptanz von Säkularität/Laizität durch die Migranten: Die islamische Doktrin der Hidjra und die Grenzen der Toleranz für kulturelle Differenz

Geistesoffene und tolerante Göttinger Studenten, vorwiegend aus islamischen Migrantenfamilien, gründeten zu Beginn des Jahres 2001 einen »Verein zur Förderung des interkulturellen Dialogs«, um in ihrer Stadt und Universität kulturübergreifende Kompetenz zu fördern. Zu diesem arrangierten sie eine Podiumsdiskussion an der Universität Göttingen mit dem ersten Präsidenten der »Islamischen Republik Iran« Abul Hassan Bani-Sadr und mir als Hauptrednern.[1] Religion stand bei unserem Dialog im Mittelpunkt, und der im Pariser Exil lebende Ex-Präsident Bani-Sadr verriet seine im nachhinein gewonnene Erkenntnis: »Wir müssen zwischen Religion und Politik trennen.« Vor dem Hintergrund dieser Aussage verwies ich erneut auf die Bedeutung der Neubelebung der Religion in den letzten Dekaden des 20. Jahrhunderts sowie besonders zu Beginn des neuen Millenniums.

In einem Land wie Deutschland, für dessen junge Generation Religion nahezu irrelevant geworden ist, versteht man deren anderswo zunehmende Bedeutung nicht. Der zitierten Erkenntnis Bani-Sadrs fügte ich in Göttingen hinzu: »Es geht nicht nur um die internationale Politik oder die Welt des Islam, sondern auch um die Einwanderer hier in Europa.« Daraufhin protestierte ein deutscher Neunmalkluger, indem er laut und sehr polemisch fragte, ob ich denn im Mittelalter leben würde und nicht mitbekommen hätte, daß in Europa keiner Religion mehr Bedeutung zukäme. Der besagte Herr, der die Welt außerhalb Göttingens beziehungsweise Deutschlands nicht zu kennen scheint, wäre im Recht – zumindest ansatzweise –, wenn er seine Aussage auf sein Land beschränkt hätte. Doch selbst das heutige Deutschland kann angesichts von Globalisierung und Migration nicht isoliert vom Rest der Welt betrachtet werden. Hier lebende Migranten definieren sich über die Religion, der sie sich verpflichtet fühlen, und somit spielt dieser Gegenstand auch in Deutschland eine Rolle. In bezug auf den Rest der Welt, besonders den außerhalb von Westeuropa, sehen die Dinge, vor allem im Hinblick auf Religion, noch ganz anders aus. Die weltweite Krise, die durch die schrecklichen Ereignisse am 11. September 2001 ausgelöst wurde, hat diese Beobachtung aufs neue nachhaltig bestätigt.

Religion ist nicht nur als Glaube an Gott, sondern auch als ein kulturelles System, das heißt als ein Rahmen für personale und kollektive Identitätsbildung, zu verstehen. Wenn Zuwanderer aus der islamischen Zivilisation nach Europa kommen, stellt sich die Frage, ob sie eine europäische Identität – natürlich im Rahmen multipler Identitäten, das heißt durch Integration und nicht qua Assimilation – annehmen oder im Einklang mit der noch zu erläuternden *Hidjra*-Doktrin handeln, was einer Ausweitung des *Dar-al-Islam* auf Europa gleichkäme. Die Kriegserklärung in Gestalt des Terrorismus vom 11. September 2001 aktualisiert die soeben gestellte Frage wie folgt: Stehen die muslimischen Zuwanderer auf europäisch-westlicher Seite oder auf der Seite der Bin Laden/Taliban-Front?

In der letzten Oktoberwoche des Jahres 2001 fand über diese Frage eine aufgeregte überparteiliche Debatte im britischen Parlament statt. Grund dafür war die Tatsache, daß sich etwa 600 islamische Fundamentalisten mit britischer Staatsangehörigkeit auf seiten der Taliban befanden, während die britischen Streitkräfte in Afghanistan gemeinsam mit den Amerikanern gegen die Taliban kämpften. Unter den Labour-Sozialdemokraten der Regierung Tony Blairs und der Opposition der Konservativen bestand der einhellige Konsens, daß diese Handlung islamischer Zuwanderer laut Verfassung »Hochverrat« sei. Meines Wissens war *Die Welt* die einzige deutsche Zeitung, die am 2. November

2001 einen Kommentar bezüglich dieser Angelegenheit veröffentlicht hat.[2] Einen Tag später, in *Die Welt* vom 3. November, war auf Seite 7 der Bericht enthalten »Deutsche Moslems warten in Pakistan darauf, für die Taliban zu kämpfen«.

Die Alternativen:
Abschied von der islamischen Doktrin der Hidjra
oder islamischer Djihad mit friedlichen Mitteln?

Es ist alarmierend, wenn in bestimmten, genauer in fundamentalistischen Kreisen der Islam-Diaspora in Europa nicht nur die Kriegserklärung vom 11. September 2001 mit Bejubelung Bin Ladens aufgenommen wird, sondern daß von dort sogar – wie berichtet – *Djihad*-Kämpfer nach Afghanistan entsandt werden. Europäer müssen die zunehmende Bedeutung der Religion in der nicht-westlichen Welt verstehen, um angemessen auf diese Zusammenhänge reagieren zu können. Obwohl in Europa die Kirchen immer leerer werden – und in Zeitungsartikeln manche sogar impertinent vorschlagen, sie in Diskotheken zu verwandeln –, läßt sich das nicht einmal für den Westen insgesamt verallgemeinern. Ein kurzer Aufenthalt in den USA, der einen Kirchenbesuch einschließt, verdeutlicht dies. In Erkenntnis dieser Tatsachen hat die Zeitschrift *Millennium* der renommierten *London School of Economics* der Thematik Religion und internationale Politik ein Sonderheft gewidmet.[3] Die neue Relevanz der Religion sowie der Ethnizität zeigt sich besonders in bezug auf die Migrantenproblematik und die damit verbundene Entstehung von Diaspora-Kulturen. In bezug auf die 15 Millionen Zuwanderer umfassende europäische Islam-Diaspora stellen sich die Alternativen, die in der Überschrift dieses Abschnitts genannt werden.

Wir dürfen nach dem 11. September 2001 nicht mehr in blinder Toleranz übersehen, daß einige Moscheevereine ethnische und religiöse Identitäten pflegen, die das Fremdsein der Zuwanderer nicht überwinden, sondern sogar propagieren und als

Pflicht fortschreiben. Manche dieser sogenannten Moscheevereine gleichen angesichts der Kombination von fundamentalistischen und türkisch-nationalistischen Tendenzen totalitären
politischen Gruppierungen mit Anspruch auf das Absolute als
wesentlichem Charakteristikum der Religion, der sich jedoch
mehr politisch als religiös darstellt. Wie können angesichts dieser Tatsachen Menschen unterschiedlicher Religionen in den
Ein- und Zuwanderungsgesellschaften friedlich miteinander
leben? Der erste Schritt lautet: Wir müssen Religion[4] von politisierter Religion unterscheiden.

Gleich wie man zur Religion steht, festzuhalten bleibt, daß
wir Religionen nicht ignorieren und erst recht nicht abschaffen
können; wir müssen mit ihnen und ihren Gläubigen leben. Wir
dürfen nicht vergessen, daß Religionsfreiheit sogar Verfassungsrecht ist. Durch die Einwanderung erhöht sich die religiöse Vielfalt in den entsprechenden Gesellschaften und damit auch das
Konfliktpotential. Was können wir dagegen tun? Den Ausweg
aus diesem Dilemma bietet die Säkularität, das heißt die Trennung von Religion und Politik.[5] Diese historische Leistung hat
die westliche Zivilisation erbracht; sie darf nicht leichtfertig im
Namen falscher Toleranz aufgegeben werden, denn das käme
einer Selbstaufgabe gleich. Dies bedeutet nicht eine vollständige
Verdrängung der Religion, sondern nur deren Verweisung aus
der öffentlichen in die private Sphäre. Den Bedarf an säkularer
Vernunft gilt es zu erkennen und mit der religiösen Zugehörigkeit der Menschen in Harmonie zu bringen.[6] Angesichts der
Tatsache, daß die Islam-Diaspora in Europa 15 Millionen Menschen umfaßt und damit die größte Migranten-Gemeinde darstellt, werde ich diese Problematik an ihrem Beispiel veranschaulichen. Zunächst beginne ich allgemein und werde dann
im Verlauf der Darstellung spezifisch.

Im Deutschen sagt man: »Andere Menschen, andere Sitten.«
Auf unsere Thematik übertragen, muß dieser Spruch eher
heißen: »Andere Kulturen, andere Religionen, andere Sitten.«[7]
Eine signifikante Geltung erhält diese Volksweisheit, wenn die

anstehenden Kulturen religiös, also in unserem Falle durch den Islam, bestimmt werden. Der Kulturanthropologe Clifford Geertz hat wichtige Beiträge zum Verständnis dieser auf die Religion des Islam bezogenen Kulturen vorgelegt.[8] Konkret drückt sich die kulturelle Differenz[9] – dies ist ein zentraler Begriff in der international geführten Diskussion über die Migrationsproblematik – in dem unterschiedlichen Bedeutungsinhalt von Begriffen innerhalb verschiedener Kulturen aus. Ein Beispiel: Im ersten Schritt meiner Argumentation, entfaltet in Kapitel 5, zeige ich, daß Muslime etwas anderes unter Toleranz verstehen als die Europäer seit dem Zeitalter der Aufklärung. Dies gilt auch für den Begriff »Dialog«, den Europäer als geistigen Austausch, Muslime dagegen als »*Da'wa*«, also Aufruf zum Islam, verstehen.

In diesem Kapitel werde ich in meiner Eigenschaft als Kulturdolmetscher zeigen, daß im Islam mit einem für unsere Thematik zentralen Begriff, nämlich dem der *Hidjra*/Migration, etwas anderes gemeint ist als in der westlichen Zivilisation. Aus »erkenntnisleitendem Interesse« (Habermas) unterziehe ich meine Annahme von der Notwendigkeit, den religiösen und kulturellen Pluralismus säkular zu begründen, einer Prüfung, um dann auf der Basis dieser Erkenntnis für den inneren Frieden in einer durch Migration vielfältigen Gesellschaft einzutreten. Es versteht sich von selbst, daß dies auch hier ohne Anerkennung von Tabus erfolgen muß.

Es ist mir durchaus bewußt, daß ich bei der Beschäftigung mit dieser Thematik ein Minenfeld betrete, deshalb möchte ich auch hier mit einem persönlichen Bezug einleiten. Im Dezember 2000 hatte ich die diesem Kapitel zugrunde liegende Idee, daß Angehörige der Diaspora-Kulturen trotz Bewahrung ihrer Religion und Identität sich dennoch verpflichten müssen, die Säkularität in der Sphäre der Öffentlichkeit zu respektieren. Diese Position vertrat ich in einem Essay, dem die *F.A.Z.* eine komplette Zeitungsseite widmete.[10] Darauf folgte ein diffamierender Leserbrief eines deutschen Orientalisten, der die denunzierende Überschrift »Verdacht gegen Muslime in Deutschland«[11] trug. Der Grund für diesen schwerwiegenden Vorwurf ist meine in diesem Artikel enthaltene Erläuterung der islamischen Doktrin der *Hidjra*/Migration, nach der Migration und die Verbreitung des Islam aneinander gekoppelt sind. Diese Doktrin habe ich nicht erfunden, sondern sie gehört zum islamischen Glauben, unter dessen Einfluß ich aufgewachsen bin und dessen Quellen ich als Islamologe studiert habe. Die *Hidjra* als Migration in Verbindung mit der Intention zur Missionierung ist auch in der Geschichte der Verbreitung des Islam praktiziert worden.

Von den Islamisten der deutschen Islam-Diaspora wurde der soeben zitierte Leserbrief gegen meine Ausführungen über die Bedeutung von *Hidjra*-Islam bundesweit verbreitet. Damit wurde der Versuch unternommen, meine Aufklärungsarbeit in Verruf zu bringen. Mehrmals haben die Islamisten meine öffentlichen Auftritte dadurch zu verhindern versucht, daß sie diese in der *F.A.Z.* als Leserbrief publizierte Diffamierung meiner Person meinen Gastgebern vorlegten. Daß in meiner Wahlheimat Deutschland viele meiner Gastgeber – zum Beispiel der Bürgermeister von Fellbach – Zivilcourage bewiesen, indem sie auf die Werte des Grundgesetzes hinwiesen, die Denk- und Glaubensfreiheit verbriefen, erfüllt mich mit Stolz. Diese Veranstalter luden die Islamisten ein, zu kommen und mit mir einen öffentlichen Dialog zu führen, sie erschienen jedoch nicht und stellten sich somit auch keiner Diskussion. Islamisten nehmen die Denkfreiheit nur für sich in Anspruch, während sie eine solche ihren Gegnern und Kritikern, denen sie ein »Feindbild Islam« unterstellen, versagen – auch denjenigen Muslimen, die einen offenen Reform-Islam anstatt eines Islamismus vertreten.

In meinem angeführten *F.A.Z.*-Artikel vom 18. Dezember 2000 steht geschrieben, daß der Islam beansprucht, die einzig wahre Botschaft zu sein (Koran 3/19). Muslime sind daher verpflichtet, ihren religiösen Glauben mittels *Djihad*, gleich ob in Form bloßer Anstrengung oder kriegerisch, zu verbreiten. In beiden Fällen ist die *Hidjra*/Migration das Instrument zur Erfüllung dieser Missionspflicht. *Hidjra*/Migration bezieht sich also im Islam nicht allein darauf, daß ein Mensch von einem Ort beziehungsweise einer Kultur zu einer anderen wechselt, sondern dies wird mit der Pflicht zur Missionierung für den Islam verbunden. Dies kann friedlich durch *Da'wa*/Aufruf zum Islam oder – wenn es nicht anders geht – mit den Mitteln des *Djihad* erfolgen. Der weltbekannte islamische Historiker und Philosoph Hichem Djait schreibt in seinem Standardwerk über den Früh-Islam:

»Die Migration wird im Früh-Islam zur Voraussetzung für die Erlangung von Tributen. Die *Hidjra* ist ein zentraler Begriff im Islam, weil die islamische Zivilisation ihr ihre Verbreitung verdankt. Es ist wahr, daß *Hidjra* im engen Sinne die Übersiedlung des Propheten und seiner Anhänger unter den Quraischis nach Medina bedeutet, ... aber später wird die *Hidjra* als Migration zum Ausdruck des Glaubens und der Bereitschaft zum *Djihad* ... Der wahre Islam ist eng verbunden mit der Migration.«[12]

Ich bin seit meiner Geburt in Damaskus im Jahr 1944 Muslim, habe dort in der Omaiyyaden-Moschee anhand des Korantextes Lesen und Schreiben gelernt und wurde im Rahmen meiner Zuwanderung nach Europa 1962 Wahleuropäer. Sind beide Identitäten kompatibel? Es kann niemals meine Absicht sein, islamische Mission in Europa zu betreiben. Kann ich dennoch ein Muslim bleiben, auch wenn ich weder den *Djihad* noch *Da'wa* betreibe und sogar gegen jeden Missionarismus eingestellt bin? Großen Wert lege ich auf die Feststellung, daß dies nicht mein persönliches Problem ist und ich kein Einzelfall bin, da ein Drittel, das heißt ein zahlenmäßig bedeutender Teil der Einwanderer in Deutschland aus der Welt des Islam kommt.[13] Diese Fragen stellen sich allen Muslimen in der Diaspora. Die eingangs angeführten alarmierenden Berichte darüber, daß islamische Zuwanderer aus Großbritannien und Deutschland auf seiten der Taliban gegen den Westen kämpfen, veranschaulichen diese Problematik.

Nicht nur ich, sondern auch der Bundespräsident dieses Landes, Johannes Rau (vgl. Kapitel 2), bezeichnet die Integration der Einwanderer als eine wichtige Aufgabe der Demokratie in Deutschland, weil dadurch das Konfliktpotential verringert und ein friedliches Zusammenleben möglich wird. Integration ist aber kein Zauberwort, das durch bloßes Aussprechen Wirklichkeit wird, denn diese sieht sich großen Hürden gegenüber. Für eine gelungene Integration der Migranten sind Voraussetzungen zu erfüllen, nach denen wir tabufrei fragen müssen.

Auf deutscher Seite ist es erforderlich, daß die deutsche Gesellschaft nicht nur einen Paß vergibt, sondern darüber hinaus den Migranten eine demokratische Identität bietet. Auf islamischer Seite dagegen muß ein Verzicht auf den religiösen Absolutheitsanspruch erfolgen, was, konkret bedeutet, auf die religiösen Implikationen der *Hidjra*-Migrations-Doktrin zu verzichten; dies ist eine Voraussetzung für die Integration. Die Willensbekundung zur Integration muß diesen Verzicht einschließen, sonst ist sie nicht glaubwürdig.

Debatten können nur sinnvoll auf der Basis von Fakten und Informationen geführt werden. So sollte man sowohl mit dem Anspruch des Islam, die einzig wahre Religion zu sein, als auch mit der damit verbundenen Pflicht der Muslime zur Mission vertraut sein. Dazu gehört auch die Kenntnis der religiösen Doktrin der *Hidjra*. Es ist sehr wichtig, deutschen Lesern zu erklären, welche Implikationen die *Hidjra* hat. Dies zu tun ist Aufklärung sowie Ausdruck der Ehrlichkeit und Offenheit und kein »Verdacht« gegen Muslime – wie man es mir als Muslim ohne Berechtigung vorwirft. Anhand von Fakten und deren Kommentierung bin ich als ein Reform-Muslim bestrebt, den Islam mit Europa zu versöhnen. Dies ist nach dem 11. September 2001 nötiger denn je. Die angestrebte Versöhnung ist nicht konfliktfrei, sie erfordert eine Lösung vieler Probleme, die offen anzusprechen sind. Wir müssen ehrlich sein und diese Arbeit aufnehmen, ohne Sand in die Augen zu streuen, wie es die Islamisten tun, wenn sie Unwahrheiten verbreiten und falsche Zusicherungen machen.

Das religiös Absolute und Hidjra im Islam

Im Koran steht in Sure 3, *Al-Imram*/Die Sippe Imrams, Vers 19: »Die Religion bei Gott ist der Islam.« In Vers 20 steht ferner: »Und sprich zu ... den Ungelehrten: Werdet Ihr nun Muslime werden?« Migration heißt auf arabisch, der Sprache des Islam, *Hidjra* und diese kann auch das Mittel für die Verbreitung des Islam und damit Antwort auf die Frage sein, ob die anderen »Muslime werden«. Der Begriff *Hidjra* entstand, als der Prophet Mohammed von Mekka nach Medina auswanderte. Mit der *Hidjra* des Propheten (622) beginnt das Jahr 1 der islamischen Zeitrechnung. Von diesem Zeitpunkt an und auch nach dem Tod des Propheten 632 war die Verbreitung des Islam der Inhalt der *Hidjra* und somit die Hauptaufgabe der folgenden Migrationsbewegungen. In meinem Buch *Kreuzzug und Djihad*[14] habe ich anhand von Quellentexten nachgewiesen, wie die *Hidjra* mit dem *Djihad* als Mittel der islamischen Mission/*Da'wa* in der islamischen Geschichte verbunden wurde. Islamische Eroberer errichteten in den gewonnenen Gebieten Siedlungen, von denen aus sie dieser Aufgabe nachgingen.

Es darf nicht verschwiegen werden, daß der organisierte Islam in Europa dieses *Hidjra*-Vorbild aus dem 7. Jahrhundert auf die Gegenwart überträgt; daher rührt auch der Einsatz für integrations*un*willige Parallelgesellschaften. Belassen wir dies widerspruchslos dabei, dann ist die Folge, daß ein Verständnis von Einwanderung unter den Migranten kursiert, welches mit der anzustrebenden Integrationspolitik nicht kompatibel ist. Daraus würde dann die Entstehung von den soeben angesprochenen, mit frühislamischen Siedlungen vergleichbaren Parallelgesellschaften resultieren. Die Ideologen des Islamismus pflegen die Illusion, irgendwann die gesamte Gesellschaft zu durchdringen, also Europa zu islamisieren; für sie ist der Diaspora-Islam das Instrument dafür. Im Koran bedeutet *Djihad* Anstrengung, das ist die religiöse Bedeutung, die aber auch durchaus eine kriegerische Form als *Qital* annehmen kann. Das ist in unserer

Zeit in Europa (Kosovo ist eine Ausnahme) nicht mehr umsetzbar. Historisch war der *Djihad* ein Eroberungskrieg, also *Qital* zur Islamisierung der Welt. Wir müssen deshalb zwischen der religiösen und der historischen Bedeutung des *Djihad* streng unterscheiden[15], sie beinhalten nicht dasselbe. Parallel zur Entstehung und Entfaltung des islamischen Fundamentalismus ist *Djihad* als Terrorismus – so zum Beispiel von der Bin Laden-Connection – gedeutet worden. Dies dürfen wir nicht übersehen.

Die schriftgläubige, also orthodox-religiöse Auslegung der Doktrin im Islam betrachtet diesen als die einzig »wahre« Religion. Das Thema dieses Kapitels ist der religiöse Pluralismus als Rahmen für den Frieden in Einwanderungsgesellschaften. Dieser Pluralismus erfordert die Geltung des Gleichheitsprinzips für *alle* Religionen. Mit dem Glauben an den Islam als die überlegene Religion ist die religiöse Pflicht verbunden, ihn weltweit missionarisch, also durch *Da'wa* zu verbreiten. So beansprucht der Islam überall dort, wo Muslime leben, absolute Geltung. Dort dominiert das *Dar al-Islam*/Haus des Islam. Diese Auffassung hat nichts mit Fundamentalismus zu tun, sondern sie ist Inhalt der orthodoxen Doktrin von der Verbreitung des Islam, das heißt der Islamisierung, zu der die *Hidjra*, also die Migration gehört. Auf dem Weltwirtschaftsforum in Davos 2001 hat der Londoner Imam Zaki Badawi Europa in guter Absicht nicht mehr als *Dar al-harb*/Haus des Krieges, sondern als *Dar al-Islam*/Haus des Islam bezeichnet. Darin kommt der vorhergehend aufgezeigte religiöse Anspruch auf das Absolute zum Ausdruck. Solche zeitgenössischen Spielarten dieses Anspruches bezeichne ich als Neo-Absolutismus; sie sind mit Pluralismus nicht vereinbar. Oder anders formuliert: Der Pluralismus setzt Grenzen für die Vielfalt, indem er den Neo-Absolutismus nicht zuläßt.[16] Hierdurch unterscheidet sich der kulturelle Pluralismus vom Multikulturalismus, der alles zuläßt und der kulturellen Differenz keine Schranken setzt. Für den Schutz der Demokratie und des Pluralismus sind solche Grenzen allerdings unabdingbar.

Als ein liberaler Kultur-Muslim, der den religiösen Anspruch auf das Absolute aufgegeben hat und somit jede Form der Missionierung ablehnt, gleich ob sie religiös, zum Beispiel islamisch ist, oder säkular, weigere ich mich, über diese Inhalte zu schweigen und sie somit zu tabuisieren. Von dieser Ausgangsposition argumentierend, finde ich es angebracht, mit den muslimischen Migranten hierüber offen zu sprechen und von ihnen im Dialog unmißverständlich zu verlangen, den Implikationen der *Hidjra*-Doktrin im Rahmen der Akzeptanz von Säkularität und religiösem Pluralismus abzuschwören. Natürlich beschränke ich diesen Aufruf auf jene Muslime, die den Vorsatz der Missionierung hegen, denn es gibt natürlich ebenso Muslime ohne missionarische Absichten. Den ersteren gegenüber müssen Europäer resolut auftreten, weil ein Dialog der Kulturen und Religionen keine Übung in Höflichkeit ist, sondern ein Instrument des Friedens durch Konfliktbewältigung. Dialog darf nicht verdeckt als Missionierung/*Da'wa* betrieben werden, und dazu gehört vor allen Dingen, über Themen dieser Art und über die mit ihnen zusammenhängenden Probleme offen zu reden. Tabus schaden dem friedlichen Zusammenleben, denn sie verhindern die Auseinandersetzung über konfliktreiche Themen, ohne die es weder eine Integration der Einwanderer noch inneren Frieden in Deutschland geben kann. Es ist wichtig, sich diese Zusammenhänge zu vergegenwärtigen.

Die Religion des Islam soll ihren Platz in Europa erhalten, aber nur im Rahmen eines religiösen Pluralismus, der Vielfalt an die Vorschrift der Gleichheit bindet. Religiöser Absolutismus sowie unterschiedliche Neo-Absolutismen sind mit missionierenden Einstellungen gegenüber den anderen, angeblich moralisch Unterlegenen, verbunden. Die Loyalität gegenüber der säkularen Zivilgesellschaft und der pluralistischen Demokratie macht es erforderlich, solch kulturell-religiöse Einstellungen aufzugeben. Andernfalls entstehen Parallelgesellschaften als Enklaven, deren Bestehen langfristig zu Kosovo-ähnlichen Verhältnissen führen kann.[17] Kurz: Es ist eine Voraussetzung für die Integration der Muslime, den Akt der Migration von den religiösen Implikationen der *Hidjra* zu befreien. Andernfalls darf man sich über die Folgen – unter anderem die Entstehung von islamischen Siedlungen als Enklaven – nicht wundern. Kulturelle und religiöse Vielfalt kann auf Dauer nur im Rahmen von Pluralismus und Laizität bestehen.

Das Emblem des 1986 in Berlin gegründeten Islam-Rats, welcher von der islamistischen *Milli Görüş* beherrscht wird, ziert der Koran-Vers, daß bei Allah nur die Religion des Islam (Sure 3,19) gelte. Ob religiöser Pluralismus und Glaubensfreiheit, wie sie das Grundgesetz fordert, in diesen Kreisen wohl Achtung erfahren? Ähnliches frage ich mich jedes Mal, wenn ich das Londoner Bulletin der Muslimbrüder *Risalat al-Ikhwan* lese, in dem die »Vorherrschaft des Islam auf dem ganzen Globus« (*Sidayat al-dunya*) auf der Basis der »Anleitung der Menschheit zum islamischen System/*Irschad al-insaniyya ila nizam al-Islami*« als Ziel angegeben wird. Wie verlogen müssen diese Menschen sein, wenn sie bei Begegnungen mit Christen von »Dialog« sprechen, und wie uninformiert beziehungsweise blauäugig müssen jene Christen sein, die nach dem Schlag auf die eine Wange auch noch die zweite hinhalten? Im Monatsüberblick Juli 2001 »Politischer Extremismus« des Bayerischen Landesamtes für Verfassungsschutz heißt es:

»Am 4. Juni fand in Neu-Ulm eine Veranstaltung des IGMG-Gebietes Schwaben (IGMG/Islamische Gemeinschaft *Milli Görüş* e.V./B.T.) statt. Vor 1 500 Teilnehmern referierten als Ehrengäste der IGMG-Vorsitzende Erbakan, sein Stellvertreter Yavuz Çelik Karahan und die frühere Abgeordnete der Refa Partisi (RP) im türkischen Parlament Merve Kavakçi. Erbakan rief im Sinne seiner Kampagne zur Annahme der deutschen Staatsangehörigkeit den Zuschauern zu: Ich will deutsche Muslime sehen! Durch die Heirat von deutschen Muslimen mit türkischen Staatsangehörigen und dem Familiennachzug aus der Türkei könnte das Potential von deutschen IGMG-Anhängern rasch wachsen. In einem Zeitraum von fünf Jahren sei so das Ziel zu erreichen, eine erfolgreiche islamische Wahlpartei in Deutschland zu gründen. Voraussetzung für eine Teilnahme an Wahlen sei allerdings die deutsche Staatsangehörigkeit. Auch Karahan sprach von einer islamischen Partei in Deutschland, die in wenigen Jahren den Einzug in den Berliner Reichstag schaffen könne. Denn in Deutschland hielten sich etwa 7 Millionen Moslems legal oder illegal auf. In etwa fünf Jahren werde diese Zahl auf rund 11 Millionen anwachsen. Und in weiteren fünf Jahren etwa 16 Millionen betragen. Dann sei man bereits so stark wie die ehemaligen Einwohner der DDR.«[18]

Diese und andere Informationen haben die Journalisten des ARD-Magazins _Report_ (Sendung vom Montag, 17. September 2001), der Deutsche Stefan Meining und der liberale Türke Ahmed Senyurt, mehrfach verbreitet. Beide weisen unter anderem auf die antisemitischen Tendenzen unter den Islamisten hin – jedoch ohne Resonanz hervorzurufen. Vor dem 11. September 2001 hatten die verantwortlichen Deutschen in Kirche und Politik Angst vor dem Vorwurf der Fremdenfeindlichkeit und der Anschuldigung, ein »Feindbild Islam« zu schüren, weshalb sie schwiegen. Die Islamisten haben dies schamlos instrumentalisiert. Der teils offene, teils versteckte Einsatz der Islamisten für einen »Gottesstaat in Deutschland« scheint diese deutschen Demokraten auch nach dem 11. September 2001 nicht zu stören.

Lippenbekenntnisse zur Demokratie wirken vor diesem Hintergrund wie ein Täuschungsmanöver, vor allem dann, wenn man parallel in missionarischem Propagandamaterial auf die Aussage stößt: »_al-Islam huwa al-hall_/Nur der Islam ist die Lösung.« Ein Blick auf die Aufstellung von Gruppen des organisierten Islam, die man in der sehr aufgeklärten und autoritativen Arbeit von Ursula Spuler-Stegemann vorfindet[19], zeigt, daß kein einziger Verband existiert, der einen liberalen Islam[20] vertritt. Die Verbände des organisierten Islam vertreten ausschließlich entweder einen orthodoxen oder einen fundamentalistischen Islam. Diese Gruppen sind zwar nicht repräsentativ für alle Migranten, die mehrheitlich _nicht_ organisiert sind, sie beanspruchen aber, allein Ausdruck des Islam in Deutschland zu sein. Die schweigende Mehrheit ist – wie gesagt – nicht organisiert und soll von diesen Gruppen vereinnahmt werden. Allein die Integration kann den Islamisten die Suppe versalzen; Ausgrenzung dagegen macht den Fundamentalismus besonders verlockend.

Angesichts dieser Informationen erscheint es gerechtfertigt zu fordern, daß der demokratische Staat und die Institutionen der Zivilgesellschaft das Recht beanspruchen, in bezug auf die Gestalt des Islam in Europa mitzureden; ich weiß, daß dies nur indirekt geschehen kann und bin mir der Grenzen dieses Unternehmens bewußt. Dennoch denke ich, daß es demokratische Wege gibt, um die europäische Identität Deutschlands gegenüber bestimmten Totalitaristen und Rechtsradikalen der Diaspora-Kulturen zu verteidigen. Wie soeben gezeigt, machen die meisten hiervon jedoch keinen Gebrauch. Es ist auch für Deutsche möglich, Verbündete unter den Migranten, zum Beispiel liberale Muslime wie den zitierten türkischen Journalisten, zu finden. Tun sie dies nicht und laufen die Dinge so weiter, dann wird die *Hidjra* nach Europa im erläuterten religiösen Sinne fortgesetzt werden.

Mein Argument lautet: Die demokratische Abwehr gegen den deutschen Rechtsradikalismus muß auch auf den Rechtsradikalismus unter den Migranten ausgeweitet werden. Wie wir seit dem 11. September 2001 wissen, befinden sich unter diesen islamischen Rechtsradikalen sogar Terroristen (vgl. Einleitung). Eine rationale und demokratische Diskussion über die Integration der Einwanderer sowie über die damit verbundenen Schwierigkeiten darf nicht verhindert werden. Wenn die Aufklärung über demokratiefeindliche Bestrebungen in der Islam-Diaspora – gleich ob Orthodoxie oder Islamismus – mit Fremdenfeindlichkeit in einen Zusammenhang gebracht wird, dann verliert der demokratische Begriff der Bekämpfung derselben seinen Inhalt und seine Legitimation. Islamisten versuchen jede Aufklärung über ihre antipluralistische Ideologie – manchmal mit Rechtsmitteln – zu verhindern. Hier erscheint es angebracht, die Formel des Franzosen Jean-François Revel, »Demokratie gegen sich selbst«[21], anzuführen. Wir müssen für die Verteidigung der Denk- und Glaubensfreiheit als europäische Errungenschaften und gleichzeitig gegen alle Gegner der säkularen Demokratie – gleich ob sie ethnisch Deutsche, islamische Fundamentalisten oder Ethno-Nationalisten sind – aktiv eintreten. Hierfür ist ein Bündnis der »Anständigen« von Deutschen und Migranten erforderlich.

Religiöser Pluralismus für die Muslime in Deutschland – Wahleuropäer oder Muhadjirun?

»Dialog« statt Zusammenprall der Zivilisationen ist eine Maxime, die auch für die Debatte über Migration gilt. Zum Dialog der Kulturen gehört es, die Geschichte dieser zu kennen und aus ihr Lehren für die Zukunft zu ziehen. Die islamisch-europäische Geschichte ist vierzehn Jahrhunderte alt und umfaßt Eroberung und Migration (vgl. Anm. 14). Muslime kamen im Laufe der Geschichte zweimal als Eroberer nach Europa: im 8. Jahrhundert von Südwesten (Eroberung Spaniens) und im 14./15. Jahrhundert von Südosten (Eroberung des Balkans). Während der 2. Hälfte des 20. Jahrhunderts hat eine dritte Welle des Vordringens des Islam nach Europa begonnen. Diese vollzieht sich im Rahmen globaler Migration und ist bisher friedlich verlaufen. Dabei ist der Islam aber nicht europäisch geworden – dies bleibt ein Ziel. Nur eine erfolgreiche Integrationspolitik und die Institutionalisierung eines Euro-Islam können gewährleisten, daß Migranten und Einheimische auch in Zukunft friedlich zusammenleben. Seit dem Zweiten Weltkrieg kommen Muslime als Migranten nach Europa und haben sich hier dauerhaft angesiedelt. Welche Optionen bestehen? Wird mein Vorschlag eines religiösen Pluralismus im Rahmen von Säkularität praktikabel sein? Oder werden islamische Enklaven entstehen, wie sie der Vorbereitung der Terroranschläge vom 11. September 2001 dienten?

Für Europa ist der Islam ein alter Bekannter, den es im Rahmen der islamischen Expansion und ihrer *Djihad*-Eroberungen kennengelernt hat. Allerdings ist die Erscheinung der Migration in einem globalen Kontext für Europäer neu. Im Laufe der Geschichte hat es zwar viele Migrationsschübe von Ost nach West gegeben, aber diese waren binneneuropäisch. Kann Europa heute die islamischen Migranten derart integrieren, daß sie Europäer werden, jedoch ohne sie, wie es einst die Rückeroberer Spaniens während der *Reconquista* mit den verbliebenen Muslimen und Juden taten, als Morisken zu behandeln beziehungsweise zwangsweise zu assimilieren? Ist es möglich, eine islamische Identität und das Konzept einer europäischen *citoyennité* miteinander zu verbinden, um die islamischen Migranten in Europa zu integrieren? Dies ist nicht nur für mich eine Existenzfrage, sondern auch für 15 Millionen muslimische Migranten.

Durch die Überwindung monokulturellen Denkens scheint es mir möglich zu sein, eine multiple Identität zu entfalten. Dieses Unterfangen hat jedoch Grenzen: Man kann zum Beispiel nicht zwei Religionen angehören, was aber bezogen auf Migranten in Europa auch nicht notwendig wäre, da europäische Gesellschaften säkulare Gemeinwesen sind. Auf diese Weise ist es also denkbar, Muslim zu bleiben und gleichzeitig Wahleuropäer zu werden. Doch welcher Art von Islam muß ein Migrant angehören, damit er dies vermag? Gibt es Anlaß zur Hoffnung auf ein friedliches Zusammenleben durch diese Versöhnung des Islam mit Europa? Islamisten lehnen diese Integration ab, weil sie eine versteckte, heimtückische Christianisierung dahinter vermuten. Und noch mehr: Sie wollen, wie das zitierte Material zeigt, eine eigene Macht innerhalb der deutschen Politik durch eine eigene islamistische Partei aufbauen.

Wenn von dem Bedarf an Integration die Rede ist, stellt sich die Frage: Ist es eine Zumutung für Muslime, ihren Islam europäisch zu deuten? Bei einer vergleichenden Betrachtungsweise können wir feststellen, daß Afrikaner nach dem Übertritt zum

Islam dieser Religion einen afrikanischen Charakter gegeben
haben. Die Folge dieser erfolgreichen Adaption des Islam ist,
daß er in einer ihm fremden Gesellschaft einheimisch wurde. In
Afrika erhielt diese Religion einen afrikanischen Charakter, sie
wurde zum Afro-Islam. Dagegen ist der Islam in Europa fremd
und gedeiht nur in Parallelgesellschaften, solange ein Durch-
bruch ausbleibt. Die Verwandlung des Islam in einen Afro-
Islam ist eine historische Erfahrung, bei welcher der Islam auf
dem afrikanischen Kontinent kulturell integriert worden ist.[22]
In ähnlicher Weise haben die Südasiaten einen Indo-Islam entfaltet, der auf dem indischen Subkontinent einheimisch ist.
Warum ist der Islam in Europa dagegen fremd? Nach meinem
Dafürhalten liegt dies gleichermaßen an Europäern wie Muslimen.

Können Europäer in Zusammenarbeit mit muslimischen Migranten zu einem Euro-Islam beitragen? Oder werden manche
unter ihnen diese Option weiterhin als »Ein-Mann-Sekte« be-
lächeln, wie dieses Konzept von einem deutschen Orientalisten
in der *Süddeutschen Zeitung* (vom 15.2.1999) verfemt worden
ist? Als Alternative zum Euro-Islam, der mit einem religiösen
Pluralismus im Sinne des diesem Kapitel zugrundeliegenden
Verständnisses vereinbar ist, bleibt die Parallelgesellschaft eines
Ghetto-Islam. Dieser ist gegen die Integration gerichtet und
dient als Legitimation für den Aufbau von Enklaven. Würde
diese Variante Wirklichkeit, dann wäre ein Neo-Absolutismus
die Weltanschauung der Islam-Diaspora und böte Zündstoff für
Konflikte in absehbarer Zukunft. Als islamischer Aufklärer und
Reform-Muslim befinde ich mich gleichermaßen im diskursiven
Konflikt mit islamischen Orthodoxen und Fundamentalisten
wie deutschen Gutmenschen, die unter völliger Selbstaufgabe
ein Bündnis mit den ersteren schließen, und euro-arroganten
deutschen Nationalisten. Das Ergebnis ist nicht selten die Diffamierung meiner Person in Deutschland. Aufklärung war aber
noch nie eine bequeme Aufgabe! Der offene Islam hat seine
Feinde auch im Kreis der Muslime, so zum Beispiel unter den

Islamisten, mit denen einige Deutsche scheinbar sympathisie-ren. Gegner hat der Reform-Islam aber auch unter manchen Linksliberalen, und dies trotz der schrecklichen Attentate vom 11. September 2001.

Der Rückgriff auf die Geschichte kann zum einen der Auf-klärung, zum anderen der Ideologiebildung dienen. Islamisten verbreiten unter islamischen Migranten die Wahrnehmung, sie seien im traditionellen Sinne *Muhadjirun*/Einwanderer, was im Islam, wie erwähnt, eine religiöse Bedeutung hat. Wer *Hidjra* betreibt, ist ein *Muhadjir*; diese gelten als die wahren islami-schen Missionare. Die *Hidjra*-Geschichte im Islam geht auf das 7. Jahrhundert zurück, wird also in der Zeit der islamischen Re-ligionsstiftung eingeleitet. Die islamische Offenbarung beginnt im Jahre 610, die islamische Zeitrechnung dagegen erst zwölf Jahre später, im Jahre 622. Anders formuliert: Die islamische Geschichte beginnt nicht mit der Offenbarung, sondern erst mit der *Hidjra*, also der Migration des Propheten Mohammed von Mekka nach Medina. Die Jahreszahl 622 bezieht sich allerdings – wie der Leser bereits erfahren hat – auf die christliche Zeit-rechnung, auf das Jahr 622 nach Christi Geburt. Auch in der Diaspora behalten Islamisten die islamische Zeitrechnung bei und setzen das erste *Hidjra*-Jahr als Beginn ihrer Zeit. Indem sie diese Geschichte neu beleben, handeln sie symbolisch für die erfolgreiche Verbreitung des Islam durch Einwanderung. Als ein Beispiel führe ich die Muslimbrüder in London an, die zu Beginn jedes *Hidjra*-Jahres auf Arabisch gedruckte Kalender mit der islamischen Zeitrechnung versenden: Auf diesem Kalen-der stehen ähnliche Parolen wie die in dem Propaganda-Bulle-tin der Muslimbrüder, *Risalat al-Ikhwan*, das ich bereits zi-tiert habe. So zum Beispiel die Parole »Nur der Islam ist die Lösung/*al-Islam huwa al-hall*«, und darunter verstehen diese Islamisten »*Siyadat al-dunya*/Herrschaft über die Welt« sowie die »*Inqaz al-alamin*/Rettung der Menschheit« durch das »*Nizam Islami*/islamische System«. Gehört es zur religiösen Toleranz, diesen Neo-Absolutismus zu dulden?

Im Früh-Islam nannten Muslime ihre Eroberungen islamische *Futuhat*/Öffnungen, die den Umzug ganzer Stämme von der arabischen Halbinsel in die eroberten oder, islamisch ausgedrückt, »geöffneten« Gebiete nach sich zogen. Diese mit Siedlungspolitik verbundenen Eroberungen waren ein Bestandteil der islamischen Geschichte.[23] Wird der Traum der Islamisten, etwas ähnliches in Europa im Rahmen der Migration zu tun, wahr werden?

Die Beantwortung dieser Frage zwingt uns, die Geschichte zu vergegenwärtigen, uns also vor Augen zu führen, daß Muslime im Rahmen der religiösen Vorschrift der *Hidjra* migrierten, um den Islam zu verbreiten. Zu der eingangs erwähnten Synthese von *Djihad* und *Hidjra* kam es im islamischen Mittelalter. In unserer Gegenwart wird diese klassische religiöse Vorschrift der Migration angesichts der islamischen Einwanderung nach Europa in mehrfacher Hinsicht relevant und aktuell, da eine der Bedeutungen des *Djihad* zur Verbreitung des Islam die Anstrengung ist und Eroberung folglich friedlich erfolgen kann. Ein islamischer Scheich, Abd al-Aziz al-Siddiq, hat eine *Fetwa*/autoritatives religiöses Gutachten erstellt, in der er zur Migration nach Europa aufruft, um den Islam durch diesen friedlichen *Djihad* zu verbreiten. Ich zitiere daraus erneut:

»Die Migration nach Europa und nach Amerika (als *bilad al-kufr*/Land des Unglaubens, B.T.) ist für Muslime nicht nur erlaubt, sondern obligatorisch ... In der Tat, die Rahmenbedingungen für die Ausübung des sowie für den Aufruf zum Islam sind in Europa und Amerika besser als in den meisten islamischen Ländern.«[24]

Wenn man parallel zu diesem Zitat das Themenheft des Magazins *Newsweek* vom 5. November 2001 »*Why Terrorists like Europe!*« liest, versteht man die Kombination von Ironie und Tragik. Auf Seite 46 dieses Heftes im Bericht von Stefan Theil »*Tolerating the Intolerable*/Das Intolerierbare tolerieren« heißt es: »Der in Syrien geborene Muslim und Islam-Experte Bassam Tibi warnt seit Jahren davor, daß die Westler zwischen guten und schlechten Muslimen unterscheiden müssen. Bis jetzt wollte dies niemand hören, weil es an das grenzt, was politisch inkorrekt ist.« Zwar ist es richtig, daß »die Ausübung des Islam« im Rahmen eines religiösen Pluralismus erfolgen kann, aber gilt dies auch für den »Aufruf zum Islam«, den der zitierte Imam im Sinn hat?

Von der islamischen Expansion zum religiösen Pluralismus

An dieser Stelle muß ich nochmals auf den Abschnitt in der Geschichte zurückgreifen, in dem der »Aufruf zum Islam« ein Bestandteil der islamischen Expansion war. Im Rahmen der islamisch-europäischen Geschichte können wir von einer historischen Kontinuität des islamischen Drangs nach Europa sprechen. Vor diesem Hintergrund wäre die zeitgenössische Migration als die dritte Welle zu bezeichnen. Bereits einleitend habe ich angeführt, daß der Islam im Rahmen seiner *Futuhat*-Kriege erstmals im 8. Jahrhundert von Südwesten durch die Eroberung Spaniens nach Europa kam (erste Welle), dann erneut von Südosten durch das Vordringen des Osmanischen Reiches (zweite Welle). Beide Male war das Vordringen der Muslime nach Europa Teil der islamischen Expansion.

Wie steht es mit der Gegenwart? Als Historiker möchte ich die zeitgenössische *Hidjra* nach Europa ehrlicherweise als eine dritte Phase islamischer Präsenz auf diesem Kontinent bezeichnen. Der Islam soll als Religion, jedoch ohne eine gleichzeitig erfolgende islamische Expansion – gleich ob sich diese friedlich oder durch militanten *Djihad* vollzieht –, seinen Platz in Europa haben. Der einzig akzeptable Rahmen ist der des religiösen Pluralismus, den Muslime als verbindliche Plattform für den Islam in Europa akzeptieren müssen. Diese Forderung verträgt sich mit dem »Aufruf zum Islam« nicht! Europäer können auf die Auswirkungen dieses Prozesses noch immer Einfluß nehmen, insbesondere deshalb, weil Europa heute, im Gegensatz zu der Zeit, als die beiden vorherigen Wellen erfolgten, in einer stärkeren Position ist. Die Optionen sind: Muslime können sich als europäische Bürger im Rahmen eines religiösen Pluralismus integrieren, wofür ich eintrete. Die andere Möglichkeit wäre die Bildung von Parallelgesellschaften als *Hidjra*-Kollektiv und die damit verbundene Abschottung durch Selbstethnisierung. Dies sind neue Herausforderungen, für die beispielsweise die Franzosen demokratische Maßstäbe setzen, indem sie dem Islam eine euro-französische Prägung geben, die für die muslimischen Migranten verbindlich ist.[25]

Ausgehend vom Verständnis unserer Gegenwart als der Geschichte von morgen vertrete ich die Auffassung, daß Menschen ihre Historie selbst bestimmen können. Es stellt sich die Frage: Wird das Modell Cordoba, wo Juden, Christen und Muslime in Frieden miteinander lebten, oder das entgegengesetzte Modell Kosovo, wo Muslime und Christen gegeneinander kämpfen, der Zukunft Europas spätestens Ende des 21. Jahrhunderts seinen Stempel aufdrücken? Nach meiner Auffassung wird es auch von den Westeuropäern selbst abhängen, wie diese Frage in den kommenden Jahrzehnten beantwortet wird. Ich habe meine Zweifel, ob westeuropäische Politiker aus Bosnien und dem Kosovo gelernt haben, denn in Mazedonien wiederholen sie derzeit dieselben Fehler! Und in Deutschland werden Warnungen auf der Basis solider Informationen – wie zum Beispiel im ARD-*Report* – trotz Wiederholungen nicht ernst genommen.

Mittelpunkt und zugleich zeithistorischer Ausgangspunkt der anstehenden Problematik ist die Tatsache, daß seit der zweiten Hälfte des 20. Jahrhunderts und vermehrt im Übergang zum neuen Millennium Muslime – im Gegensatz zu früher – auf friedlichem Wege nach Europa kommen, also nicht mehr als *Djihad*-Eroberer, sondern vor allem mit dem untergeordneten sozialen Status des Proletariers als »Gastarbeiter«. Entsprechend abgewertet ist leider das Ansehen der Muslime in Europa, was auch durch meine Alltagserfahrungen bestätigt wird. An der Universität in Göttingen, an der ich als Professor arbeite, fühle ich mich oft einem »Gastarbeiter« gleich behandelt.[26] In Deutschland kennt man uns Muslime als die sozial periphere Gruppe der bedauerlicherweise geringgeschätzten »Gastarbeiter«. Historisch steht die vormalige Türken-Furcht der Europäer mit dieser abwertenden Sichtweise in Verbindung, die sich parallel zum Islam-Feindbild in eine Türken-Geringschätzung verwandelt hat.[27] Obwohl im Jahre 2001 ein Drittel der in Deutschland lebenden Muslime (1 Million von 3,5 Millionen) keine Türken sind, stoßen wir auf eine Gleichsetzung des Islam mit den Türken – ein altbekanntes Muster, dem wir seit der Eroberung Konstantinopels 1453 und der Belagerung Wiens 1683 begegnen. Diese Einstellung, die im Mittelalter alle Europäer teilten (nach Rodinson, Anm. 27), gilt in unserer Gegenwart nur noch für Deutschland, wo Muslime weiterhin mit Türken gleichgesetzt werden. Dagegen versteht man unter einem »*musulman*« in Frankreich heute noch immer einen Maghrebiner, und unter »*Muslim people*« auf der britischen Insel vorwiegend Südasiaten, gleich ob Inder, Pakistani oder Bengalen.[28]

Berücksichtigt man die Tatsache, daß der Diaspora-Islam in Europa religiös und ethnisch sehr vielfältig ist, verdeutlicht dies die Gefahr der Entstehung zahlreicher islamischer Parallelgesellschaften durch Ethnisierung der Religion. Auf diese Weise entstünde – ungeachtet ihres kollektiven Auftretens nach außen – eine sektiererische Fragmentierung der Islam-Diaspora zu einer Vielzahl von Parallelgesellschaften. Diese Entwicklung hat bereits begonnen, weil der Begriff »Integration« nur rhetorisch gebraucht und nicht praktisch umgesetzt wird.

Für die Islam-Diaspora in Europa bleibt trotz aller bisher vorgenommenen Spezifizierungen die Aussage zentral, daß die Mittelmeer-Muslime weitgehend das Islam-Bild in Europa beherrschen. Die Geringschätzung der Muslime als »Gastarbeiter« ist keine ausschließlich deutsche Eigenheit: Im demokratischeren Frankreich zum Beispiel nennt man eine ungelernte Putzfrau »Fatima«, auch wenn sie eine schwarze Christin aus Westafrika ist. Wenn man in Frankreich – politisch korrekt ausgedrückt –

eine Raumpflegerin benötigt, fragt man politisch inkorrekt: »Kennen Sie eine Fatima für mich?« Das ist eine Inferiorisierung der Muslime, und angesichts der Barmherzigkeit Gottes würde ich als Muslim gelassen sagen: »Allah vergebe den Europäern und erleuchte sie über die Folgen der Inferiorisierung der Muslime!« Beim Ausbleiben dieser »Erleuchtung« befürchte ich offen gestanden schwere Folgen!

Die hier angesprochene dritte Welle des Eindringens des Islam nach Europa und somit auch nach Deutschland kann im zeitgeschichtlichen Rahmen ambivalent als *Hidjra* bezeichnet werden. Es geht um Migration, die aus Armut und Elend resultiert, die jedoch gefährlich werden kann, wenn die ethnische Armutskultur von einem Missionierungsauftrag oder -vorsatz begleitet wird. Dies erfolgt, wenn eine Verbindung zwischen der Zugehörigkeit zu einer bestimmten Religion und der Zugehörigkeit zur sozialen Peripherie entsteht und auf diese Weise zur Abschottung der Migranten beiträgt. Der Islam ist seit seiner Stiftung gegen Ethnizität und Tribalismus gerichtet, weil er einen universellen Anspruch hat. In der europäischen Diaspora wird er jedoch durch die Parallelgesellschaften und ihre Diaspora-Kultur zu einer Quelle der ethnischen Identität. Anders ausgedrückt: Die Definition der islamischen Gläubigen als eine ethnische Gruppierung ist eine vollkommen neue Erscheinung, welche die islamische Geschichte in dieser Form bisher nicht kennt. Genau diese beiden Faktoren, die religiösen Implikationen der *Hidjra* und die Ethnisierung des Islam, erschweren die Integration von Muslimen in Europa. Nur ein an einem religiösen Pluralismus orientiertes Integrationskonzept bietet Lösungen. Mit meinen Ausführungen hoffe ich, eine Debatte über diese Problematik in Gang zu bringen, die sich verantwortungsethisch an den Problemen und deren Bewältigung, also nicht gesinnungsethisch an Moralisierungen orientiert.

Herausforderungen

Aus der islamischen *Hidjra* nach Europa erwachsen Herausforderungen an beide Parteien, Migranten und Aufnahmegesellschaft. Dies hängt mit folgenden Problemkomplexen, die den Bedarf an religiösem Pluralismus veranschaulichen, zusammen:

Erstens: Wir haben in den vorangegangenen Ausführungen gesehen, daß die Muslime nicht wie früher als *Djihad*-Eroberer nach Europa kommen. Anders als im islamischen Spanien oder auf dem osmanischen Balkan können sie heute bei ihrer Migration nach Europa ihre Weltanschauung nicht zur dominanten Kultur erheben. Mehr noch: Sie sind nicht nur keine neuen Eroberer, die eine gezielte Siedlungspolitik betreiben und dadurch schnell zur Mehrheit werden, sondern nur eine sozial schwache Minderheit. In den USA nennt man solche Migranten eine ethnische *underclass*. Eine weitere Komplikation besteht darin, daß sich nach der religiösen Doktrin des Islam ein Muslim im *Dar al-kuffar*/Land der Ungläubigen nur zeitlich begrenzt und zu einem bestimmten Zweck aufhalten, sich auf Dauer einer nicht-islamischen Ordnung aber nicht unterwerfen darf. Die tatsächliche Situation stellt sich heute allerdings eher umgekehrt dar. Türken und andere Muslime in Deutschland sowie in anderen Ländern Westeuropas sind nach ihrer Migration auf Dauer in diesen Ländern und müssen sich den Rechtsvorschriften nicht-islamischer säkularer Verfassungen sowie Regierungen, die größtenteils aus Christen bestehen, unterwerfen. Beide Parteien, Europäer und Muslime, müssen sich ändern, um mit dieser Situation fertig zu werden. Der religiöse Pluralismus sowie die Säkularität bieten hierfür eine akzeptable Orientierung. Wie verhalten sich nun die Muslime unter diesen Bedingungen, die nicht im Einklang mit der islamischen Doktrin stehen? Der gemäßigte ägyptische Muslim Zaki al-Badawi hat als ein in London lebender Migrant beim Treffen religiöser *Leaders* auf dem Weltwirtschaftsforum in Davos 2001 mit gutem Willen – wie ich schon zitiert habe – vorgeschlagen, Europa nicht mehr als »Haus der Ungläubigen« zu bezeichnen, sondern statt dessen in *Dar al-Islam* umzubenennen. Akzeptieren die Europäer dies? Ist das die Reform, welche die religiöse Doktrin benötigt? Wohl kaum, denn diese Interpretation steht in krassem Widerspruch zum religiösen Pluralismus. Sie ist eine neue Spielart des orthodoxen Islam, die sich als Reform-Islam verkauft. Bereits an dieser Stelle muß ich leider konstatieren, daß es in Deutschland – etwa im Gegensatz zu Frankreich – institutionell keine Ansätze für einen Reform-Islam innerhalb der organisierten Gruppierungen gibt, noch nicht einmal einen vermeintlichen wie den des Imam Badawi.

Zweitens: Die islamische Migration als *Hidjra* ist nicht meine Erfindung oder Deutung, vielmehr handelt es sich – wie angeführt – um eine religiöse Vorschrift zur Verbreitung des Islam, die auch historisch im Rahmen der islamischen Expansion neue Realitäten geschaffen hat. Die Europäer nehmen Muslime jedoch entweder aus wirtschaftlichem Bedarf als »Gastarbeiter« oder aus humanitärer Pflicht als Asylanten und Flüchtlinge auf. Impliziert diese Aufnahme und die im Idealfall mit ihr verbundene Anerkennung des *Anderen* auch eine Anerkennung des islamischen *Da'wa*-Auftrags als Instrument der Islamisierung? Wo liegen die Grenzen des Pluralismus? Gebührt Toleranz nur Wahleuropäern oder auch *Muhadjirun*/Einwanderer mit religiöser Mission? Diese Fragen warten auf eine hoffentlich demokratische Antwort, denn sie beschreiben eine der großen Herausforderungen an die Integration!

Es ist wichtig, für bestimmte Leser zu unterstreichen, daß die Fragen, welche sich im Rahmen der erörterten Herausforderungen stellten, nicht akademischer Natur sind, sondern daß diese die Identität Europas und den Status der Muslime als Migranten gleichermaßen betreffen. Diese einander ausschließenden Optionen nenne ich: *Citoyens* oder *Muhadjirun*! Nach meinem Dafürhalten haben weder die Muslime noch die Europäer bisher auf diese Fragen und Herausforderungen eine für beide Seiten akzeptable Antwort gefunden. Auch über die angeführte

Option des Euro-Islam, die im folgenden Kapitel 7 erläutert wird, scheint in der Politik keine Kenntnis zu bestehen. Darüber, wie das Nachdenken über diesen Gegenstand stets in die Schublade »umstritten«, in der negativen Bedeutung von »nicht allgemein anerkannt«, das heißt »nicht autoritativ«, eingeordnet wird, kann ich nur staunen.

Wenn ein Deutscher mit Promotion in Orientalistik mich wegen der Problematisierung dieser Zusammenhänge bereits mit dem »Verdacht gegen Muslime«-Stempel (vgl. Anm. 11) diffamiert, was soll man dann noch von den anderen PC-Wächtern, die keine Ahnung vom Islam haben, erwarten? Diese Problematik nehme ich hier auf, weil ich davon überzeugt bin, daß ihr Ausgang den Charakter der euro-islamischen Beziehungen im neuen Millennium bestimmen wird. Wie gezeigt, wird in Deutschland mit seiner politischen Kultur der Tabuzonen[29] offenes Denken über den Status des Islam in Europa immer wieder inkriminiert. Probleme werden als zu heiße Eisen betrachtet und lieber unter den Teppich gekehrt. Als Migrant gehöre ich zu den wenigen, die sie trotz aller Sanktionen mutig und offen ansprechen. Als Konsequenz werden meine Schriften über den Islam nicht nur von Islamisten, sondern auch von jenen Europäern mit schwach ausgeprägtem Zivilisationsbewußtsein verfemt, deren Wertebeliebigkeit sie jeden Einsatz für eine Leitkultur als »umstritten« abqualifizieren läßt. Islamisten bedienen sich der Äußerungen dieser Deutschen über mich, um mein Denken zu diffamieren. Als Migrant und Muslim in Deutschland über den religiösen Pluralismus zu schreiben, ist ohne diese persönlichen Bezüge nicht möglich.

Schlußfolgerungen

Ungeachtet der mehrfach beschriebenen schwierigen Bedingungen lasse ich mich, besonders nach dem 11. September 2001, nicht entmutigen und setze mich weiter für den religiösen Pluralismus ein. Seit 1992 argumentiere ich, daß Muslime durch politische Integration als *citoyens* (dies ist nicht gleichzusetzen mit Assimilation – vgl. Kapitel 3) eine europäische Bürgeridentität annehmen können, die Religionsfreiheit einschließt. Andernfalls entstehen Islam-Ghettos als Parallelgesellschaften, die – dem Mittelmeer[30] in vergangenen Jahrhunderten vergleichbar – eher eine *Grenze* anstatt eine Brücke zwischen der Welt des Islam und Europa bilden. Beugt man dem nicht vor, dann könnte uns Muslimen in einer Krisensituation das Schicksal der Morisken widerfahren. Gegenstrategien sind erforderlich. Ganz gewiß steht keine Islamisierung Europas an, wie viele Islamisten hoffen. Mehr als die Hälfte der Migranten sind keine Muslime, und sie wünschen sich als Lösung ihrer Probleme sicherlich kein islamisches Europa, daher bedarf es eines religiösen Pluralismus.

Auf dieses Land bezogen, läßt sich feststellen: Die islamische Einwanderung nach Deutschland ist ein junges Phänomen. Älter ist sie in Großbritannien und Frankreich, wo sie ein Produkt der französischen und britischen Kolonialpolitik in der Welt des Islam ist. Auch in Frankreich gab und gibt es Rassismus. Ohne zu bestreiten, daß auch Frankreich große Probleme[31] hat, so ist doch im Land der Großen Französischen Revolution das Verhältnis zu muslimischen Migranten vom Modell des *citoyen* bestimmt.[32] Dennoch ist es bedauerlich – auch wenn es einen positiven Nebeneffekt mit sich bringt –, daß französische Kolonialinteressen mit der Vorstellung eines französischen *citoyen* islamischen Glaubens im Dienst Frankreichs verbunden wurden. Nicht so demokratisch, aber quasi-egalitär war die britische Commonwealth-Idee, die einem »*muslim subject of the Empire*/muslimischen Subjekt des Reiches« das Tragen eines britischen Commonwealth-Passes zugestand. Doch die islamischen Migranten in Großbritannien bereiten große Probleme, die Philip Lewis untersucht hat.[33]

Im Kontrast zum französischen *citoyen* und zum britischen *citizen* wird in Deutschland der Staatsbürger ethnisch-exklusiv bestimmt. Das neue Staatsangehörigkeitsgesetz hat diese Situation nur formalrechtlich modifiziert. Daher ist diese Veränderung zwar zu begrüßen, aber auch nicht zu überschätzen, denn das kulturelle Verständnis bleibt dasselbe, und dieses prägt nicht nur das Recht, sondern auch die politische Kultur Deutschlands. Mit dieser Situation bin ich durch meine Fremdbestimmung als »Syrer mit deutschem Paß«, der also nicht als *citoyen* integriert wird, bestens vertraut!

Die ersten Muslime kamen als Diener des Kaisers nach Deutschland: eine Palastwache als Geschenk des osmanischen Sultans. Auch die Muslime, die nach den sechziger Jahren des vergangenen Jahrhunderts in Massen einwanderten, kamen als Diener, obwohl diesmal »Gastarbeiter« genannt.[34] Dieser Begriff veranlaßt zu der sarkastischen Frage: Gehört es in Deutschland zur Leitkultur, daß ein »Gast« die niederen Tätigkeiten eines Hilfsarbeiters verrichtet? Bei einem Vortrag im Rhein-Main-Kreis sprach mir ein Hörer wohlwollend ab, ein Ausländer zu sein. Verdutzt fragte ich, warum. Als Antwort erhielt ich folgende Erklärung: »Sie sind ein Professor und kein Gastarbeiter.« Welch eine bemerkenswerte Logik!

Und doch hat sich in den vergangenen 40 Jahren in Deutschland vieles zum Besseren geändert, wodurch insgesamt ein positiver Wandel eingetreten ist. Aus meinem eigenen Schicksal[35] und aus der Post, die ich regelmäßig – gleichermaßen anonym und unter Angabe des Absenders – erhalte, kenne ich jedoch auch Negativa, die ich nicht herunterspielen möchte. Aus dem genannten Grund weiß ich, daß die Kombination Muslim – Professor – deutscher Staatsbürger, die ich in meiner Person vereinige, für viele Deutsche alltagskulturell schwer zu verdauen ist.

In diesem Buch werden die Leser auf die Worte Helmuth Plessners gestoßen sein: »Wir Deutsche kennen kein Mittelmaß.« Früher war das Erlangen eines deutschen Passes für einen Muslim ein nahezu unerreichbares Ziel. Das Verfahren meiner Einbürgerung hat fünf Jahre (1971 bis 1976) gedauert, es war vergleichsweise leichter, auf dem Ausnahmeweg 1973 in Niedersachsen deutscher Beamter auf Lebenszeit zu werden. Schon vor der gesetzlichen Regelung einer doppelten Staatsangehörigkeit ist man dann allerdings zum Gegenextrem der quasi freien und beliebigen Verteilung von Pässen, zum Beispiel auch an Islamisten und Vorbestrafte (vgl. Kapitel 3), übergegangen. In Kapitel 2 habe ich einen Berliner Richter zitiert, der sich wundert, warum vorbestrafte Libanesen aus der Szene der organisierten Kriminalität eingebürgert worden sind. In Deutschland wird der Rassismus nicht dadurch überwunden, daß deutsche Gutmenschen so etwas veranlassen und zudem ausreichende Deutsch-Kenntnisse als Kriterium für die Einbürgerung ablehnen – ganz im Gegenteil: Die latente Fremdenfeindlichkeit nimmt durch anhaltendes Fremdsein des Fremden zu. Unter Aufgeschlossenheit verstehe ich etwas anderes! Blauäugigkeit und eine korrekte Gesinnung sind kein Ersatz für fehlende Integrationspolitik.

In bezug auf die islamischen Migranten erfordert eine Integrationspolitik eine doppelte Kritik: am *Hidjra*-Verständnis der Muslime und an der schwachen deutschen Identität, die den Migranten keine Identifikationsmuster bietet. In diesem Kapitel habe ich die *Hidjra*-Problematik aufgenommen, um mein Eintreten für Laizität und religiösen Pluralismus zu veranschaulichen. Seit dem 11. September 2001 wird niemand mehr an Entscheidungen bezüglich dieser Fragen und an der Tatsache, daß ein Teil der Terroristen aus der deutschen Islam-Diaspora kam, vorbeikommen.

Das Ergebnis der in der zweiten Hälfte des 20. Jahrhunderts erfolgten islamischen *Hidjra* nach Europa waren im Jahr 2000 15 Millionen Muslime, die überwiegend in den drei wohl zentralsten Ländern des Kontinents, nämlich Frankreich, Großbritannien und Deutschland leben. Hochrechnungen zufolge wird ihre Zahl um das Jahr 2025 auf etwa 30 Millionen angewachsen sein, sich also verdoppelt und gegen Mitte des 21. Jahrhunderts sogar verdreifacht haben. Wie ich bereits gezeigt habe, ist die geographische Verteilung islamischer Migranten in Europa ethnisch bestimmt: In Deutschland überwiegen die Türken, in

Frankreich die Maghrebiner und in Großbritannien Südasiaten (Inder, Pakistani, Bangladeschis). Es bestehen Vernetzungen, vorwiegend zwischen Islamisten, die vom Glauben besessen sind, in Europa eine Einheit der islamischen *Umma*/Gemeinschaft in der Diaspora zu bilden und Europa in das *Dar al-Islam*/Haus des Islam einzubeziehen.

Eine inner-islamische Ethnizität (Araber, Perser, Türken) hat es in der Geschichte des Islam immer gegeben, nicht aber die Bestimmung der Muslime gegenüber anderen als ethnische Gruppierung. In der europäischen Islam-Diaspora bleiben die ethnischen Grenzen zwar bestehen, aber nach außen verschwinden die inner-islamischen Spannungen, so daß die muslimischen *Muhadjirun*/Migranten als ethnisch-religiöse Gruppierung auftreten, die durch den Auftrag der *Hidjra* bestimmt wird. Nur eine gesamteuropäische Einwanderungs- und Integrationspolitik kann zur Bewältigung dieser Problematik beitragen und ein Wiederbeleben des Kreuzzug-*Djihad*-Erbes in Europa verhindern. Die christlich-islamische Geschichte war sowohl von Kreuzzug und *Djihad* als auch von Brücken geprägt (vgl. Anm. 14). Welches Element dieses Erbes wird die Zukunft bestimmen?

Die erste Lehre nach dem 11. September 2001 lautet: Tabus sind abträglich für das friedliche Zusammenleben zwischen Europäern und islamischen Zuwanderern, und deswegen müssen auch unbequeme Fragen gestellt werden. In diesem Kapitel habe ich die Erweiterung des religiösen Pluralismus in Europa auf den Islam vorgeschlagen. Dies kann von Muslimen erst dann angenommen werden, wenn sie durch reform-islamische Anstrengungen ihre Religion von Politik und Ordnungsvorstellungen abkoppeln. Ein Anfreunden des Islam mit der Säkularität ist hierfür die Grundvoraussetzung. Zu den Ergebnissen dieses Kapitels gehört die Erkenntnis, daß kulturell-religiöse Vielfalt nur im Rahmen von Säkularität und religiösem Pluralismus in Frieden fortbestehen kann. Eben dieser Pluralismus setzt Grenzen in bezug auf kulturelle Differenz. Niemand – auch kein Muslim – darf sich auf seine Religion berufen, um moralische Überlegenheit gegenüber Angehörigen anderer Religionen zu beanspruchen. Im Koran steht: »Kein Zwang in der Religion« (Sure 2, Vers 256); und außerdem: »Ihr habt eure Religion und ich habe meine«(Sure 109, Vers 6). Diese Koranstellen bieten Raum für ein Anfreunden des Islam mit einem demokratisch-religiösen Pluralismus. Der Koran verbietet auch den Terrorismus, und vor diesem Hintergrund frage ich mit *Newsweek*-Autor Stefan Theil, warum dann »*Tolerating the Intolerable?*«[36]

Zum Schluß möchte ich über diese auf den Terrorismus bezogene Frage hinaus eine Empfehlung zum Thema dieses Kapitels, der *Hidjra* nach Europa, geben: Europäer sollten nach dem 11. September 2001 aufmerksam darauf achten, wie islamistische Funktionäre der deutschen Islam-Diaspora auf die Aufforderung der säkularen Demokratie, daß Muslime sich der Rechtsordnung der Bundesrepublik fügen sollten, reagieren. Die Antwort dieser »friedlichen« Islamisten lautet in der Regel: »Natürlich, wir akzeptieren das Grundgesetz«, und dann folgt der von Deutschen oft überhörte Konditionalsatz, »solange wir eine Minderheit bilden«. Unter Vergegenwärtigung der islamischen *Hidjra*-Doktrin frage ich diese Islamisten: Planen Sie noch immer die Islamisierung Europas, wenn Sie hier die Mehrheit stellen? Was ist Ihr Verständnis von religiösem Pluralismus?

Vierter Teil

**Lösungen für das 21. Jahrhundert –
Muslime überwinden ihre Integrationsunwilligkeit, und Deutsche bewältigen
ihre Identitätsprobleme**

Einführung

Bei diesem abschließenden Teil des vorliegenden Buches wiederhole ich seine zentrale These, nämlich daß die Integration muslimischer Migranten in Deutschland, ja generell in Europa, gescheitert ist. Im Lichte der von Deutschland aus vorbereiteten und in New York und Washington erfolgten Kriegserklärung islamischer Fundamentalisten an die westliche Zivilisation am 11. September 2001 ist es nun möglich geworden, relativ tabufrei über dieses Problem zu sprechen. Dies müssen wir sogar tun in einer Kriegssituation, in der Hunderte von islamischen Migranten mit britischen und deutschen Pässen auf der Seite der Taliban und Bin Ladens gegen westliches Militär im Afghanistan-Krieg gekämpft haben.

Die orthodoxe Doktrin, daß ein Muslim sich nicht in ein Gemeinwesen integrieren darf, welches nicht islamisch definiert ist, hat nichts mit Fundamentalismus zu tun. Die Lehren der islamischen Orthodoxie, die in den Moscheevereinen der Islam-Diaspora gerade angesichts fehlender Integration florieren, verpflichten zu der angeführten Geisteshaltung der Integrations-*un*willigkeit. Hinzu kommen erschwerend ethnische Zugehörigkeitsgefühle und ein Kollektivbewußtsein des Nationalismus, etwa bei den Türken der Diaspora. Unter diesen Bedingungen neigen Menschen dieser im Westen beheimateten Diaspora-Kultur dazu, unter der Fahne ihres Heimatlandes zu leben. Dies tun auch manche Türken in Deutschland. So führt diese Mischung von einem nicht-reformierten Islam – sei es in Form von Orthodoxie oder Islamismus – und ethnischem Nationalismus zu einer Einstellung, die ich offen als Weigerung zur

Integration oder noch deutlicher als eine Integrations*un*willigkeit bezeichne.

Auf der deutschen Seite sieht es nicht besser aus. Die These, die ich in diesem abschließenden Teil vertreten werde und die in den vorangegangenen Kapiteln schon angeklungen ist, lautet, daß jedes demokratische, also nach universellen Werten gestaltete Gemeinwesen in der Lage ist, Menschen aus anderen Kulturen, also Fremde, in sich aufzunehmen und zu integrieren. Die Voraussetzung hierfür ist jedoch neben der universellen Werteorientierung die Fähigkeit, diesen Menschen eine Identität zu bieten. Damit meine ich die Möglichkeit, ein Gefühl der Dazugehörigkeit zu vermitteln, so daß ein Migrant eine Bürgeridentität entwickeln und sagen kann: »Ich bin Deutscher.« Ich weiß aus der öffentlichen Definition meiner Person als »Syrer mit einem deutschen Paß«, daß die Einbürgerung in Deutschland den juristischen Status der »Staatsbürgers« (das ist weder *citoyen* noch *citizen*), nicht aber eine Bürgeridentität bietet. Damit erweist sich die deutsche Gesellschaft als intergrations*un*fähig.

Die vorangegangene Kurz-Diagnose läßt sich in folgenden Begriffen zusammenfassen: Integrations*un*willigkeit islamischer Migranten und eine Unfähigkeit zur Integration auf deutscher Seite. Das ist eine allgemeine Erklärung für die gescheiterte Integration, zu deren Folgen die auswuchernden islamischen Parallelgesellschaften gehören, die ich in den vorangegangenen Kapiteln untersucht habe.

Im Lichte dieser Diagnose unterstreiche ich den Bedarf an Integration. Die Alternativen lauten zugespitzt: »Euro-Islam« oder »Taliban/Bin Laden-Islam« für die deutsche Islam-Diaspora. Unter solchen Bedingungen ist es tödlich für westliche Werte, wenn wir nicht offen und tabufrei über dieses Problem reden. Dies tue ich und hoffe auf eine verantwortungsethische – im Gegensatz zu einer gesinnungsethischen – Leserschaft.

Kapitel 7

Euro-Islam statt Taliban/Bin Laden-Islam. Die Versöhnung von religiösem Glauben und säkularer Vernunft im Rahmen des Pluralismus: Die kulturelle Grundlage für die Integration islamischer Migranten aus Asien und Afrika

In diesem Buch über islamische Zuwanderung und Integration geht es auch um die interkulturelle Kompetenz als eine Voraussetzung für ein Miteinander in Frieden und Demokratie. Unerläßlicher Ausgangspunkt für interkulturelle Kompetenz ist Wissen über den jeweils *Anderen*, das ich in mehreren Schritten vermitteln will. Im vorangegangenen Teil ist der Inhalt der Begriffe Toleranz und Pluralismus geklärt und in Hinblick auf interkulturelle Kompetenz unter Bedingungen der Migration erweitert worden, indem der Bedarf einer Berücksichtigung der Dimension der Kultur verdeutlicht wurde, die in unserer Zeit in der internationalen Politik große Bedeutung erlangt hat. Fachwissenschaftler sprechen hier vom »*cultural turn*/kulturelle Wende«[1].

Für ein besseres Verständnis der folgenden Argumentationsweise sowie meines Gedankenaufbaus muß ich an den unternommenen Denkprozeß erinnern: Im ersten Schritt habe ich meinen Einsatz für Toleranz substantiell dargelegt (Kapitel 5) und im zweiten Schritt gezeigt, daß das Zusammenleben von Menschen unterschiedlicher Kulturen eine Akzeptanz des Pluralismus erfordert (Kapitel 6). Dabei wurde erläutert, daß Pluralismus nicht schlicht das formelle Vorhandensein von Vielfalt bedeutet. Im Zuge dieser beiden Schritte habe ich zugleich die Grenzen von Toleranz und Pluralismus deutlich aufgezeigt: Erstens, Toleranz bedeutet nicht Wertebeliebigkeit, sondern basiert auf konsensueller Annahme von Spielregeln; zweitens, Werte mit absoluten beziehungsweise neo-absolutistischen Ansprüchen sind schlicht mit Pluralismus nicht vereinbar, denn dieser beschränkt sich nicht auf die Beschreibung von und den bedingungslosen Schutz der Vielfalt. Vielmehr erfordert er von allen Beteiligten gegenseitige Akzeptanz. Darüber hinaus setzt dieser Pluralismus, ähnlich wie bei der Ausübung von Toleranz, Spielregeln als Rahmen für einen Wertekonsens, welcher die Form einer Leitkultur annehmen kann, voraus. In den nun folgenden letzten Schritten der Suche nach Lösungen werde ich bei gleichzeitiger Anerkennung von Toleranz und Pluralismus die Hindernisse für Integration sowohl auf seiten der Deutschen als auch der muslimischen Migranten tabufrei ansprechen.

Der Platz der Religion in einem kulturellen Pluralismus

Die Tatsache, daß die neuen Migranten dem Islam angehören, also einer Religion, die auch zur Identitätsstiftung einer geschichtlich und weltanschaulich mit dem Westen rivalisierenden Zivilisation diente, zwingt uns, entsprechende Fragen zu stellen. Die erste Frage bezieht sich darauf, welchen Platz der *Andere* im Rahmen von Pluralismus in der Gesellschaft unter Berücksichtigung der Religion einnimmt. Hintergrund dieser Frage ist die Tatsache, daß ein wichtiger Teil der Migranten seine Identität durch die Zugehörigkeit zu einer – wenn auch konstruierten – exklusiven Religionsgemeinschaft bestimmt. In diesem Rahmen kann Integration nur unter folgenden Voraussetzungen bewerkstelligt werden: Kein Zwang für die Migranten, sich assimilieren zu müssen, wobei gleichzeitig gilt, ihnen *nicht* das Gegenteil einzuräumen, das heißt die Migranten dürfen als Minderheit den *Anderen*, in diesem Fall der Mehrheit, nicht die eigenen religiös-weltanschaulichen Vorstellungen aufzwingen. Der faktische Ausgangspunkt ist, daß seit dem Übergang zum neuen Jahrhundert vermehrt sowohl liberal-demokratische westliche Gesellschaften als auch Migranten einem Wandel unterliegen, der Veränderungen auf beiden Seiten erfordert. Diese Veränderungen schließen folgende Punkte ein:
– Zum einen geht es um die Aufnahmegesellschaft. Durch die

zunehmende Rebellion sowie Verweigerung der neuen Generation gegenüber dem Tradierten ist in Deutschland ein Konsens
schwierig geworden. Große Teile der europäischen Jugend lehnen es in unserer Zeit ab, die etablierte Lebensweise zu akzeptieren und traditionelle westliche Werte und Normen zu vertreten. Intellektuelle und Wissenschaftler kultivieren diesen Trend
zu einer Denkweise des »Postmodernismus«, der jede Objektivität und jeden Wertekonsens in Frage stellt und praktisch in
einer Wertebeliebigkeit resultiert. Ich sehe diese Entwicklung
kritisch und deute sie als Ausdruck einer Sinnkrise.[2] Unter den
Bedingungen der Zuwanderung von Menschen aus anderen
Kulturen ist Integration und somit innerer Friede gerade ohne
einen Wertekonsens nicht möglich. Dies hat der 11. September
sehr konkret veranschaulicht. Aus dieser Perspektive ist die beschriebene Entwicklung in den westlichen Kerngesellschaften
als in höchstem Maße problematisch, ja gefährlich zu bewerten; die westliche Zivilisation scheint keine Vorbilder zu bieten,
die Europäer den Migranten vorleben könnten. Techno und
Mc-Kultur sind keine Inhalte.

– Zum anderen geht es um die Migranten, die vorwiegend aus
nicht-westlichen Kulturen und Zivilisationen kommen; mit
ihnen verändert sich die Zusammensetzung der Wohnbevölkerung der Aufnahmegesellschaft. In bezug auf die hier im Mittelpunkt stehende Werteorientierung stelle ich fest, daß die neuen
Migranten andere Werte und Anschauungen mitbringen, die
oftmals aus einer anderen religiösen Zugehörigkeit resultieren.
Die liberalen Gesellschaften des Westens, in die diese Migranten
aus Asien und Afrika immigrieren, haben Werte und ein Verständnis des Menschen als eines Individuums, welche im deutli-
chen Gegensatz zu der kollektiven Identität dieser Migranten
stehen. Denn letztere greifen auf eine Tradition der Homogenität und des ethnisch-religiösen Zusammenhalts zurück und
verkörpern somit jeweils ein Kollektiv. Daraus folgt, daß die
Migranten lernen müssen, mit Vielfalt im pluralistischen Sinne
zu leben. Real hat es stets Vielfalt in der islamischen Geschichte

gegeben, aber es gibt keine geistige Tradition, die diese Vielfalt pluralistisch legitimiert.

Beide Sachverhalte berücksichtigend, können wir generell vom Verlust an Homogenität und Konsens sprechen. Westlich-liberale Gesellschaften predigen die Anerkennung größerer Vielfalt auf Kosten des Konsenses. Die Migranten dagegen stehen zu Homogenität, allerdings nur in bezug auf ihre partikulare Gruppe. Hier wird im tradierten Sinne und nicht im demokratischen Rahmen Konsens gebildet. Aus dieser Entwicklung leiten einige Beobachter eine Desintegration westlicher Gesellschaften ab. John Keks, der diese »Desintegrationsthese« kritisch beleuchtet, bietet einen Ausweg, bei dem die zunehmende Vielfalt an eine Kraft des Zusammenhaltens der Gesellschaft gekoppelt wird.[3] Das Ziel ist, Vielfalt mit Einheit zu verbinden und beide miteinander zu harmonisieren. Diese einen Ausweg bietende Kraft nennt er die »Moralität des Pluralismus«. Eine Moralität, die dem Handeln der Mitglieder eines Gemeinwesens als Orientierung und zur »Leitung ihres Verhaltens« dient, braucht jede Gesellschaft, und sie steht nicht im Widerspruch zur Vielfalt, wenn diese – in der hier verwendeten Bedeutung – pluralistisch gestaltet wird. Keks hebt hervor:

»Um in der Lage zu sein, eine akzeptable Lebensweise des Miteinanders zu finden, müssen wir moralische Werte hierfür begründen ...« (ebd. S. 3).

Auf diese Weise können Wertedifferenzen und ein Wertekonsens durch die Bindeklammer des Pluralismus positiv aufeinander bezogen werden, wobei das Konfliktpotential der »kulturellen Differenz« neutralisiert werden kann. Keks erläutert diesen Sachverhalt so:

»Das Hauptaugenmerk des Pluralismus richtet sich auf das Verhältnis dieser Werte zueinander; das Interesse der Pluralisten richtet sich auf den Bedeutungsgehalt dieser Werte... Dennoch ist Pluralismus wertend, weil er nicht wertebeliebig ist« (ebd. S. 9f.).

Vertreter solcher Positionen des politischen Pluralismus sind

sich bewußt, daß Wertekonflikte durch unterschiedliche Aus-
gangslagen, das heißt normative Wertedifferenzen, entstehen. In
einem *kulturell homogenen* Gemeinwesen sind diese Konflikte
vorwiegend politischer Natur. Aus dieser Perspektive ist es ver-
ständlich, wenn Keks unterstreicht, daß im Pluralismus keine
Werte – so zum Beispiel auf Deutschland bezogen sozialdemo-
kratische, grüne oder christdemokratische Werte – Vorrang vor
anderen haben dürfen. Im wesentlichen geht es um das gute Leben aller, und hierfür gilt es, politisch unterschiedliche, jedoch
von einem Konsens ausgehende Optionen und Werte anzuerkennen. So muß es »zu einem Gleichgewicht innerhalb der Pluralität der Werte« (ebd. S. 213) kommen. Das ist die Prämisse
des politischen Pluralismus.

Anders verhält es sich mit dem Pluralismus in Gesellschaften,
in die Einwanderer aus anderen Kulturen mit anderen Werten
kommen; hier entsteht eine kulturelle Differenz, die Probleme
mit sich bringt, die kulturell homogene Gesellschaften nicht
kennen. Die Lösungen, die der politische Pluralismus bietet, reichen hier nicht aus. Dieses Problem wurde nach dem 11. September deutlich: Die amerikanische Antwort lautet seitdem:
Jede kulturelle Differenz muß den Werten der US-Verfassung
untergeordnet werden.

Aus diesem Grunde erfolgt mein Rückgriff auf das Konzept
des Pluralismus in diesem Kapitel nicht in bezug auf politische,
sondern religiös-kulturelle Werte, und somit ist die Sachlage
eine völlig andere. Zur Religion gehört Glaube an das Absolute,
wie dies zum Beispiel im Islam der Fall ist. Dies steht im Gegensatz zum Pluralismus. Eine ethno-religiöse Kultur bringt nicht
Pluralität, sondern Homogenität des Kollektivs als hermetische
»Wir-Gruppe« (zum Beispiel Kurden) mit Anspruch auf Exklusivität zum Ausdruck. Kann auch hier das Prinzip gelten, daß
die Werte der einen – hier der die Migranten aufnehmenden
Gesellschaft – die Werte der anderen – also die Zuwanderer –
nicht aufheben dürfen? Konkretes Beispiel: *Schari'a* des Islam
oder säkulare Werte des Grundgesetzes? Hier kann es weder

Zwischenlösungen noch einen Kompromiß geben. Genau dieser Sachverhalt steht im Zentrum der folgenden Überlegungen. Am Beispiel des Wertekonflikts zwischen den Anschauungen der säkularen Demokratie und den islamischen Ordnungsvorstellungen werde ich dies veranschaulichen. Die Integrations*un*willigkeit muslimischer Migranten ist in diesen Problembereich einzuordnen.

Die Ausgangsfrage lautet: Dürfen sich islamische Migranten auf das europäische Prinzip der absoluten Gleichberechtigung der Werte berufen und hierbei Geltung der »*Hakimiyyat Allah*/ Gottesherrschaft« als Alternative zur säkularen Volkssouveränität beanspruchen? Dies ist in der Tat während der britischen Parlamentswahl im Frühjahr 2001 geschehen.[4] Wie können die säkularen Demokratien in diesen Konfliktsituationen, in denen sie solchen Herausforderungen ausgesetzt sind, handeln? Jürgen Habermas hilft uns bei diesem Dilemma, indem er deutlich macht, daß die »Einbeziehung des *Anderen*«[5] keine Annahme des Fundamentalismus oder ähnlich gelagerter absolutistischer Ideologien einschließe. Habermas' Begründung lautet:

»Fundamentalistische Weltbilder sind dogmatisch ... sie lassen keinen Spielraum für eine Reflexion auf ihre Beziehung zu anderen Weltbildern, mit denen sie dasselbe Diskursuniversum teilen und gegen deren konkurrierende Geltungsansprüche sie sich nur mit Gründen behaupten können. Sie lassen keinen Platz für *reasonable disagreement* ... Die nicht-fundamentalistischen Weltbilder ... erlauben (dagegen, B.T.) – im Geiste Lessingscher Toleranz – einen zivilisierten Streit über Überzeugungen, in dem eine Partei ohne Preisgabe des eigenen Geltungsanspruchs die anderen Parteien als Mitstreiter um authentische Wahrheiten anerkennen kann.«[6]

Habermas' Argument macht die eingangs vorgenommene Unterscheidung zwischen einfacher deskriptiver Vielfalt und Pluralismus deutlich. Letztere hat Spielregeln und läßt keine Wertebeliebigkeit zu. Von zentraler Bedeutung ist, daß jede Partei innerhalb der Vielfalt fähig und bereit sein muß, auf den jeweils *Anderen* einzugehen. Dieser Erkenntnis Rechnung tragend erfordert die Erweiterung der Pluralismus-Debatte unter Einbeziehung der Kultur des *Anderen*, daß wir in dem vorliegenden Zusammenhang vom kulturellen Pluralismus unter Berücksichtigung der kulturellen Differenz sprechen. Hier stellt sich die Frage, wie Angehörige unterschiedlicher Kulturen und Zivilisationen, wenn sie ein Miteinander anstreben, miteinander umgehen können. In meinen eigenen Arbeiten nehme ich die Erfordernisse des politischen Pluralismus auf und übertrage sie auf die Kultur, um das Vorhandensein der Vielfalt und den Bedarf an Konsens im Bereich der Werte aufeinander zu beziehen und zu begründen, daß beide in Einklang gebracht werden können. Meine zentrale Prämisse ist, daß es bei einem aus der kulturellen Differenz hervortretenden Wertekonflikt doch ein Veto der einen Kultur gegen die andere geben kann, zum Beispiel Grundgesetz mit dem Wert der Gleichheit der Geschlechter gegen die Diskriminierung der Frau in der *Schari'a*. Wie Ernest Gellner erkenne ich keine Wertegleichheit an und ergreife Partei für ihn in meinem Europa-Buch (vgl. Anm. 2) gegen Geertz' Kulturrelativismus.

Einer der Fortschritte in der internationalen Diskussion über diesen Gegenstand ist die Aufgabe der Strategie der Assimilation zugunsten der Integration. Jedoch wird dieser Fortschritt manchmal durch den wertebeliebigen Multikulturalismus beeinträchtigt. Daher ist es erforderlich, auf die Illusionen der Wertebeliebigkeit des Multikulturalismus, der Parallelgesellschaften zuläßt, zu verzichten. Diese Wertebeliebigkeit[7] kommt zustande, wenn wir kulturrelativistisch ablehnen, daß bestimmte Werte Vorrang vor anderen haben. Auf der Basis dieses Bezugsrahmens will ich, in Vorgriff auf meine kulturpluralistische Deutung des Islam als Euro-Islam, Ansätze der aktuellen wissenschaftlichen Diskussion zu einer Harmonisierung dieser Religion mit einem religiösen Pluralismus erläutern, ohne Leser mit Fachdebatten zu belasten. In meinem Verständnis geht es um Werte und Identität; hier ist es erwähnenswert, daß im Bericht der Süssmuth-

Kommission die, leider nicht näher definierte, islamische Identität einen zentralen Platz einnimmt, also eine Identität, die religiös definiert wird; und so sind wir inmitten unserer Problematik.[8]

Im Gegensatz zu dem bereits zitierten Pluralismustheoretiker John Keks bemühen sich jene Wissenschaftler, die ihren Fokus auf Migration richten, den Begriff Kultur in die Pluralismusdebatte einzubringen. Zu ihnen gehört Ralph Grillo, der von der Krise des Nationalstaats angesichts des Verlusts der kulturellen Homogenität seiner Bevölkerung ausgeht. Obwohl ihm die zahlreichen voneinander abweichenden Bestimmungen des Pluralismus bekannt sind, teilt er mit anderen Forschern die Ansicht, daß »alle Spielarten des Pluralismus den Grad und die Art des Konsenses als Voraussetzung teilen«[9].

Das Anliegen der Pluralisten besteht darin, einen Wertekonsens über grundsätzliche Fragen zu erreichen, wie zum Beispiel über die Geltung säkularer Demokratie und ihrer Werte. Das Dilemma, wie kulturelle Vielfalt mit Einheit (in Form einer allgemeinen Akzeptanz der säkularen Demokratie) zu harmonisieren ist, gehört auch zu den Anliegen von Grillo. Bei ihm – wie in der Forschung allgemein – bleibt dies generell eine offene Frage. Grillo beschränkt sich darauf, am Ende seines Buches wie die Mehrzahl anderer Beiträge zu dieser Thematik festzustellen:

»Welche Spielart eines ethnischen und kulturellen Pluralismus ist in Gesellschaften, die sich universellen demokratischen Werten verschrieben haben, möglich? Obwohl wir klar erkennbar in multi-ethnischen und multi-lingualen Gesellschaften leben, wird dennoch nur ein eng definierter Wertekanon als legitim anerkannt« (ebd., S. 186f.).

Gehören Demokratie und Säkularität zu diesem Wertekanon? Sollen westlich-demokratische Gesellschaften ihre säkulare zivilisatorische Identität aufgeben, um sich anderen ethnischen oder religiösen Kulturen zu öffnen? Gibt es einen Weg, den beide Parteien in einem Miteinander unter Bewahrung der zivilisatorischen Identität Europas beschreiten können? Für die westliche Zivilisation handelt es sich hierbei besonders im Schatten der Kriegserklärung vom 11. September um existentielle Fragen und nicht etwa um rein akademische; sie stellen sich für Europa in einer Zeit, in der einige muslimische Migranten diesen Kontinent lieber zum *Dar al-Islam* rechnen möchten, während Europäer sich über einen Wertekonsens nicht mehr im klaren sind. Bei der Annäherung an die Islam-Diaspora nach dem 11. September hat der britische Premier Blair, um Unterstützung für den Krieg gegen den Terrorismus bemüht, sogar Imam Z. Badawi empfangen, der Großbritannien zum *Dar al-Islam* rechnet. Das ist besorgniserregend.

Nun will ich auf die soziale Gerechtigkeit und politische Einbeziehung eingehen; sie gehören zu den Grundfragen der Integration der Ein- und Zuwanderer. Monique Deveaux, die diese Problematik näher untersucht hat, zentriert ihre Argumentation um die Frage der »kulturellen Identität«.[10] Leider macht sie daraus ein Kollektivrecht, das sie zu den allgemeinen Grundrechten rechnet. Ich dagegen bestehe darauf, daß das Anderssein ein individuelles, kein kollektives Grundrecht ist.[11] Doch Deveaux schränkt ihren Ansatz ein und überträgt seine Geltung nur auf die gewachsenen Minderheiten wie Basken, Korsen, Quebec-Franzosen oder Kurden in der Türkei, nicht aber auf solche wie in Deutschland. Mit dieser Einschränkung will sie die Geltung ihrer These nicht auf solche Minderheiten erweitern, die durch Migration in unserer Zeit konstruiert worden sind, so zum Beispiel nicht für die muslimischen Südasiaten in Großbritannien. Für diese bietet sie keine Lösung[12], und sie entzieht sich dieser Aufgabe, indem sie sagt, dies sei eine andere Problematik. Das ist wohl zu einfach. Dagegen plädiere ich für einen Ansatz, der für alle Minderheiten gilt, weil man hier nicht zweierlei Recht für gewachsene und konstruierte Minderheiten gelten lassen darf, dies wäre eine Diskriminierung der Migranten, wenn sie von anderen ansässigen Minderheiten unterschieden werden. Ich strebe also keinen differenzierten kulturellen

Pluralismus an, wie es einer für gewachsene Minderheiten und einer für Minderheiten der Migranten wäre.

Trotz meiner Kritik möchte ich die Unterscheidung von »kultureller Vielfalt« und »kulturellem Pluralismus« in der Arbeit von Deveaux für meinen Gedankengang über diese Problematik mit Einschränkungen verwenden. Deveaux schreibt:

»Kulturelle Vielfalt stellt lediglich die Präsenz unterschiedlicher Kulturen fest. Kultureller Pluralismus ist dagegen eine normative Position, die kulturell diversen Gruppen grundsätzlichen Respekt und Anerkennung gewährt.«[13]

Nach dieser Klärung des Unterschieds zwischen zwei Konzepten müssen wir fragen: Wie weit geht die geforderte *Anerkennung*? Schließt sie auch die *Schari'a* ein? Wie sichert man, daß der erforderliche Respekt gegenseitig gilt? Bei den Befürwortern des Kollektivrechts auf kulturelle Identität geht diese Anerkennung in bezug auf Minderheiten sehr weit. Dabei fällt kein Wort über die Erfordernis, daß auch von der Minderheit diese Leistung der Anerkennung in bezug auf die Werte der Mehrheit zu erbringen ist. Deveaux lehnt es schlicht ab, »dafür einzutreten, daß ein einziger kulturell spezifischer Lebensstil und die darauf bezogenen Werte als verbindlich für die hiervon unterschiedlichen Teile der Bevölkerung« (ebd. S. 7) anzusehen sind.

Diese Aussage veranlaßt zu der Frage: Woran orientiert sich nach Deveaux' Auffassung dann der Pluralismus? Im Gegensatz zu dieser Beliebigkeit ist eine Leitkultur geeignet, Vielfalt zu berücksichtigen, ohne die Einführung von bestimmten kulturellen Kollektivrechten als Grundrecht gelten zu lassen. Deveaux bezieht eine ambivalente Position zum Liberalismus, schränkt ihren Werterelativismus jedoch nur mangelhaft durch folgende Äußerung ein:

»Ich trete nicht für eine umfassende Ablehnung liberaler Argumente und Prinzipien ein. Vielmehr argumentiere ich, daß einige liberale Normen unverzichtbare Bestandteile einer adäquateren Antwort auf Fragen der ethnischen, sprachlichen und religiösen Vielfalt sind« (ebd. S. 3).

Dieses ist ein Bekenntnis zu freiheitlichen Werten, verbunden mit dem Zusatz, daß die liberale Demokratie der Individuen den Kollektiven vorzuziehen ist und dennoch einer Revision bedarf, dadurch nämlich, daß wir »der Bedeutung kultureller Identitäten und Gruppenzugehörigkeit für das politische Leben ernsthafte Beachtung schenken müssen« (ebd. S. 181).

Dies ist auch von Interesse für die folgenden Ausführungen. Diese Erkenntnisse gehören – jedoch mit Abstand zu den darin vertretenen Kollektivrechten – zu den brauchbaren Ergebnissen der soeben skizzierten internationalen Diskussion. Ich hebe dies positiv hervor und bekunde gleichzeitig, wie überaus störend ich bei dieser gesamten Debatte – besonders in ihrer US-Spielart vor dem 11. September – die Unausgewogenheit empfinde. Diese kommt dadurch zum Ausdruck, daß die Befürworter des Multikulturalismus nur zeigen, was die Aufnahmegesellschaften gegenüber Migranten zu leisten haben, um deren kulturelle Identität als Grundrecht zu respektieren, aber sie äußern kein Wort über die eigene kulturelle Identität der Aufnahmegesellschaften und stellen in keiner Weise die Frage, ob es sie zu bewahren gilt. Das ist auch der Grund, weshalb ich ein früheres Buch mit der Frage »*Europa ohne Identität?*« (vgl. Anm. 2) betitelt und die zivilisatorische Selbstaufgabe im Rahmen des Multikulturalismus unterstellt habe. Selbstverleugnung ist nicht die Antwort auf die berechtigte Forderung nach einer Überwindung der Euro-Arroganz. Die Wirkung des 11. Septembers war und ist in diesem Kontext sehr ernüchternd.

Unter Berücksichtigung dieses Vorbehaltes und bei Aufnahme der positiven Resultate der erläuterten Debatte, räume ich in bezug auf das ausgewählte Beispiel, also den Islam, das Recht der islamischen Migranten ein, ihre – wohlbemerkt wandelbare, nicht essentialisierte – islamische kulturelle Identität zu pflegen. Ich teile diese Ansicht auch mit der Süssmuth-Kommission (vgl. Anm. 8), unterscheide mich jedoch von den in ihrem Bericht vertretenen Standpunkten dadurch, daß ich auch Forderungen an die Migranten stelle, wie ich dies in bezug auf die

Europäer in den vorangegangenen Kapiteln getan habe. Einerseits sollten die Europäer die Rechte der muslimischen Einwanderer anerkennen, aber andererseits müssen die Muslime die zivilisatorische Identität Europas respektieren, zu der Säkularität, das laizistische Recht, die auf Volkssouveränität basierende Demokratie und natürlich der Pluralismus gehören. Die geforderte *Anerkennung* ist keine Einbahnstraße.

Im Gegensatz zu den kulturellen Pluralisten der amerikanischen Schule räume ich bei Wertekonflikten den europäischen Werten gegenüber Werten der Zuwanderer Vorrang ein. Weil ich Assimilation ablehne und statt dessen Integration befürworte, vertrete ich die Auffassung, daß dieses Ziel im Rahmen eines Reform-Islam erreicht werden kann, der eine Versöhnung von religiösem Glauben und säkularer Vernunft ermöglicht.[14] Dieses Zusammenspiel hat auch Vorbilder in der islamischen Geschichte selbst.[15] Die Abkopplung der Religion von der Politik gehört, wie ich im vorangegangenen Kapitel gezeigt habe, zu den Grundvoraussetzungen der Praktikabilität von religiösem und kulturellem Pluralismus, wenn dieser über die schlichte Feststellung existierender Vielfalt hinaus Gemeinsamkeiten, also einen Wertekonsens als Leitkultur, einschließen soll. *Eine* Religion kann keine Basis für Gemeinsamkeiten zwischen Angehörigen unterschiedlicher Religionen sein, weil sie als Glauben den Anspruch auf absolute Geltung erhebt.

Mit der vorangegangenen Diskussion über Kultur und Pluralismus setzte ich mich von Liberalen und Neoliberalen, die nur den Markt und seine wirtschaftlichen Bedürfnisse gelten lassen, ab. Auch wenn ich an anderer Stelle für eine Anpassung der Migration an Marktbedürfnisse plädiere, darf das nicht unser einziges Interesse sein. Politische und kulturelle Aspekte werden oft übergangen. Einer der wichtigsten dieser Aspekte ist die Tatsache, daß die europäischen Aufnahmegesellschaften durch die Migration religiös vielfältig werden, also nicht mehr nur christlich sind. Es gibt Religionen, so den Islam, die über den religiösen Glauben hinaus Ordnungsvorstellungen enthalten. Islamisten erheben diese Ordnungsvorstellung zum elementaren, unveräußerlichen Bestandteil ihres Glaubens. Wie können Glaubenssätze von Minderheiten unter diesen Bedingungen noch geschützt werden?

Die größte Leistung der liberalen Demokratie ist die Freiheit des Individuums, die auch Glaubens- und Religionsfreiheit umfaßt. Beide soeben angeführten Sachverhalte zwingen zu der Frage, ob das Festhalten an religiösen Ordnungsvorstellungen zu dem Grundrecht auf Religionsfreiheit gehört? Was geschieht, wenn dieses Recht mit den Werten der Säkularität kollidiert? Solche Fragen haben keinen Platz in den Kalkulationen der Industrie, die Arbeitskräfte braucht, und der Neo-Liberalen, die nur die Interessen des Marktes kennen. Und noch weniger haben sie Platz in der Argumentation der Multikulturalisten.

Das Verhältnis von Religion und Politik gehört zu der Frage der Integration der Migranten; sie beinhaltet das Verhältnis von Bürgern und Institutionen in einer liberalen Demokratie. Einer der bedeutendsten Vordenker auf diesem Gebiet, Robert Audi, spricht zu Recht von einer »zeitgenössischen Herausforderung an die Demokratie«, und meint damit »das delikate Problem, wie eine freie und demokratische Gesellschaft eine angemessene Harmonie zwischen Religion und Politik bewerkstelligt«[16]. Der säkulare Charakter der liberalen Demokratie steht außer Frage, aber die zunehmende Bedeutung der Religion, die ich zu Beginn des vorangegangenen Kapitels thematisiert habe, zwingt uns, diese Harmonie anzustreben. Areligiöse Europäer können nicht von der Annahme ausgehen, daß ihre Anschauungen auch für muslimische Migranten gelten, ebensowenig wie Muslime Europäer zwingen können, ihre religiösen Ordnungsvorstellungen zu dulden oder gar zu akzeptieren. Auf der Ebene der Ethik[17] in einer sich globalisierenden Welt ist es möglich, Annäherung zu finden. Audi spricht von einer »Ethik der Bürger«[18] als Grundlage für eine Balance zwischen Religion und Politik in einer Zivilgesellschaft. Kann diese Balance auch für den Islam erreicht werden? Um von vornherein einem Mißverständnis vorzubeugen: Bürger ist hier in der Bedeutung von *citoyen/citizen* und nicht Staatsbürger gebraucht. Der erste ist Mitglied eines Gemeinwesens als Wertegemeinschaft, der letztere besitzt nur einen Paß, wie zum Beispiel ein Islamist die deutsche Staatsangehörigkeit erlangen kann, ohne die Werte des Grundgesetzes zu bejahen, und somit keine Hemmungen empfindet, am Terrorismus gegen den Westen teilzuhaben, wie dies am 11. September geschah.

Euro-Islam als kulturelle Grundlage: Die Integration islamischer Migranten aus Asien und Afrika

Die vorangegangenen Teile enthalten meinen Bezugsrahmen für die Erörterung der Probleme der Integration muslimischer Migranten. Bevor ich auf den Islam eingehe, stelle ich fest: In Europa hat die Entwicklung einer Vielfalt innerhalb des Christentums auch zu einer Entstehung eines religiösen Pluralismus beigetragen, der jedoch eine europäische Erscheinung und somit innerchristlich geblieben ist. Im Islam existiert in der Realität eine Vielfalt, die jedoch in der integralen islamischen Weltanschauung von einer einheitlichen *umma* verneint wird; die orthodox-islamische Weltanschauung ist antipluralistisch. Mit der islamischen Zuwanderung nach Europa wird eine weit über das christliche Verständnis von religiösem Pluralismus hinausgehende neue Deutung erforderlich. Dies ist die Aufgabe der europäischen Christen und der säkularen europäischen Gesellschaften, die sie zu bewältigen haben. Auch die Muslime haben ihre Hausaufgaben zu machen, um den Pluralismus im Islam zu verankern.

In den folgenden Ausführungen über das Konzept eines Euro-Islam, als Alternative zum orthodoxen Islam beziehungsweise zum Islamismus, will ich als liberaler Muslim eine Lösung dieser Aufgabe der islamischen Migranten entwerfen und die Möglichkeit einer Harmonisierung des Islam mit der liberalen Demokratie in Europa aufzeigen. Eine Institutionalisierung des

Islam nach dem Muster der deutschen Kirche halte ich für einen Sonderweg und somit für fatal. Deutschland hat sich nach 1945 in vielen Bereichen europäisch entwickelt. Dies gilt jedoch leider nicht in dem Bereich des Verhältnisses von Kirche und Politik; hier beharren die Deutschen auf ihrem Sonderweg, den sie auch für die Islam-Diaspora gelten lassen. Ich insistiere auf meiner Option, und sie lautet: ein europäischer, kein deutscher Islam.[19] Welche Begründungszusammenhänge stehen hinter einer solchen Argumentation?

Meine Gründe für die Ablehnung eines deutschen Islam sind folgende: Eine »islamische Kirche« in Deutschland ist einfach undenkbar, weil der Islam in seiner Geschichte noch nie die Form einer einheitlichen kirchlichen Institution angenommen hat. Hinzu kommt, daß jede Religion ihre eigene Organisationsform hat, und diese ist für den Islam nicht die Kirche, weil diese christlich ist. Deshalb ist das Vorhaben, eine einheitliche islamische Religionsgemeinschaft öffentlichen Rechts, als Pendant zur christlichen Kirche, zu etablieren, buchstäblich ein Zwang gegenüber der Vielfalt des Islam und seiner Gläubigen. Dies läuft darauf hinaus – wie beide in Deutschland agierenden Islamräte[20] anstreben –, eine Version des orthodoxen Sunni-Islam zu erzwingen. Das ist gegen den Pluralismus innerhalb des Islam.[21] Warum bedienen sich Islamisten hier der christlichen Hilfe, während in ihrer Ideologie die Vorstellung einer christlichen Verschwörung zur Christianisierung der Muslime so dominant ist?!

Das Verordnen einer islamischen Kirche in Deutschland, wie von deutschen Politikern und Kirchenvätern gewünscht, steht weder im Einklang mit dem Bedarf nach Harmonie zwischen Religion und Demokratie noch mit den Lehren des Islam; es widerspricht jeglicher islamischer Vergangenheit und Tradition. Doch kommt es dem Wunsch der Islamisten entgegen, die Islam-Diaspora zu erobern. Deshalb sind die Islamisten in Deutschland die wichtigsten Gesprächspartner gleichermaßen der Kirchen wie der Politiker bei dem Bemühen um die Bildung einer einheitlichen islamischen Religionsgemeinschaft in Deutschland. Für die Islamisten ist dies ein Traum von der Macht. Eine solche Institution würde den Islamisten ein Instrument an die Hand geben, mit dem sie die gesamte Islam-Diaspora, die nur zu einem sehr kleinen Teil aus Islamisten besteht, in ihren Kontrollbereich einverleiben könnten. Außerdem kämen die Islamisten so in den Genuß des Rechtes auf Erhebung einer Kirchensteuer und einer Vertretung in paritätisch besetzten Gremien, zum Beispiel in den öffentlich-rechtlichen Rundfunkräten, womit für sie ein erheblicher Einfluß- und Machtzuwachs einherginge. Eine mächtige, von Funktionären angeführte religiös definierte Parallelgesellschaft im Namen der Religionsfreiheit wäre die Folge. Sind dies nicht genug Anreize für die Islamisten, den Weg der christlichen Kirchen einzuschlagen?

Diese Funktionäre des Islamismus würden bei Erfolg Strömungen des Reform-Islam verbieten und liberale Muslime verfolgen. Das ist wohl nicht die »Ethik des Bürgers« in einer liberalen Demokratie. Die deutschen Kirchenväter und Politiker hätten dann ihre institutionalisierten Gesprächspartner, aber Religionsfreiheit, säkulare Demokratie und Integration blieben auf der Strecke. Aufgeklärte deutsche Theologen, wie Gerhard Besier, werden nicht müde, das Religionsmonopol der Kirchen zu kritisieren, und ich schließe mich ihnen an, weil dieses Monopol auch auf den Diaspora-Islam und seine Vertretung übertragen werden kann, wenn eine »islamische Kirche« in Deutschland als Sonderweg entstehen würde.[22]

Als ein in Deutschland lebender Migrant, der als Muslim und semitischer Araber von seinem jüdischen Lehrer Max Horkheimer gelernt hat, für die europäischen Werte der Freiheit einzutreten, wehre ich mich gegen das beschriebene Szenario und werde deshalb von beiden Seiten, den protestantischen Gesinnungsethikern als Spielart des deutschen Gutmenschen und im Schulterschluß mit ihnen von den Islamisten als Neo-Absolutisten, angefeindet. Mit meinem Verständnis von Islam als einem Euro-Islam versuche ich, eine Brücke zwischen islamischen Einwanderern und der deutschen säkularen Gesellschaft zu schlagen; eine solche Brücke erfordert eine Harmonie im Sinne von Robert Audi, also zwischen Religion und säkularer Vernunft. Ich spreche von Euro-Islam, nicht von »deutschem Islam«, weil Deutschland und seine noch junge Demokratie nur im europäischen Kontext, nicht aber als Sonderweg zu denken sind. Aus diesem Grunde wird die Demokratisierung der Bundesrepublik nach 1945 zu Recht als Entstehung einer »verspäteten Demokratie«[23] und oft als Verwestlichung Deutschlands gedeutet. Aus demselben Grund ist mein in eine hitzige parteipolitische Debatte geratenes Konzept einer Leitkultur nur als ein Wertekonsens auf europäischer Basis zu verstehen, sicherlich nicht als deutsche Leitkultur.

Im Lichte der in Kapitel 3 vorgenommenen Unterscheidung zwischen der *Integration* der Einwanderer als Bürger eines Gemeinwesens und der *Assimilation* als eine vollständige Anpassung an das neue kulturelle Umfeld denke ich, ein europäischer Islam muß einen Anteil der europäischen Leitkultur als normative Grundlage enthalten. Ohne diese Bindung des Diaspora-Islam an die europäischen Werte würden wir weder Assimilation noch Integration, sondern die dritte, in Kapitel 3 erörterte Option islamischer Parallelgesellschaften haben.

Integration macht es im Gegensatz zur Assimilation möglich, eine multiple, das heißt kulturell vielfältige Identität zu besitzen. Zudem beschränkt sie sich auf zivilgesellschaftlich politische Kultur, wohingegen Assimilation der vollständigen Anpassung in sämtlichen Lebenswelten und somit der Selbstaufgabe gleichkommt. Die dritte Option ist das Gegenextrem zu Assimilation: die Parallelgesellschaften einer »islamischen Kirche« enden in weitgehender Abschottung, während Assimilation totale Anpassung erfordert. Ich greife hier auf die Argumente von Kapitel 3 zurück, um deutlich zu machen, daß der Euro-Islam ein Integrations-, kein Assimilationskonzept darstellt und darüber hinaus die Alternative zu den Islam-Ghettos ist. Mein Hauptziel ist, Harmonie zwischen Islam und liberaler Demokratie herzustellen, die allerdings keine Verleugnung der zivilisatorischen Identität Europas zuläßt.

Es zeugte schlicht von Ignoranz und Unverständnis, wenn manch einer während der hitzigen Debatte vom Herbst 2000 Leitkultur als »Unwort des Jahres« bezeichnete. Meine Deutung des Islam für islamische Migranten als ein Euro-Islam innerhalb eines religiösen Pluralismus ist in das von mir erörterte Verständnis von Leitkultur einzuordnen. Ich wiederhole: Diese Leitkultur ist ein Konzept politischer Ethik der *citoyennité* im europäischen und nicht im deutschen Verständnis. Wäre damals von der CDU mein Begriff richtig, das heißt als »europäische«, nicht als »deutsche Leitkultur« verwendet worden, hätten sich viele den Begriff übernehmende CDU-Politiker die unnötigen Mißverständnisse, die die als neurotische Debatte geführte Diskussion dominiert haben, ersparen können.

Kurz: Ich lehne eine »islamische Kirche« in Deutschland als Sonderweg ab. Dieser Sonderweg in bezug auf die Bildung einer islamischen Religionsgemeinschaft nach kirchlichem Modell ist gefährlich. Historiker zeigen, wie die deutsche Geschichte als solche von Staat und Nation in Europa anders als die westeuropäische Geschichte verlief.[24] Dies gilt vor allem für die Standortbestimmung von Staat – Gesellschaft – Religion. Das nicht zufällig in Paris entwickelte Konzept vom Euro-Islam[25] ist also eine europäisch geprägte Deutung. Darin sehe ich eine Voraussetzung für die Integration von Muslimen in Europa.

Als die auch heute noch junge Demokratie der Bundesrepublik auf den Trümmern des deutschen Sonderweges des Dritten Reiches errichtet wurde, orientierten sich die Väter des Grundgesetzes in allen Bereichen – leider außer im Verhältnis von Staat, Gesellschaft und Religion – nach Westen. Es ist hier nicht der Ort, näher zu erläutern, wie die Religion in Deutschland – im Gegensatz zu anderen westlichen Ländern – erheblichen Einfluß auf die Politik ausübt, indem die Kirchen das Religionsmonopol ausüben, weshalb Deutschland auch keine vollständig säkulare Demokratie ist. Es reicht aus, auf das Beispiel Kirchensteuer hinzuweisen, das einmalig im Westen ist. Oft wird die Integration Deutschlands in den Westen von Politikern als Einordnung in die westliche Allianz verstanden und darauf beschränkt. Doch wird mit der »Verwestlichung« Deutschlands weit mehr als das zum Ausdruck gebracht, vor allem eine europäische Werteorientierung in bezug auf Demokratie. Außer in Fragen der Religion fand nach 1945 in Deutschland ein teilweiser Abschied dieses Landes von der Tradition der Sonderwege statt. Zu diesem Abschied gehört natürlich die Entfaltung eines religiösen Pluralismus in der neuen liberalen Demokratie. Die hat am Anfang als katholisch-protestantischer Pluralismus funktioniert, auch ohne strenge Trennung von Staat und Kirche. Wie kann dieser Pluralismus ohne die angeführte Trennung beim Hinzukommen des Islam in Deutschland fortbestehen? Ähnlich wie Deutschland eine »verspätete Nation« (Plessner) ist, ist es auch eine »verspätete Demokratie« (Röhrich), und dieses Land hat in bezug auf Demokratie viel nachzuholen. Wilfried Röhrich hat in seinem oben angeführten Buch geschrieben, daß das demokratische Bewußtsein der Deutschen nicht auf demselben sehr hohen Niveau des deutschen Grundgesetzes stehe.[26] Einiges spricht für die Triftigkeit dieser Auffassung.

Die Ergebnisse internationaler Forschung haben gezeigt, daß die deutsche Geschichte nicht die Maßstäbe für das, was als ursprünglich westlich bezeichnet wird, setzt, eher umgekehrt: Andere westeuropäische Modelle gelten für Deutschland als Vorbild, vor allem in bezug auf Säkularität, Demokratie und Zivilgesellschaft. Wohlgemerkt: Ich spreche von deutscher Geschichte und nicht von großen deutschen Denkern wie Immanuel Kant, die die europäische Identität entscheidend mitgeprägt haben. Deutsche Philosophen des 18. und 19. Jahrhunderts waren ihrer Gesellschaft weit voraus. Geschichtlich gesehen sind es die Modelle Frankreichs und Englands, die allgemein als repräsentativ für die westliche Entwicklung angeführt werden. Dies zeigt das großartige Werk *Könige oder Volk?* des verstorbenen Reinhard Bendix, ein Berliner Jude, der den Holocaust durch die Flucht in die USA überlebte und dessen Freundschaft ich in Berkeley genossen habe. Nach der Forschung von Bendix galten das französische und britische Modell als Referenz für die Entstehung der Demokratie in Westeuropa.[27] Die Verwestlichung Deutschlands ist am Grad der Verwirklichung dieser Modelle zu messen. Dies gilt auch bei der Suche nach demokratischen Lösungen zur Bewältigung des Zustroms von Zuwanderern aus nicht-westlichen Zivilisationen nach Europa sowie für das Verhältnis von Religion, Staat und Gesellschaft.

Der erläuterte Hintergrund mag verstehen helfen, warum ich von einem Euro-Islam als Voraussetzung der Integration muslimischer Migranten und nicht von einem deutschen Islam spreche. Ich wiederhole es: Ein deutscher Islam wäre einmal mehr ein Sonderweg. Dies wäre für die deutsche Demokratie nach 1945 schädlich; sie will westlich sein, beschreitet aber Sonderwege bei der demokratischen Herausforderung der Integration der Ein- und Zuwanderer. Dies möchte ich am Beispiel des noch näher zu erläuternden Urteils des Bundesverwaltungsgerichts veranschaulichen, das uns einen Vorgeschmack dafür bietet, wie ein deutscher Islam aussehen würde: überdeutlich fundamentalistisch. Das hohe Gericht hat die Fundamentalisten der islamischen Föderation als Religionsgemeinschaft anerkannt und setzt damit in Deutschland Rechtsstandards. Dies bestärkt mich in meiner Warnung vor der multikulturellen Illusion einer islamischen Parallelgesellschaft, die mit einem religiösen Pluralismus nicht in Einklang zu bringen ist. Ein erneuter deutscher Sonderweg ist ein Irrweg und behindert jeden Versuch der Integration von Muslimen. In dem vorangegangenen Kapitel habe ich von dem von Sicherheitsdiensten enthüllten Plan der Islamisten berichtet, eine eigene politische Partei zur Durchsetzung der Ziele des Islamismus in Deutschland zu gründen.

Meine Vision vom Euro-Islam, die ich als »liberaler Muslim, der in Deutschland lehrt«, (so die New Yorker *Foreign Affairs*, Heft März/April 1999 über mich) entfalte, orientiert sich an den Werten des säkular ausgerichteten okzidentalen Europas, das auch mir Freiheit gewährt. Somit geht mein Blick nicht von irgendwelchen deutschen Sonderwegen aus. In bezug auf den Islam bietet mir nicht der von den deutschen Gerichten anerkannte Islam der Orthodoxie oder des Islamismus eine religiöse Identität, die mit Europa vereinbar wäre, sondern der Islam der großen muslimischen Rationalisten al-Farabi, Ibn Ruschd und Ibn Sina.[28] Diese großen Muslime besserer islamischer Zeiten waren es, die die Brücken zwischen Europa und der islamischen Zivilisation am Vorabend der Renaissance geschlagen haben – nicht die islamische *Schari'a*-Orthodoxie. Diese hat die islamischen Rationalisten, die dem Europa der Renaissance ein Modell boten[29], verfolgt. Wird man in Deutschland die Lehren dieser großen islamischen Aufklärer bei einem »Islam-Unterricht«[30] unterrichten oder einen orthodoxen Islam unterweisen? Die Süssmuth-Kommission befürwortet den Islam-Unterricht, ist jedoch uninformiert über diese Alternativen.

Mein Konzept des Euro-Islam geht politisch von den Werten europäischer Verfassungen und dem Europa der Freiheit und Aufklärung als Orientierung aus, dessen Tradition das deutsche Grundgesetz wieder aufnimmt. Ich versuche, diese europäischen Werte mit dem positiven Erbe des Hoch-Islam zu verbinden, der eine Aufklärung kannte – auch wenn sie sich nicht durchgesetzt hat. Ich verrate damit eine europäische Denkweise, die ich bei meinem jüdischen Lehrer Max Horkheimer während meiner Frankfurter Studienjahre erlernt habe. Schon durch diese Frankfurter Lehrjahre habe ich mich bei den oft antisemitisch denkenden Islamisten so verdächtig gemacht, daß sie über mich das Gerücht verbreiten, »Tibi ist in Wirklichkeit ein Jude!« Doch weist das autoritative Geschichtswerk der Stadt Damaskus *Banu al-Tibi*, meine Familie, als eine der ältesten islamischen Notabeln der Stadt aus.[31] Ich verbinde diese Herkunft mit meiner erworbenen Identität als Wahleuropäer. Der von mir empfohlene Euro-Islam ermöglicht den Muslimen beides: als individuelle Bürger ihre islamische Identität zu pflegen und zugleich die zivilisatorische Identität Europas für sich zu bejahen.

Dies ist mein Konzept vom Euro-Islam für die Versöhnung von religiösem Glauben und säkularer Vernunft im Rahmen des Pluralismus.

Die europäische Identität, die Habermas als »kulturelle Moderne«[32] bezeichnet, ist prägend für das von mir entworfene Konzept des Euro-Islam. Wie einst der islamische Rationalismus, so erkennt auch der Euro-Islam das Primat der Vernunft vor jeder religiösen Offenbarung an, versöhnt aber beide, ohne die Geltung »absoluter Wahrheiten« anzuerkennen. Zu den weiteren Bestandteilen des Euro-Islams gehören die individuellen Menschenrechte[33], insbesondere die Glaubensfreiheit, welche im Islam nicht explizit verankert sind und nur reform-islamisch eingeführt werden können. Eine Demokratie, die säkulare Vernunft mit Religion auf der Basis der Trennung des Glaubens von der Politik in Einklang bringt, macht religiösen Pluralismus möglich. Anleihen des Euro-Islam von Europa, wie sie einst auch Ibn-Ruschd und Ibn Sina beim Hellenismus gemacht haben, sind anzustreben. Die Geltung dieser Werte macht die Substanz der Zivilgesellschaft[34] aus. Mit einem liberal gedeuteten Islam ist eine Synthese in diese Richtung möglich, die ich Euro-Islam nenne und die Muslimen in Europa einen Platz in einer Zivil-, nicht in einer *Schari'a*-geleiteten Parallelgesellschaft gewährt. In Europa darf es keinen Platz für die *Schari'a* geben, weil sie, wie der Islam-Reformer Abullahi An-Na'im zeigt, im Widerspruch zu den Menschenrechten steht.[35]

Wie meine Leser sehen, spreche ich hier tabulos drängende Probleme der Migrationspolitik an, wie beispielsweise das Faktum, daß die gegen die Integration gerichteten Islamisten den organisierten Islam in Deutschland fest im Griff haben und jeder auf Säkularität basierenden Zivilgesellschaft im Wege stehen; ihr Lippenbekenntnis zum »Dialog« und zur »Toleranz« ist angesichts der Tatsache, daß viele unter ihnen Meister der »Täuschung der Ungläubigen/*Iham*« sind, völlig belanglos. Was die meisten von ihnen in der Öffentlichkeit (etwa im Gespräch mit Politikern und Kirchenvätern) äußern, stimmt nicht mit der Politik, die sie in ihrer Alltagspraxis ausüben, beziehungsweise mit den Inhalten, die sie intern vertreten, überein. Wer sich keinen Sand in die Augen streuen läßt, weiß, daß das einzige Recht, das diese radikalen islamischen Ideologen anerkennen, *Schari'a*/islamisches Gottesgesetz heißt. Mich überrascht jedoch nicht, daß dieselben Islamisten, die kritische Muslime und andersdenkende »Ungläubige« im Namen der *Schari'a* verfolgen, keine Hemmungen haben, deutsche säkulare – in diesem Sinne ungläubige – Gerichte für ihre Sache gegen ihre Kritiker zu bemühen. Einige Deutsche lassen sich dabei aus falsch verstandener »Toleranz«, andere aus formaljuristischen Gründen von diesen politischen Ideologen instrumentalisieren. Wichtig ist, daß jene Deutschen, die sich gegen Integration im Rahmen einer europäischen Leitkultur wenden, begreifen müssen, wie sehr sie dadurch den Islamisten in die Hände spielen, obwohl sie als »Gutmensch« subjektiv nur das Beste für die Migranten im Sinn zu haben meinen!

Bevor ich zum Abschluß dieses Kapitels dazu übergehe, skizzenhaft den Euro-Islam im Kontext der Menschenrechte zu erläutern, möchte ich auf das schon angesprochene Urteil des Berliner Oberverwaltungsgerichts von 1998 eingehen, nach dem die offiziell vom Verfassungsschutz als »extremistisch-fundamentalistisch« eingestufte Islamische Föderation fortan dazu befugt ist, muslimischen Schülern in Berlin auf Staatskosten Islam-Unterricht zu erteilen. Anstatt das Berliner Schulgesetz zu verändern und mit dem Entwurf eines euro-islamischen, vom Fundamentalismus freien Islam-Unterrichts konstruktive Politik zu betreiben, verfuhr der damalige Berliner Senat nicht anders als die Islamisten selbst: Er beließ es beim Anrufen der Gerichte. Im Februar 2000 gab das Bundesverwaltungsgericht, betont formaljuristisch, der Islamischen Föderation gegen den Berliner Senat recht und erkannte diese Organisation offiziell als »Religionsgemeinschaft« an. Wieder auf bürokratischem Weg hat sich die deutsche Politik darin erschöpft, durch Rechtskniffe ohne Reformen den Rahmenplan der Islamischen Föderation dreimal zu beanstanden. Die Islamisten waren pfiffiger als der SPD-Schulsenator und erreichten durch einen »Eilrechtsschutzantrag« beim zuständigen Verwaltungsgericht, daß sie ab September 2001 an Schulen im quasi türkischen Berlin-Kreuzberg ihre Indoktrination – sprich ihren Islamunterricht – betreiben können. Die Schulen und die liberalen Muslime mögen dies nicht, sind aber machtlos. Der Berliner *Tagesspiegel* schreibt in seiner Ausgabe vom 30. August 2001 (S. 9):

»Die Schulen zeigen sich vom Ansinnen allerdings bisher wenig begeistert. Gemäßigte muslimische Eltern wünschen sich eine Alternative.«

Aber sie stoßen bei Politikern und Gerichten auf taube Ohren.

An diesen Beispielen sehen wir, wie die deutsche Multi-Kulti-Toleranz gegenüber der islamistischen Indoktrination muslimischer Kinder Ausdruck einer Kombination von Ignoranz und Desinteresse ist. Dies ist nicht nur eine Gefahr für die Integration, es ist auch eine solche für die Demokratie in einem Land, in dem nicht Toleranz, sondern Fremdenfeindlichkeit die politische Kultur bestimmt. Mehr Fundamentalismus in den Parallelgesellschaften zieht mehr Fremdenfeindlichkeit bei den Deutschen nach sich.

Wenn ich für einen integrativen Euro-Islam im Rahmen der Versöhnung von religiösem Glauben und säkularer Vernunft als Alternative zur islamischen Parallelgesellschaft eintrete, tue ich dies in dem Wissen, daß die Anhänger der *Schari'a* deutsches positives Recht mißbrauchen, um eine Form von Islam-Unterricht durchzusetzen, die jede Integration blockiert. Angesichts dieser Tatsache ruft die von den Ober- und Bundesverwaltungsrichtern explizit zum Ausdruck gebrachte Position Kopfschütteln hervor, da sie – wie angemerkt – formaljuristisch, also rein rechtstechnisch urteilen; der gesellschaftliche Kontext, also das Wirken von demokratiefeindlichen Kräften lassen diese Richter völlig außer acht. Säkulare Demokratie einer pluralistischen Zivilgesellschaft ist keine Gesetzesformalie, sondern eine politische Kultur.

Der den Berliner Senat vertretende Staatsrechtler Professor Bernhard Schlink hat laut Pressemeldungen zu Recht argumentiert, daß die Islamische Föderation »vielleicht als religiöser Verein anzusehen (ist), keinesfalls aber als Religionsgemeinschaft«. Schlink hat deshalb empfohlen, »hinter die streng religiöse Fassade der Föderation zu blicken«. Tut man dies, erkennt man, »daß es hier nicht um das Bekenntnis geht«. Die Richter aber bleiben dem formal bestimmten Recht verhaftet und bringen damit ihre Unkenntnis gegenüber der Gefahr, die von diesem sensitiven Gegenstand ausgeht, zum Ausdruck. Die Demokratisierung Deutschlands nach 1945 bestand nicht in der Einführung neuer Gesetze, sondern einer demokratischen Kultur, deren Werte scheinbar noch nicht genügend verinnerlicht worden sind.

Soll man die Islam-Diaspora den Islamisten überlassen? Islam und Menschenrechte

Die Geltung der individuellen Menschenrechte, zu denen Glaubensfreiheit sowie Gleichheit aller Glaubensrichtungen gehören, ist ein Bestandteil der pluralistischen Demokratie. Seit der Rushdie-Affäre und der Verfolgung der Schriftstellerin Taslima Nasrin aus Bangladesch und nicht zuletzt des ägyptischen Professors Nasr Hamid Abu Zaid ist die westliche Öffentlichkeit in bezug auf Islam und Menschenrechte sensibler geworden, weil bekannt geworden ist, daß auch die Religion des Islam das Verständnis von individuellen Menschenrechten nicht teilt. Zwischen Islam und Islamismus ist jedoch zu unterscheiden; Islamisten verfestigen mit ihrer Ideologie und ihren Aktionen westliche Vorurteile. Die Diaspora dient ihnen als Hinterland.[36] Nun existiert auch im orthodoxen Islam kein Recht auf Glaubensfreiheit, weshalb es in dieser Domäne zu einem Bündnis zwischen Islamismus und orthodoxem Islam kommt. Wie kann man solche Glaubenssätze mit religiösem Pluralismus und Religionsfreiheit vereinbaren? Ich denke, eine reform-islamische Deutung, die im Euro-Islam mündet, bietet eine Lösung.

Leider kommen viele Migranten aus islamischen Ländern, die die individuellen Menschenrechte, sowohl auf der Ebene von Staat als auch auf der Ebene der Gesellschaft, also als politische Kultur, nicht respektieren. Es fragt sich, ob eine solche religiös begründete menschenrechtsfeindliche Einstellung auch in Europa im Namen der Religionsfreiheit zugelassen werden darf.

Um diese Zusammenhänge besser zu beleuchten und ihre Hintergründe aufzuzeigen, muß ich weit ausholen. Der Konflikt mit der *Schari'a* existiert in der islamischen Welt selbst; liberale Muslime argumentieren gegen die Geltung der *Schari'a*. Der einflußreiche ägyptische Fundamentalisten-Scheich Mohammed al-Ghazali hat in einem 1984 in Kairo erschienenen Buch über Menschenrechte sich zwar menschenrechtsfreundlich gezeigt und dabei dem Westen vorgeworfen, dieser habe die Menschenrechtsidee aus dem Koran »gestohlen«, um sie dann in einer »verfälschten säkularen Form als eine originelle westliche Schöpfung« zu präsentieren.[37] Doch derselbe selbsternannte »Menschenrechtsscheich« hatte 1993 in einer *Fetwa* (*Fetwa* bedeutet islamisches Rechtsgutachten, nicht Todesurteil) vor dem ägyptischen Gericht für Staatssicherheit den Mord an dem ägyptischen Schriftsteller und liberalen Muslim Faradj Fuda als legitim gerechtfertigt.[38] Dennoch war derselbe Scheich, der für den Mord an vorgeblichen Apostaten eintritt, der Dialogpartner von Hans Küng beim Weltethos-Projekt.[39] Ghazali stützte sich bei seinem Rechtsgutachten auf seine höchstselbst geprägte Rechtsnorm: »Im Islam darf die Tötung eines vom Glauben Abgefallenen strafrechtlich nicht verfolgt werden« (vgl. Anm. 38). Ein Abfall vom Glauben liegt nach Meinung seiner *Fetwa* dann vor, »wenn ein Muslim für die Aussetzung der *Schari'a* eintritt« (ebd.). Ghazali sieht in dieser Einstellung keinen Widerspruch zu seinem Einsatz für die »islamischen Menschenrechte«. Bei dieser unterschiedlichen Deutung der Menschenrechte kommt der Wertekonflikt zum Ausdruck. Soll dieses Werteverständnis auch für die Gegner der *Schari'a* in der europäischen Islam-Diaspora gelten? Ist das mit der politischen Kultur des religiösen und kulturellen Pluralismus vereinbar?

Mehrfach habe ich in diesem Buch gezeigt, daß Menschen aus unterschiedlichen Religionen und Kulturen ein unterschiedliches Werteverständnis haben. So verstehen Muslime unter Menschenrechten etwas anderes als Europäer.[40] Obwohl es Unterschiede zwischen Muslimen und Europäern gibt, existiert weder eine einheitliche Doktrin noch »der Islam« als einheitlicher Monolith in der gesellschaftlichen Realität. Hier besteht Anlaß zu fragen: Welcher Islam für Europa? Euro-Islam oder Islamismus? Wir haben uns auf der Basis realer Vielfalt jedoch mit einer Verpflichtung zu einem Wertekonsens zu einigen.

Wo sind die Grenzen des Pluralismus? Es gibt islamische Autoren, die sogar von einem islamischen Pluralismus sprechen.[41] Als die islamische Zivilisation weltweit die am weitesten entwickelte war, konnten große islamische Rationalisten den Menschen als ein vernunftbegabtes Wesen bestimmen und waren so in der Lage, ebenfalls das Primat der Vernunft anzuerkennen[42], das eine philosophische Grundlage für den Pluralismus bietet. Dagegen hat die islamische Orthodoxie, die jede Priorität der Vernunft als *Kufr*/Unglauben verdammt, Pluralität verfemt und sich einem monolithischem Verständnis vom Islam verschrieben. Als Vorbilder für die Islam-Diaspora sollten nicht die militanten Islamisten, sondern die islamischen Rechtsreformer herangezogen werden, die sich, wie zum Beispiel der Sudanese Abdullahi Ahmed An-Na'im, auf den aufklärerischen, nicht auf den orthodoxen Islam berufen.

Die vorangegangenen Ausführungen enthalten sowohl einen religiös-gegenwartsbezogenen (Ghazalis *Fetwa*) als auch einen historischen Hintergrund (Konflikt zwischen Orthodoxie – Rationalismus im Islam). Jene arabischen Muslime, die in der Arabischen Organisation für Menschenrechte, zu deren Mitbegründern ich im November 1983 gehörte, wirken, sind sich dessen bewußt. In den Veröffentlichungen des Islam-Reformers und Menschenrechtsaktivisten Abdullahi An-Na'im, an denen ich mitgewirkt habe[43], haben wir beide als Reform-Muslime eingeräumt, daß es Spannungen zwischen einflußreichen Islam-Auslegungen und dem gültigen Verständnis von Menschenrechten gibt. Für Islamisten sind diese Spannungen ohne Bedeutung. Eine einheitliche und zugleich autoritative islamische Position in bezug auf die Menschenrechte existiert jedoch nicht; die als islamische Deklaration für Menschenrechte bekannte Verkündung enthält viele Verletzungen dieser Rechte.[44] In bezug auf Differenzierungen möchte ich drei Hauptströmungen innerhalb des Islam anführen:

Den Volks-Islam, den *Schari'a*-Islam und den Reform-Islam. Der Volks-Islam ist apolitisch und räumt gewisse Freiheiten ein, weil er flexibel und nicht dogmatisch schriftgläubig ist. Dennoch sind in ihm Volkssitten verwurzelt, die – wie zum Beispiel die Beschneidung der Frau – auf keinen Fall mit den allgemein gültigen Menschenrechtsstandards vereinbar sind. Dagegen steht der *Schari'a*-Islam eindeutig im Widerspruch zu den Menschenrechten.[45] Er wird gleichermaßen von orthodoxen Muslimen und Islamisten vertreten. Beide lehnen Glaubensfreiheit und Pluralismus ebenso wie andere Grundrechte ab. Wir sind damit konfrontiert, daß einerseits die *Ulema*, also die traditionellen islamischen Schriftgelehrten, andererseits die Fundamentalisten unter Berufung auf ihn vereint versuchen, die Islam-Diaspora nach ihren Vorstellungen zu gestalten. Der wichtigste Unterschied zwischen beiden Gruppen besteht darin, daß die *Ulema* nicht für eine Gottesherrschaft eintreten wie die Anhänger des politischen Islam, die Islamisten. Aus taktischem Kalkül treten die in ihren Ländern verfolgten islamischen Fundamentalisten in ihrem europäischen Exil für Toleranz und Menschenrechte ein. Sie verstehen darunter aber allein ihr politisches Recht auf Aktionsfreiheit. Orthodoxe Muslime und Islamisten sind sich einig in der Ablehnung der Integration in eine pluralistische Gesellschaft mit säkularer Demokratie, weil beide darin eine mas-

kierte Christianisierung der Islam-Diaspora sehen, deutlicher
formuliert: »Eine Verschwörung der Kreuzzügler gegen den
Islam.«

Vertreter der »islamischen Menschenrechte« unterscheiden
eindeutig zwischen den Rechten der Muslime und denen der
Nicht-Muslime. Letztere werden in zwei Kategorien unterteilt:
die nicht-islamischen Monotheisten, die im Islam »*Ahl al-
Kitab*/Leute des Buches« heißen, und die Nicht-Monotheisten.
Christen und Juden gelten im Islam als Monotheisten und werden somit als Gläubige anerkannt; sie sind für die islamische
Orthodoxie, nicht aber für die Fundamentalisten als Minderheit zu dulden. In der Diaspora sind die Muslime selbst die
Minderheit. Die islamische *Schari'a* hat keine klare Antwort auf
diesen Zustand.

Ist die Anwendung der *Schari'a* auf islamische Migranten die
Lösung? Ein deutscher Orientalist hat dies vorgeschlagen, also
islamisches Recht auf die Muslime anzuwenden. Das ist deshalb abzulehnen, weil Duldung im Islam nicht bedeutet, daß
Minderheiten dieselben Rechte haben. Nun gelten Angehörige
von Offenbarungsreligionen nach der islamischen Orthodoxie
als geschützte Minderheiten und genießen begrenzte Rechte.
Das ist eindeutig menschenrechtswidrig. Angehörige anderer
Religionen außerhalb Judentum und Christentum haben gar
keine Menschenrechte nach islamischem Recht.

Noch einmal: Im Islam pflegt man ein anderes Verständnis
von Menschenrechten (vgl. Anm. 44). Bei den für die Muslime
geltenden Rechten wird wiederum zwischen dem »Recht Allahs«
und dem »Recht des Menschen« unterschieden. Die Rechte
Allahs sind eigentlich Pflichten des Menschen gegenüber der
Umma, das heißt der islamischen Gemeinschaft. Das Recht des
Menschen bezieht sich nicht, wie im westlichen Verständnis,
auf Garantieansprüche des einzelnen gegenüber Staat und
Gesellschaft. Vielmehr definiert es das Verhältnis der Muslime
untereinander nach dem Prinzip, daß Gleiches mit Gleichem
(zum Beispiel »Auge um Auge ...« Koran 5/45) vergolten wird:

Wer tötet, verletzt das Recht des Menschen – und darf nach dem zitierten Prinzip getötet werden. Welche Instanz vollzieht das? Das Wort »Staat« kommt kein einziges Mal im Koran vor. Ist die *Umma* oder der Betroffene der Vollzieher, oder die Parallelgesellschaft der Diaspora?

Die Reform-Muslime versuchen nun durch eine offene Deutung des Islam, die Menschenrechte, definiert im Sinne der UN-Deklaration, mit dem Islam in Einklang zu bringen: Menschenrechte als Berechtigung des Individuums gegenüber Staat und Gesellschaft – dieses Verständnis steht in krassem Widerspruch zur *Schari'a*. Dies schreibt auch der sudanesische Islam-Reformer An-Na'im, der nach der Entlassung aus sudanesischer politischer Haft heute an der Emory Universität in Atlanta/USA lehrt. So räumt er ein, daß die *Schari'a* im Widerspruch zur Gleichstellung von Mann und Frau sowie zur Gleichstellung von Muslimen und Nicht-Muslimen steht, und plädiert für Suspension (vgl. Anm. 43). Bereits mit dieser Feststellung setzt er sich der Gefahr aus, Opfer eines Mordes auf der Basis der zitierten *Fetwa* des islamistischen »Menschenrechtsscheichs« Ghazali (vgl. Anm. 38) zu werden. Denn An-Na'im tritt dafür ein, jene *Schari'a*-Vorschriften außer Kraft zu setzen, die im Widerspruch zu den individuellen Menschenrechten stehen. Angesichts der Tatsache, daß die *Schari'a* postkoranisch ist, handelt es sich schließlich bei diesen Vorschriften um menschliche und nicht, wie Islamisten behaupten, um göttliche Rechtsnormen. Ein anderer Islam-Reformer, der ägyptische Jurist und ehemalige Präsident des ägyptischen Gerichts für Staatssicherheit, Mohammed Said al-Aschmawi, stellt darüber hinaus fest: Das Wort *Schari'a* kommt nur ein einziges Mal im Koran vor, und zieht daraus die Konsequenz, daß die *Schari'a* von Menschen konstruiert worden ist.[46]

Der Reformer al-Aschmawi hat recht, denn rechtshistorisch gesehen haben orthodoxe Muslime erst ein Jahrhundert nach Abschluß der islamischen Offenbarung ein Rechtssystem konstruiert, das sie – obwohl es von Menschen entworfen wurde –

»göttlich« nennen. Mit anderen Worten: Das islamische Recht beruht auf einer menschlichen Interpretation der göttlichen Offenbarung und ist mit dieser nicht zu verwechseln. Kurz: Sowohl aus der Perspektive der Identität Europas als auch der Integration der Muslime und in Betrachtung des Islam selbst sollte die *Schari'a* als Rechtsnorm der Islam-Diaspora nicht zugelassen werden. Man tut dies aber, wenn man die islamischen Migranten den Islamisten überläßt. Orthodoxe Muslime und Islamisten fordern die *Schari'a* als Zivilrecht, und sie können auf Indien als Modell schauen, wo der islamischen Minderheit dieses Recht eingeräumt wurde.[47]

Die islamischen Fundamentalisten unserer Zeit gehen noch einen Schritt über die Position orthodoxer Muslime hinaus. Sie erheben die traditionelle *Schari'a*, die ursprünglich nur ein Instrument für die zivilrechtliche Regelung von Ehe-, Familien- und Erbangelegenheiten war, zum politischen Staatsrecht. Damit wollen sie die Legitimität einer göttlichen Staatsordnung begründen, die sie *Hakimiyyat Allah*/Gottesherrschaft nennen. Andersdenkende Muslime und Angehörige anderer Glaubensrichtungen haben darin keinen Platz. Wie soll dieses Projekt in der Diaspora bei einem Fortbestehen von Demokratie und Menschenrechten umgesetzt werden? Islamisten sind Gradualisten, keine Maximalisten; sie wollen Europa stufenweise islamisieren. Ihr erster Schritt ist es, die Islam-Diaspora selbst zu erobern. Lassen die Europäer sie im Namen der Toleranz gewähren?

In Europa leben derzeit etwa 15 Millionen Muslime als Migranten; binnen weniger Jahrzehnte wird ihre Zahl auf etwa 40 Millionen ansteigen. Die Verteufelung dieser Bevölkerungsgruppe wäre – abgesehen vom humanistischen Aspekt – nicht weniger gefährlich für den inneren Frieden, als diese Diaspora dem militanten Islamismus zu überlassen. Es gibt einen Ausweg aus diesem Dilemma, und die Lösung heißt Euro-Islam. Es gilt, ein Verständnis vom Islam zu begründen, das mit den europäischen Verfassungen und der UN-Menschenrechtsdeklaration in

Einklang steht. Die Islamisten haben eine andere Vision; ich habe sie im vorangegangenen Kapitel enthüllt: *Hidjra* als Mittel der langfristigen Islamisierung Europas.

Konklusion und Zukunftsperspektiven

Migranten sind Menschen und nicht bloße Arbeitskräfte oder Lebewesen zum Schließen der demographischen Lücken in Westeuropa. Menschen gehören in der Regel Religionen und lokalen Kulturen an, und hierin besteht ein Problem für die Gesellschaften, die durch Migration religiös und kulturell sowie ethnisch vielfältig werden. Es gehört zu den Grundrechten, die eigene Religion auszuüben, es ist aber nicht Bestandteil dieses Rechts, sich auf ein Wahrheitsmonopol zu berufen und sich in diesem Rahmen anderen überlegen zu fühlen. Deshalb hat der Islam in einer pluralistischen Gesellschaft seine Grenzen. Innerer Friede erfordert einen religiösen Pluralismus und Toleranz; und nur ein Reform-Islam, also weder Orthodoxie noch Islamismus, kann einen Rahmen hierfür bieten.

Aber weder Toleranz noch religiöser Pluralismus sind in einem System denkbar, das Religion und Politik nicht trennt. Hier sind inhaltlich keine Kompromisse möglich. Diese Annahme bildete den Ausgang dieses Kapitels, in dem ich für die Versöhnung von säkularer Vernunft und religiösem Glauben plädiere. Streit und Differenz gehören zur Demokratie. Konflikte, die sowohl friedlich als auch demokratisch ausgetragen werden sollen, setzen das Vorhandensein eines Konsenses über Spielregeln und somit Normen und Werte voraus. Demokratische Konsensbildung entsteht im Rahmen von Disput, bei dem alle beteiligten Parteien kompromißfähig sein müssen. Es gehört zum Wesen der Religion, daß ihre Vorschriften ohne Reflexion geglaubt und nicht darüber verhandelt wird. Dies macht deutlich, daß politische, nicht aber religiöse Kompromisse möglich sind; aber Religion existiert, und wir können sie nicht entfernen. Dies war der Ausgangspunkt meiner Überlegungen. Als Ausweg aus diesem

Dilemma biete ich die Trennung zwischen Religion und Politik im Rahmen der Versöhnung von religiösem Glauben und säkularer Vernunft. Besonders seit dem 11. September müssen wir im Westen auf dieser Grundlage des religiösen und kulturellen Pluralismus als Lebensform in einer säkularen Zivilgesellschaft bestehen. Wenn bestimmte Deutsche einen Euro-Islam, der dies bejaht, nicht wollen, müssen sie folgerichtig ja zur Orthodoxie und zum Islamismus sagen und schließlich die Identität Europas verleugnen, indem sie im Namen der religiösen Toleranz einen Taliban/Bin Laden-Islam zulassen.

Kapitel 8

Nicht nur Deutsche, auch Muslime müssen sich verändern: Europäische Leitkultur und Integration für muslimische Migranten als Perspektive nach dem 11. September 2001

Die Tatsache, daß ein Teil der neunzehn Terroristen von New York und Washington aus Hamburg kam, sowie die Erkenntnis, daß die Bin Laden-Connection auch in Deutschland ihre Logistik hat, geben Anlaß zur Wiederaufnahme der Leitkulturdebatte. Ich behaupte: Integration ist ohne Leitkultur nicht möglich. Worum geht es? Im Oktober hat der CDU-Fraktionsvorsitzende im Bundestag, Friedrich Merz, mit Bezug auf die Notwendigkeit der Integration der in Deutschland lebenden Fremden, zu denen auch dieser Autor gehört, argumentiert, daß diese eine »deutsche Leitkultur« zu akzeptieren hätten. Dies klang sehr autoritär wie eine Forderung mit erhobenem Zeigefinger nach deutscher Art und löste einen Aufschrei in der medialen Öffentlichkeit aus. Mediale Meinungsmacher, die sich wiederum auf ihre deutsche Art für »Demokraten« halten, nutzten den autoritären Stil von Merz, um die Diskussion in »ihre« Bahn zu lenken und jedes Konzept einer Leitkultur zu diskreditieren. Als Opfer dieser Diskussion sah ich mich sowohl Angriffen von der von diesen Meinungsmachern beherrschten medialen Öffentlichkeit ausgesetzt wie von seiten dessen, was man in Deutschland verächtlich Stammtisch nennt.

Begleitet von übelsten Verfemungen (so auch *Die Zeit*) fand die Leitkulturdebatte in einem »hysterischen« Klima statt, wie der Chefredakteur des *Tagesspiegel*, Giovanni di Lorenzo, sie auf der Kölner Medienmesse im *Euro-News*-Panel sehr zutreffend charakterisierte. Erstaunlich ist, daß die Debatte um die Leitkultur in den deutschen Medien, die fast ausschließlich kurzlebige Sensationsberichterstattung betreiben, immerhin von Oktober 2000 bis Frühjahr 2001 geführt, dann jedoch abrupt beendet wurde.

Die Leitkulturdebatte »revisited«:
Nach dem 11. September 2001

Der deutsch-jüdische Schriftsteller Ralph Giordano, der das Dritte Reich und seine NS-Verbrechen in Hamburg erlebte und daher weiß, wovon er spricht, nannte die deutsche Leitkulturdebatte eine »Querelle allemand ... im Sinne von deutschem Stunk«[1] und fügte klärend hinzu:

»Dabei hat das Thema deutsche Leitkultur ... wahrlich Besseres verdient ... Bei der Geschichte der Deutschen, wie sie abgelaufen ist, kann ›Identität‹ nur erlitten und erkämpft werden. Mein Schluß aus diesem lebenslangen Konflikt lautet ...: Überlassen wir Deutschland nicht wieder, nicht noch einmal, seinen potentiellen Verderbern, sondern beschützen, beschirmen und verteidigen wir diese demokratische Republik! Fest in Europa eingebettet« (ebd.).

Als Schöpfer des Begriffs Leitkultur, in dessen Rahmen ich eine gesellschaftspolitische Strategie zur Integration der Migranten entwerfe, finde ich mich in den Worten von Ralph Giordano wieder. Im Lichte des 11. Septembers gelten seine Worte nicht nur der Diaspora der Migranten. Islamisten gehören zu den Rechtsradikalen und Gegnern der Demokratie. Der Inhalt des – von mir mit »europäisch«, nicht »deutsch« apostrophierten – in meinem Europa-Buch entwickelten Konzepts von Leitkultur für die Integration der Migranten bezieht sich auf einen Wertekonsens, in dem die zivilisatorische Identität Europas auch in Deutschland bewahrt wird. Den durch die NS-Verbrechen in ihrer Identität belasteten ethnischen Deutschen sowie den Migranten als Wahldeutschen würde eine europäische Leitkultur eine gemeinsame Identität geben; ohne diese Identität gibt es keine Integration. Eine solche Identität ist nicht mehr ethnisch im Sinne von deutsch-national, sondern demokratisch an europäischen Werten orientiert, zu deren Bildung große Deutsche wie Immanuel Kant beigetragen haben. Mit anderen Worten: Ich will »deutsch« nicht mehr ethnisch sondern in der Bedeutung von »Werten« eines Gemeinwesens europäisch sehen. Diese Werte des Gemeinwesens sind in den ersten zwanzig Artikeln des Grundgesetzes festgeschrieben. In diesem Zusammenhang stellt sich die Frage neu: »Was ist deutsch?« Eben diese Frage möchte ich im folgenden vor der kritischen Rekonstruktion der Leitkulturdebatte näher erörtern.

Zuvor nur noch diese Bemerkung: Die Gegner der Leitkulturdebatte, die meine Arbeit, unter anderem in *Die Zeit, Süddeutsche Zeitung* und *Stern*, in einer primitiv-propagandistischen Weise verfemten, argumentierten, die Kenntnis der deutschen Sprache und ein deutscher Paß reichten für eine Integration aus. Werden diese Kritiker auch nach dem 11. September auf diese Weise argumentieren können? Die Terroristen, die aus Hamburg kamen, sprachen Deutsch; ihre Hintermänner hatten deutsche Pässe!

Was ist deutsche Kultur?

Wenn man von »Kultur« redet, muß man zuvor klarstellen, wovon man redet. Kultur ist immer auf einen spezifischen Zeitraum bezogen. Als Adorno zum Beispiel im Jahre 1965 die Frage nach der deutschen Kultur stellte, war die Welt und die Diskussion über diesen Gegenstand noch eine andere. In jenem Jahr war Adorno zusammen mit Horkheimer bereits fünfzehn Jahre zurück in Deutschland[2], also in demselben Land, aus dem beide 1933 flüchten mußten, um ihr Leben zu retten. Nicht nur hatte das Land mit dem neuen Namen *Bundesrepublik Deutschland* sich außerordentlich geändert; es hatte auch offiziell eine neue politische Kultur bekommen, die primär europäisch war, nicht mehr vorrangig deutsch. Aber die neue demokratische Kultur wurde nicht vollständig oder nur langsam von der Bevölkerung verinnerlicht.[3] Mit Bezug auf die Demokratisierung Deutschlands wird von einem Prozeß der Verwestlichung nach 1945 gesprochen. Hierbei hat Deutschland eine neue Identität bekommen, obgleich diese im westeuropäischen Rahmen zunächst sicherheitspolitisch definiert wurde. Westeuropa ist zivilisatorisch der Kern des Westens, und dieser war und ist der Bezugspunkt der neuen deutschen Identität, die auch Migranten als Bürgeridentität annehmen können. Aus diesem Grunde sollte der Akzent bei der westlichen Bestimmung Deutschlands auf dieser zivilisatorischen Ebene liegen. Es war dieses westliche Europa, für das einzutreten Horkheimer nach 1945 aufrief: Nach Horkheimer sollten Deutsche, die der neuen Identität verpflichtet sind, sich Europa gegenüber »kritisch verhalten und es dennoch bewundern – zu seinen Ideen stehen, sie gegen den Faschismus Hitlerscher, Stalinscher oder anderer Varianz verteidigen«[4].

Diese Worte Horkheimers ziehe ich in meinem Buch über Europa – worin ich den Begriff der Leitkultur entfalte – als Motto heran.[5] Mit dem Rückgriff auf diese Orientierung will ich begründen, warum ich Horkheimer jenes Buch widmete. Als Migrant füge ich zu den von Horkheimer angeführten Feinden der europäischen Zivilisation, also Faschismus und Stalinismus, vor denen er mit dem Zusatz »oder anderer Varianz« warnt, auch den islamischen Fundamentalismus[6] unter den Zuwanderern hinzu. Dies tat ich bereits im Jahre 1998. Damals argumentierte ich: Im Namen multikultureller Toleranz darf diese neo-totalitäre Ideologie, die die zivilisatorische Identität Europas in Frage stellt, nicht in der Islam-Diaspora zugelassen werden. Die Unterscheidung zwischen Demokraten und Feinden der Freiheit unter Deutschen gilt ebenso für die Migranten. Nach dem 11. September 2001 können nur noch deutsche Selbsthasser und Betonköpfe die Richtigkeit dieser Sätze bestreiten.

Trotz der im Jahre 1950 noch offenen Wunden in bezug auf die NS-Verbrechen kehrten Horkheimer und Adorno nach

Deutschland zurück, weil dieses Land, nun jedoch mit westeuropäischer Identität, auf beide mehr Anziehung als die kulturell anders und dennoch zivilisatorisch zum Westen gehörigen USA ausübte; für andere Mitstreiter der Frankfurter Schule, so etwa für Herbert Marcuse, war Deutschland nach Hitler für Juden nicht mehr bewohnbar. Das sagte Marcuse uns Studenten während eines Gastvortrags in Frankfurt. Horkheimer dagegen wollte Deutschland eine Chance geben. Amerika war für ihn und für Adorno nur ein Refugium vor dem NS-Terror, aber keine Heimat, wie es Europa zivilisatorisch für ihn war. Deutschland war aber für einen Juden wie Horkheimer und kann heute für einen orientalischen Einwanderer aus Damaskus, wie meine Person, nur als ein Land mit westeuropäischer politischer Kultur und entsprechender wertebezogener Identität eine Heimat sein. Wenn Deutschland nicht europäisch, sondern deutsch im ethnischen Sinne definiert wird, bleibt der *Andere*, gleich ob dieser Jude ist oder muslimischer Migrant, ausgeschlossen. Dann hätten wir Grund, Angst zu haben und auszuwandern. Deutschland lieben heißt daher für Juden wie Muslime, ein in die westeuropäische Tradition der Aufklärung und Freiheit integriertes Land mit westlicher Verfassung zu schätzen. Davon spricht der jüdische Schriftsteller Giordano mit dem »altmodischen Ausdruck – unser Vaterland – wir haben kein anderes«[7]. Ähnliche Inhalte habe ich als ein syrischer Muslim aus Damaskus von Horkheimer gelernt, der – wie Giordano – den Faschismus am eigenen Leib erlitten hat.

Der Versuch, die deutsche Identität von den NS-Verbrechen abzukoppeln, um den Migranten zu ermöglichen, sich mit Deutschland zu identifizieren, zwingt dazu, immer wieder die Fragen zu stellen: Was ist deutsch? Was ist deutsche Kultur? Auf der EXPO in Hannover trat ich neben dem nach den Botschafterjahren in Bonn heute als Vizepräsident der Uni Tel Aviv amtierenden Avi Primor auf, der auf die Dreyfus-Affäre zu sprechen kam; trotz der mit der Affäre verbundenen Schande hatte Avi Primor doch Lob für Frankreich, da Juden, wie Dreyfus, dort zu Offizieren der Landesarmee aufsteigen und somit in die französische Kultur einbezogen werden konnten; im damaligen Deutschland, sagte Primor, hätte ein Jude nie preußischer Offizier werden und zur deutschen Kultur gehören können. Leider ging Avi Primor nicht darauf ein, daß heute in Israel, wie damals in Preußen, ein Palästinenser mit israelischer Staatsangehörigkeit, das heißt ein Angehöriger der größten nichtjüdischen Minderheit, auch kein Offizier werden kann. Trotz dieses Nebenvermerks stimme ich Primor zu beim Thema Deutschland. »Deutsch sein« beschrieb vor 1945 eine völkische Exklusivität. Damit wurde auch schon lange vor dem NS-Regime die Zugehörigkeit zur Volksgemeinschaft bestimmt. So konnte selbst die christliche Taufe einer jüdisch-deutschen Größe wie Heinrich Heine nicht dazu verhelfen, die angestrebte Anerkennung und die damit verbundene Zugehörigkeit zu erlangen. Heute würde man unter den veränderten Bedingungen eher von Integration sprechen. Bleiben wir bei Heine: Zu Recht sagte Marcel Reich-Ranicki einmal in einer TV-Sendung: »Im 19. Jahrhundert konnten in Deutschland nur wenige Menschen so ein Deutsch wie Heinrich Heine aufsetzen.« Dennoch galt er nicht als Deutscher! Warum? Die Antwort ist der Hinweis auf die exklusiv-ethnische Bestimmung der Deutschen.

Nach dem Bezug auf Adornos Denken im Jahre 1965 über Deutschland mit seiner neuen westlichen, nicht mehr exklusivethnischen Identität, möchte ich bei der Erörterung der anstehenden Frage »Was ist deutsch?« einen Sprung zu der Wirkung meines Buches über Europa machen und dies im Lichte des 11. Septembers und der daraus deutlich gewordenen Notwendigkeit der Integration muslimischer Zuwanderer vergegenwärtigen. Als Ausländer mit deutscher Staatsangehörigkeit habe ich in jenem Buch den Begriff Leitkultur in die deutsche Sprache eingeführt; das war 1998, also drei Jahrzehnte nach 1965. Als Adorno damals im jungen *Deutschlandfunk* fragte: »Was ist deutsch?«, war Deutschland bereits ein europäisches Land geworden, aber bis zum Erscheinen meines Buches 1998 war eine weitere Veränderung hinzugekommen; sie betrifft die Zusammensetzung der Wohnbevölkerung Deutschlands. Etwa zehn Millionen Migranten aller komplexen deutschen Rechtskategorien leben inzwischen hier. Unter ihnen befinden sich viele wie ich, die Deutsch wie die Einheimischen sprechen, ja sogar auf Deutsch träumen, wenngleich sie ethnisch keine Deutschen sind und deshalb nicht als solche gelten. Ist das ein Beweis dafür, daß Deutsche immer noch ethnisch denken?[8] Als Angehöriger der nicht-ethnisch deutschen Wohnbevölkerung werde ich unverändert und trotz deutscher Promotion, deutscher Habilitation und Lehrtätigkeit in deutscher Sprache an einer deutschen Universität seit einem Vierteljahrhundert, ja selbst nach der Einbürgerung als »Syrer mit einem deutschen Paß« angesprochen.[9]

Gestützt auf meine Lebenserfahrung in Deutschland behaupte ich: Der Begriff »deutsch« bleibt trotz aller Demokratisierung weiterhin ethnisch beladen; ich spreche von ethnisch, um nicht das gräßliche, mit negativen Assoziationen verbundene Wort »völkisch« zu verwenden. Deutsch ist man durch ethnische Herkunft und von Geburt her, oder man ist es nicht; daraus folgt: Deutsch ist man, man kann es nicht werden. So werde ich regelmäßig in Briefen von ethnischen Deutschen belehrt, wenn ich zuvor öffentlich als ein »Deutscher« aufgetreten bin. Nach der ethnischen Bestimmung ist ein als »Spätaussiedler« eingestufter Mensch aus Kasachstan, der kein Deutsch spricht, dennoch ein Deutscher, wenn er mit Papieren eine ethnisch – sagen wir es offen: blutsmäßige – deutsche Herkunft nachweist. Dagegen gelten ein Türke und eine Türkin, die hier geboren wurden, von Türken in der Türkei als »*Alemanci*« verunglimpft werden und Deutsch besser als Türkisch sprechen, trotz allem noch als Ausländer, bestenfalls »mit einem deutschen Paß«. Nun hat sich Deutschland im Jahre 2000 per Gesetz von der ethnischen Bestimmung der Nation durch ein neues Staatsangehörigkeitsgesetz verabschiedet; doch die an der ethnischen Bestimmung des Menschen festhaltende politische Kultur ist in vollem Umfang vorhanden, und niemand kann mir weismachen, daß dies nicht der Fall ist. Es ist typisch für deutsche Politiker, die Illusion zu haben, man könne die Realität durch Verordnungen ändern. Das hat Tradition in der deutschen Geschichte. Nach vier Jahrzehnten meines Lebens unter Deutschen glaube ich, hierin eine Eigenart der Deutschen zu sehen, Begriffe und Rechtsnormen mit der Realität zu verwechseln, ja, sie auch mit ihr gleichzusetzen.

Als ich mein Europa-Buch über Formen des Zusammenlebens von Deutschen und Einwanderern aus nicht-europäischen Kulturen mit dem Titel *Europa ohne Identität?* schrieb und hierbei mein Konzept von Leitkultur entwickelte, dachte ich an diese Zusammenhänge in bezug auf die Frage: »Was ist deutsch?« Deshalb schrieb ich gleich zu Beginn jenes Buches, meinen Standort bestimmend:

»Die Einordnung Deutschlands in Europa gehört *stets* zu meiner Perspektive, weil ich als Migrant mit allem Nachdruck eine europäische und keine deutsche Identität anstrebe. Ich identifiziere mich mit der jungen Demokratie des nach Westen orientierten Deutschlands als ein Muster einer europäischen Identität für dieses Land.«[10]

Daraus folgt: Die für Deutschland benötigte Leitkultur, für die ich als kulturell Brücken schlagender Migrant eintrete, ist europäisch und nur im Sinne von »fest in Europa eingebettet« (Giordano) deutsch. Die Aussage ist überdeutlich: Auf der Grundlage der historischen Bewältigung der Vergangenheit muß die Antwort auf die Frage »Was ist deutsch?« klar lauten: okzidental-europäisch. Und die hierauf bezogene Identität gilt es, den muslimischen Zuwanderern als Bürgeridentität verbindlich anzubieten. Geschieht dies nicht, dann dürfen die Deutschen sich nicht wundern, wenn Teile dieser Migranten von fundamentalistischen Organisationen, wie dem »Internationalen Islamischen Kampfbund gegen Juden und Kreuzritter«, der nach Erkenntnissen des Bundeskriminalamtes (Terrorismus-Konferenz, November 2001, Referat des BKA-Präsidenten) auch in Deutschland beheimatet ist, rekrutiert werden können.

Als mein semitischer Mitstreiter für ein demokratisches Deutschland, in dem Juden und Fremde in Deutschland zum Gemeinwesen gehören, Paul Spiegel, gegen das Konzept von deutscher Leitkultur polemisierte, schrieb ich ihm persönlich parallel zu der Versendung meines Europa-Buches: »Lieber Paul Spiegel, ich spreche von europäischer, nicht von deutscher Leitkultur. Sie werden mit mir darin übereinstimmen, daß die NS-Verbrechen nicht geschehen wären, wenn es in Deutschland im Jahre 1933 eine ›europäische Leitkultur‹ gegeben hätte. Hitler wäre nach okzidental-europäischen Normen und Werten einfach undenkbar. Deshalb ist eine europäische Leitkultur ein Schutz für uns, gleich ob Jude oder Fremder, vor deutschen Sonderwegen in Europa.« Um es klarzustellen: Eine europäische Leitkultur für Deutschland ist auch ein Schutz für Deutsche vor sich selbst. Ohne eine solche europäische Leitkultur wären Juden und Migranten in Deutschland existentiell bedroht! Es gehört zu den Einsichten aus den Entwicklungen nach dem 11. September, daß diese europäische Leitkultur auch ein Schutz für die deutsche Demokratie und ihrer muslimischen Migranten vor Organisationen wie dem angeführten »Internationalen Islamischen Kampfbund gegen Juden und Kreuzritter« ist. Solche Verbände sind nicht zu tolerieren. Eine europäische Leitkultur zeigt, daß sie ebenso gefährlich wie Neonazi-Kampfbünde sind.

Von Sonderwegen zur Normalität ohne Weltfrömmigkeit

Im Gegensatz zu ihren europäischen Nachbarn haben die Deutschen ihre Sonderwege beschritten und haben deshalb auch stets viele Probleme mit ihrer eigenen Geschichte zu bewältigen, wenn sie sie in einen europäischen Kontext stellen. Ich bin aufgrund meiner Vertrautheit mit Deutschland fest der Auffassung, daß die immer noch bestehende Tradition nicht alleine auf die Partikularität der NS-Verbrechen von 1933 bis 1945 zurückgeht; ihre Wurzeln reichen weit zurück bis in das 19. Jahrhundert.[11] Bei dem Versuch, die deutsche Geschichte besser zu verstehen, war mir ein großer Deutscher, der nach 1933 in die Migration ging, aber nach 1945 zurückkehrte, Helmuth Plessner, eine große Hilfe. Plessner faßte diese Probleme im Titel seines zum Klassiker gewordenen Buches »Die verspätete Nation«[12] zusammen.

Wenn behauptet wird, daß »Sonderwege« deutsch sind, müssen wir erneut fragen: »Was ist deutsch?« Bei der Suche nach einer Antwort ist darüber nachzudenken, welche Eigenarten zum Deutsch-Sein gehören. Plessner zählt darunter die Neigung der Deutschen zu einer »weltfrommen« Wahrnehmung, bei der sie es nicht verstehen und es ihnen auch nicht gelingt, »in Dingen des öffentlichen Lebens ein rechtes Maß zu finden«. Auf diese Weise verfielen die Deutschen – weiterhin nach Plessner – »immer wieder dem Zauber der Extreme«[13]. Das gilt gleichermaßen für Positives und Negatives bei der deutschen Weltsicht. So gibt es – ich bitte um Verzeihung für die Verwendung des Begriffs – den »schmierigen Gutmenschen«, der alle Probleme der Menschheit mit einer rührenden Naivität zu lösen wähnt. Das ist das scheinbar positive Extrem. Dann gibt es das andere Extrem des deutschen Machtmenschen, der nur Abscheu und Angst hervorruft. Doch beide, der »schmierige Gutmensch« und die »autoritäre Persönlichkeit« des beängstigenden Menschenverachters sind nur Gegenextreme, und sie gehören nicht zur Normalität. Diese erfordert, die Sonderwege zu überwinden, die mit beiden Extremen verbunden sind. Der westlich geführte internationale Gegen-Krieg seit dem 7. Oktober 2001 als Antwort auf die Herausforderung des Terrorismus bot den Deutschen die Chance, sich in eine Weltgemeinschaft der Normalität einzuordnen. Und was geschah?

Zur Normalität gehört, sich nicht die Wahl aufzuzwingen: Der Deutsche als Nazi-Vollstrecker als das eine Extrem und der Gutmensch, mit dem man alles machen kann, als das Gegenextrem. Neben dem Studium bei Horkheimer bot Plessners Werk für mich, einem in Deutschland lebenden Fremden, die

Inspiration, mein Buch *Europa ohne Identität?* zu schreiben. Darin argumentiere ich: Einwanderer sind eine Chance für die Deutschen, bei der Entfaltung einer neuen Identität doch eine Normalität herzustellen. Mit den angeführten Extremen ist ein Zusammenleben zwischen Deutschen und Einwanderern nicht möglich. Auch können Deutsche mit diesen Extremen keine »normalen Europäer« werden.

In dem Teil jenes Buches über Europa, in dem ich unter Annahme fehlender Normalität von Deutschland als einem »Tollhaus« spreche, gehe ich auf die soeben angesprochenen Extreme bei den Deutschen vor allem in bezug auf die eigene Identität ein. So herrscht ein Pendeln zwischen der deutschen Exklusivität einer Kulturnation-Arroganz und nihilistischer Selbstverleugnung vor. In diesem Rahmen zeige ich, daß die kritisierte Neigung der Deutschen zu Extremen entweder – so früher – die Form eines »Am deutschen Wesen soll die Welt genesen« oder, wie gegenwärtig des »Es gibt keine deutsche Identität«[14] annimmt. Dieselben Deutschen, die ihre Identität bestreiten, treten mit dem Anspruch auf, die Verteidigung der Identität der Migranten als Menschenrecht zu ihrer Angelegenheit machen zu müssen. Bei den islamischen Zuwanderern wird dabei in Gutmensch-Mentalität nicht zwischen Muslimen und totalitären Islamisten unterschieden. Dies zu tun wäre politisch inkorrekt. Dieselben Deutschen räumen sich selbst aber kein vergleichbares Recht auf Bewahrung ihrer Identität ein. Hier haben wir es wieder mit Extremen zu tun, die das Fehlen von Normalität anzeigen: von der deutschen Arroganz zur Selbstverleugnung. Wie es funktionieren soll, daß Migranten Identität als Grundrecht eingeräumt wird, während die Deutschen sich dies versagen, weiß ich nicht. Bei der Diskussion um eine Leitkultur lassen sich alle Züge der beschriebenen deutschen Mentalität wiederfinden, die ich während der Debatte in einem Artikel mit der Überschrift »Die neurotische Nation«[15] beschrieb. Der Artikel fand große Zustimmung von wohl demokratischen und gleichermaßen normalen Deutschen, denen jedoch unter dem

Druck der Medienherrschaft die Zivilcourage fehlte, die Zustimmung öffentlich zu äußern.

Die Frage »Was ist deutsch?« in der Spannung zwischen Sonderwegen und Normalität bezieht sich auf die Identitätsproblematik. Zur Normalität gehört, daß jede Nation eine vielschichtige kulturelle Identität besitzt. Auch jeder einzelne Mensch hat eine individuelle Identität, die krank oder geschädigt sein kann, aber immer vorhanden ist. Analog zu dieser personalen Identität haben Gemeinschaften und Gemeinwesen ihre jeweils kollektiven Identitäten, wenngleich auf mehreren Stufen und in unterschiedlichen Formen. In diesem Sinne haben die Deutschen wie alle anderen Gemeinwesen dieser Welt Werte und Normen. Die ideologische Behauptung von Multikulturalisten, es gäbe eine solche Identität nicht, läuft auf eine Wertebeliebigkeit hinaus, die Raum für andere Kollektividentitäten öffnet, wie z.B. die des »Internationalen Islamischen Kampfbundes gegen Juden und Kreuzritter«. Ist das wünschenswert?

Die Franzosen, die wegen ihrer Revolution und der Tradition der Aufklärung die selbstbewußtere Nation in Europa sind, haben in einem bestimmten Sinne ihre Identität und Leitkultur, auch wenn hierfür in ihrer Sprache der Begriff fehlt. Aber jeder Frankreichkenner weiß, daß dort *laïcité* und *citoyenneté* eine für alle verbindliche Leitkultur sind. Den Franzosen deshalb den Autoritarismus einer Über-/Unterordnung zu unterstellen (so *Spiegel*- und *Stern*-Jargon über Leitkultur), wenn sie totalitäre Weltanschauungen wie den Islamismus nicht zulassen, ja vehement abweisen, wäre aberwitzig. Die Verbindlichkeit der säkularen Demokratie und die Maßgabe, daß Rassismus und Diskriminierung nicht zu dulden sind, sind bereits Maßstäbe und Werte, die auf eine Leitkultur hindeuten. Wie eben angeführt, gehört vor allem die *laïcité* (Trennung zwischen Religion und Politik und radikale Entfernung aller religiösen Symbole aus dem öffentlichen Leben) zur republikanischen Identität des Landes als Erbe der französischen Revolution. Dasselbe Land bietet mit der *citoyenneté* (die Bestimmung der Menschen als Bürger unabhängig von deren Herkunft und Religion) als einem Bestandteil der französischen Leitkultur eine Identität gleichermaßen für die Einwanderer und die Einheimischen.

Im Vergleich zu Frankreich kann ein Fremder in Deutschland[16] nicht deutsch werden, weil dies – wie ich in meinem Alltag erfahre – immer noch ethnisch bestimmt ist, zwar nicht mehr gesetzlich, aber doch gemäß der vorherrschenden Kultur. Polemisch formuliert wäre dies der Ausdruck einer deutschen Leitkultur. In Frankreich hingegen bezieht sich das Französisch-Sein auf *citoyen*. Ein Fremder kann *citoyen* per Wahlakt werden; das ist eine europäische Leitkultur. Genau dies ist der Grund dafür, weshalb ich von europäischer, also nicht-ethnischer, sondern auf Werte bezogener Leitkultur für Deutschland spreche. Dies wäre ein möglicher Weg für die Integration von Migranten; wenn wir dies erreichen, können wir die Bildung von Parallelgesellschaften verhindern. Nach dem 11. September 2001 wissen wir, daß diese als »Freiraum« für Terroristen dienten, die die Islam-Diaspora mißbraucht haben. Alfred Grosser, der nach 1933 als deutscher Jude seine Frankfurter Heimat verließ und – wie er wiederholt betont – französischer *citoyen* geworden ist, meldete sich während der deutschen Debatte und verteidigte – ebenso wie Ralph Giordano – die Leitkultur, hielt aber den Exponenten einer »deutschen« Leitkultur vor:

»Nicht völkische, sondern auf das Prinzip der *citoyenneté* gestaltete Nation (gehört zu) den Wesenselementen der Leitkultur ... Die Toleranz, die Ablehnung jeder Ghettoisierung oder Selbstghettoisierung, die Erziehung zur Dazugehörigkeit und nicht die Abkapselung sowie die gleiche Würde (sind) den ›Neulingen‹ als Leitkultur nahezubringen: nicht der bekehrende, der anklagende Finger ist zu erheben. Es gilt, ihnen (den Migranten/B.T.) das Modell dieser Kultur wirklich vorzuleben ... Dies geschieht am wenigsten an Stammtischen oder ... mit Säbelgerassel.«[17]

Diese Voraussetzungen haben die deutschen Exponenten der Leitkultur nicht erfüllt und somit ebenso wie ihre deutschen

Gegner der Sache geschadet. Vergleichbar mit Frankreich, dem Modell von Alfred Grosser, sind die USA ein Land, in dem die Identität des »*American citizen*« politisch und nicht ethnisch definiert wird. Ein Amerikaner kann ein weißer Protestant, ein Afro-Amerikaner, ein Hispanic oder ein Asiate sein, aber er ist doch stets ein *citizen*. Die Leitkultur, auf der diese Identität fußt, ist der »*American way of life*« sowie die Bejahung der »*American Constitution*«, womit sich jeder Migrant, so schreibt der hispanische Migrant Peter Salins[18], identifizieren kann. Die Reihe für die Verbindung von Leitkultur und Identität kann durch weitere Beispiele, gleich ob in Europa, Asien oder Afrika, beliebig fortgesetzt werden. Bei der Beantwortung der Frage, was deutsch ist, müssen wir uns stets diese Zusammensetzung vergegenwärtigen, um uns in die Lage zu versetzen, Wege aufzuzeigen, die die Deutschen von ihren Sonderwegen befreien.

Schluß mit der »neurotischen Nation«

Deutsche müssen ihr Leben normalisieren, wenn sie mit den Migranten auf der Grundlage eines verbindlichen Wertekonsenses friedlich zusammenleben wollen. Dies können sie nur dann erreichen, wenn sie aufhören, eine neurotische Nation zu sein. Ist eine demokratische Werteorientierung als europäische Leitkultur für ein Gemeinwesen nicht auch in Deutschland möglich? Das Selbstverständnis der Deutschen ist das Problem! Es ist nicht mehr zu übergehen, daß nun zehn Millionen Migranten an diesem Prozeß zu beteiligen sind. Eine Werteorientierung, die eine Leitkultur bietet, ist als eine interkulturelle Brücke gefragt, und dies erfordert Normalität und den Abschied von Sonderwegen. Zur Normalität gehört, zwischen guten und schlechten Ausländern, Muslimen und Islamisten unterscheiden zu dürfen. Nach dem 11. September ist dies sogar eine demokratische Pflicht.

Aus den vorangegangenen Ausführungen geht hervor, daß die Deutschen im Jahr 2001 am Beginn des neuen Jahrhunderts nicht länger unter sich sind; das angesprochene Problem betrifft nicht nur die Nachbarn jenseits der Grenzen, sondern auch die Migranten als Fremde im eigenen Haus. Ich habe bereits die Tatsache angeführt, daß unter den Deutschen zur Zeit ungefähr zehn Millionen Nicht-Deutsche unterschiedlicher Rechtskategorien leben, die über unterschiedliche Wege ins Land zugewandert sind, obwohl es bisher kein Einwanderungsgesetz gibt. Diese Fremden, zu denen auch ich gehöre, sind deshalb keine »Gastarbeiter«, weil Gäste doch in der Regel nach einer Weile gehen. Menschen, die auf Dauer hier bleiben, sind keine »Gäste«. Die Türken, die erstmals in den sechziger Jahren nach Deutschland kamen, leben hier inzwischen in der dritten Generation. Deutschland gibt ihnen keine Identität, und deshalb bleiben sie Fremde, werden also nicht deutsch, auch dann nicht, wenn sie einen deutschen Paß bekommen. Ohne Identität kann es keine Integration geben. Eine »neurotische Nation« kann dies nicht bieten, daher der Bedarf nach Normalität.

Wenn parallel zu einem Paß keine entsprechende kulturelle Identität als Gefühl der Zugehörigkeit vermittelt wird, ist eine Integration – wohlgemerkt nicht Assimilation – nicht möglich. Zwei der Hintermänner der Terroristen vom 11. September besaßen deutsche Pässe, wollen aber gegen »Juden und Kreuzritter« *Djihad* führen. Ich habe bereits gezeigt, daß die Deutschen noch nicht einmal für sich selbst Klarheit in der Frage der Identität geschaffen haben. Angesichts dieser Erkenntnis fragt es sich, wie sie dann den Migranten eine solche Identität vermitteln können? Es gehört zur Normalität, daß eine Nation ihre Identität auf einer Wertegemeinschaft aufbaut. Wenn dies in Deutschland fehlt, dann kann dieses Land gefährlich für die europäischen Nachbarn und für die in Deutschland lebenden Fremden werden! Die Last ist nicht nur die Vergangenheit. Alfred Grosser betont: »Das deutsche Laster ist das Selbstmitleid.«[19] Das ist auf die Dauer ein besorgniserregender Zustand, der unerfreuliche Folgen im Kontext der Integration der Migranten haben könnte. Also: Der Aufruf »Schluß mit der neurotischen Nation« ist ein Aufruf zum inneren Frieden.

Zur Normalität gehört, daß demokratische Deutsche eine entsprechende Identität für sich bejahen und es nicht den Rechtsradikalen als den neuen »Verderbern« (Giordano) überlassen zu sagen, was deutsch ist. Erst wenn man »deutsch« neu, also nicht mehr ethnisch bestimmt, werden die Deutschen in der Lage sein, Fremde zu integrieren. Ich möchte die Situation mit einem Vergleich veranschaulichen: In den Jahren 1998 bis 2000 lebte und wirkte ich in den USA in Harvard und habe mich dort als ein Mitglied der Harvard-Community, zu der ich seit 1982 gehöre, und der amerikanischen Gesellschaft integriert. Die Folge war, daß ich mit den Menschen die dort bestehende Identität teilte. Aber in Deutschland, dem Land, in dem ich seit 1962 lebe, dem ich mein Wirken in deutscher Sprache widme und in dem ich seit 1976 den Bürgerstatus des »Gemeinwesens« durch Staatsbürgerschaft besitze, fühle ich mich in Göttingen sowie generell an der deutschen Universität, obwohl ich seit 1973 deutscher Professor bin, unverändert sehr fremd.[20] Der Grund hierfür ist: Ich werde nicht nur in der Institution, in der ich arbeite, inferiorisiert, auch wird mir die »Dazugehörigkeit«, die Alfred Grosser fordert, verweigert. Ich habe einmal laut im *Göttinger Tageblatt* vom 18. Juli 2001 geklagt, »wie ein Gastarbeiter niedrigster Stufe« (so die Überschrift) behandelt worden zu sein. Die Folge war statt Solidarität große Empörung über mich als jemanden, der den Ruf Göttingens in den Schmutz ziehe. Dabei habe ich stets zur internationalen Reputation dieser Universität beigetragen.

Meine vorläufige Schlußfolgerung ist: Solange Deutsche nicht zur Normalität finden, können sie die unter ihnen lebenden Migranten nicht integrieren. Diese nur an der Oberfläche identitätslose deutsche Gesellschaft bringt zum Beispiel islamische Parallelgesellschaften mit starken Partikularidentitäten hervor. Es gibt Kräfte unter den Einwanderern – so die Islamisten –, die gegen die Integration sind und die diesen Zustand der deutschen Gesellschaft nutzen, um jede Integration zu blockieren. Der Grund ist einfach: Integrierte Muslime können vom Islamismus als totalitärer Ideologie nicht angezogen werden. Wenn der Islamismus Einfluß hat, dann ist der innere Friede gefährdet.

Nun, die zentrale Frage bleibt, ob es nicht doch eine europäische Leitkultur demokratischer Werte für Deutschland geben kann, die eine gemeinsame Identität für Deutsche und Einwanderer bietet. Es ist nicht mehr wie im Jahre 1965 nur Sache der deutschen Intellektuellen zu definieren, was deutsch ist. Heute ist dies Gegenstand einer interkulturellen Politik des inneren Friedens, an der auch Migranten teilhaben sollten. Unter den islamischen Zuwanderern kommen nur Muslime, die Demokratie und Europa bejahen, also nicht die Islamisten, für diesen interkulturellen Dialog in Frage.

Bei der Debatte über Leitkultur und Normalität möchte ich noch einmal auf Frankreich zurückkommen. In Paris gibt es eine große Moschee, deren Imam Dalil Boubakir die *laïcité* – eine Komponente der französischen Leitkultur – akzeptiert. Er sagt: »Wir müssen diese in das Islamverständnis jener Muslime, die in Frankreich leben, integrieren, sonst bleibt der Islam dort fremd.« Als ich ihm auf dem *World Economic Forum* im Januar 2000 mein Konzept des Euro-Islam vorstellte, sagte er, eben dies meine er, ohne den Begriff zu kennen. Wie mit dem Euro-Islam verhält es sich mit der Leitkultur. Auch ohne den Begriff zu kennen – *Le Monde* übersetzt ihn mit *culture de référence* –, wissen Muslime in Frankreich, daß es eine französische Leitkultur gibt – und sie sich diese zu eigen machen müssen. In krassem Gegensatz zu der Moschee von Paris wird laut *Der Spiegel* »die größte Moschee auf deutschem Boden« von den Anführern der »rechtsextremen Grauen Wölfe«[21] geleitet. Der demokratische deutsche Rechtsstaat darf nicht intervenieren. Die christlichen Kirchen verbieten dies mit dem Hinweis auf die Pflicht dieses Staates zur »weltanschaulichen Neutralität«. Ist die Demokratie nicht auch eine Weltanschauung? Kann der demokratische Staat neutral bleiben, wenn sie gefährdet wird? Die *Frankfurter Rundschau* veröffentlichte ein Interview unter dem Titel: »Zentralrat der Muslime erschrocken über Leitkultur.«[22] Dieser Zentralrat vertritt nur eine kleine Minderheit der in Deutschland lebenden Muslime; er wird zudem des Islamismus verdächtigt, und seine Funktionäre lehnen mein Konzept des Euro-Islam als Leitkultur für muslimische Migranten entschieden ab. In welcher Gesellschaft befinden sich die deutschen Gegner des Leitkulturkonzeptes?

Manche sprechen von »deutschem Islam«. Ich meine, dies wäre ein Sonderweg und kein Ausdruck der Normalität, die eher von einen Euro-Islam zu vertreten wäre. Reform-Imame wie der zitierte Boubakir werden benötigt, sind aber in Deutschland nicht präsent, und das ist kein Zufall. Man wird in Deutschland weit und breit keinen Imam wie den Pariser Dalil Boubakir finden können. Deutschland ist, weil es sich selbst eine Identität abspricht, kein integrationsfähiges Land, es kann – im Gegensatz zu Frankreich und den USA – seinen Einwanderern keine Identität bieten. Hierdurch wird die Entstehung und Entfaltung von ethnisch-religiösen Parallelgesellschaften gefördert. Zwischen den Parallelgesellschaften und der deutschen Kerngesellschaft gibt es nur ein multikulturelles Nebeneinander, kein kultur-pluralistisches Miteinander. Im Gegensatz dazu steht eine Leitkultur, die auf Integration hinzielt und deren Antworten auf die Frage »Was ist deutsch?« nicht-ethnisch sind; nur sie kann eine gemeinsame Identität als Basis für ein Zusammenleben von Deutschen und Migranten bieten. Auf lange Sicht kann bei zunehmender Zuwanderung das Fehlen einer solchen Leitkultur zur Folge haben, daß Deutschland nur ein multiethnisches sowie multikulturelles Sammelwohngebiet wird. Der Islamismus hat unter solchen Bedingungen die fruchtbarsten Voraussetzungen für die Bildung seiner Ruhezonen.

Unter den Lasten ihres Hanges zu Extremen werden die Deutschen keinen Mittelweg finden: Kulturnation oder multikulturelle Wertebeliebigkeit in einem neutralen Wohngebiet ohne Leitkultur und ohne Identität mit hohen Konfliktpotentialen. Diese Alternativen als Extreme verweisen auf eine »neurotische

Nation«. Ich verstehe meinen Beitrag als warnende Aufklärung gegen neurotische Gesinnungsethiker. Einwanderung kann Deutschland bereichern, wenn die Deutschen den Begriff »deutsch« entromantisieren, vom »völkischen« Inhalt befreien und eine europäische Leitkultur als Alternative zum Islamismus bieten. Eine Identität kann kulturell multipel sein. So fordere ich als ein Einwanderer die Identität des deutschen Bürgers in der Bedeutung von *citoyen*, eine europäische Identität, die ich auch mit meiner kulturellen Herkunft aus Damaskus und mit meinem islamischen Glauben verbinden kann. Mein Vorbild ist Heinrich Heine, bevor er sich taufen ließ. Das Scheitern der versuchten Assimilation durch Taufe sollte eine Warnung für uns sein. Wenn demokratische Integration auf der Basis gemeinsamer Identität und Leitkultur mißlingt, ist kulturelle Balkanisierung die Folge. Das Schicksal des Balkans sollte uns Warnung genug sein. Mit den bisherigen Ausführungen glaube ich, die Problemlage deutlich aufgezeigt zu haben, und will nun dazu übergehen zu rekonstruieren, wie die deutsche Leitkulturdebatte geführt worden ist. Ich denke, daß die tragischen Ereignisse um den 11. September Anlaß dafür geben, die Debatte – ohne Hysterie – unter dem Motto aufzunehmen: Europäische Leitkultur statt Islamismus.

Zwischen Operation Sauerkraut und deutscher Gutmensch-Gesinnungsethik – Kein Wertekonsens als Leitkultur?

Nachdem der CDU-Politiker Friedrich Merz den Begriff »deutsche Leitkultur«[23] im Oktober 2000 in einer Art und Weise verwendet hatte, die Alfred Grosser als »belehrend« mit dem »anklagenden Finger« (vgl. Anm. 17) bezeichnete, wurde eine deutsche Debatte über Leitkultur entfacht, die zugleich eine längst fällige Diskussion über Einwanderung und Integration auslöste, aber leider auf allen Ebenen mißlang. Das aufgeworfene Thema war und ist immer noch ein wohlgepflegtes Tabu in der deutschen Öffentlichkeit. Erstmals konnte es vom deutschen Bundespräsidenten im Mai 2000 angesprochen werden; gefeiert und ungescholten von den Medien hat Johannes Rau (vgl. oben, Kapitel 2) in seiner vorzüglichen Berliner Rede über Einwanderung das Thema enttabuisiert. Die öffentliche Debatte, zu der er aufforderte, blieb jedoch aus. Es war dennoch zu hoffen, daß der wenige Monate später entfachte Streit um die Leitkultur diese unterdrückte Diskussion wieder in das öffentliche Interesse rücken würde – aber diese Hoffnung wurde nicht erfüllt. Was war geschehen? Und warum verliefen die Ereignisse auf diese Weise? Können wir diese Debatte nach dem 11. September auf einer besseren Grundlage neu aufnehmen?

Zusätzlich ist festzustellen, daß die mehrere Monate anhaltende Auseinandersetzung auf niedrigstem Niveau geführt wurde. Als »Erfinder des Begriffs« (so die Presse[24]) mußte ich viele Tiefschläge einstecken und viel Schimpf und Schmähungen von inkompetenten Trittbrettfahrern, die hier eine Chance witterten, durch die Medien »berühmt« zu werden, über mich ergehen lassen. Für deutsche Verhältnisse hielt die Debatte – wie bereits angemerkt – verhältnismäßig lange Zeit an. Sie endete mit der Entscheidung von wenigen »Medien- und Feuilleton-Herren«, die so ausfiel: »Der Begriff ist unbrauchbar und die Debatte ist zu beenden.« Tabubeladen befanden die führenden »Köpfe« der Medien, daß der Begriff Leitkultur »konfus« und »autoritär« sei, da er unter anderem einem Zwang gleichkäme, den Migranten »Sauerkraut und Sauerbraten« vorzuschreiben, wo sie doch lieber Knoblauch verzehren würden.[25] *Der Spiegel* nannte Leitkultur eine »Operation Sauerbraten«, die das »Über-/Unterordnungs-Schema« in bezug auf das Verhältnis von Deutschen und Migranten einschließe. Trotz aller Einschränkungen und trotz des deutschen Maulkorbs wurde mir gestattet, dies in einem Leserbrief in *Der Spiegel* mit der Überschrift »Im Tollhaus Deutschland« zu beanstanden[26]; doch generell hatte ich das Gefühl, als ob man mir den eben angeführten Maulkorb angelegt hätte. Deshalb begann ich zu zweifeln, ob es in Deutschland wirklich Demokratie und Redefreiheit gibt. Meine Fragen nach den Erfahrungen der deutschen Leitkulturdebatte lauten: Ist Redefreiheit die »Freiheit« der Medien und Feuilleton-Herren, die bestimmen, was in der medialen Öffentlichkeit gesagt werden darf? Belehrt uns die Erfahrung der Leitkulturdebatte, daß es zwei Öffentlichkeiten gibt, die gedruckte beziehungsweise ausgestrahlte Meinung der Medien sowie die der Mehrheit der Bevölkerung? Wenn dies zutrifft, sind mediale Meinungsmacher denn Demokraten? Ich mache nach dem 11. September wiederholt Erfahrungen mit den deutschen Medien in bezug auf die Begriffe Islam, Islamismus, Zivilisationskonflikte und Terrorismus, die zensiert debattiert werden. Ich fühle mich in Deutschland in meiner Redefreiheit eingeschränkt.

Auf der Suche nach Antworten auf diese Fragen stelle ich zunächst fest: Außer dem Mangel an Streitkultur in Deutschland gibt es folgendes Problem: Wir leben in einem medialen Zeitalter, wobei jedes Thema zu einem Gegenstand einer fast immer kurzlebigen Sensationsberichterstattung herabsinkt. Zensur findet hier – ohne Vorhandensein einer Zensurbehörde – durch die Auswahl der Nachrichten und der Autoren beziehungsweise Inhalte statt. Ich spreche bereits in meinem Europa-Buch und so auch hier von der europäischen Leitkultur der Werte der Aufklärung, aber diejenigen, die meine Konzept ablehnen, haben nicht demokratisch widersprochen. Sie schwiegen mich tot und vertreten damit eine andere Leitkultur, in der sehr wohl autoritäre »Leitsätze« vorhanden sind, nach denen jede Diskussion nach Regeln der *political correctness* bestimmt wird. Erschwerend auf die Debatte wirkte sich hier auch die oben bereits angeführte Obsession für kurzlebige Aktualitäten in den Medien aus. Auf diese Weise werden selbst essentielle Fragen mit dauerhafter Bedeutung schnell zu »Schnee von gestern« erklärt. Nach diesem Muster wurde auch eine Problematik, die für alle freiheitsliebenden Menschen zentral ist, nämlich Einwanderung und Integration, im Rahmen der deutschen Debatte um die Leitkultur oberflächlich abgehandelt und rasch abgekanzelt. Das war und ist kein Beweis für eine lebendige demokratische Streitkultur. Nicht anders verlief es im Umgang mit Islamismus/Terrorismus nach dem 11. September 2001.

Unter den soeben beschriebenen Bedingungen war das Fazit der Debatte: Leitkultur sei als Begriff und Inhalt zu verwerfen. Die *Süddeutsche Zeitung*, die zu den schärfsten Gegnern des Leitkulturkonzeptes gehört, glaubte die Diskussion mit einer Reportage auf der *Seite Drei*[27] abschließen zu können, in der zu lesen ist, »die meisten Europäer hätten ihre Wurzeln in Asien und im Nahen Osten«. Folglich sei Europa ein Mischmasch von Kulturen; die implizite Schlußfolgerung, es habe keine eigene Identität, weshalb dann Leitkultur?

Angesicht der Verleugnung einer europäischen Identität würden die Franzosen als erste »nein danke!« sagen und diese Verleugnung eindeutig zurückweisen; andere Europäer würden folgen. Die Unterstellung, es gäbe weder eine deutsche Identität noch eine Leitkultur in Deutschland, wird von deutschen medialen Meinungsmachern auf diese Weise auf das gesamte Europa erweitert. Dies erinnert an die zitierten Worte von Alfred Grosser: »Das deutsche Laster ist das Selbstmitleid.« Dies wurde bei der Problematik Leitkultur deutlich, wobei übersehen wurde, daß diese das Schicksal Deutschlands und in gleichem Maße das seiner europäischen Nachbarn angeht. Diese Problematik wird wie bei einer Zirkusvorstellung auf diese fast schon magisch anmutende Weise weggezaubert. Im Titel meines Buches, das die Debatte auslöste, frage ich: *Europa ohne Identität?* und zeige, daß nur ein Europa, das eine eigene Identität behauptet, Fremde integrieren kann. *Quod erat demonstrandum.*

Diese Debatte wurde sowohl außerhalb Deutschlands als auch von hier lebenden Ausländern verfolgt und löste großes Unverständnis, ja viel Staunen aus. Das Schlimmste war, die Tatsache zu übersehen, daß das bestehende Problem des Zusammenlebens zwischen Deutschen und Einwanderern vor allem aus nicht-westlichen Kulturen kein Gegenstand für Aktualitäts- und Sensationshascherei ist. Hierfür benötigen wir eine normative

Orientierung – nenne man diese Leitkultur oder auch anders. Die Bezeichnung für den Gegenstand ist nicht von Belang. Wir benötigen eine Politik, die ermöglicht, ein Zusammenleben friedlich zu gestalten.

Die medialen Meinungsmacher, die die Macht hatten, über die Debatte zu befinden, gelangten zu der »Erkenntnis«, es gäbe keine deutsche Identität. Im ersten Semester Psychologie habe ich jedoch bei Alexander Mitscherlich in Frankfurt gelernt, daß jeder Mensch und folglich jede Gruppierung von Menschen eine Identität[28] habe. Nur Tote haben keine Identität! Stimmt also die These von Daniel Cohn-Bendit: »Es gibt keine deutsche Identität!«? Dies hat er in seinem Streitgespräch mit mir in *Die Woche* vom 10. November gesagt. Ich habe widersprochen, aber die Redaktion von *Die Woche* hat diesen Slogan als Überschrift für den gesamten, oben angeführten zweiseitigen Artikel gewählt.[29] Ist das ein Zufall? Oder ist das die Politik der Steuerung? Nach dem 11. September hat dieselbe Zeitung Bundesinnenminister Otto Schily und seine Sicherheitspolitik angegriffen. Das Titelblatt trug die Überschrift »Der Spitzelstaat«. Das ist eine Verfemung des demokratischen Staates, der seine Bürger vor Terrorismus schützt.

Trotz aller Polemik: Leitkultur und Identität sind stets aufeinander bezogen. Beide können exklusiv oder inklusiv bestimmt werden. Jene linken Deutschen, die eine Leitkultur ablehnen und sich selbst deshalb als »offene Menschen« selbstgefällig zelebrieren, scheinen sich letztlich in diesem Punkt und in der Sache kaum von deutschen Rechtsradikalen zu unterscheiden, die sagen »Ausländer sollten unter sich bleiben«. In einem Projekt über Rassismus an der Universität Gent in Belgien vertrat ich die Auffassung, daß beide – »linke« und »rechte« – Positionen auf den ersten Blick zwar konträr sein mögen, logisch zu Ende gedacht führen sie aber zu einer ähnlichen Einordnung: exklusiver Rassismus der Rechtsradikalen und inklusiver der Gutmenschen. In bezug auf die Leitkultur führen sie dann zu demselben Ergebnis: keine Basis für ein Miteinander, das heißt für das Zusammenleben von Deutschen und Einwanderern. Dieses wird zurückgewiesen und für eine Art Apartheid der Parallelgesellschaften – letztendlich für Segregation – argumentiert, wenn auch aus unterschiedlichen »rechten« oder »linken« Motiven. Doch ist das Ergebnis gleich. Ich schreibe dies, weil die unweigerliche Folge des Verzichts auf eine Leitkultur die Entstehung von Parallelgesellschaften und damit kein wirkliches Zusammenleben von Deutschen und Ausländern ist. Parallelgesellschaften sind nicht vergleichbar mit den »Verbänden« einer pluralistischen Demokratie. Einen solchen gewagten Vergleich präsentierte ein etablierter deutscher Professor den Lesern des Wochenmagazins *Stern* mit unhaltbaren Behauptungen.[30] Doch in einer Verbandsdemokratie teilen alle Verbände – so etwa Rivalen wie die Grünen und die CSU – dieselben Normen der Verfassung. Dagegen führen Parallelgesellschaften – das ist eher ein euphemistisches Wort für Kulturghettos, wie ich in Kapitel 3 gezeigt habe – ein Eigenleben und gestalten dieses nach eigenen Normen und Werten.

Die Leser dieses Buches sind damit vertraut, daß die Anschläge von New York und Washington teilweise in der deutschen Islam-Diaspora vorbereitet wurden. Das macht kritisch gegenüber dem Multikulturalismus. Ein Mehr an Multi-Kulti-Parallelgesellschaften heißt daher nicht ein Mehr an Demokratie und Pluralismus, sondern ein Mehr an kultureller »Balkanisierung« und damit an ethnisch-religiösem Konfliktpotential, das bei jeder Krisensituation – zum Beispiel wirtschaftliche Mißstände – aktiviert werden und gewaltsame Formen annehmen könnte. Gewalt und Terror gehören dazu. So wird Armutskultur beispielsweise ethnisiert und nimmt gewalttätige Formen an. Arthur Schlesinger nannte dieses Szenario für die USA: *The Disuniting of America*.[31] Kulturelle Fragmentation ist nicht mit einer Verbandsdemokratie zu verwechseln.

Gegen diese Gefahr und gegen die Potentiale einer kulturellen Balkanisierung, die die in derselben Gesellschaft lebenden Menschen auseinanderdividieren würde, schützt nur ein demokratisch-pluralistischer Wertekonsens, der für alle in einem Gemeinwesen Zusammenlebenden gleichermaßen politisch-kulturelle Verbindlichkeit besitzt. Demokratische Integration muslimischer Einwanderer verspricht im Kampf gegen Terrorismus mehr als jede Sicherheitspolitik; auch wenn sie diese – dessen bin ich mir bewußt – nicht ersetzen kann oder sie gegenstandslos macht. In meinem Buch *Europa ohne Identität?* entwickelte ich das Konzept einer europäischen Leitkultur; es bietet einen Rahmen für einen solchen Wertekonsens und für Integration. Das Konzept richtet sich gleichermaßen gegen »völkische« Deutsche und religiöse Fundamentalisten beziehungsweise ethnische Nationalisten unter den Einwanderern. Warum also haben die von mir gescholtenen medialen Meinungsmacher in Deutschland gegen die Leitkultur argumentiert? Warum haben sie für alle in diesem Lande lebenden Deutschen und Ausländer beschlossen, daß das gesellschaftspolitische Konzept der Leitkultur »konfus« und »unbrauchbar« sei?

Unter den Vorbehalten finde ich kaum inhaltliche, geschweige denn seriöse Argumente. Als Beispiel für die Art und Weise, wie die Debatte geführt wurde, möchte ich eine der vielen Fernsehsendungen, zu denen ich als Urheber des Begriffes der europäischen (also nicht deutschen) Leitkultur eingeladen war, anführen. Zunächst ließ der Moderator mich eingangs kurz, sozusagen als Alibi- und Vorzeigestudiogast zu Wort kommen, bevor die Teilnehmer dann dazu übergingen, dem Begriff die Bedeutung von vulgär unterstellten »Über-/Unterordnungs«-Vorstellungen im Verhältnis von Deutschen und Migranten zuzuordnen und ihn somit symbolisch auf eine quasi propagandistische Weise zu entwerten. Danach durfte ich nicht mehr zu Wort kommen. Mir wurde weder erlaubt zu widersprechen noch darzulegen, daß der von mir geprägte Begriff völlig andere Inhalte aufweist – also europäische Werte, keine deutsch-nationalen Implikationen. Aus dieser Pseudodiskussion wurde der Schluß gezogen, der Begriff sei »konfus«, um ihn dann im »Konsens« für unbrauchbar zu erklären. Ich war stets das

Opfer solcher Sendungen: man hat mich und meine Ideen symbolisch ermordet.

Als ein Einwanderer, dem jede »Sauerkraut- oder Sauerbraten-Mentalität« zuwider ist, durfte ich bei solchen Debatten, die das Fehlen einer Streitkultur dokumentieren, nur zusehen und hatte nicht einmal die Gelegenheit, laut zu schreien: »Nein, danke. Ohne mich!« Auf diese erbärmliche Weise mußte ich zusehen, wie die deutsche Leitkulturdebatte geführt wurde. Diese Erfahrungen haben dazu beigetragen, daß ich begonnen habe, an meiner Wahlheimat Deutschland und der Fähigkeit seiner Bürger, eine politische Diskussion diskursiv und rational zu führen, zu zweifeln. Ich habe keine rationale Diskussion, sondern Ergüsse von dem, was man »deutschen Selbsthaß« nennt, erlebt.

Der vorangegangene Rückblick auf die mißglückte Debatte um die »Leitkultur« gibt Anlaß zur Empfehlung an meine deutschen Landsleute, sie mögen die Integration von nach Deutschland eingewanderten Ausländern nicht als eine tagespolitische Angelegenheit oder Sensation im Rahmen des »deutschen Selbstmitleids« (Alfred Grosser) nur unter sich angehen. Die Warnung des 11. Septembers darf nicht verdrängt werden; sie bleibt aktuell. Die Medien müssen lernen, diese Probleme nicht so zu behandeln, wie etwa die seinerzeit parallel zur Leitkulturdebatte medial ins Rampenlicht gerückte Scheidung Boris Beckers von seiner Frau Barbara. Die Frage der Integration von Einwanderern ist existentiell für Deutschland und für seine junge Demokratie – auch für uns Migranten und Muslime. Das einzig positive Ergebnis der Debatte war, daß Themen – aber nur partiell – enttabuisiert wurden. Man durfte plötzlich, leider nur für kurze Zeit, über die Fragen der Einwanderung und über die Probleme, die damit zusammenhängen, ohne die für mich langweiligen und nicht ernst zu nehmenden Predigten der verordneten Fremdenliebe sprechen. Dann kam von der CDU-Politikerin Annette Schavan die Aufforderung, den Begriff Leitkultur aufzugeben und – wie sie sagte – »verbal abzurüsten«. Ich fragte mich damals: Heißt das Rückkehr zu den alten Tabus? Oder wie soll diese Abrüstung vor sich gehen?

Die CDU-Vorsitzende Angela Merkel hatte mein Buch *Europa ohne Identität?* und mich, einen Einwanderer, der alles andere als deutsch-national sein kann, als Quelle des Begriffs angegeben.[32] Als Urheber (wohl nicht »Erfinder«, das ist falsches Deutsch) des Konzepts der Leitkultur mache ich jedoch deutlich, daß ich von einer europäischen Identität Deutschlands und somit von einer europäischen, also nicht von einer deutschen Leitkultur für die Integration der Einwanderer spreche. Polemiker und linke Propagandisten ebenso wie verschiedenste Rechtsaußen waren bei dem »deutschen Stunk« (Ralph Giordano) über Leitkultur bemüht, sich die Debatte darüber, ob Ausländer in Deutschland als Identität den Verfassungspatriotismus und einen Wertekonsens der Zivilgesellschaft annehmen sollten, zu eigen zu machen und somit nicht nur vom Gegenstand abzulenken, sondern auch eindeutig zu diffamieren. Solche Diffamierung als Diskussionsstil ohne Lektüre, deren Opfer ich wurde, veranlassen mich, polemisch zu fragen, ob wir nicht nur für bestimmte Zuwanderer (zum Beispiel Islamisten), sondern auch für bestimmte deutsche Politiker und Journalisten Sprachkurse benötigen, damit auch sie Texte lesen lernen und sich an wichtigen Debatten fruchtbar beteiligen können!

Ich komme zum Schluß auf die zentrale Frage dieses Kapitels zurück: »Was ist deutsch?« Auch die Art und Weise, wie in Deutschland über Leitkultur debattiert worden ist, gibt eine Antwort auf diese Frage. Was geschah, war schädlich für das gesellschaftspolitische Ziel der Integration von Einwanderern. Mit dem vorliegenden Buch über islamische Zuwanderung mit der Feststellung im Untertitel »Die gescheiterte Integration« will ich im Lichte des 11. Septembers die Deutschen und die in Deutschland lebenden Fremden bitten, in Zivilität eine solche Debatte zu führen. Die Deutschen bitte ich – wie Alfred Grosser es fordert –, diese Zivilität als Leitkultur erst vorzuführen. »Es gilt, ihnen das Modell dieser (Leit)kultur wirklich vorzuleben«

(wie Anm. 19), schreibt Grosser. Das ist nicht geschehen; auch nicht nach dem 11. September. Statt dessen wurden Verfemungen als Steine in einer publizistischen Straßenschlacht geworfen. In diesem Buch lade ich zu einer solchen rationalen Diskussion ein und wiederhole: »Leitkultur« meint nichts anderes als eine Orientierung, eine Art Leitfaden in Form eines Wertekonsenses. Deutsch-Sein soll nicht mehr ethnisch definiert, sondern durch diese Werteorientierung bestimmt sein.

Selbst ein ethnisch Nicht-Deutscher, der im Sinne von *citoyen* Wahleuropäer geworden ist, trete ich für die zivilisatorischen europäischen Werte wie säkulare Demokratie, individuelle (*nicht* kollektive) Menschenrechte, Zivilgesellschaft, Toleranz sowie religiösen und kulturellen Pluralismus als eine Leitkultur ein, die Migranten sich in Deutschland europäisch fühlen läßt. Um dieses Ziel zu erreichen, besteht Bedarf an einer solchen Diskussion über eine wertebezogene Grundlage für ein friedliches Zusammenleben von Deutschen und Ausländern in einem kulturell vielfältigen, jedoch auf einem Wertekonsens beruhenden, also ohne Parallelgesellschaften bestehenden demokratischen Gemeinwesen. Dies setzt Respekt vor den Regeln einer Kultur des demokratischen Debattierens voraus, also Regeln, die offenbar in Deutschland noch keine allgemeine Gültigkeit haben. In der deutschen Diskussion über Leitkultur konnte ich dies feststellen; daher mein Vorwurf, es handele sich um eine »neurotische Nation« in einem »Tollhaus Deutschland« (vgl. Anm. 15 und 20); in beiden kann keine demokratische Streitkultur gedeihen. »Deutsch« soll rational, nicht mehr »neurotisch« sein, und als Deutscher soll der gelten, der ein Bürger mit demokratischer Werteorientierung ist, also nicht der Mensch, der durch Verzehr von Sauerbraten und Sauerkraut stigmatisiert wird. Wenn Deutschen und Migranten dies in gemeinsamer Arbeit gelingt, können Fremde sich deutsch fühlen und eine Dazugehörigkeit in bezug auf dieses Land im Verständnis von Gemeinwesen entwickeln. Dies wäre eine gelungene Integration, und sie ist für das 21. Jahrhundert für Deutschland zu wünschen. Die deutsche Nation wäre dann nicht länger eine exklusive Kulturnation, das heißt »*for members only*«, sondern ein offenes Gemeinwesen, jedoch ohne Wertebeliebigkeit, also mit verbindlicher Werteorientierung. Diese Inhalte sind bei der Leitkulturdebatte nicht angekommen. Die Debatte ist nach dem 11. September neu zu führen. Deutschland hat heute die Chance, eine normale westliche Nation zu werden. Werden die Deutschen diese Chance wahrnehmen? Als Muslim und Migrant kann ich dies nur wünschen.

Anmerkungen

Einleitung
**Muslime im Westen nach der Kriegserklärung
vom 11. September:
Globalisierung, Migration, Terrorismus und
Sicherheitspolitik im 21. Jahrhundert**

1 Nach den Anschlägen von New York und Washington hielt ich
   mich in den USA, unter anderem am *Center for European Studies* der Harvard-Universität, auf und gab nach meiner Rückkehr das Interview: Der Multikulturalismus ist tot. Volker Isfort
   fragt Bassam Tibi, in: *Abendzeitung* (München), 6./7. Oktober
   2001, S. 13.

2 Sayyid Qutb, *Ma'alim fi al-tariq* (Wegzeichen), Neudruck
   (13. Aufl.), Kairo 1989. In seiner Djihad-Rede vom 7. Oktober
   2001 übernimmt Bin Laden aus dieser Schrift die Formel: »Es ist
   ein Krieg des Glaubens/*Iman* gegen den Unglauben/*Kufr*.«

3 Bassam Tibi, *Fundamentalismus im Islam. Eine Gefahr für den
   Weltfrieden?*, Darmstadt 2000, 3. erweiterte Ausgabe 2002, und
   ders., *Die neue Weltunordnung. Westliche Dominanz und islamischer Fundamentalismus*, Berlin 1999 und zwei Neuausgaben in
   2001. Das zweite Mal mit einem Vorwort zum 11. September.

4 Zu Bin Laden vgl. Yossef Bodansky, *Bin Laden: The Man Who
   Declared War on America*, Rocklin, CA 1999.

5 Steven Erlanger, Extremists Found a Haven in Liberal and Open
   Germany, in: *International Herald Tribune*, 6./7. Oktober 2001,
   S. 2.

6 Matthias Iken, Attah, Schlüsselfigur. Student bekannte sich
   schon 1993 zu *al-Qaida*, in: *Die Welt*, 2. Oktober 2001, S. 2.

7 M. Lutz, Schily plant neues Sicherheitspaket, in: *Die Welt*,
   2. Oktober 2001, S. 2.

8 Myron Weiner, *The Global Migration Crisis: Challenge to States
   and to Human Rights*, New York 1995, S. 131.

9 Zum Euro-Islam vgl. Bassam Tibi, *Der Islam und Deutschland. Muslime in Deutschland*, München 2000, Neuauflage, 2001, Kapitel XI, S. 325 ff.

10 Samuel Huntington, *The Clash of Civilizations*, New York 1996, der Titel wurde mit »Kampf der Kulturen« falsch ins Deutsche übersetzt. Zuvor erschien Bassam Tibi, *Krieg der Zivilisationen. Politik und Religion zwischen Vernunft und Fundamentalismus*, Hamburg 1995. Die erweiterte Ausgabe erschien in München 1998 und enthält ein neues Kapitel über Huntington. Neuausgabe mit Vorwort zum 11. September, München 2001.

11 Zur europäischen Selbstverleugnung vgl. Bassam Tibi, *Europa ohne Identität? Leitkultur oder Wertebeliebigkeit*, Neuausgabe, München 2001, besonders die Einleitung, S. 33 bis 58.

12 Robert Bistolfi/François Zabbal (Hg.), *Islams d'Europe. Intégration ou insertion communautaire?*, Paris 1995. Darin: Bassam Tibi, Conditions d'un Euro-Islam, S. 230 ff.

13 Vgl. den Bericht zu dem in Anm. 12 zitierten Pariser Projekt von Bassam Tibi, Euro-Islam oder Ghetto-Islam, in: *F.A.Z.*, 7. Dezember 1992, S. 14; sowie Anm. 9.

14 E. B. Smith, European Police Cast Wide Dragnet, in: *USA-Today*, 1. Oktober 2001, S. 3A.

15 Helmuth Plessner, *Die verspätete Nation*, Neuauflage, Frankfurt/M. 1982.

16 Zu den »Schläfern« vgl. Bassam Tibi, Deutsche Behörden haben viel verschlafen, in: *Focus*, Heft 41/01, 8. Oktober 2001, S. 82.

17 Norman Daniel, *Islam and the West: The Making of an Image*, Neuauflage, Oxford 1993.

18 Eine islamische Quelle dazu ist: Djarisha, Ali M./Zaibaq, Muhammad S., *Asalib al-ghazu al fikri li al-alam al-Islami* (Methoden der intellektuellen Invasion der islamischen Welt), Kairo 1978.

19 Zu diesen Selbst- und Fremdbildern vgl. Kapitel I in B. Tibi, *Der Islam und Deutschland* (wie Anm. 9), S. 57 bis 90.

20 Dies ist das Thema meiner Bücher: *Kreuzzug und Djihad. Der Islam und die christliche Welt*, München 1999, Neuauflage, 2001, *Fundamentalismus im Islam* (wie Anm. 3), sowie *Der Islam und Deutschland* (wie Anm. 9). Vgl. dazu die beiden Besprechungsartikel von H. Reitz, in: *Die Furche* (Wien), 25. November 1999, S. 20 und 24. Mai 2001, S. 21.

21 Ursula Spuler-Stegemann, *Muslime in Deutschland. Nebeneinander oder Miteinander?* Freiburg/Br. 1998, Neuauflage 2001.

22 Bassam Tibi, Der Islamismus ist genauso gefährlich wie Rechts-radikalismus. Der Aufstand der Anständigen darf nicht nur gegen die deutschen Feinde der Demokratie und des Pluralismus sein, in: *Die Welt*, 15. Januar 2001, S. 2.

23 Vgl. die Artikel in Anm. 5 und 16.

24 Vgl. die entsprechenden Kapitel hierüber in B. Tibi, *Der Islam und Deutschland* (wie Anm. 9).

25 Bassam Tibi, *Vom Gottesreich zum Nationalstaat*, Neuauflage, Frankfurt/M. 1991.

26 Vgl. den Bericht, Kalif von Köln hatte Kontakt zu Bin Laden, in: *Die Welt*, 2. Oktober 2001, S. 4.

27 Mark Juergensmeyer, *The New Cold War?: Religious Nationa-lism Confronts the Secular State*, Berkeley 1994.

28 Vgl. das Kapitel »Fundamentalisten gegen den Nationalstaat«, in: B. Tibi, *Fundamentalismus im Islam* (wie Anm. 3), S. 55 bis 72.

29 Mark Juergensmeyer, *Terror in the Mind of God*, Berkeley 2000 und das Kapitel über Terrorismus in B. Tibi, *Fundamentalismus im Islam* (wie Anm. 3).

30 Zur Doktrin des Djihad vgl. B. Tibi, *Krieg der Zivilisationen* (wie Anm. 10), erweiterte Ausgabe, München 1998, Neuausga-be, 2001, hier Kapitel 4, S. 191 ff.

31 Eric Hobsbawm, *The Invention of Tradition*, Neuausgabe, Cam-bridge/UK 1995.

32 Zum Neo-Djihad vgl. B. Tibi, *Kreuzzug und Djihad* (wie Anm. 20), Kapitel 8.

33 Zum Dijhad-Kämpfer als »irregular warrior« vgl. John Kelsay, *Islam and War: A Study in Comparative Ethics*, Louisville, KY 1993, Kapitel 5.

34 Hierzu B. Tibi, *Europa ohne Identität?* (wie Anm. 11).

35 Udo Ulfkotte, Islamisten in Deutschland gemeinnützig?, in: F.A.Z., 2. Oktober 2001, S. 3.

36 Terror and Immigration, abgedruckt auch in: *International Her-ald Tribune*, 6./7. Oktober 2001, S. 6.

37 Bassam Tibi, *Im Schatten Allahs. Der Islam und die Menschen-rechte*, München 1994 (SP-Ausgabe 1996). Es beglückt mich, daß Miriam Lau in ihrem Debattenartikel, Gegen-Aufklärung, in: *Die Welt*, 6. Oktober 2001, S. 9, dieses Buch im Lichte des 11. September ausführlich gewürdigt hat.

38 *Süddeutsche Zeitung,* 17./18. September 1994, Feuilleton.

39 *Die Welt*, 2. Oktober 2001, S. 2.

40 Ebd., S. 2.

41 Der Kalif aus Köln, in: *Die Welt*, 2. Oktober 2001, S. 4.
42 Hierzu: *Der Spiegel*, 4. Februar 2001, und *Focus*, Heft 27/01, S. 41.
43 So das *Göttinger Tageblatt*, 6. Juli 2001, S. 11.
44 Bassam Tibi, *Die Verschwörung. Das Trauma arabischer Politik*, Hamburg 1993, erweiterte und aktualisierte Neuausgabe, München 1994.
45 Heuchelei in der Moschee?, in: *Welt am Sonntag*, 22. September 2001, S. 13.
46 Interview mit Mehmet Erbakan in: *Die Welt*, 2. Oktober 2001, S. 10.
47 Zum diametralen Kontrast zwischen Demokratie/Menschenrechten und Schari'a vgl. Kapitel 7 in B. Tibi, *Im Schatten Allahs* (wie Anm. 37).

Kapitel 1
Die Turbulenzen der Migration:
Eine globale Erscheinung im 21. Jahrhundert
und ihre Sicherheitsrisiken

1 Bassam Tibi, *Der Islam und Deutschland. Muslime in Deutschland*, München 2000, Neuauflage, 2001, Vorrede.
2 Nikos Papastergiadis, *The Turbulence of Migration*, Cambridge/UK 2000.
3 *Die Woche*, 14. Juli 2000, Rubrik »Wochenspiegel«, S. 5.
4 Zu dieser Problematik Bassam Tibi, *Europa ohne Identität? Die Krise der multikulturellen Gesellschaft*, München 1998, (Taschenbuch-Ausgabe, Berlin 2000, und erweiterte Neuausgabe, Berlin 2001, mit neuer Einleitung und dem neuen Untertitel »Leitkultur oder Wertebeliebigkeit«), vgl. hierzu auch Anm. 18 unten.
5 So waren die frühen islamischen Eroberungen zur Verbreitung des Islam seit dem 7. Jahrhundert mit der Migration/*Hidjra* ganzer Stämme von Arabien zum Vorderen Orient und nach Nordafrika verbunden. Vgl. Fred M. Donner, *The Early Islamic Conquests*, Princeton, NJ 1981.Vgl. ferner Anm. 1 sowie Bassam Tibi, *Kreuzzug und Djihad. Der Islam und die christliche Welt*, München 1999, Kapitel 1 und auch Khalid Blankinship, *The End of the Jihad State*, Albany, NY 1994.
6 Vgl. Kapitel 4 in meinem Buch *Kreuzzug und Djihad* (wie Anm. 5), Taschenbuch-Ausgabe, 2001.
7 Najib Armanazi, *al-Schar' al-duwali fi al-Islam* (Völkerrecht im Islam), Damaskus 1930, Neuauflage, London 1990.

8 Peter H. Schuck, *Citizens, Strangers, and In-Betweens: Essays on Immigration and Citizenship*, Boulder, Col. 1998. Vgl. auch Emmanuel Todd, *Das Schicksal der Migranten*, München 1998.

9 Michael Bommes/Andrew Geddes (Hg.), *Immigration and Welfare: Challenging the Borders of the Welfare State*, London und New York 2000; vgl. auch Anm. 18 unten.

10 Mehr hierüber in Kapitel 10 meines Europa-Buches (wie Anm. 4), S. 273 bis 308.

11 Myron Weiner, *The Global Migration Crisis: Challenge to States and to Human Rights*, New York 1995, hierzu Kapitel 6 »Security, Stability and International Migration«, S. 131 bis 149.

12 Vgl. Klaus J. Bade, *Vom Auswanderungsland zum Einwanderungsland? Deutschland 1880-1980*, Berlin 1983. Vgl. auch das neue Buch von K. J. Bade, *Europa in Bewegung*, München 2000, sowie Ulrich Herbert, *Geschichte der Ausländerpolitik in Deutschland*, Neuauflage, München 2001, Kapitel I und II.

13 Saskia Sassen, *Guests and Aliens*, New York 1999, S. 56 f.

14 Hierzu vorzüglich Rogers Brubaker, *Citizenship and Nationhood in France and Germany*, 3. Aufl., Cambridge, Mass. 1996, hier besonders Kapitel 4 (eine deutsche Übersetzung liegt u. d. T. »Staatsbürger«, Hamburg 1994, vor).

15 B. Tibi, *Europa ohne Identität?* (wie Anm. 4), S. 28, S. 92 und S. 180 ff.

16 E. Todd, *Das Schicksal der Migranten* (wie Anm. 8), Kapitel 8 zu Deutschland, Kapitel 9 zu Frankreich.

17 Ivan Hannaford, *Race: The History of an Idea in the West*, Washington/DC 1996, S. 264 ff.

18 George J. Borgas, *Friends or Strangers*, New York 1990, sowie Anm. 9 und 10 oben.

19 David Gress, *From Plato to NATO: The Idea of the West and its Opponents*, New York 1998, S. 21.

20 Ernest Gellner, *Postmodernism: Reason and Religion*, London 1992, S. 85. Vgl. den Nachruf auf Gellner von Jan Ross, in: F.A.Z., 8. November 1995, S. 37.

21 Wayne A. Cornelius, u.a. (Hg.), *Controlling Immigration: A Global Perspective*, Stanford 1994; dies ist ein Reader mit repräsentativer Textauswahl aus der amerikanischen Einwanderungsdebatte.

22 N. Papastergiadis, *Turbulence of Migration* (wie Anm. 2), S. 1.

23 Ein wichtiges Werk der »cultural analysis« ist Robert Wuthnow, *Meaning and Moral Order: Explorations in Cultural Analysis*, Berkeley 1987. Vgl. auch Robert Wuthnow/James D. Hunter, u.a., *Cultural Analysis*, London 1984.

24 B. Tibi, *Europa ohne Identität?* (wie Anm. 4), Kapitel 2.

25 N. Papastergiadis, *Turbulence of Migration* (wie Anm. 2), S. 14 und S. 20.

26 Ebd., S. 113.

27 Arthur M. Schlesinger, *The Disuniting of America: Reflections on a Multicultural Society*, erweiterte Neuausgabe, New York 1998.

28 James Hollifield, The Politics of International Migration, in: Caroline Brettell/James Hollifield (Hg.), *Migration Theory*, New York 2000, S. 137 ff.

29 M. Weiner, *The Global Migration Crisis* (wie Anm. 11), vgl. ferner die Beiträge in dem von Weiner herausgegebenen Band, *International Migration and Security*, Boulder, Col. 1993.

30 Zu jeder der folgenden disziplin-bezogenen Positionen ist jeweils ein Kapitel in dem Band von C. Brettell/J. Hollifield, *Migration Theory* (wie Anm. 28) enthalten.

31 J. Hollifield, The Politics of International Migration (wie Anm. 28), S. 141.

32 Michael S. Teitelbaum/Jay Winter, *A Question of Numbers: High Migration, Low Fertility and the Politics of National Identity*, New York 1998.

33 Vgl. das Streitgespräch zwischen Daniel Cohn-Bendit und Bassam Tibi unter dem Titel: Es gibt keine deutsche Identität, in: *Die Woche*, 10. November 2000. Die Überschrift wählte die Redaktion. Ich hatte darauf keinen Einfluß.

34 Vgl. George Steinmetz (Hg.), *State/Culture: State-Formation after the Cultural Turn*, Ithaca 1999. Darin wird gezeigt, daß es »passé« ist, die Kultur als zentralen Bestimmungsfaktor bei der politischen Analyse zu übergehen und so wie früher alles aus der Ökonomie »abzuleiten«. Unsere Welt ist kulturell vielfältig, und dies kommt auf allen Ebenen, besonders durch Migration, zum Ausdruck.

35 Bassam Tibi, *Krieg der Zivilisationen. Politik und Religion zwischen Vernunft und Fundamentalismus* (zuerst 1995), erweiterte Heyne-Ausgabe, München 1998 mit Kapitel 7 über Huntington. Die neueste 2001-Ausgabe enthält ein neues Vorwort mit einer Deutung des Anschlags vom 11. September 2001 als Ausdruck eines militarisierten Zivilisationskonfliktes.

Kapitel 2
Was ist Einwanderung? – Was ist Zuwanderung?
Ernüchterung nach dem 11. September 2001?

1 Ulrich Herbert, *Geschichte der Ausländerpolitik in Deutschland* (zuerst als Taschenbuch 1986), revidierte Neuausgabe, München 2001.

2 Zur amerikanischen Welfare Bill vom Oktober 1996 vgl. Bassam Tibi, *Europa ohne Identität? Die Krise der multikulturellen Gesellschaft*, München 1998, (Taschenbuch-Ausgabe, Berlin 2000 und erweiterte Neuausgabe, Berlin 2001, mit neuer Einleitung und dem neuen Untertitel »Leitkultur oder Wertebeliebigkeit«), hier: Unterkapitel »Von Amerika lernen«, S. 302 ff.

3 Zu dieser Problematik Michael Bommes/Andrew Geddes (Hg.), *Immigration and Welfare: Challenging the Borders of the Welfare State*, London und New York 2000, vgl. auch das Unterkapitel »Ärgernis Sozialhilfe«, in: B. Tibi, *Europa ohne Identität?* (wie Anm. 2), S. 296 ff.

4 Zum Inhalt und Ursprung des wirklichen Rassismus vgl. Ivan Hannaford, *Race: The History of an Idea in the West*, Washington/DC 1996.

5 Vgl. Interpol-Bericht in: *Die Woche*, 14. Juli 2000, S. 5, sowie den Bericht des Europa-Rats, *Clandestine Migration from the South of the Mediterranean into Europe*, verfaßt von Ana Guirado vom 21. Dezember 1999 (14 Manuskriptseiten).

6 Otto Schily möchte ... ein weltoffenes modernes Deutschland, in: *Süddeutsche Zeitung*, 10. Juli 2001, S. 7.

7 Andrew Geddes, *Immigration and European Integration*, Manchester und New York 2000.

8 Friedrich-Ebert-Stiftung (Hg.), *Identität und Integration. Spannungsfelder zwischen Anpassung und Abgrenzung* (29. Juni 2000), Berlin 2000 (Broschüre, 84 Seiten), Referate und Diskussion des entsprechenden Berliner Workshops.

9 Der Libanese Ralph Ghadban, *Die Libanon-Flüchtlinge in Berlin. Zur Integration ethnischer Minderheiten*, Berlin 2000, legt mit dieser veröffentlichten Dissertation eine grundsätzliche Fallstudie vor. Darin besonders Kapitel 2 zur Migration aus dem Libanon und Kapitel 4 zur gescheiterten Integration, S. 189 ff.

10 Zur Armutskultur vgl. B. Tibi, *Europa ohne Identität?* (wie Anm. 2), S. 312 ff.

11 Bundespräsident Johannes Rau, Berliner Rede, Text in der
F.A.Z., 13. Mai 2000, wonach hier und im folgenden zitiert
wird.

12 Zu dieser Sozialhilfe-Statistik mit Quelle, B. Tibi, *Europa ohne
Identität?* (wie Anm. 2), S. 292 ff.

13 Bassam Tibi, Vor den Dumpfbacken kann ich die Straße wechseln. Als Ausländer in Deutschland. Die alltägliche Fremdenfeindlichkeit, in: *Frankfurter Allgemeine Sonntagszeitung*,
13. August 2000, S. 4 bis 5. Und der Bericht von Ilse Stein,
Wie ein Gastarbeiter auf niedrigster Stufe behandelt, in: *Göttinger Tageblatt*, 18. Juli 2001, S. 18.

14 Anthony Giddens über Armutskultur in *Jenseits von Links und
Rechts*, Frankfurt/M. 1997, S. 203 ff.

15 Ebd., S. 204.

16 Ebd., S. 325.

17 Ebd., S. 327.

18 So der Richter Walter Jentsch in: Friedrich-Ebert-Stiftung (Hg.),
Identität und Integration (wie Anm. 8), S. 75.

19 Mehr hierüber in Bassam Tibi, *Fundamentalismus im Islam.
Eine Gefahr für den Weltfrieden?*, Darmstadt 2000, Neuauflage,
2001.

20 Vgl. Wilhelm Heitmeyer, *Verlockender Fundamentalismus*,
Frankfurt/M. 1997, sowie meine Arbeit über den *Fundamentalismus* (wie Anm. 19).

21 Hella Kaiser, Verordnete Fremdenliebe. Bassam Tibi macht sich
Sorgen um Europa, in: *Tagesspiegel* (Berlin), 22. Februar 1999.

22 Vgl. H. Herles, Wie Begriffe laufen lernen. Der Jogger Friedrich
Merz hat der Leitkultur Beine gemacht, in: *Generalanzeiger*
(Bonn), 8. November 2000. Nachdem ich mich von Friedrich
Merz in einem Interview in der *Hannoverschen Allgemeinen Zeitung*, »Merz hat mich falsch zitiert«, vom 8. November distan-
ziert habe, gab er Theo Sommer als Quelle an. Doch dieser
schrieb in *Die Zeit* vom 16. November 2000, S. 9: »Woher ich
den Begriff hatte, vielleicht ja von Bassam Tibi, der ihn 1998 in
seinem Buch *Europa ohne Identität?* formulierte.« Zu der im
Oktober ausgebrochenen Debatte, vgl. unter anderem, Regierung und Union streiten über »deutsche Leitkultur«, in: *Tagesspiegel*, 26. Oktober 2000. Darin steht: »Der aus Syrien stam-
mende Politologe Bassam Tibi, der den Begriff in seinem Buch
Europa ohne Identität? einführte, sieht Leitkultur als Alternative
zur multikulturellen Gesellschaft«, S. 1 und Interview S. 4.

23 Angela Merkel, Interview in: *Der Spiegel*, 44/2000.

24 Bassam Tibi, Die neurotische Nation, in: *Welt am Sonntag*, 3. Dezember 2000, und ders., Eine europäische Leitkultur für die deutsche Nation? Wege und Irrwege einer neurotischen Debatte, in: Dagmar Ottmann/Markus Symmank (Hg.), *Poesie als Auftrag. Festschrift für Alexander von Bormann*, Würzburg 2001, S. 337 bis 350.

25 Bundespräsident Rau, Berliner Rede (wie Anm. 11).

26 Bassam Tibi, Islamismus ist genauso gefährlich wie Rechtsradikalismus. Der Aufstand der Anständigen darf nicht nur gegen die deutschen Feinde der Demokratie und des Pluralismus sein, in: *Die Welt*, 15. Januar 2001, S. 2. Vgl. auch meinen Beitrag zu dem u.a. von Otto Schily mitverfaßten Buch von Ulrich Wank (Hg.), *Neuer alter Rechtsradikalismus*, München 1993.

27 Myron Weiner, *The Global Migration Crisis: Challenge to States and to Human Rights*, New York 1995, S. x.

28 Wayne A. Cornelius, u.a. (Hg.), *Controlling Immigration: A Global Perspective*, Stanford 1992. Dieses Buch ist eine Textauswahl, zu der der Herausgeber Cornelius sowie J. Hollifield ein Originalkapitel verfaßt haben.

29 M. Weiner, *The Global Migration Crisis*, (wie Anm. 27).

30 Unabhängige Kommission, Zuwanderung/Berlin: Zuwanderung gestalten, Integration fördern – Bericht vom 4. Juli 2001, Zusammenfassung (16 Seiten).

31 Interview mit Rainer Münz, Wir müssen uns öffnen, in: *Die Zeit*, 5. Juli 2001, S. 4. Münz war Mitglied der Süssmuth-Kommission.

32 Die Kommission bestand aus zwanzig Mitgliedern. Erst nach Protesten der Muslime hat Frau Süssmuth den türkischen Unternehmer Vural Öger als *einzigen* Migranten in ihre Kommission aufgenommen. Alle anderen 19 Mitglieder waren Deutsche. Ein Zufall?

33 R. Münz, Wir müssen uns öffnen (wie Anm. 31).

34 Dieser UN-Direktor ist auch der Buchautor. Vgl. Joseph Chamie, *Religion and Fertility: Arab Christian-Muslim Differentials*, Cambridge/UK 1981.

35 Zitiert nach dem ausführlichen Bericht von Marlène Schnieper, Die Weltordnung der Milliarden von Armen, in: *Tages-Anzeiger* (Zürich), 29. Juni 2001, S. 2.

36 M. Weiner, *The Global Migration Crisis* (wie Anm. 27).

37 Michael S. Teitelbaum/Jay Winter, *A Question of Numbers: High Migration, Low Fertility and the Politics of National Identity*, New York 1998.

38 Das ist das Thema der neuen Ausgabe des Buches *Europa ohne Identität?* (wie Anm. 2).

39 Vgl. den etwas polemischen Beitrag von George Borjas, Know the Flow, in: N. Capaldi (Hg.), *Immigration: Debating the Issues*, S. 188 bis 196. Sachlicher das Buch von M. Bommes/A. Geddes (Hg.), *Immigration and Welfare* (wie Anm. 3).

40 M. S. Teitelbaum/J. Winter, *A Question of Numbers* (wie Anm. 37).

Kapitel 3
Für Integration und gegen Assimilation,
aber auch gegen Ghetto-Bildung als Freiraum
für den Islamismus.
Sind islamische Parallelgesellschaften
ein Sicherheitsrisiko?

1 Vgl. hierzu Bhikhu Parekh, *Rethinking Multiculturalism: Cultural Diversity and Political Theory*, Cambridge, Mass. 2000.

2 Benjamin Barber, *Jihad vs. McWorld*, New York 1996 (deutsche Übersetzung: *Coca-Cola und Heiliger Krieg. Wie Kapitalismus und Fundamentalismus Demokratie und Freiheit abschaffen*, Bern 1997).

3 Diese These ist in meinem amerikanischen Buch *The Challenge of Fundamentalism: Political Islam and the New World Disorder*, Berkeley 1998 (deutsche Übersetzung: *Die neue Weltunordnung. Westliche Dominanz und islamischer Fundamentalismus*, Berlin 1999 und zweimal 2001) in Kapitel 1 und 5 entfaltet worden. In der zweiten Ausgabe von 2001 ist ein neues Vorwort zum 11. September enthalten.

4 Jacob T. Levy, *The Multiculturalism of Fear*, New York 2000, Einleitung und Kapitel 1.

5 So, systematisch, in Bassam Tibi, *Europa ohne Identität? Die Krise der multikulturellen Gesellschaft*, München 1998, (Taschenbuch-Ausgabe, Berlin 2000, und erweiterte Neuausgabe, Berlin 2001, mit neuer Einleitung und dem neuen Untertitel »Leitkultur oder Wertebeliebigkeit«.)

6 Bassam Tibi, Wie Feuer und Wasser, in: *Der Spiegel*, 37/1994, S. 170 bis 172.

7 So Dieter Oberndörfer in: *Stern*, 2. November 2000, S. 54.

8 Ausführlich in Bassam Tibi, *Fundamentalismus im Islam. Eine Gefahr für den Weltfrieden?*, Darmstadt 2000, Neuauflage, 2001.

9 Said M. al-Aschmawi, *al-Islam al-Siyasi* (Der politische Islam), Neuauflage, Kairo 1989.

10 Vgl. Siegfried Kohlhammer, *Die Freunde und die Feinde des Islam*, Göttingen 1996.

11 So Barbara John in Friedrich-Ebert-Stiftung (Hg.), *Identität und Integration. Spannungsfelder zwischen Anpassung und Abgrenzung* (29. Juni 2000), Berlin 2000 (Broschüre, 84 Seiten), hier S. 29.

12 Vgl. hierzu das Kapitel über den Islam im Senegal in: Bassam Tibi, *Die Krise des modernen Islam*, (erstmals 1981) Neuausgabe, Frankfurt/M. 1991, S. 94 ff.

13 Bassam Tibi, *Der Islam und Deutschland. Muslime in Deutschland*, Stuttgart 2000, Neuauflage, 2001.

14 Hierzu Kapitel XI in meinem in Anm. 13 nachgewiesenen Buch; der Ursprung des in Paris entwickelten Konzepts ist: Bassam Tibi, Les conditions d'un Euro-Islam, in: Robert Bistolfi/François Zabbal (Hg.), *Islams d'Europe. Intégration ou insertion communautaire?*, Paris 1995, hier S. 230 ff.

15 Gegen dieses Verständnis argumentiert der aufgeklärte Muslim Ozay Mehmet, *Islamic Identity and Development*, London 1990.

16 Zum psychologischen Identitätsbegriff vgl. Erik Erikson, *Identität und Lebenszyklus*, 5. Aufl., Frankfurt/M. 1979.

17 B. Tibi, *Europa ohne Identität?* (wie Anm. 5).

18 Jürgen Habermas, *Der philosophische Diskurs der Moderne*, 3. Aufl., Frankfurt/M. 1986.

19 Vgl. das Nachwort zur 2001-Ausgabe von B. Tibi, *Europa ohne Identität?* (wie Anm. 5), S. 394 ff., worin diese Erfahrung beschrieben wird.

20 Vgl. hierzu Monique Deveaux, *Cultural Pluralism and Dilemma of Justice*, Ithaca 2000.

21 Erasmus Foundation (Hg.), *The Limits of Pluralism: Neo-Absolutisms and Relativism*, Amsterdam 1994.

22 Roman Herzog, *Preventing the Clash of Civilizations: A Peace Strategy for the 21st Century*, hrsg. von Henrik Schmiegelow, New York 1999. Darin Bassam Tibi, International Morality and Cross-Cultural Bridging, S. 107 ff.

23 Jean-François Revel, *Democracy against itself: The Future of the Democratic Impulse*, New York 1993.

24 Vgl. dazu in B. Tibi, *Europa ohne Identität?* (wie Anm. 5), das Kapitel über die islamische Minderheit in Indien, die nach der Schari'a lebt, S. 223 bis 240.

25 Koran Sure *al-Djathiya*, Nr. 45, Vers 18, vgl. auch das Schari'a-
Kapitel in Bassam Tibi, *Im Schatten Allahs. Der Islam und die
Menschenrechte*, München 1994, S. 194 bis 216.

26 Abdullahi A. An-Na'im, *Toward an Islamic Reformation: Civil
Liberties, Human Rights, and International Law*, Syracuse 1990.

Kapitel 4
Wie entstehen Parallelgesellschaften?
Nachdenken über den Multikulturalismus
als Ideologie der Balkanisierung

1 Nikos Papastergiadis, *The Turbulence of Migration*, Cambrid-
ge/UK 2000, S. 198.

2 Diesen Begriff in bezug auf Europa prägte John Kelsay in seinem
Buch, *Islam and War: A Study in Comparative Ethics*, Louisville,
KY 1993, S. 118, »Enklaven im Westen, aber nicht dazugehörig«:
Das sind die Parallelgesellschaften in der Sprache meines vorlie-
genden Buches.

3 Bassam Tibi, *Europa ohne Identität? Die Krise der multikulturellen Gesellschaft*, München 1998 (Taschenbuch-Ausgabe, Berlin 2000, und erweiterte Neuausgabe, Berlin 2001, mit neuer
Einleitung und dem neuen Untertitel »Leitkultur oder Wertebeliebigkeit«.)

4 Zu der Problematik Ethnizität und Zerfall des Staates vgl. Mil-
ton Esman, *Ethnic Politics*, Ithaca 1994, darin zu Migration/Eth-
nizität Kapitel 7, ebenso den Reader von Anthony Smith/John
Hutchinson (Hg.), *Ethnicity*, Oxford 1996 (darin Bassam Tibi,
S. 168 ff.), sowie die Fallstudie über Frankreich von Alec Hargreaves, *Immigration, ›Race‹ and Ethnicity in Contemporary
France*, London 1995. Der Franzose Gilles Kepel nennt schon
im Titel seines Buches, *Les Banlieus d'Islam*, Paris 1987, diese
Enklaven,»Vororte des Islam«, die Parallelgesellschaften sind.

5 Zur These von der Gleichzeitigkeit von struktureller Globalisierung und kultureller Fragmentation vgl. Bassam Tibi, *The Challenge of Fundamentalism: Political Islam and the New World
Disorder*, Berkeley 1998 (deutsche Übersetzung, *Die neue Weltunordnung. Westliche Dominanz und islamischer Fundamentalismus*, Berlin 1999, und Neuausgabe, 2001), hier Kapitel 1 und 5.

6 Vgl. auch Roy Koslowski, *Migrants and Citizens: Demographic
Change in the European State System*, Ithaca 2000.

7 Siegfried Kohlhammer, *Die Freunde und die Feinde des Islam*,
Göttingen 1996.

8 Jürgen Habermas, *Der philosophische Diskurs der Moderne*, 3. Aufl., Frankfurt/M. 1986.

9 So zum Beispiel bei dem Multikulturalisten Will Kymlicka, *Multicultural Citizenship*, Oxford 1999 (ursprünglich 1995, danach viermal verlegt).

10 J. Kelsay, *Islam and War* (wie Anm. 2), S. 118.

11 Vgl. das Kapitel »Was ist Schari'a?« in Bassam Tibi, *Im Schatten Allahs. Der Islam und die Menschenrechte*, München 1994 (Serie-Piper-Ausgabe, 1996, 1999), Kapitel 7.

12 Zur Kritik an der Essentialisierung vgl. N. Papastergiadis, *Turbulence of Migration* (wie Anm. 1), S. 156 ff.

13 Beide Positionen wurden in verschiedenen Ausgaben der Londoner Zeitung der Islam-Diaspora *The Muslim News* vom 27. April 2001 dokumentiert. Der aufgeschlossene Muslim A. El-Effendie fragt nach dem Sinn des islamischen »Wisdom of Self-Exclusion« (S. 4), während die Islamisten I. Patei und R. Ali klar antworten »Democracy is a system of disbelief/Demokratie ist ein System des Unglaubens« (S. 5). Diese Behauptung erfolgt im Mutterland der Demokratie, was für eine Toleranz!

14 Hierzu zum Beispiel der Essay von Bassam Tibi, Wie Feuer und Wasser, in: *Der Spiegel*, 37/1994, S. 170 bis 172.

15 Anders verfährt Monique Deveaux, *Cultural Pluralism and Dilemmas of Justice*, Ithaca 2000.

16 Vgl. Christian Joppke/Steven Lukes (Hg.), *Multicultural Questions*, Oxford 1999.

17 Hierzu John Keks, *The Morality of Pluralism*, Princeton, NJ 1993. Die Fragestellung wird kulturell erweitert bei Ralph D. Grillo, *Pluralism and the Politics of Difference: State, Culture, Ethnicity in Comparative Perspective*, Oxford 1998, sowie in der Arbeit von M. Deveaux, *Cultural Pluralism and Dilemmas of Justice* (wie Anm. 15).

18 Peter Schuck, *Citizens, Strangers and In-Betweens: Essays on Immigration and Citizenship*, Boulder, Col. 1998.

19 Dies tut zum Beispiel der Freiburger Politik-Professor Dieter Oberndörfer in seinem fragwürdigen Essay, Vom Unsinn der Integration, in: *Stern*, 2. November 2001, S. 54.

20 Charles-Louis de Montesquieu, *Gesetze und Prinzipien der Politik* (Original: *De l'esprit des lois*), Wien 1949.

21 So der stark umstrittene Claus Leggewie, *Alhambra. Der Islam im Westen*, Reinbeck 1993.

22 Vgl. Bassam Tibi, *Kreuzzug und Djihad. Der Islam und die christliche Welt*, München 1999, Kapitel 5, sowie William M.

Watt/Piere Cachia, *A History of Islamic Spain*, Neuausgabe, Edinburgh 1992.

23 Bernard Lewis, *Die Juden in der islamischen Welt*, München 1987, vgl. dazu auch Bassam Tibi, Die Geschichte einer Symbiose, in: *F.A.Z.*, 24. Mai 1989, S. 14. Das ist auch der Grund, warum jüdische Gelehrte die Geschichte des Islam aufwerten. Vgl. Martin Kramer, *The Jewish Discovery of Islam*, Tel Aviv 1999.

24 Bhikhu Parekh, *Rethinking Multiculturalism: Cultural Diversity and Political Theory*, Cambridge, Mass. 2000.

25 Franz Rosenthal, *The Classical Heritage in Islam*, London 1992.

26 Bassam Tibi, *Fundamentalismus im Islam. Eine Gefahr für den Weltfrieden?*, Darmstadt 2000, Neuauflage, 2001.

27 Vgl. das neue, in bezug auf den 11. September geschriebene Vorwort zu Bassam Tibi, *Krieg der Zivilisationen. Politik und Religion zwischen Vernunft und Fundamentalismus* (zuerst 1995) erweiterte Ausgabe, München 1998), 3. Aufl., München 2001.

28 Arthur M. Schlesinger, *The Disuniting of America: Reflections on a Multicultural Society*, erweiterte Neuausgabe, New York 1998.

29 Vgl. die grundlegende Arbeit des bekannten Experten zu der Problematik der indischen Muslime Mushirul Hasan, *Legacy of a Divided Nation: India's Muslims since Independence*, Boulder, Col. 1997.

30 *DAWN* ist die größte pakistanische Zeitung in englischer Sprache; sie erscheint in Karachi, und ich habe sie dort ausgewertet – daher stammen die zitierten Stellen.

31 Zu dieser Problematik die Arbeit von Benedict Anderson, *Imagined Communities*, (zuerst 1983), Neuausgabe, London und New York 1991.

32 Vgl. die Aufsätze über Pakistan von Fred Halliday/H. Alavi (Hg.), *State and Ideology in the Middle East and Pakistan*, New York 1988.

33 Vgl. Nasim A. Jawed, *Islam´s Political Culture: Religion and Politics in Predivided Pakistan*, Austin, TX 1999.

34 Myron Weiner, *The Global Migration Crisis: Challenge to States and to Human Rights*, New York 1995, S. 131 ff.

35 Ralph H. Magnus/Eden Naby, *Afghanistan: Mullah, Marx and Mujahid*, Boulder, Col. 1998.

36 Hierzu Kurt Lohbeck, *Holy War, Unholy Victory: Eyewitness to the CIA's Secret War in Afghanistan*, Washington/DC 1993.

37 Barnett R. Rubin, *The Fragmentation of Afghanistan: State Formation and Collapse in the International System*, New Haven 1995.

38 Hierzu vgl. Ahmed Rashid, *Taliban: Militant Islam, Oil and Fundamentalism in Central Asia*, New Haven 2000, und Yossef Bodansky, *Bin Laden: The Man Who Declared War on America*, Rocklin, CA 1999.

39 Hierzu Seyyed V. R. Nasr, *The Vanguard of Islamic Revolution: The Jama'at-i-Islami of Pakistan*, Berkeley 1994.

40 Hierzu das Kapitel über Multi-Kulti-Kommunitarismus in B. Tibi, *Europa ohne Identität?* (wie Anm. 3), S. 161 bis 175.

Kapitel 5
Zwischen Kulturpluralismus und multikultureller Wertebeliebigkeit: Kein Raum für antiwestliche Ideologien im Namen der Toleranz

1 Adel Khoury, *Toleranz im Islam*, München 1980. Hier wird ein völlig anderes Toleranz-Verständnis einer anderen Zivilisation dokumentiert.

2 Unter Kultur verstehe ich lokale Sinnproduktion bzw. Sinnstiftung, unter Zivilisation eine Gruppierung verwandter lokaler Kulturen in bezug auf Werte und Weltsicht. Zu diesem vom üblichen deutschen Sprachgebrauch abweichenden Verständnis vgl. Bassam Tibi, *Krieg der Zivilisationen. Politik und Religion zwischen Vernunft und Fundamentalismus* (zuerst 1995), erweiterte Ausgabe, München 1998. Neuausgabe mit Vorwort zum 11. September, München 2001.

3 Vgl. hierzu Bassam Tibi, International Morality and Cross-Cultural Bridging, in Roman Herzog, *Preventing the Clash of Civilizations: A Peace Strategy for the 21st Century*, hrsg. von Henrik Schmiegelow, New York 1999, S. 107 bis 126. Deutsche Übersetzung mit dem falschen Titel: *Wider den Kampf der Kulturen*, Frankfurt/M. 2000, S. 139 bis 168.

4 Aufklärerisch, wenngleich eurozentrisch Werner Becker, Toleranz: Grundwert der Demokratie?, in: *Ethik und Sozialwissenschaften*, Bd. 8 (1997), Heft 4, S. 413 bis 423.

5 Vgl. Bassam Tibi, Deutschland ist Ruhezone für Terror, in: *Rhein-Zeitung*, 25. Oktober 2001, S. 5.

6 Vgl. Bassam Tibi, Die Taliban bedrohen den religiösen Pluralismus in der Welt, in: *Die Welt*, 7. März 2001, vgl. ferner John

Keks, *The Morality of Pluralism*, Princeton, NJ 1993. Die Diskussion über Pluralismus wird in Kapitel 5 und 6 geführt.

7 Das Buch von Jürgen Habermas, *Der philosophische Diskurs der Moderne*, 3. Aufl., Frankfurt/M. 1986, prägt mein Denken über die Moderne.

8 Erasmus-Foundation (Hg.), *The Limits of Pluralism: Neo-Absolutisms and Relativism*, Amsterdam 1994 (darin Bassam Tibi, S. 29 ff., Ernest Gellner, S. 163 ff., Clifford Geertz, S. 167 ff.). Diese Debatte wird wiedergegeben in Bassam Tibi, *Europa ohne Identität? Die Krise der multikulturellen Gesellschaft*, München 1998 (Taschenbuch-Ausgabe, Berlin 2000, und erweiterte Neuausgabe, Berlin 2001, mit neuer Einleitung und dem neuen Untertitel »Leitkultur oder Wertebeliebigkeit«).

9 In meinem Essay, Wo die Deutschen das Böse suchen, habe ich zu Weihnachten 2000 meine deutschen Mitbürger angeregt, darüber nachzudenken, in: *Welt am Sonntag*, 24. Dezember 2000, S. 43. Zu den Arabern vgl. Bassam Tibi, *Die Verschwörung. Das Trauma arabischer Politik*, Hamburg 1993, erweiterte und aktualisierte Neuausgabe, München 1994.

10 Bassam Tibi, *Der Islam und Deutschland. Muslime in Deutschland*, Stuttgart 2000, Neuauflage, 2001.

11 Helmuth Plessner, *Diesseits der Utopie*, Frankfurt/M. 1974, S. 9. Vgl. auch ders., *Die verspätete Nation*, Neuauflage, Frankfurt/M. 1974.

12 Vgl. die Interviews mit mir nach zwei Aufenthalten in den USA in Folge des Terroranschlags vom 11. September 2001. Der Multikulturalismus ist tot, in: *Abendzeitung* (München), 6./7. Oktober 2001, S. 3, und *Format* (Wien), 41/01, S. 50 bis 51.

13 Zu dieser Problematik vgl. Jürgen Habermas, *Die Einbeziehung des Anderen. Studien zur politischen Theorie*, Frankfurt/M. 1999.

14 Vgl. die Diskussion hierüber in den Beiträgen des Bandes von John Hall (Hg.), *Civil Society: Theory, History, Comparison*, Cambridge/UK 1999.

15 So Joseph Gabel, *Ideologie und Schizophrenie. Formen der Entfremdung*, Frankfurt/M. 1962, 3. Aufl., 1967, S. 152, und entsprechend die Vorrede zu B. Tibi, *Europa ohne Identität?* (wie Anm. 8), dort auch das Motto auf S. 15.

16 Zur Diskussion vgl. Charles Taylor, *Multikulturalismus und die Politik der Anerkennung*, Frankfurt/M. 1992. Zu den Erfahrungen an der deutschen Universität vgl. Bassam Tibi, Nicht über Bagdad, sondern direkt. Die Schwierigkeit, an der deutschen

Universität heimisch zu sein, in: Namo Aziz (Hg.), *Fremd in einem kalten Land. Ausländer in Deutschland*, Freiburg 1992, S. 121-36.

17 Bassam Tibi, Als Ausländer in Deutschland. Der Rechtsextremismus und die alltägliche Fremdenfeindlichkeit, in: *Frankfurter Allgemeine Sonntagszeitung*, 13. August 2000, S. 4 bis 5.

18 Vgl. das Kapitel 7 über Schari'a in Bassam Tibi, *Im Schatten Allahs. Der Islam und die Menschenrechte*, München 1994.

19 W. Becker, Toleranz (wie Anm. 4).

20 Hierzu Gilles Kepel, *Allah im Westen*, München 1996, besonders S. 121 ff. und S. 143 ff.

21 So der geistige Vater des Islamismus Abu al-A'la al-Maududi, *al-Islam wa al-madaniyya al-haditha* (Islam und die moderne Zivilisation), Kairo o. J., S. 41 bis 44.

22 Zum Beispiel Bassam Tibi, Democracy and Democratization in Islam: The Quest of Islamic Enlightenment, in: Michèle Schmiegelow (Hg.), *Democracy in Asia*, New York 1997, S. 147 bis 174. Vgl. auch meinen Themenartikel hierzu in *Encyclopedia of Democracy*, 4 Bde., Washington/DC 1995, hier Bd. 2, S. 507 bis 512.

23 John Esposito/John Voll, *Islam and Democracy*, New York 1996; vgl. meine kritische Rezension, in: *The Journal of Religion* (Chicago), Bd. 78 (1998), S. 667 bis 669.

24 Bassam Tibi, *Fundamentalismus im Islam. Eine Gefahr für den Weltfrieden?*, Darmstadt 2000, Neuauflage, 2001.

25 Hierzu das Standardwerk der Disziplin der internationalen Beziehungen von Hedley Bull, *The Anarchical Society: A Study of Order in World Politics*, New York 1977, zum »Global Village« ohne parallele globale Weltanschauungen vgl. darin S. 273 ff.

26 B. Tibi, *Im Schatten Allahs* (wie Anm. 18), Kapitel 6.

27 Jean-François Revel, *Democracy Against Itself: The Future of Democratic Impulse*, New York 1993, besonders S. 199 ff.

28 Vgl. den Artikel von W. Becker über Toleranz (wie Anm. 4).

29 Martin Albrow, *The Global Age*, Stanford 1997.

30 Raymond Aron, *Frieden und Krieg*, Frankfurt/M. 1986, S. 468. Zur Spannung von »global/local« vgl. Bob Wilson/W. Dissanayake (Hg.), *Global-Local: Cultural Production and the Transnational Imaginary*, Durham and London 1996.

31 B. Tibi, *Krieg der Zivilisationen* (wie Anm. 2).

Kapitel 6
**Religiöser Pluralismus erfordert die Akzeptanz
von Säkularität/Laizität durch die Migranten:
Die islamische Doktrin der Hidjra und die Grenzen
der Toleranz für kulturelle Differenz**

1 Vgl. den Bericht, Kulturenmesse des Göttinger Vereins für interkulturellen Dialog mit Bani Sadr und Tibi eröffnet: Tibi vermißt
Dialogkultur an dieser Universität, in: *Göttinger Tageblatt*,
15. Juni 2001, S. 24.

2 Thomas Kielinger, Britanniens afghanischer Bürgerkrieg. Am
Hindukusch kämpft das Einwandererland gegen sich selbst, in:
Die Welt, vom 2. November 2001, S. 9. Über die Bedeutung der
Religion in der neuen Weltpolitik Jeff Haynes, *Religion in Glo-
bal Politics*, London und New York 1998, nach einer themati-
schen Einleitung enthält dieses Buch Kapitel über Kontinente,
Regionen und Länder.

3 Vgl. die Londoner Zeitschrift *Millennium*, hrsg. von der *London
School of Economics*, Sonderheft: *Religion and International
Relations*, Heft 3, 2000. Darin mein Aufsatz auf S. 834 bis
859.

4 Winfried Cantwell Smith, *The Meaning and the End of Religion*,
New York 1962, Neuausgabe, 1978, besonders S. 170 ff. Zu den
einzelnen Religionen vgl. Arvind Sharma (Hg.), *Our Religions*,
San Francisco 1993 (536 Seiten mit je einem Kapitel zu den
großen Weltreligionen). Zum Islam: Kapitel 7.

5 Heinz-Horst Schrey (Hg.), *Säkularisierung*, Darmstadt 1981.

6 Dies ist das Thema von Robert Audi, *Religious Commitment
and Secular Reason*, Cambridge/UK 2000, welches auch das zentrale Anliegen dieses Kapitels ist.

7 Hierzu Kapitel 5 in Bassam Tibi, *Im Schatten Allahs. Der Islam
und die Menschenrechte*, München 1994 (auch 1996, 2. Auflage
der Serie-Piper-Ausgabe, 1999), S. 158 bis 183.

8 Vgl. zum Beispiel Clifford Geertz, *Religiöse Entwicklung im
Islam beobachtet in Marokko und Indonesien*, Frankfurt 1988,
Neuausgabe, 1991. Darin: Bassam Tibi, Gespräche mit Clifford
Geertz in Princeton, S. 185 bis 200.

9 Ralph D. Grillo, *Pluralism and the Politics of Difference. State,
Culture, Ethnicity in Comparative Perspective*, Oxford 1998.
Vgl. auch den Band von Seyla Benhabib (Hg.), *Democracy and
Difference*, Princeton, NJ 1996. Behabib hat es Ende September
2001 in einer Harvard-Debatte nach dem 11. September strikt

abgelehnt, daß kulturelle Differenz einer Verfassungsleitkultur unterzuordnen ist, und sich damit ins Abseits begeben.

10 Bassam Tibi, Hidschra nach Europa. Probleme der Integration islamischer Einwanderer in Deutschland, in: *F.A.Z.*, 18. Dezember 2000, Rubrik »Die Gegenwart«, S. 15.

11 Erschienen in der *F.A.Z.* vom 4. Januar 2001 und dazu der *Gegen-leserbrief* von Peter Eibel, Euro-Islam oder radikaler Islamismus, vom 16. Januar 2001. Der besagte Orientalist heißt Udo Steinbach. Als eine Autorität gegen mich führte Steinbach meinen Mitstreiter und Freund im Reform-Islam, den ehemaligen indonesischen Staatspräsidenten Abdul-Rahman Wahid an. Er schreibt den Namen jedoch falsch als »Abdul Wahid«. Dies gibt Anlaß zu der Vermutung mangelnder Arabisch-Kenntnisse. Diese Annahme basiert auf folgendem: Allah hat 99 Namen (z.B. al-Karim/Der Großzügige oder al-Rahman/der Barmherzige). Muslime schmücken sich im Vornamen mit Abdul (bedeutet Diener von), wonach ein Name Gottes folgt, so daß z.B. folgende Kombination entsteht: Abdul-Rahman. Der »Islam-Experte« Steinbach schrieb in seinem Leserbrief Abdul Wahid (sic!), aber so kann kein Muslim heißen!

12 Hichem Djait, *al Fitna/La grande discorde* (arabisch), Beirut 1992, S. 49.

13 Mehr hierzu in Bassam Tibi, *Der Islam und Deutschland. Muslime in Deutschland*, Stuttgart 2000, Neuauflage, 2001.

14 Bassam Tibi, *Kreuzzug und Djihad. Der Islam und die christliche Welt*, München 1999, Neuauflage, 2001, Kapitel I

15 Zur religiösen Bedeutung, Kapitel 2 in Bassam Tibi, *Der wahre Imam. Der Islam von Mohammed bis zur Gegenwart*, 2. Aufl., München 1997 (Serie-Piper-Ausgabe, 1998), S. 83 bis 99. Zur historischen Bedeutung, B. Tibi, *Kreuzzug und Djihad* (wie Anm. 14), Kapitel II, S. 86 ff. Zum Djihad als Terrorismus vgl. Bassam Tibi, *Fundamentalismus im Islam. Eine Gefahr für den Weltfrieden?*, Darmstadt 2000, 3. Neuauflage, 2002.

16 Vgl. hierzu: Erasmus Foundation (Hg.), *The Limits of Pluralism: Neo-Absolutisms and Relativism*, Amsterdam 1994, darin mein Beitrag über den politischen Islam auf S. 29 ff.

17 David Fromkin, *Kosovo Crossing: American Ideals meet Reality at the Balkan Battle Fields*, New York 1999.

18 Monatsüberblick Juli 2001 (Landesamt für Verfassungsschutz/ München).

19 Ursula Spuler-Stegemann, *Muslime in Deutschland. Nebeneinander oder miteinander?*, Freiburg/Br. 1998, S. 101 ff., neu: 2001.

20 Charles Kurzman (Hg.), *Liberal Islam: A Source Book*, Oxford und New York 1998. Leider werden in diesem Band Islamisten, die den 11. September rechtfertigen, zum Beispiel Scheich Yusuf al-Qaradawi, fälschlich als liberale Muslime angeführt.

21 Jean-Francois Revel, *Democracy Against Itself*, New York 1993.

22 Ich habe dies am Beispiel Westafrikas vor Ort erforscht; vgl. Bassam Tibi, *Die Krise des modernen Islams*, Neuausgabe, Frankfurt 1991, Kapitel 5.

23 Bassam Tibi, *Einladung in die islamische Geschichte*, Darmstadt 2001, Kapitel 1 und 11.

24 Zitiert nach Dale Eickelmann/James Piscatori (Hg.), *Muslim Travellers*, Berkeley 1990, S. 42 f.

25 Robert Bistolfi/François Zabbal (Hg.), *Islams d'Europe. Intégration ou insertion communautaire?*, Paris 1995, darin: Bassam Tibi, Condition d'un Euro-Islam, S. 230 ff.

26 Vgl. den Bericht über mich von Ilse Stein, Wie ein Gastarbeiter niedrigster Stufe behandelt. Nahostexperte Prof. Tibi, in: *Göttinger Tageblatt*, 18. Juli 2001, S. 18.

27 Vgl. hierzu Maxime Rodinson, *Die Faszination des Islam*, München 1985, S. 54 f., sowie Norman Daniel, *Islam and the West: The Making of an Image*, Neuauflage, Oxford 1993.

28 Vgl. die beiden Bände von W. A. R. Shahid/P. S. van Koningsveld (Hg.), *Muslims in the Margin* sowie *Political Participation and Identities of Muslims*, beide Kampen, Niederlande 1996.

29 Hierzu Arnulf Baring, *Scheitert Deutschland? Abschied von unseren Wunschwelten*, Stuttgart 1997, S. 289 ff.

30 Vgl. Fernand Braudel, *The Mediterranean*, 2 Bde., Berkeley 1995. Zur christlich-islamischen Dimension der Mittelmeer geschichte und ihrer Bedeutung für unsere Gegenwart, vgl. B. Tibi, *Kreuzzug und Djihad* (wie Anm. 14), besonders die Einleitung.

31 Alec G. Hargreaves, *Immigration, »Race« and Ethnicity in Contemporary France*, London 1995, S. 85 ff. Zum Vergleich mit Deutschland siehe meine in Anm. 13 nachgewiesene Arbeit.

32 Rogers Brubaker, *Citizenship and Nationhood in France and Germany*, Cambridge, Mass. 1992, Neuauflage, 1996, S. 165 ff. In Harvard sagte mir Brubaker Ende September 2001, daß der 11. September den gesamten Kurs der Diskussion über diesen Gegenstand verändern wird.

33 Philip Lewis, *Islamic Britain: Religion, Politics and Identity among British Muslims*, London 1994.

34 B. Tibi, *Der Islam und Deutschland* (wie Anm. 13).

35 So schreibt das *Göttinger Tageblatt* in dem Bericht von Katrin

Noack vom 6. Juli 2000, Ein Fremder, der dazugehören möchte:
»Tibis persönlichen Werdegang in Göttingen muß man paradoxerweise wohl als die Geschichte einer gescheiterten Integration
bezeichnen.«

36 Stefan Theil, Tolerating the Intolerable?, *Newsweek*, 5. November 2001, S. 46 ff.

Kapitel 7
Euro-Islam statt Taliban/Bin Laden-Islam.
Die Versöhnung von religiösem Glauben und
säkularer Vernunft im Rahmen des Pluralismus:
Die kulturelle Grundlage für die Integration
islamischer Migranten aus Asien und Afrika

1 Mit dem Begriff *cultural turn*, der unter anderem auf dem
Jahreskongreß der *International Studies Association* in Chicago
(Februar 2001) fiel, wird die Tatsache angesprochen, daß im
21. Jahrhundert der Komplex Kultur/Zivilisation den gleichen
Rang wie Politik und Ökonomie im internationalen Rahmen
bekommt.

2 Hierzu Bassam Tibi, *Europa ohne Identität? Die Krise der multikulturellen Gesellschaft*, München 1998 (Taschenbuch-Ausgabe,
Berlin 2000, und erweiterte Neuausgabe, Berlin 2001, mit neuer
Einleitung und dem neuen Untertitel »Leitkultur oder Wertebeliebigkeit«), neu nach dem 11. September 2001.

3 John Keks, *The Morality of Pluralism*, Princeton, NJ 1993.

4 Hierzu unter anderem die Position in der Zeitung der Londoner
Islam-Diaspora, *The Muslim News* (London), von J. Patei/R.
Ali, Democracy is a System of Disbelief, vom 27. April 2001,
S. 5.

5 Jürgen Habermas, *Die Einbeziehung des Anderen. Studien zur
politischen Theorie*, Frankfurt/M. 1999.

6 Jürgen Habermas, Anerkennungskämpfe im demokratischen
Rechtsstaat, in: Charles Taylor, *Multikulturalismus und die
Politik der Anerkennung*, Frankfurt/M. 1992, hier S. 177.

7 Wertebeliebigkeit bedeutet nicht Pluralismus. Zu letzterem vgl.
Ralph D. Grillo, *Pluralism and the Politics of Difference: State,
Culture, Ethnicity in Comparative Perspective*, Oxford 1998,
S. 167 ff.

8 Zum Bericht der Süssmuth-Kommission, der haarsträubend
falsche Vorstellungen über Islam-Unterricht und die Religionsgemeinschaft enthält. Vgl. dazu Kap. 2 sowie ferner Bassam Tibi,

Der Islam und Deutschland. Muslime in Deutschland, Stuttgart 2000, Neuauflage, 2001. Ich staune, wie deutsche Politiker Politik ohne Beratung betreiben.

9 R. D. Grillo, *Pluralism and the Politics of Difference* (wie Anm. 7), S. 5.

10 Monique Deveaux, *Cultural Pluralism and Dilemmas of Justice*, Ithaca 2000.

11 Bassam Tibi, Anderssein, ein individuelles oder kollektives Menschenrecht, in: Hilmar Hoffmann/Dieter Kramer (Hg.), *Anderssein ein Menschenrecht, Römerberg-Gespräche*, Weinheim 1995, S. 65 bis 72.

12 M. Deveaux, *Cultural Pluralism and Dilemmas of Justice* (wie Anm. 10) S. 7 und 8.

13 Ebd., S. 6.

14 Robert Audi, *Religious Commitment and Secular Reason*, Cambridge/UK 2000.

15 Zum islamischen Rationalismus vgl. Herbert A. Davidson, *Alfarabi, Avicenna and Averroes on Intellect*, Oxford 1992, ferner Bassam Tibi, *Der wahre Imam. Der Islam von Mohammed bis zur Gegenwart*, 2. Aufl., München 1997 (Serie-Piper-Ausgabe, 1998, Neuauflage, 2001).

16 R. Audi, *Religious Commitment and Secular Reason* (wie Anm. 14), S. 3.

17 Zur neueren Diskussion vgl. Mervyn Frost, *Ethics in International Relations: A Constitutive Theory*, Cambridge/UK 1996, und Gordon Graham, *Ethics and International Relations*, Cambridge, Mass. 1997. Vgl. meinen Begriff der kulturübergreifenden internationalen Moralität, auch enthalten in meinem in Roman Herzog, *Preventing the Clash of Civilizations: A Peace Strategy for the 21st Century*, hrsg. von Henrik Schmiegelow, New York 1999, publizierten Ethik-Ansatz, International Morality and Cross-Cultural Bridging, S. 107 bis 126.

18 R. Audi, *Religious Commitment and Secular Reason* (wie Anm. 14), S. 81 ff., Teil 2 sowie Teil 3 über »Political Acitivsm in a religiously pluralist democracy«, S. 145 ff.

19 B. Tibi, *Der Islam und Deutschland*, (wie Anm. 8), hier Kapitel VIII.

20 Zu den beiden Räten: Ursula Spuler-Stegemann, *Muslime in Deutschland. Nebeneinander oder miteinander?*, Freiburg/Br. 1998, S. 115 ff.

21 Abdulaziz Sachedina, *The Islamic Roots of Democratic Pluralism*, New York 2001.

22 Vgl. hierzu mein Kapitel in G. Besier (Hg.), *Die neuen Inquisitoren*, 2 Bde., Zürich 1999, hier Bd. 1, S. 53 bis 77.

23 Wilfried Röhrich, *Die verspätete Demokratie. Zur politischen Kultur der Bundesrepublik Deutschland*, Köln 1983, besonders S. 354 ff.

24 Hierzu Hagen Schulze, *Staat und Nation in der europäischen Geschichte*, München 1999.

25 Zum Ursprung in Paris, B. Tibi, Les conditions d'un Euro-Islam, in: Robert Bistolfi/François Zabbal (Hg.), *Islams d'Europe. Intégration ou insertion communautaire?*, Paris 1995, zuvor im Bericht von Bassam Tibi, Euro-Islam oder Ghetto-Islam, in: F.A.Z., 7. Dezember 1992, S. 14 über die Pariser Debatte.

26 W. Röhrich, *Die verspätete Demokratie* (wie Anm. 23), S. 354.

27 Reinhard Bendix, *Könige oder Volk?*, 2 Bde., Frankfurt/M. 1980.

28 Hierzu H. A. Davidson, *Alfarabi, Avicenna and Averroes on Intellect*, (wie Anm. 15), ferner B. Tibi, *Der wahre Imam* (wie Anm. 15), Kapitel 3 und 4.

29 Dazu das Kapitel 5 über die Renaissance in Bassam Tibi, *Kreuzzug und Djihad. Der Islam und die christliche Welt*, München 1999, Neuauflage, 2001, S. 168-87.

30 Zum Islam-Unterricht vgl. Rolf Busch (Hg.), *Integration und Religion. Islamischer Religionsunterricht an Berliner Schulen*, Berlin 1999 (darin mein Kapitel auf S. 83 bis 99).

31 Vgl. Geschichte der Stadt Damaskus von Mohammed Adib T. al-Husseini, *Kitab muntakhbat al-tawarikh li Dimaschq*, Damaskus 1928, S. 877 ff.

32 Jürgen Habermas, *Der philosophische Diskurs der Moderne*, 3. Aufl., Frankfurt/M. 1986. Habermas anerkennt auch die Identität des Anderen. Vgl. seine Essay-Sammlung, *Die Einbeziehung des Anderen* (wie Anm. 5).

33 Zu Islam und Menschenrechten vgl. Bassam Tibi, Islamic Law Shari'a and Human Rights, in: *Human Rights Quarterly*, Bd. (1994), S. 277 bis 299, sowie Bassam Tibi, *Im Schatten Allahs. Der Islam und die Menschenrechte*, München 1994.

34 Zur Zivilgesellschaft vgl. John Ehrenburg, *Civil Society: The Critical History of an Idea*, New York 1999. Bezogen auf den Islam, vgl. mein Kapitel in E. Ozdalga/S. Persson (Hg.), *Civil Society, Democracy and the Muslim World*, Istanbul 1997, hier S. 23 bis 32.

35 Abdullahi A. An-Na'im, *Toward an Islamic Reformation: Civil Liberties, Human Rights, and International Law*, Syracuse, NY

1990. In diesem Geist habe ich an zwei Büchern von An-Na'im als Autor mitgewirkt: *Human Rights in Africa: Cross-Cultural Perspectives*, Washington/DC 1990 (mein Kapitel, S. 104 bis 132), und in dem von Tore Lindholm/Kari Vogt (Hg.), *Islamic Law Reform and Human Rights*, Oslo 1993 (mein Kapitel, S. 75 bis 96).

36 Bassam Tibi, Islamisten schaden dem Islam, in: *Rheinischer Merkur*, 6. Juli 2001, S. 6.

37 Mohammed al-Ghazali, *Huquq al-insan* (Menschenrecht), 3. Aufl., Kairo 1984.

38 Deutsche Übersetzung in B .Tibi, *Im Schatten Allahs* (wie Anm. 33).

39 Vgl. den Beitrag von M. al-Ghazali, in: Hans Küng (Hg.), *Ja zum Weltethos. Perspektiven für die Suche nach Orientierung*, München 1996.

40 Bassam Tibi, *Krieg der Zivilisationen. Politik und Religion zwischen Vernunft und Fundamentalismus* (zuerst 1995), erweiterte Ausgabe, München 1998, Neuauflage, 2001.

41 Vgl. A. Sachedina, *The Islamic Roots of Democratic Pluralism* (wie Anm. 21).

42 Vgl. Anm. 28.

43 Bassam Tibi in An-Na'im, *Toward an Islamic Reformation* (wie Anm. 35).

44 Zu dieser Deklaration vgl. Ann Elizabeth Mayer, *Islam and Human Rights: Tradition and Politics*, Boulder, Col. 1999, sowie B. Tibi, *Im Schatten Allahs* (wie Anm. 33).

45 Vgl. A. An-Na'im, *Toward an Islamic Reformation* (wie Anm. 35).

46 Said al-Aschmawi, *al-Islam al-siyasi* (Der politische Islam), Kairo 1989.

47 B. Tibi, *Europa ohne Identität?* (wie Anm. 2), dazu das Kapitel über die islamische Minderheit in Indien, S. 223 bis 40.

Kapitel 8
Nicht nur Deutsche, auch Muslime müssen sich verändern:
Europäische Leitkultur und Integration für muslimische Migranten als Perspektive nach dem 11. September 2001

1 So Ralph Giordano, Die Last ein Deutscher zu sein, in: *Welt am Sonntag*, 1. April 2001, S. 39.

2 Hierzu der Berkeley-Professor Martin Jay, *Dialektische Phantasie. Die Geschichte der Frankfurter Schule 1923-1950*, Frankfurt/M. 1976, zur Migration S. 48 ff.

3 Das ist auch das Argument von Wilfried Röhrich, *Die verspätete Demokratie. Zur politischen Kultur der Bundesrepublik Deutschland*, Köln 1983, zur Entnazifizierung Kapitel V, S. 91 ff., über die Situation nach 1945 und die Schlußfolgerungen auf S. 354 ff.

4 Max Horkheimer, *Kritische Theorie*, 2 Bde., Frankfurt/M., hier Vorwort, S. XIII.

5 Bassam Tibi, *Europa ohne Identität? Die Krise der multikulturellen Gesellschaft*, München 1998, (Taschenbuch-Ausgabe, Berlin 2000, und erweiterte Neuausgabe, Berlin 2001, mit neuer Einleitung und dem neuen Untertitel »Leitkultur oder Wertebeliebigkeit«), hier Motto S. 15.

6 Vgl. hierzu detailliert Bassam Tibi, *Fundamentalismus im Islam. Eine Gefahr für den Weltfrieden?*, Darmstadt 2000, Neuauflage, 2001. Der Rezensent Gert Ueding schrieb in *Die Welt* dazu unter dem Titel, Inschallah aufgewacht: »Ginge es bei uns so autoritär wie im Islam zu, könnte man die Lektüre dieses überlebenswichtigen Buches allen, die es angeht – Politikern, Journalisten, Lehrern, Wissenschaftlern –, verordnen: zu ihrer Erneuerung und Rettung zugleich.«

7 R. Giordano, Die Last ein Deutscher zu sein (wie Anm. 1).

8 Katrin Noack, Ein Fremder, der dazugehören möchte, in: *Göttinger Tageblatt*, 6. Juli 2001, S. 11.

9 »Der syrische Politikwissenschaftler Bassam Tibi aus Göttingen«, so laut: *Der Spiegel*, 31. Oktober 2000, Heft 44/2000, S. 32.

10 B. Tibi, *Europa ohne Identität?* (wie Anm. 5), S. 22.

11 Hierzu u.a. das Kapitel »Über einige Eigentümlichkeiten der geschichtlichen Entwicklung Deutschlands«, in: George Lukacs, *Die Zerstörung der Vernunft*, Werke, Bd. 9, Neuwied 1962, S. 37 ff.

12 Helmuth Plessner, *Die verspätete Nation*, Neuausgabe, Frankfurt/M. 1974, S. 73.

13 Helmuth Plessner, *Diesseits der Utopie*, Frankfurt/M., 1974, S. 9.

14 So – leider – die von Daniel Cohn-Bendit übernommene Überschrift »Es gibt keine deutsche Identität« des Streitgespräches mit Bassam Tibi, in: *Die Woche*, 10. November 2000, S. 6 bis 7.

15 Bassam Tibi, Die neurotische Nation, in: *Welt am Sonntag*, 3. Dezember 2000, Kulturseite 1.

16 Zu diesem Vergleich das zentrale Werk von Rogers Brubaker, *Citizenship and Nationhood in France and Germany*, 3.Aufl., Cambridge, Mass. 1996.

17 Alfred Grosser, Und es gibt sie doch, die deutsche Leitkultur, in: *Welt am Sonntag*, 29. Oktober 2000.

18 Peter D. Salins, *Assmilation American Style: An impassioned Defense of Immigration*, New York 1997.

19 A. Grosser, Und es gibt sie doch, die deutsche Leitkultur (wie Anm. 17), zur Holocaust-Vergangenheit und deutschen Identität vgl. Mary Fullbrook, *German National Identity after the Holocaust*, Cambridge, Mass. 1999.

20 Vgl. den Bericht zitiert in Anm. 8 oben, sowie den Bericht über mich, Wie ein Gastarbeiter niedrigster Stufe behandelt. Nahostexperte Prof. Tibi, in: *Göttinger Tageblatt*, 18. Juli 2001, S. 1 und S. 18.

21 So der Bericht, Ausländer: Mit den Wölfen heulen, in: *Der Spiegel*, 17/1998, S. 58 f.

22 So die *Frankfurter Rundschau*, vom 31. Oktober 2000, S. 4.

23 Vgl. die Berichte von Helmut Herles, Wie Begriffe laufen lernen. Der Jogger Friedrich Merz hat der Leitkultur Beine gemacht, in: *General-Anzeiger* (Bonn), 8. November 2000, und Guido Heinen, Ein Begriff macht Karriere, in: *Die Welt*, 1. November 2000, S. 3.

24 Vgl. den abschließenden Bericht von Christian Siedenbiedel, Der Leitkultur-Erfinder leidet unter der Debatte, in: *F.A.Z.*, 6. Februar 2001, S. 62, und Stefan Brams, Erfinder der Leitkultur: Medientag beim Querdenker, in: *Neue Westfälische*, 21. März 2001, S. 3.

25 So zum Beispiel die Wochenzeitung *Die Woche* während der Leit(d)kulturdebatte.

26 Vgl. den Leserbrief, Tollhaus Deutschland, von Bassam Tibi, in: *Der Spiegel*, Heft 47/2000, S. 14.

27 So in *Süddeutsche Zeitung*, 28. Nobember 2000.

28 Zur Identität vgl. Erik Erikson, *Identität und Lebenszyklus*, 5. Aufl., Frankfurt/M., 1979.

29 Vgl. Anm. 14 oben.

30 So Dieter Oberndörfer im *Stern*, 2. November 2000, S. 54.

31 Arthur Schlesinger, *The Disuniting of America: Reflections on Multicultural Society*, revidierte Neuausgabe, New York 1991.

32 Angela Merkel, Interview in: *Der Spiegel*, 31. Oktober 2000.

Von Bassam Tibi ebenfalls in der DVA

Allein in Deutschland leben 3,3 Millionen Muslime. Welche Folgen hat dies für den inneren Frieden und die äußere Sicherheit? Was geschieht, wenn wir die Integrationsunwilligkeit von Ausländern und die Integrationsunfähigkeit unserer Gesellschaft nicht überwinden?
Bassam Tibi zeigt die Gefahren, Probleme und Perspektiven auf, die aus dem Nebeneinander von Deutschen und Muslimen erwachsen. Und er versucht, zwischen den Kulturen zu vermitteln, ohne die Unterschiede zu verwischen.

Bassam Tibi
Der Islam und Deutschland
Muslime in Deutschland
400 Seiten
ISBN 3-421-05385-5

www.dva.de